深圳改革开放研究丛书

广东省普通高校人文社会科学研究重点项目资助

深圳市社会保险制度研究

高兴民 等著

人民出版社

责任编辑:方国根
文字编辑:刘仲翔

图书在版编目(CIP)数据

深圳市社会保险制度研究/高兴民 等著. -北京:人民出版社,2010.8
(深圳改革开放研究丛书)
ISBN 978-7-01-009087-0

Ⅰ.①深… Ⅱ.①高… Ⅲ.①社会保险-福利制度-研究-深圳市
Ⅳ.①F842.765.3

中国版本图书馆 CIP 数据核字(2010)第 126177 号

深圳市社会保险制度研究
SHENZHENSHI SHEHUI BAOXIAN ZHIDU YANJIU

高兴民 等著

人民出版社 出版发行
(100706 北京朝阳门内大街 166 号)

北京中科印刷有限公司印刷 新华书店经销

2010 年 8 月第 1 版 2010 年 8 月北京第 1 次印刷
开本:710 毫米×1000 毫米 1/16 印张:29.25
字数:461 千字 印数:0,001-2,500 册

ISBN 978-7-01-009087-0 定价:62.00 元

邮购地址 100706 北京朝阳门内大街 166 号
人民东方图书销售中心 电话 (010)65250042 65289539

总　序

王京生

从广义上讲，在人类历史长河中，改革开放是社会发展和历史前进的一种基本方式，是人类文明演进的一种基本逻辑，也是一个国家和民族兴旺发达的决定性因素。一方面，古今中外，国运的兴衰、地域的起落，莫不与改革开放息息相关。另一方面，从历史上看，各国的改革开放在实际推进中却不是一帆风顺的，力量的博弈、利益的冲突、思想的碰撞往往伴随着改革开放的始终，流血斗争在各国历史上也并不罕见。改革开放的实际成效并不会实现理想的“帕累托最优”或“帕累托改进”。就当事者而言，对改革开放的正误判断并不像后人在历史分析中提出的因果关系那样确定无疑。因此，透过复杂的枝蔓，洞察必然的主流，坚定必胜的信念，对改革开放来说就显得至关重要和难能可贵。

改革开放是深圳的生命动力，是深圳成长和发展的常态，是深圳迎接挑战、突破困局、实现飞跃的基本途径。改革开放铸造、发展了深圳特区，形成了深圳特区的品格秉性、价值内涵和运动程式，培育了深圳的城市机能和整体结构，展示了深圳的品牌形象、素质能力、体制机制、活动方式和环境风尚，推动深圳特区跨越了一个个历史屏障。特区初建时缺乏建设资金，就通过改革开放引来了大量外资；发展中遇到瓶颈压力，就向改革开放要空间、要资源、要动力。深圳的每一步发展都源于改革开放的推动，深圳30年的发展奇迹是深圳30年改革开放的结果。同时，改革开放又是深圳矢志不渝、坚定不移的命运抉择。改革开放作为当代中国的一场新的伟大革命，不可能一帆风顺，也不可能一蹴而就。深圳作为改革开放的探索者、先行者，向前迈出的每一步都面临着一个十字路口的选择。从特区酝酿时的“建”与“不建”，到特区快速发展中的姓“社”姓“资”，从特区跨越中的“存”与“废”，到新世纪初的“特”与“不特”，每一次挑战都考验着深圳改革开放的成败进退，每一次挑战都把深圳改革开放的“招牌”擦得更亮。30年来，深圳正是凭着坚持改革开放的赤胆忠心，在汹涌澎湃的历史潮头上劈波斩浪、勇往向前，经受住了各种风浪的袭扰和摔打，闯过了一个个关口，成为锲而不舍的改革开放“闯将”。

深圳的改革开放是没有止境的。随着经济社会的迅猛转型，深圳已进入综合配套改革和全方位开放的历史新阶段。在这个阶段，改革开放更加迫切地需要突出以人为本，展现全面、协调、可持续性，大幅降低经济社会发展失衡的成本和风险，鼓舞全国人民建设中国特色社会主义的信心和决心。当前，全国各地群雄并起、千帆竞发，形势逼人，时不我待，改革开放的质量、水平和力度已远远超出了以前的套路、标准和要求，只有以“杀出一条血路”的精神开拓进取，拿出深圳改革开放的精品和力作，才能“走出一条新路”，在全国的改革开放中发挥示范推动作用。

改革开放是深圳的永恒话题，而当下探讨深圳的改革开放，却有着特殊的意义。在全市上下隆重迎接深圳经济特区建立30周年这个历史节点上，回顾深圳改革开放历程，总结深圳改革开放的历史经验，研究深圳改革开放的未来走向，无疑是为深圳的改革开放增添新力量的最好契机。为此，深圳社科理论界着力推出了《深圳改革开放研究丛书》，包括综合、经济、社会、文化四类，既有宏观总揽，也有个案分析，既有理论阐述，也有实践探求，是总结深圳30年改革开放历史经验、探索深圳未来发展的研究成果，也是了解和探讨特区改革发展的重要工具书。

书的文字是静止的，但精神是跃动的。如果通过这套丛书，能够使读者达到"天变不足畏，祖宗不足法，人言不足恤"的境界，那无疑是所有编撰者的最大心愿。

（作者为深圳市委常委、宣传部部长）

目　　录

表 目 录

图 目 录

总　论

人类经济社会发展至今有两个伟大的发明:一是市场经济制度,二是社会保障制度。二者分别构成了经济社会发展最重要的动力系统和稳定系统的载体。

制度即约束。它是人类选择的产物,其最初的创立和演进受多种因素的刺激和制约,其演进过程由简单到复杂,逐渐形成了庞大的制度体系。

社会保障制度作为人类社会久远的制度安排,历经古代的慈善事业时代、近现代的济贫制度阶段和以社会保险制度为核心的现代社会保障制度三个阶段。前两个阶段与农业文明紧密相连,而社会保险制度则是市场经济和工业文明的产物,是现代市场经济社会发展最重要的稳定系统。

对于正处于从计划经济走向市场经济,并逐步实现工业化和城市化的中国来说,以这一发展历程的先行者——深圳市的社会保险制度作为研究对象,考察其演进过程,评估其现行制度,并在此基础上提出完善的思路,对于认识中国现代社会保障的发展历程,构建完备的中国社会保障体系大有裨益。

第一节　社会保障制度的现代演进

作为现代形态的社会保障制度,是由互为表征的三种制度形态构成,即社会保障制度的理论形态、现实形态和未来形态。社会保障制度的这三种表现形态所呈现的内容并非形态的终结，应该把它视为积极地接纳和吸收新的形态成果与创造而不断发展、变化着的开放体系。

理论源于实践，而实践的依据又在于理论。现代社会保障的成败，表面看取决于现实制度的安排及政策的实践，其实，受一定的理论基础与价值偏好的影响。不同的理论流派与分歧决定着社会保障制度安排的差异及各发展阶段社会保障制度的变迁。因此，社会保障的理论流派不仅是不同社会保障制度实践的理论基础，更是打开不同社会保障制度安排大门的一把"金"钥匙。

一、社会保障的界定

自古至今，一个社会总有一部分成员需要政府、社会或他人的援助才能避免自身的生存危机。政府为维护社会稳定、缓和阶级矛盾，制定并实施诸如救灾、济贫等社会政策，如英国在1601年就颁布了《济贫法》。18世纪末，德国为适应工业社会之需要，率先建立了现代社会保障制度。

（一）西方发达国家对社会保障概念的界定

国际劳工组织对社会保障概念在1942年文献中的界定：通过一定的组织对这个组织的成员所面临的某种风险提供保障，为公民提供保险金、预防或治疗疾病、失业时资助并帮助他们重新找到工作。

英国对社会保障的界定。英国是第二次世界大战后大规模推进社会保障制度的国家。社会保障被看做是一种公共福利计划，其目的在于保护个人及其家庭在遭受失业、年老、疾病或死亡等情况时，能够减轻或免除收入上的损失，并借助于公益服务和家庭生活补助提高其福利。对社会保障的这一理解，与英国的《贝弗里奇报告》有着密切联系。在这份报告中，贝弗里奇实际上勾画出了一幅较完整的现代福利国家蓝图，社会保障被首次赋予了普遍性原则和类别原则，被认为是代表社会进步的可理解的政策的一个组成部分。

德国是社会保障制度的发源地。作为最早建立现代社会保障制度的国家，德国人对社会保障和社会保障制度的理解，是与社会"公正"、"安全"联系在一起的。战后，原联邦德国在社会市场经济体制建立之初就已经意识到：在一个有序的运行良好的市场经济体系中，即使出台一项再好的政策，也难以避免出现某些"负面"作用,因而必须用相应的社会保障制度加以"修补"。因此,社会市场经济应包括两个密不可分的领域:一是能够带来经济效率的市场;二是能够带来社会"公正"、"安全"的社会保障制度。这里所说的"公正"、"安全",指的是使那些在市场竞争中失败的人,不致因此失去其最基本的生活来源,要使他们在有困难时能够获得重新参与市场竞争的机会;使那些丧失劳动能力的人,也能获得基本的生活资料,避免造成对市场经济运行所需的社会环境的冲击。当然,所有维护和扩大社会保障、社会"公正"的措施,都不得妨碍或限制市场机制的作用。

美国是最先采用社会保障一词的国家。自1935年罗斯福提出的《社会保障法》被批准实施后,美国产生了历史上第一个全国性的、并由联邦政府承担义务的、用以解决失业和老年问题为主的社会保障立法。《社会保障法》是以罗斯福"新政"为起点的美国现代市场经济体制发展的重要一环。在此基础上,也逐步形成了美国人对社会保障和社会保障制度含义的一般理解。美国人认为,社会保障是一种"安全网",它对人们遇到的疾病、年老、伤残、死亡、失业等社会问题提供安全性的保护。这种保护既包括对接受者收入和支出方面、教育和培训方面的支持和补助,也包括对接受者遭受的某些损失的支持和补助。

日本官方对社会保障的界定可以采用1950年日本社会保障制度审议会的解释,即"社会保障是指对疾病、负伤、分娩、残疾、死亡、失业、多子女及其他原因造成的贫困,从保险方法和直接的国家负担上,寻求经济保障途径。对陷入生活困境者,通过国家援助,保障其最低限度的生活,同时谋求公共卫生和社会福利的提高,以便使所有国民都能过上真正有文化的成员的生活"。社会保障在日本学术界有广义和狭义的区别:广义的社会保障是指政府关于解决各种社会保障问题的社会政策的统称,狭义的社会保障是指国民生活上蒙受诸如失业、伤病、高龄等各种事故,而使这些国民的生活源泉——收入出现中断或减少,给国民生活带来困难时,通过社会保障机制进行国民再分配,保障其最低限度的收入所得,由国家来救济国民生活之缺损的制度。

(二)港台及大陆对社会保障的界定

由于香港、澳门、台湾地区和大陆众所周知的原因,致使中国一国四地不仅在社会保障实践方面有很大的差异,而且在概念上亦存在着分歧。

香港官方的社会保障界定是:以政府为责任主体并通过向有需要人士直接发放款项的方式提供的福利,包括综合保障援助计划、公共福利金计划、暴力及执法伤亡赔偿计划、交通以外伤亡援助计划、灾民紧急救济。而香港学者界定的范围要较官方的更宽泛一些,还包括借款性的社会保险等在内。

台湾地区对社会保障概念界定为,社会保障是国家以社会救助、社会保险以及公共服务等各种不同方式,对于国民之遭遇危险事故,以致失能、失依,因而生活受损的人,提供各项生活需求,给予其健康保障、职业保障及收入保障,并从而促进民族健康、全民就业及民生均足。且更偏好把社会保险、社会救助、社会福利等概念分割界定。

中国大陆在社会保障的认知上有其共识的一面,即都以广义的社会保障为对象,但在具体阐述上,依然存在较大的差异。官方一般认为社会保障是国家和社会对全体成员的社会生活提供基本保障系统。学术界对其的界定亦各有侧重,但中国大陆官方和学术界的主流观点仍然是大社会保障的概念。

(三)本书对社会保障概念的界定

上述各种关于社会保障概念的界定,是根据社会保障的不同实践及论述者的价值选择而论述的。所阐述的社会保障的本质特征可概括为如下五个方面:(1)社会保障的最终责任主体是国家或社会,从而需要由国家或社会统一管理,具有社会性。(2)社会保障的目的是社会稳定、经济协调发展,从而需要依法实施,具有强制性。(3)社会保障的目标是为社会成员提供安全的基本社会权利,具有公平性。(4)社会保障的资金以国家财政为基本来源,也有企业或个人缴纳的部分,对保障者而言具有经济福利性和国民收入的分配与再分配性。(5)社会保障项目随特定社会问题变化而变动,故具有变动性。

总之,社会保障实际上是个大的概念,包括三层意思:一是经济保障;二是服务保障;三是精神保障。它包含了社会保险、社会救助、社会福利及其他各种符合上述三层意思的社会保障性措施。故本书把社会保障界定为:各种具有经济福利性、社会性、强制性的国民生活保障系统。这一界定与中国官方及学术界的主流观点基本吻合。

二、西方的社会保障理论流派

现代社会保障并非单纯的社会制度安排，它涉及经济、社会、政治、文化及伦理道德各个方面，因此，经济学、社会学、政治学等学科，共同构成了社会保障的理论基础。社会保障制度安排受制于多种因素，不同理论流派的影响与分歧事实上发挥着重要的甚至是决定性的作用，而非政治家们的理想与价值判断标准使然。

经济学是研究各种经济关系和经济活动规律的科学，社会保障则是通过经济手段达到特定社会目标与政治目标的制度安排，故社会保障亦可视为一种经济活动。社会保障有其自身发展规律，同时也就必然要受到各种经济关系与经济活动规律的制约，这就决定了经济学对社会保障具有特别重要的影响。随着社会发展，社会保障受经济学与经济政策的影响日甚。主要受两方面因素的作用：一是社会保障制度受制于经济基础与经济政策的合理性；二是经济发展越来越成为各国政府的头等大事。从19世纪的自由放任到贸易保护主义，从正统的凯恩斯主义理论到弗里德曼的货币主义，再到20世纪末经济自由化在某种程度上的回归，从中不难看出社会保障制度的建立与发展的轨迹。德国反对自由放任的结果导致了社会保险制度的产生，而凯恩斯主义则构成了工业化国家建立现代社会保障制度的理论支柱。他摒弃了资产阶级政治经济学有关资本主义自动调节恢复经济均衡的传统，认为资本主义已失去了这一机制，需要新的调节和干预机制，即国家调节和干预机制。凯恩斯的这一国家干预理论和增加公共支出等政策主张，为国家建立社会保障制度扫清了理论障碍，推进了现代社会保障制度的发展。

社会保障制度安排其实是一种社会价值的选择，经济学的选择理论亦构成了其制度安排的理论基础。不论是实行国家干预还是自由竞争的选择，是平等与效率的选择，还是具体的制度安排与发展手段的选择，经济学所取得的相关成就均构成了其选择的基础和条件，社会保障理论虽不是经济学的全部，但却部分地直接体现在经济学体系之中。这一点可从当代西方经济学家的著述中得以充分体现。如美国经济学家肯尼思·阿罗的《社会选择与个人价值》一书中，阿罗是从分析民主制度下寻找进行社会选择的社会福利函数之必要性入手,将个人偏好转变成可转变的社会福利函数,从而确立了一种在普遍性、帕累托相容性、非独立性前提下判断财富分配方式优劣的标准。同时又反证了它的不可能性,从而意味着不能不借助社会福利函数来判断收入分配。而与其相左观点的奥地利经济学家哈耶克和瑞典经济学家冈纳·缪尔达尔则突出了经济学界的另一种思维结果。哈耶克在《通往奴役之路》一书中,展现了自己的政治倾向和经济思想,认为私人企业制度和自由市场是维护个人自由和提高经济效率的保证,集权主义和社会主义是违背"人的本性"的制度,计划经济是一条"通向奴役的道路",社会"公正"丧失殆尽。而美国另一位经济学家米尔顿·弗里德曼则是"效率"优先论者,认为竞争的资本主义是一个经济自由的制度,政府的职责范围必须限制,权力必须分散。在社会保障方面,政府只是补充私人慈善事业和私人家庭不能负责的人的照顾,政府的广泛福利目标与计划,造成了一系列社会问题。主张私人企业和私人机构参与自由竞争,允许个人的自由选择。否定现代社会保障制度,甚至主张取消社会保险。布坎南则走得更远,他不仅提出了舍弃福利国家的政策建议,而且认为现代福利国家象征了几乎一个世纪的错误。

而加尔布雷思在他的《丰裕社会》和《经济学和公共目标》中,却主张国家干预,并提出了一套有关未来社会的设想,即新社会主义,强调个人的生活福利。同期的约翰·罗尔斯则是"平等"绝对优先论者,认为社会应当将优先权交给平等。而阿瑟·奥肯既摒弃了罗尔斯的"平等"绝对优先论,也摒弃了弗里德曼的"效率"绝对优先论,而是坚持调和"平等"与"效率"两大价值目标的所谓"第三条道路",但他仍然主张通过社会保障调整社会关系。经济学家的发展成就为社会保障理论的发展提供了丰厚的土壤,尤其是福利经济学的产生与发展,更是直接推动了社会保障理论的发展与进步。

经济学对社会保障理论的发展的另一重要贡献,在于为其理论的发展和政策实践提供了方法上的支持。如西方经济学中的分配理论、边际效用理论、贫困理论、制度学说、就业理论和私有化理论,马克思的劳动价值论、后备金及六项扣除学说等。

可见社会保障早已成为经济学的领域,经济学家亦早已成为社会保障问题的专家。然而,经济学又不能包容社会保障理论,它们各自应形成相对独立的研究体系。

福利经济学作为现代经济学的一个分支,在20世纪形成于英国。如果从思想渊源来说,可追溯到亚当·斯密的《国民财富的性质及其原因的研究》。而真正使福利经济学成为一门系统的独立的学科的人物当属英国著名经济学家庇古(1877—1959年),他于1920年写成了《福利经济学》一书。自此以后,福利经济学成为经济学的一个日益重要的分支,并且在发展过程中又衍生出公共选择经济学和产权经济学。后来在美国、瑞典、法国等国得到传播。第二次世界大战后,福利经济学进入了一个新的发展时期,一大批福利经济学文献出版,拓宽了福利经济学的研究领域。故经济学界把福利经济学分为新旧两派,旧派指以英国经济学家庇古为代表;新派导源于意大利经济学家帕累托,后为英国的卡尔多、希斯和美国的勒纳、萨缪尔森等所倡导。

被西方学者推崇为"福利经济学之父"的庇古是剑桥学派领袖马歇尔的学生,他直接承袭剑桥学派宗师马歇尔的福利观点,受到"消费者剩余"、"生产者剩余"等新概念的启发,提出了"国民收益"的概念,构成了他自己的理论体系。庇古在《福利经济学》中把福利定义为:能够计量的与经济生活有关的那种福利,也就是能够直接或间接同货币量杠杆有关的那部分社会福利,这部分福利被称为经济福利。庇古论证了经济福利增大的可能性,经济福利将随国民收入的增加而增大,将随收入分配均等化而增大。收入由富人转移给穷人的途径是由政府向富人征收累进所得税和遗产税,通过社会保障补贴给穷人,即用来发放失业津贴、社会救济、养老金、医疗保险、房屋供给等。经济福利因收入分配均等化而增大,其依据的是边际效用递减学说。即货币的边际效用随数量的增加而递减。因此,货币从富人手里"转移"到穷人手里,就可增加货币的边际效用,使社会满足总量增加。

庇古的福利经济学理论以效用基数论和不同个人之间效用的可比性作为自己的理论基础。而从实证经济学的观点来看,效用在各个人之间是无法比较的。故庇古的这一理论受到西方经济学家的普遍指责。直到20世纪30年代以后,出现了一种新的福利经济学,被称为"新福利经济学"。而庇古的福利经济学被称之为"旧福利经济学"。新福利经济学采用序数效用论和无差异曲线分析方法,进而摆脱旧福利经济学难以回答的福利命题,否定了个人间效用比较的可能性,排除了旧福利经济学的收入均等化理论,仅以交换上的最优条件作为达到福利最大化的条件,即从生产资源配置方面找到"最适度条件",界定其为最大福利界线,任何偏离都会使福利减损。这一理论的代表人物是意大利经济学家帕累托。他提出的福利标准是:任何变革只要使部分人受益而没有人受损,这就是福利增大,否则就无法判定福利是否增大。而英国学者卡尔多和希克斯认为这在事实上是做不到的。他们指出,在一种变革中部分人受益难免使另外一些人受损,同时,政府应通过政策使受损者得到补偿。而美国学者伯格森和萨缪尔森对补偿理论持有异议。他们从主观感受出发,认为补偿是否恰当,需要受益者接受后才能感受到,事前是无法测知的,因而这种决策缺乏科学性。伯格森和萨缪尔森把福利极大化寄希望于最适度条件的选择上,认为生产与交换符合最适度条件未必福利极大化,必须同时将分配方面及其他所有支配福利的因素一并列入"社会福利函数",当该社会福利函数值最大时才算臻于福利极大。总之,福利经济学的产生和发展,为"福利国家"社会保障制度的发展提供了理论依据,从而促进了西方社会保障事业的发展。

社会保障的另一重要理论基础是社会学。第一,社会保障把诸如养老、医疗、贫困、灾害等社会问题作为自己的出发点,并力图通过社会保障机制加以解决;第二,国际上通常把社会保障制度的确立、发展及完善程度作为社会发展的重要尺度;第三,在社会保障理论发展进程中最早和最直接的渊源可谓社会学,如柏拉图的《理想国》、莫尔的《乌托邦》、康帕内拉的《太阳城》及孔子的大同思想均构成了社会保障思想的不竭源泉。可见,诸多社会思想早已融入到社会保障理论和实践之中,起着不可替代的基础理论作用。而社会学对当代社会保障理论和实践的发展具有深远影响的理论有马斯洛的需求层次论、帕森斯的结构功能论和涂尔干的社会整合论。

马斯洛(1908—1970 年),美国著名的社会学家和心理学家,他的需求层次理论被人们普遍接受,并成为经典。在马斯洛著的《激励与个人》一书中,他把人的需要按照发生的顺序,由低级到高级呈梯状分为五个层次,即生理需要——

安全需要——社交需要——尊重需要——自我实现需要。人们在低层次需要获得相对满足之后,才能发展到较高层次的需要,且高低层次的需要共存,只是低层次的需要对人的行为的影响有所减低而已。马斯洛的人的需求层次理论只是揭示出人对需求及满足追求的一般规律,但由于每个人的行为动机的不同,导致这种个人需求层次的等级顺序在现实中亦非固定不变。而且在马斯洛划分的五类需求中,人们并不是都能够得到满足。一般情况下,低等级的需求容易满足,高等级的需求则满足程度相对较低。马斯洛认为:在现代社会,生理需要的满足率约为85%,安全需要的满足率约为70%,社交需要的满足率约为50%,尊重需要的满足率约为40%,自我需要的满足率只能达到10%左右。① 该规律客观地反映了人们的一般需求规律,揭示了社会保障的重要性,即人的生理需要的满足只有通过社会保障措施得以实现,如食物、住房、交通等;人的安全需要,包括疾病、年老、就业、职业伤害等,也只有通过社会保险与社会福利得以保证;人的精神交流与慰藉可以依靠家庭、社区及社团组织来满足,但对于部分孤寡、残疾者,却还需要社会保障为其提供的相应服务得到满足;尊重的需要的满足需要在教育福利的保障前提下,使社会成员获得知识与能力才能得以实现。可见,现代社会成员的需要满足,离不开社会保障制度的保障,愈是低层次的需求对社会保障的依赖性表现的愈是明显,社会保障制度为人们的需求满足以及由低层次向高层次转移提供了良好的社会保证机制。

帕森斯(1902—1979年),当代美国著名社会学家,结构功能主义的创始人。他在《社会行动的结构》等一系列著作中提出了分析大规模的社会、文化的体系结构与功能,重点描述社会结构与社会制度的关系。其理论核心是“整合与秩序”,并承袭了生物演化论的观点,将社会比喻为生物有机体,社会各部门是生物的各种器官,各具功能,只有把社会作为一个整体才能了解秩序的存在,以及如何发挥社会各部门的功能,进而解释稳定而整合社会的运作机理。帕森斯认为各国社会保障制度的不同是其社会结构不同的结果,其制度的实施过程对社会结构具有修正作用。并从社会功能的重要性和必要性角度解释社会保障制度

① 参见商务印书馆社科编辑室组编:《经济学》,华夏出版社1993年版。

兴起，虽只具有一定的意义，但它将社会保障视为社会整体的必不可少的组成部分并具有其自身的独特功能，无疑是正确的，并有助于我们对社会保障制度在现代社会发展进程中的客观地位和作用的认识。另外，与结构功能论者相似的理论观点还有聚合论，其主要代表人物有社会学者克尔、威廉斯基、黎贝克等。他们认为福利的兴起符合“工业主义的逻辑”或“技术决定论”，即工业社会发展的必然结果是社会保障制度，工业化程度愈高，则社会保障制度也应愈稳定。此结论基于资本主义的兴起和工业技术的进步，失业与贫困等诸多社会问题的出现，需要社会保障制度来弥补资本主义的弊端的客观事实而得出的，从而认为工业化进程中的国家均将逐渐产生包括社会保障制度在内的相同的社会制度，可见，聚合论者立足于社会的发展阶段，在理论上与结构功能论实属同类。

埃米尔·涂尔干(1858—1917 年)，法国著名社会学家。虽然在他的著述中直接讨论社会保障问题少见，但他的关于国家存在的功能是为了帮助社会达到整合的目的，为了社会整合，必须建立起社会互助的集体意识，反对人的自利心，主张关心集体福利，倡导互助意识，主张以人类利他的道德力量整合社会，而这与社会保障制度的互助与利他主义原则相一致。因此，涂尔干的社会整合思想对社会保障理论的发展作出了重要贡献，且这种社会整合论代表了一种社会保障思想。

此外，社会学家瑞林格从文化因素的角度研究社会保障问题，认为社会的价值观与意识形态对社会保障制度的影响是极大的。从而从另一角度说明了从经济的、政治的角度无法说明的现象。为社会保障制度的理论研究提供了一个新的视角。使我们更清楚和全面地认识到社会保障制度的产生和发展是政治、经济、社会、文化等诸多因素交互作用的结果。

总之，社会保障理论研究必须立足于多学科综合的基础之上，社会保障制度安排必须充分估计各种制约因素的影响程度，其后，才会有科学的理论与合理的制度安排。

(一)西方社会保障的理论流派

现代社会保障制度在现代社会生活中重要性的日益凸显，促进了西方社会保障理论的繁荣。不仅经济学者、社会学者乃至政治学者和政治家均对社会保障问题给予极大的关注和投入了大量的精力，社会福利学者更是不遗余力地推进社会保障理论的发展，并形成了有代表性的理论流派。

1. 民主社会主义理论流派

民主社会主义是在“讲坛社会主义”和“费边社会主义”基础上发展起来的。所谓“讲坛社会主义”又称新历史学派，是第一次世界大战前德国境内较为盛行的一种学说。它反对自由放任的资本主义，主张国家积极干预经济生活，鼓吹劳资合作与实行社会保险、缩短劳动日、改善工作条件等社会政策。该学说主要是由德国的一些教授创立，并因此而得名。该学说对当时德国现代社会保险制度的产生和发展起到了巨大的推动作用。而“费边社会主义”则是指由一些英国学者在1884年成立的费边社，并在此基础上创立的一种社会学说。其主要代表人物是韦伯夫妇。该学说反对暴力革命，主张社会改良主义。主张扩大政府权力来增进社会福利，认为通过私有财产向国家转移实现社会主义，提出向非劳动所得和遗产征收累进所得税，确立全国最低生活标准，国家应采取措施保障居民的生活不低于这个标准，这种渐进的转移支付方式可以实现向“社会主义”的过渡。

在“讲坛社会主义”和“费边社会主义”的基础上形成的民主社会主义的最大特征是借用社会主义的旗号来实施福利国家政策。这一学说首先在第二次世界大战后作为欧洲最大的社会民主党即英国公党诞生，提出了“民主社会主义”的理论纲领，以“政治自由、混合经济、福利国家、凯恩斯主义和平等信念”作为自己的原则指针。主张用国有化和计划经济来推进福利国家政策，倡导劳资合作和通过高额累进税制的再分配方式，以实现收入均等化与社会公平。他们拒绝暴力革命，主张社会改良。主张有限制的市场经济，这种限制就是国家通过政府掌握生产资料与收入分配的所有权，使计划经济得以实现。对待社会福利强调平等与民主，认为福利国家是工业文明和政治民主发展的必然结果。福利国家可以不通过暴力革命的方式达到消除贫困和实现平等的社会目标；培养利他主义的互助精神和社会一体思想；福利可刺激消费和促进生产的发展，进而促进经济的繁荣昌盛。故主张实行全面的社会保障计划。

民主社会主义者始终认为人类社会的进化是必然的，自由放任资本主义社会也必将进化到更加文明的社会，民主社会主义则是资本主义社会发展的高级阶段，而福利国家则是从自由放任的资本主义向社会主义过渡的理想形式。民主社会主义的上述主张的广泛传播，在得到了许多国家社会民主党的认可的基础上，成为社会民主党执政的纲领和政府的现实政策。瑞典等北欧诸多国家社会民主党的福利国家已成为福利国家成功的典范，被称为“福利国家的橱窗”，并因此而风靡一时。

不过，近年来，民主社会主义也在不断发展变化之中，如由过去在社会保障方面的不提倡私人服务到允许私人服务、提倡社会福利民主化等，均表明民主社会主义的理论与思潮正在随着时代的发展而发展。

2. 新自由主义理论流派

新自由主义是相对老自由主义而言的。老自由主义是指 19 世纪初开始出现的主张公民自由，强调国家干预经济生活，反马克思主义的一种资产阶级政治思潮。其主要代表人物是边沁、穆勒、埃斯曼等人。而新自由主义是以当代著名经济学家哈耶克与弗里德曼为代表，它继承了老自由主义的某些思想，但又有所创新和发展，推崇个人主义为基础的自由资本主义，明确反对福利国家政策，故称其为新自由主义。他们认为以自由为基础的私人企业制度和自由市场制度是最好的制度，国家过多干预经济是忽略了市场的能动作用，只能对个人的自我独立起防碍作用；集权主义和社会主义是违背“人的本性”的制度，计划经济更是一条“通向奴役的道路”。20 世纪 70 年代后，由于福利国家遇到了一些前所未有的社会问题，经济发展遇到了困难，导致人们对国家干预和福利国家进行反思，新自由主义理论得以在西方国家日益兴盛，20 世纪 80 年代英国首相撒切尔、美国总统里根推行的削减社会福利计划，维护和推进私有化进程，均受新自由主义理论的影响所致，并已构成了影响国家经济政策和社会保障政策的重要理论依据之一。在社会保障问题上有一套与民主社会主义截然相反的理论主张。新自由主义者认为，福利服务的市场化是明智的选择，应削弱国家的作用，让市场充分发挥其主导作用。政府只是提供最基本的福利，如“安全网”的建立，同时应放弃那些不可能实现的关于建立平等和公正社会的目标。在社会保障制度方面，国家的作用应受到限制，国家应鼓励竞争，反对垄断，在购买和出售服务方面主张不同的经济成分共同参与竞争。

在福利国家方面,新自由主义者明确其具有的制度缺陷:一是威胁了个人的自由。即政府是有福利国家的绝对权威,而公民则失去了自由选择的权利,个人的自由与责任遭到了削弱,再分配政策更是与理想的自由社会相悖。二是福利国家导致了效率的低下。福利国家在服务方面更多地倾向于政治目的,从而偏离了服务对象的利益,导致福利的供求失衡,因而是一种效率低下的方式。三是破坏了经济发展。福利国家实行的高额税制遏制了福利创造者的积极性,助长懒惰情绪,使经济发展失去了动力和竞争力。四是福利国家的政策导致公民习惯于依赖政府,使社会发展出现停滞;而对单亲家庭的保护政策则使家庭缺乏稳定性,家庭的解体速率提高。五是对政府具有破坏力。由于政府权威处于膨胀状态的同时,贫困及国民健康水平等问题依然存在,使政府的信誉受损;另外,福利领域的泛政治化也导致了权力利益的增长。总之,新自由主义理论否定福利国家,进而对现代社会保障制度持否定态度。

3. 中间道路理论流派

中间道路理论的名字源自于1957—1963年担任英国保守党政府首相的英国学者麦克米兰,他与当时两位大名鼎鼎的人物——凯恩斯和贝弗里奇合作出版了一部社会和经济再造计划的著作,书名是《中间道路》。其间确立了介于民主社会主义与新自由主义之间的中间道路的基本理论。该理论有三个基本假设条件:一是资本主义是最理想的体系,它可导致经济的高度增长;二是资本主义虽然优点很多,但同时存在着诸多自身不能解决的问题,如贫困、不平等和失业,这些问题与自由市场体制密不可分;三是认为政府可以最大限度地解决贫困、不平等和失业问题。

作为一种学说的中间道路理论,曾经成为英国、美国和德国经济政策的依据,并促进了这些国家在一定时期出现了经济的繁荣。在社会保障方面,中间道路论者对国家在福利领域的主导作用持肯定态度,强调社会稳定和秩序,它们是社会生活的基础,不公平和贫困剥夺了人的自由和保障权利,对国家和社会的稳定构成了严重威胁和挑战。故国家有责任保障社会的稳定和维护社会秩序,解决贫困与不平等问题,而这些问题的解决只能依靠建立较为完善的社会保障制度。与此相矛盾，中间道路理论又希望对国家的行为加以限制，不赞成国家提供过多的福利，以免造成社会公民对国家的过分依赖，并侵蚀人们的生活意志和自我负责的精神。因此主张国家与个人共同负责，福利的提供者应当是政府，非政府组织和个人共同参与，倡导发展私人的和志愿的福利事业作为国家福利的补充，为社会成员提供更多的服务选择机会。

在对待福利国家方面，中间道路者同样表现出一种矛盾的心态。一方面，认为福利国家是对自由市场消极面的一个回应，是民主发展的自然产物；国家发展社会福利是为了解决自由市场经济中出现的诸多社会问题，而实践也证明社会福利确实在解决社会问题上成效显著：它可缓和社会矛盾、满足国民的特殊需求。因此，市场走向平衡、市场副作用及不公正的解决均需要政府的干预。另一方面，又对福利国家的性质和内涵持批评态度，认为社会救济不可能在更大范围或从根本上达到社会平等，过多的国家福利只能带来负面影响，从而应限制国家的行为。世事多变，到了20世纪90年代以后，各国社会民主党开始选择了淡化左右、取自由主义和民主社会主义之长的“第三条道路”策略，英国首相布莱尔《第三条道路》一书的出版，更是引起欧美国家的广泛关注。所谓“第三条道路”不过是中间道路理论的发展，与中间道路相比，它涉及的范围更宽，见解亦不尽相同，中间道路理论侧重研究解决国内问题的理论，而“第三条道路”则把它进一步扩展至国际问题，如在外交上强调“共同价值观”与“命运共同体”等。而“第三条道路”在内政上仍然采取左右中和的态度，主张刺激经济增长和保持社会公平有效结合的策略。

4. 政治多元论理论流派

政治多元论者认为福利制度是权力分配与利益集团角逐的必然结果。国家是否实行社会保障制度及如何实行，是由谈判决定的，社会保障项目的多寡，水平高低的确立，均取决于各利益集团相互较量的结果。同时，认为不同的利益集团因其力量大小的不同，在社会保障制度的设计与决定过程中所起的作用是不相同的。因此，国家的社会保障事务往往有失公允，政策扭曲是一种常态。可见，社会保障的效果源于权力而不是其保障功能，社会保障作为一种现代国家的公共政策安排，是由力量大的人或集团决定的。处于经济成长期的国家，其社会保障政策主要受资本家及上层社会人物影响;而处于社会底层人士的抗争特别是有组织的抗争在客观上也会构成巨大的压力。

另有学者认为社会保障制度是近代民主政治制度发展的产物,尤其是政治竞争的结果,亦是近代国家官僚体系扩充权力的结果。较有影响的代表人物是德国的著名社会学家韦伯,在其科层理论中提出官僚体系的膨胀与社会福利的扩张是互相纠结的现象。在他的著述中并未直接论述社会福利问题,但后人能够根据其著述中的基本思想与观点归纳推论出社会福利思想的大致脉络。故有学者认为韦伯对当时德国俾斯麦时期实行的社会保险制度基本上持反对态度,因为他认为这些对疾病者、老人、失业者等的保险金给付,是极富家长式及官僚式作风的;亦有人认为韦伯并不反对社会福利,而是反对国家以实施福利为借口进而不加限制实行官僚体系的扩张行为。

可见,政治多元论从一个侧面揭示出了制约社会保障制度安排的多因素性。尤其在民主政治与多党竞争的时代,各利益集团的压力直接决定了国家社会保障制度的设计与实施。

(二)马克思主义的社会保障理论

马克思主义作为一种有着广泛影响的思想体系,对社会保障理论与政策实践的发展具有极为重大的意义。但由于受历史的局限,马克思所处的时代并没有建立起现代社会保障制度,政府对社会福利问题的大量干预并未出现。所以,在马克思主义的创始人马克思的著作中,除在论述社会产品的分配中涉及对劳动者的保障问题外,确实很少见到有关社会保障或社会福利的直接论述。然而,这并不意味着马克思与马克思主义者没有社会福利观。

首先,马克思主义者认为,资本主义的社会保障或福利的产生具有二重性:一方面,资本主义的社会保障或福利只是用以帮助资本家迷惑工人阶级的一种工具;另一方面,它也是工人阶级长期斗争的必然结果。同时,认为资本主义国家的社会保障或福利同样具有双重功能:一是它起到了缓和阶级矛盾、延缓资本主义崩溃的作用,正是从这个意义上说,这种社会保障或福利的公平性也就无从谈起;二是工人阶级确实能从国家福利等制度中得到好处。联系马克思以后的时代,福利国家的兴起,使人们难免对马克思有关资本主义国家的社会福利性质的看法产生怀疑,其实这纯属是一种苛刻的认识。

其次,马克思主义的社会保障理论是以社会再生产理论为基础的。马克思认为,物质资料再生产是人类生存和发展的物质基础,而物质资料再生产是劳动者和劳动资料相结合的过程,在进行物质资料再生产的同时,进行着劳动力的再生产,只有在再生产中将劳动力源源不断地再生产出来,社会再生产才能不断地进行下去。

劳动力再生产包括劳动者的体力再生产和智力再生产。前者是劳动者体力的恢复和身体素质的提高过程,后者则是劳动者劳动技能和知识更新和发展的过程。劳动力再生产的基本手段是消费,包括个人消费和社会消费。在商品经济条件下,消费的条件主要从两方面得到满足:一是由个人通过提供资本或劳动从市场上获取;二是那些没有劳动能力、就业机会和财产的社会成员,只能由政府通过社会保障来满足其基本消费需要。在工业化以前,劳动力再生产主要是通过家庭进行的,而工业化大生产以后,劳动者的劳动风险逐渐增加,失业、工伤等会使家庭保障越来越无法应对新的风险,因而劳动力的再生产也就必然要依赖于社会保障来进行。

再次,马克思主义认为,在社会主义社会里,每个社会成员的生活都必须有保障。而对那些丧失劳动能力的社会成员的生活保障,则应有社会在产品分配给个人之前做必要的扣除。马克思在《哥达纲领批判》中全面阐述了社会主义社会的社会总产品分配理论,指出,在社会主义社会,为了发展社会生产,社会产品在分配给社会成员之前,应该有三项扣除:"第一,用来补偿消费掉的生产资料的部分。第二,用来扩大再生产的追加部分。第三,用来应付不幸事故、自然灾害等后备基金和保险基金的部分。"社会总产品扣除上述三项之后的剩余部分可以用于消费,但在将其分配给个人之前,还必须从中扣除:"第一,同生产没有关系的一般管理费用……第二,用来满足社会共同需要的部分,如学校、保健设施等……第三,为丧失劳动能力的人等设立的基金。"在六项扣除中,前第三、后第三两项说的就是我们现在所理解的社会保险基金和社会救助基金。马克思关于社会产品分配的扣除原理,从社会分配的角度论述了社会保障基金必须在社会产品分配给个人之前所做储备性扣除,这一理论已成为社会主义国家社会保障的重要理论基础。

最后，马克思在谈到有关共产主义社会的构想时，同样体现出马克思主义的福利思想。马克思认为，资本主义必然被社会主义取代，共产主义是人类社会的终极目标。在共产主义社会中，实行生产资料公有制，将自由、正义等视为永恒的真理，人们生活在无阶级、无压迫、无剥削的社会里，分配上实行按需分配，人人平等、生活幸福。这种构想的实质是未来社会应是全体成员均可幸福生活的福利社会。

第二节　深圳经济特区社会保障的基本实践

完善的社会保障制度是现代市场经济的一个重要特征。现代社会保障制度是保证市场经济有序运作和社会稳定的重要支柱。中国要建立和发展社会主义市场经济，经济特区作为中国建立市场经济的“试验场”和“窗口”，必须改革与计划经济相配套的社会保障制度，建立符合现代市场经济要求的具有中国特色的社会保障制度。

一、建立现代社会保障是深圳经济特区的必然选择

从计划体制到市场体制过渡的社会主义国家，建立社会保障具有重要的制度意义：

（一）现代社会保障制度是市场经济体制的重要组成部分

市场经济是一种经济手段，中国的背景里它来自于对传统计划经济体制的根本变革。这种变革必然要求对原有管理体制、企业体制、财政体制、劳动制度以及与之密切相关的社会保障制度等进行重大的改革。因此，市场经济模式在客观上就决定了社会保障制度的发展模式。社会保障制度是市场经济的重要组成部分，是建立市场经济体制的一项主体工程，而不应将其视为市场经济的一项配套工程。

1. 市场经济是效率经济，也是风险与不确定性共在的经济

市场经济的一个特点和优点，就在于它有利于竞争，保护竞争，鼓励竞争，在竞争中创造效益，依靠竞争提高效率，推动社会生产的快速发展。也只有通过竞争，商品生产的价值规律才能得以贯彻。市场经济虽然能够提高效率，却也隐藏着更多、更大的风险，如贫困现象、失业现象、贫富差距扩大化现象、阶级或阶层矛盾激化现象、收入分配不公现象等都会造成严重的社会后果。因此，市场经济体制不会自动消除贫困问题，也无法化解阶层分化带来的不断激化的社会矛盾，即使是历来把自由竞争列为神圣不可侵犯的一些西方学者，也不得不承认无论是发达国家还是发展中国家均存在市场“失灵”和市场机制无法发挥作用的领域。早在19世纪末20世纪初，美国就已经成为发达的工业国家，但它却和英、德等欧洲发达国家不同，没有建立由国家出面举办的社会保障制度。这与美国一向标榜尊重个人、提倡自由的传统有关。美国政府历来认为，社会保障事业，是教会、慈善机构和社会团体的事情，政府不宜干涉。

然而，20世纪30年代的经济危机，迫使美国政府改变了传统的观念和做法。经济危机的巨大冲击使得美国有1500万—1700万人失业，1100万户农民更加贫困，群众性示威游行此起彼伏，他们向政府施压，要求国家、社会向失业者、老人、穷人提供可靠的社会保障。

面对经济危机的恶果，面对强大的社会压力和社会舆论，美国政府开始认识到，一向奉行的“小政府、大国民”的施政方针再也不能继续下去了，国家应像德国、英国那样，由政府直接提供社会保障。1935年，在罗斯福总统的领导和主持下，美国通过了其历史上的第一部社会保障法典——《社会保障法》。经过多年的努力，现在美国已经形成了一个比较大的社会保障网，社会保障项目达到300多项。可见，离开了社会保障体系的保障，市场经济就可能走向价值规律作用的极端，社会竞争终将结下难以咽下的苦果，整个社会经济生活将陷入极度的混乱之中。西方发达市场经济的实践证明了一个道理，完善的社会保障体系和健全的社会保障制度是市场经济不可或缺的润滑剂与维系机制。

2. 市场经济对社会保障具有深刻而巨大的影响

经济发展水平决定社会保障水平。经济发展是其他社会经济活动的物质基础，当然也是社会保障的物质基础。只有在经济发展到一定程度时，社会保障才可能产生；社会保障水平是由经济发展水平决定的。一般情况下，经济发展水平高的国家和地区，社会保障水平就高，反之则低。如果不管经济发展的客观实际而盲目提高社会保障水平，会因其缺乏物质基础而难以实现。社会保障与经济发展的这种制约关系要求人们在制定社会保障政策时，必须充分考虑经济发展的客观情况，将社会保障建立在现实的经济基础之上。

经济发展决定社会保障的构成。社会保障体系是由多种社会保障的具体制度形式：社会保险、社会救济、社会福利等构成的，这些具体的制度形式既相互联系又相对独立。在不同的条件下，社会保障体系中的具体保障形式发挥着不同的作用。在生产力发展水平较低的社会中，消除现存的贫困是社会保障的主要职责，社会救济就成了社会保障体系的核心和主导，占据着社会保障体系的最重要的地位。随着经济发展和社会进步，贫困被风险防范取而代之，社会保险成为社会保障体系中的核心和主导，社会救济则成了社会保险的补充。在经济发展达到更高水平时，社会保险的核心和主导地位又被社会福利所代替，成为政府追求的重要目标，并形成了新的社会保障的制度结构。

3. 社会保障对市场经济的运行有着特殊的实践意义

社会保障在诸多方面维护着公民的切身利益，为市场经济的良性运行奠定了良好的社会环境基础。经济发展和社会稳定是互为条件的，社会稳定必须以各种社会关系的和谐为前提，社会关系和谐的基本条件在于物质关系的妥善处理。社会保障所具有的保障和调节功能及其带来的收入补偿、促进社会公平和社会安定的作用是协调物质利益关系的重要手段，通过社会保障，保障贫困者的基本生活，使社会的收入差距缩小，并提高公民的福利水平，从而缓和社会矛盾，为经济发展创造良好的社会条件和社会环境；反之，则经济发展就失去了良好的社会环境。

社会保障是市场经济运行中宏观调控机制的重要组成部分，缺少社会保障的市场经济是不完善的市场经济。社会保障的初始功能侧重于维护社会稳定，但是，随着经济的发展，政府的经济职能逐渐扩大和加强，社会保障作为政府参与国民收入再分配，其收入和支出已经成为政府调节和控制经济运行的重要手段，具有宏观经济调节功能。特别是在现代市场经济条件下，社会保障作为政府调节社会需求的自动稳定器，在经济调节方面具有其他手段不可替代的作用。由于社会保障支付与经济发展两者存在着反向关系，当经济发展过热时，社会需求过旺，就业者增加，失业者减少，享受社会保障的社会人口也相应少，社会保障需求会自动受到抑制；反之，在经济萧条时，社会需求不足，失业者增加，受社会保障的人口也增加，社会保障支出也会相应增加，从而起到增加社会需求，刺激经济发展的作用。可见，现代社会保障制度是市场经济宏观机制中不可或缺的调控机制，已经成为市场经济体制的重要组成部分。

（二）现代社会保障制度是市场经济体制的客观要求

自1982年经济特区成立，经济特区的社会保障制度是在经济特区建立社会主义市场经济过程中建立和发展起来的。经济特区的社会保障制度曾在职工养老、工伤、医疗、住房、生育等方面保障了广大经济特区人民生活的安定。另外，带有明显的计划经济烙印的经济特区社会保障制度存在着一些明显的问题，主要是社会保障制度与经济发展、深化改革、社会稳定不相适应。经济特区正处于社会结构转型、经济体制转轨同时并进的阶段。遵照邓小平先生关于建设有中国特色社会主义的理论和抓住机遇、深化改革、扩大开放、促进发展、保持稳定的指导思想，加快建立经济特区社会主义市场经济体制，加快经济特区社会主义现代化建设的进程。在这个过程中，对所有制来说，坚持公有制为主体、多种所有制经济共同发展；第一产业劳动力向第二、三产业转移，农村人口向城镇转移；计划经济向市场经济转变，市场竞争机制发挥越来越大的作用。在这种历史巨变过程中，要求社会保障制度必须相应改变，以适应这种需要。

（1）市场经济作为配置社会资源的一种经济组织形式，要求实现资源的充分、合理和有效的利用，以最小的耗费获取最大的经济收益。市场经济之所以具有强大的生命力，主要是因为这里通行着适者生存、优胜劣汰的竞争法则，它可以刺激市场主体不断奋发向上，提高效率；另外，一个重要的原因是它不是将竞争失败者简单地“淘汰”掉，而是将其及其所占有的生产要素重新配置，投入新的生产过程。市场经济中这种竞争、淘汰和重新配置的循环过程，是社会经济不断得以迅速发展的前提。

以人力资源为例，完善的社会保障有利于人力资源的优化配置。人力资源的优化配置的重要前提条件是人才流动渠道的畅通，特别是人才流动没有行政障碍，在社会保障制度不健全，传统社会保障等其他保障制度占据主导地位的情况下，不同部门和行业的保障待遇千差万别，人们在部门和行业之间的流动往往会使其保障待遇丧失，从而阻碍了人力资源的合理流动。完善社会保障制度，就是要使人们的社会保障待遇在一定范围统筹，这有利于解决传统保障所形成的不同地区、不同行业、不同部门、不同企业之间在保障待遇上的差别，使劳动者的保障待遇与其岗位分离开来，促进劳动力资源合理流动和人力资源的优化配置，使人力资源在经济发展中充分发挥作用，推进经济特区经济的加速发展。

(2)随着经济特区市场经济的发展，要求把所有的生产要素均纳入市场中来，生产要素在各个层面展开激烈的竞争，"优胜劣汰"。竞争的结果是部分企业破产、职工失业；即使在党政机关、事业单位的干部其"铁饭碗"也将被打破而端起"泥饭碗"，甚至于失去了原来的工作单位，加入到失业者的队伍。显然，计划经济时代的企业无破产，职工无失业的优越性在这里已荡然无存。因此，经济特区必须建立失业保险基金，一方面，为失业者提供基本生活费用；另一方面，还能重新培养劳动者的技能，使劳动者不致因失业而落伍，使其有机会重新走上新的工作岗位。

(3)市场经济是开放型经济。在经济特区市场经济中，利益主体的多元化和社会分工的复杂化决定了市场经济的开放性。这种开放性，不仅表现为向不同对象开放，向不同地区开放，而且还表现为市场主体的自动调节性和兼容性，从而使市场经济拥有较为广泛的适应与应变能力，构成了一个全方位的开放系统。在这个开放系统中，企业的所有制形式不再只是计划经济时的单一全民所有和集体所有，还出现了股份制企业、外资企业、私营企业等多种经济成分。而市场经济又是一种平等经济，这种平等性表现在市场活动中市场主体地位具有平等性，市场不承认市场主体社会地位的差别，不承认任何超市场的经济特权和政治特权，而只贯彻市场经济的基本规律——价值规律。市场主体根据自己特殊的经济利益积极展开竞争，不受行政支配。这就决定了新的经济成分，特别是外资企业和私营企业，其生存、发展和消亡完全由市场机制决定，它们不可能按照计划经济下国有企业的运作模式承担社会保障责任，一些这类企业甚至采用资本原始积累的办法积累资金，用于扩大再生产，但由于我国缺乏有关的条例和法律，社会保障事业在这里居然无一席之地。至今这些企业的职工大多数还没有实行严格的社会保障，其养老、医疗、工伤、失业等方面的权益得不到保护，其职工的生活失去了起码的保障。因此，在经济特区，外来务工者的基本生存权益问题一直较为突出。

（4）建立、健全经济特区社会保障制度，是国有企业转换经营机制、建立现代企业制度和调整经济结构的需要，是国有企业与非国有企业公平竞争的需要。

长期以来，国有企业形成了就业、福利、保障三位一体的体制，其中心是就业。一个人只要在全民单位就业，也就有了养老、医疗、住房等各种保障和福利。而国有企业深化改革，转换经营机制，实行职工就业方式的双向选择之所以十分困难，就是这种就业体制和社会保障制度造成的。因为，职工如果离开了全民所有制的国有企事业单位，就意味着要失去住房、医疗和养老等各种保障和福利，这是职工无法接受的。同理，在企业调整经济结构和产品结构，实施企业破产、兼并、拍卖、横向联合、组建企业集团时，遇到的难题也是解决富余人员的安置和社会保障问题，这个问题解决不好，经济结构也调整不了。

为了推进国有企业改革，国家曾制定了《企业法》、《破产法》。依据这些法律，那些亏损企业，甚至资不抵债的企业，就应该宣告破产或进行兼并。然而，这些“法”和改革措施要认真实行，难度很大，重要原因就是没有健全的社会保障制度，社会无法保障因破产而失业的劳动者。所以，许多亏损企业只好长期拖延而不能破产，以致造成各级政府的沉重包袱。而且在目前的体制下，国有企业与非国有企业相比，困难之一是退休人员多，社会负担重，特别是一些老国有企业明显处于不平等的竞争地位，在市场竞争中举步维艰。加上目前国有企业实行自负盈亏，企业职工的医疗费、退休费等社会保险费用实际上要由企业自己负担，这就使国有企业的负担更是雪上加霜。同时，国有企业办“社会”，必然耗费大量的人力物力。使国有企业同非国有企业处于不平等的竞争地位，同时新老企业负担不均，也不利于企业之间的公平竞争。因此，要使国有企业和其他类型的企业站在同一起跑线上，平等地参与市场竞争，就必须加快社会保障制度的改革,变企业保障为社会保障,尽力减轻国有企业的多种社会负担。

(5)市场经济的平等性原则,要求经济特区社会保障制度的覆盖面要逐步扩大。市场经济的平等性的重要表现是市场主体的市场地位的平等性上,市场不应该承认市场主体地位的差别,而应采取一视同仁的态度。传统的经济特区社会保障制度中只覆盖到党政机关、事业单位和全民及集体公有制企业的职工。随着改革开放和市场经济的逐步完善,大批外来人口涌入经济特区,成为经济特区建设的生力军。以深圳市为例,1998 年全市人口 395 万,其中外来务工人口达 280 万,他们大多数来自内地,在经济特区很多人不属于受保障的对象。然而在新的形势下,虽然我们没有能力把社会保障制度简单扩大到庞大的暂住人口中去,但像工伤、住院医疗等这些基本的、经常发生的社会保障内容却应加以考虑。否则,这也将违背 WTO 的国民待遇原则。

(6)经济特区市场经济的发展要求建立新型的社会保障模式及管理体制。以医疗保障为例,劳保医疗和公费医疗制度的行政管理部门只管医药开支,对医药处方是否合理,医疗检查是否违规难以监督;而医疗机构则只管看病开药,医疗费用是否超支,财政和企业是否能够承受则无须考虑。这种医疗保健模式使公费、劳保医药费的开支长期居高不下。无论是各级政府还是国有企业都不能容忍这种医疗保障制度长期存在下去。

而与此同时,社会保障制度管理不顺,多头管理,政出多门,互相掣肘。管理的社会化程度和办事效率低的状况,不利于市场经济的健康发展。

因此,在市场经济的新形势下,必须对传统的社会保障模式进行变革,建立起统一的、高效的社会化管理程度更高、覆盖面更广、保障内容更加全面的社会保障新体系。

(三)社会经济发展的“减震器”、“安全网”和“调节器”

1. 深圳经济特区社会经济发展的“减震器”、“安全网”

为了保持社会稳定,任何社会都需要有动力机制和稳定机制。市场经济是现代各国经济发展的首选动力机制,就稳定机制而言,虽然各国因为社会制度和国情的不同而有所差异,但社会保障则为首选的稳定机制。社会经济的进步和发展,任何时代都离不开稳定的社会秩序和社会环境,而各种特殊事件的客观存在，又往往给社会成员造成群体性的生存危机，为避免社会成员因各种原因陷入生存困境而产生破坏或报复性行为，由国家统一管理，通过国民收入的分配和再分配所形成的基金，保障社会成员的基本生活需要和身体健康，防止贫困出现，同时致力于创造良好的经济形势，从而提高社会的就业水平和福利水平，保证经济的稳定发展和社会系统的安全运转。只有社会保障系统与动力机制协调配套，才能形成高效率的社会经济运行模式，避免市场机制的引入造成收入差距的拉大和部分人员失掉稳定的收入，从而同社会发展目标产生矛盾，对动力机制产生严重影响，阻碍或破坏社会经济的发展。因此，在国外把社会保障制度称为社会的"安全网"和"减震器"，把对社会保障的安全作用和需要程度比作维持生命的面包、盐和水。

社会保障制度的这种稳定功能可从现代世界经济社会发展史中得到证明。在西方发达国家中，第一个建立社会保障制度的国家是德国。德国自 1870 年普法战争打败法国后实现了国家的统一，资本主义得到了长足发展，并逐步过渡为垄断资本主义，成为帝国主义国家。当时，资本主义市场经济制度产生了前所未有的高效率，市场经济优越性得以充分展现。同时，社会财富分配不公现象严重，暴发户资本家与赤贫者同时存在，两极分化严重，社会矛盾十分尖锐。当时由于社会主义思想的传播和工人运动的高涨，德国的阶级矛盾亦非常尖锐，俾斯麦首相实行镇压与安抚的两面政策，一方面通过了对工人运动实行坚决镇压的法令；另一方面又通过了三部社会保险立法，通过调节社会再分配，促进工人福利的增加，缓和社会矛盾。当时德皇威廉一世发布第一个保险立法时就直言不讳地说："不应采用镇压办法，而应当采用积极的、注意改善工人福利的办法。"俾斯麦也宣称：社会保险是一种消除革命的投资，一个期待养老金的人是最守本分的，也是最容易被统治的。从社会保障的发展来看，西方发达国家社会保障的大规模发展是在 1929—1933 年经济大危机之后，危机造成了千百万人的失业，增加了社会动荡，为了缓和经济危机所加剧的社会矛盾，西方国家相继推行包括社会保险在内的改良主义政策，实行全面的社会保障，从而使社会保险制度发展到了一个新阶段。这一时期的美国社会保险业的发展最具典型性。

社会保障的稳定功能在社会主义国家也已得到了充分的证明。新中国成立后，由于建立了比较完善的社会保障体系，因此，即使在经济失误、严重自然灾害、“十年动乱”时期，也保障了社会成员的基本生活需要，社会仍是稳定的。正处于改革大潮今天的中国，乃至经济特区，社会的稳定也得益于逐步完善的社会保障制度。

2. 深圳经济特区市场经济运行的“调节器”

人类社会是由许多要素按一定结构组成的具有特定功能的有机整体。它的发展过程是不断进行自我调节以维持其协调发展的过程。社会有机体内部既有动力系统，又有稳定系统，两者互相作用，缺一不可，共同推动社会的发展。但是，各系统之间有时会发生矛盾；社会发展过程中，各种冲突也有时发生，导致社会结构体系各部分之间引起不协调。这就需要借助于各种调节机制，加以缓冲和协调，以校正偏离，使社会经济体系恢复均衡，向前发展。社会保障体系就是一种有效的调节系统。社会保障的调节功能主要表现在政治、经济与社会发展等广泛领域。在政治领域，社会保障既是各种利益集团较量的结果，又是调整它们之间利益的必要手段，在不同的社会制度背景下表现出不同的政治功能。社会主义的社会保障除具备一般的政治调节功能外，特别调节功能促进了社会成员在国家社会和经济生活中的主人翁地位的提高；资本主义条件下的社会保障则强调国民对现存社会制度的依赖意识，同时也调节不同社会阶层的政治冲突和促进政治秩序的长期稳定。现代西方国家党派斗争和政党政治、民主竞选中对社会保障问题的特殊关注，正是社会保障具有不可忽视的巨大政治功能所使然。

社会保障在经济领域的调节功能尤为显著。一是社会保障能够有效地调节着公平和效率间的关系。现代社会的市场经济要解决的是“效率”问题，而现代社会保障要解决的则主要是“公平”。“公平”与“效率”是一对矛盾，同时又互为补充。如果偏重效率则可能引起社会动荡，使市场经济发展的“效率”最终遭到毁灭；而只讲公平则又会导致平均主义，使效率遭到摧毁，从而形成社会经济发展的深层次障碍。所以，处于公平与效率选择两难境地的人们，已充分认识到，没有高效率就不会有公平可言，而没有维持公平的社会保障为后盾，高效率也是不可获得的。在这里社会保障水平越高、规模越大，则国家在公平方面的强制力越大；反之，则反是。社会保障对公平与效率的合理调节，是保持市场经济的适度与可持续发展。

二是社会保障调节公民国民收入的分配与再分配。社会保障资金来源于国民收入的分配和再分配，并通过税收或转移性支付给予保证，进而分配给受保障者，在不同的受保障对象之间横向调节收入分配，在高收入阶层和低收入阶层之间则实行纵向调节收入分配方法。

在社会发展领域，社会保障则有效地调节社会成员的协调发展。对于个人的正常生活、社会经济的正常运行有着重要意义。例如，通过社会保障，维持灾区居民的基本生活，支援灾后的恢复和重建；通过疾病医疗保障，恢复劳动者的身体健康，促进劳动力的正常再生产，保证生产的正常进行；通过特殊社会福利保障，使鳏寡、伤残者得到保障和康复，使整个社会的成员均能够在社会保障的荫护下达到社会公平。

三是社会保障的自动调节经济的"内在稳定器"功能。在西方发达国家，社会保障资金的积累与给付制度被誉为是与所得税和农产品支持制度相提并论的三大制度之一。因为，在经济不景气时期，由于失业人数的增加，更多的人处于贫困线以下的生活状况，社会保障用于失业救济和其他福利方面的支出必然增加。同时，也由于失业增加，收入减少，使得货币积累减少，社会保障的收付状况表现为支出大于收入，或支出的增长快于积累的增长。然而，这种支付大于收入的状况是有积极意义的。正是因为社会保障的支出自动增加，使得国民的货币收入不会大幅度减少，甚或维持在一个相对稳定的水平上，从而减缓了经济萧条程度，保证了消费，从增加需求方面推动经济的稳定发展。在经济繁荣或经济膨胀时期，就业人数剧增，人们收入大幅度增加，其结果，一方面社会保障基金积累速度加快，基金数量增加，规模扩大；另一方面，由于人们生活的改善，更多的人脱离了贫困状况，社会保障用失业救济和困难补助及其他社会保障方面的支付却减少了，社会保障表现为收入或积累大于支出。此时，社会保障基金增加，给付减少，又在一定程度上相对减少了个人收入量，并在需求旺盛中起到一定的抑制的作用，有利于经济的稳定发展。可见，经济萧条时社会保障基金自动减少，起到激励经济的作用；经济繁荣时期，社会保障基金自动增加，起到抑制经济的作用。这就是社会保障被称为“内在稳定器”的原因。

（四）社会经济发展的“加速器”、“互助器”和人类文明的标志

1.深圳经济特区社会经济发展的“加速器”

社会保障制度的发展史表明，社会保障制度已由产生初期的稳定和调节功能，发展到具备促进社会经济发展的功能。一是社会保障已由一种被动的、消极的、事后的补救性机制，转为主动的、积极的、事前与事后相结合的保障机制，从而为促进发展提供了制度基础；二是随着社会保障范围、保障规模的扩大和积累基金的日益庞大，使社会保障具备了促进社会经济发展的实力；三是当代社会经济的发展，客观上要求社会保障具备促进发展的功能。可见，社会保障与社会经济发展是相互影响相互促进的。一方面，社会保障制度的建立与完善离不开社会经济的发展，现代社会保障制度就是社会化大生产的产物；另一方面，社会经济的发展又离不开完备的社会保障制度，社会保障制度能够促进经济的发展。从人类社会的发展历史和现状可以看出，越是发达的国家，社会保障越是发达，越是要发展的国家，就越要首先发展社会保障事业。故社会保障体系被称为市场经济的“加速器”。

社会保障制度对社会经济发展的“加速器”功能除上面讲到的几种外，还主要表现在以下几个方面：

首先，在当代社会尤其是市场经济条件下，竞争已成为一切社会经济活动的普遍现象，各国经济的竞争是科学技术的竞争，而科学技术掌握在劳动者手中，所以这种竞争也就演化为人才的竞争上，人才即为高素质的劳动力。社会保障制度中的医疗、工伤、失业、住房等保障项目充分地保障社会成员的身体素质和精神素质的提高，而较高的劳动力素质是社会经济发展的重要保证。

其次，社会保障制度可为经济增长筹集资金，促进社会经济的发展。由于基金式的社会保障制度具有较强的储蓄功能，国外许多国家，特别是发展中国家都十分重视利用基金式社会保障制度增加本国储蓄，为经济发展筹集资金。利用社会保障所筹集的资金，用于投资新建各项社会基础设施，弥补资金不足的困难，扩大投资规模，直接促进某些产业的发展，进而有力地促进社会经济的发展。

再次，能够促进政府有关社会政策的实施，如社会保障对象通常不分性别的

做法极大地促进了男女平等,教育福利有助于义务教育的普及,养老保险与家庭津贴等有利于生育政策的实施等。

最后,能够促进社会文明的发展与进步,如社会保障为社会成员提供的安全保障,有助于其消除不幸事件或特殊事件的恐惧心理,增强自信心,树立起互助互济、自我负责、积极向上的新观念。

2. 深圳经济特区社会经济发展的"互助器"和社会文明程度的重要标志

社会保障的"互助器"功能是指社会保障金在筹集和分配使用中统筹互助互济的特征。分散风险与风险共担不仅是商业保险的专利,也是现代社会保障制度的基础。现代社会保障制度中的保障资金来源于包括税收、缴费、捐献等多种方式,又被支付给受保者及需要者,这种分配机制其实是一种风险分散或共担机制,风险共担本身是以互助为基石并在互助中使风险得以化解的;同时,构成社会保障体系重要组成部分的社会福利与社会服务,更是在本质上体现出互惠互助以及在互惠互助中他助与自助,因为每个劳动者遭遇的特殊情况是不一样的,社会保障的需要量也不尽一致,有多有少,因而每个受保者的社会保障资金的扣除、储蓄和分配、使用,在数量上、时效上是不相等的。有的人分配使用数量可能多于扣除、储蓄的数量,有的人分配使用则少于扣除、储蓄的数量,这样使受保者之间的互相调剂成为可能和现实。

在当代社会,生产的社会化与生活方式的社会化,及市场经济的作用和人类的私欲,使完全的自助与他助成为不可能,也是无法实践的。而强调互惠互助,同时充分发挥社会成员自助与他助的作用,将有利于正确理解社会保障制度,也更有助于社会保障制度的持续、健康发展。

社会保障制度还是衡量社会文明程度的一个重要标志。现代社会保障制度是与工业化大生产和市场经济相适应而产生和发展起来的。如果从1601年英国颁布《济贫法》算起,至今已有四百多年的历史。如果从具有真正意义的社会保障制度,即从1883年至1889年间德国俾斯麦政府时期颁布的三项保障法案算起,至今也有一百多年的历史了。社会保障制度由于具有调节国民收入再分配的作用而被称为"人类伟大的社会发明",是人类文明进步的产物,是社会现代化的标志。任何一个文明的国家和社会,都必须在发展经济、增加社会财富的同时，造福于人类和社会。从现代社会来说，一个国家的社会保障制度水平的高低，已经是这个国家经济、政治、文化和社会生活文明程度的一个集中体现。目前，世界上已有140多个国家和地区实行了社会保障，并作为政府的一项重要职责和国家的一项重要社会政策。无论是发达国家，还是发展中国家都在努力发展经济的同时，积极建立和健全社会保障制度，且社会保障制度的建立和健全，对于保证这些国家的社会经济发展和人民生活水平的提高起到了重要的作用。

二、深圳经济特区社会保障的制度变迁

创办经济特区，是推进中国改革开放和现代化建设的一项重大战略。深圳市作为诸多经济特区的成功典范，其社会保障制度的演进与实践具有很强的代表性，这为我们考察经济特区的社会保障制度提供了例证，对其社会保障制度的考察、剖析，折射出一般的理论与制度意义。

(一)建立社会保障制度的基本原则

1. 公平性原则

所谓"公平"是指公正、平等，它是政府追求的一个重要目标，也是政府行为中的重要原则。社会保障制度属于公共产品、公共资源在公共领域中的分配，因此，缓和社会不公平、创造并维护社会公平，是社会保障制度安排的基本出发点，也是社会保障政策实践的归宿。尽管各国各种模式的社会保障制度安排，在公平上存在着一定程度的差异，但制度的建立与运营均以公平为基本原则。这种公平性，主要表现在以下几个方面：

(1)保障范围的公平性，即不对保障对象的性别、职业、民族、地位等方面的身份有所限制，社会保障实现的是全体国民社会保障权益的公平性，社会保障实现的也是覆盖范围内的所有社会成员在社会保障权益方面的公平性。

(2)保障待遇的公平性，即社会保障只为国民提供基本生活保障，超过其上的需求从社会保障中是得不到解决的。

(3)保障过程的公平性。社会保障为社会成员解除了后顾之忧，从起点到结果的整个过程看，通过资金的筹集与保障待遇给付，缩小着社会成员之间发展结果的差距，实现保障全过程的公平。

2. 效率性原则

效率是指某种行为的有效程度。它不是一个特定的经济学概念,它可以用来衡量经济行为的有效程度,也可以用来衡量各种行政行为的有效程度,前者为经济效率,后者为行政效率等。社会保障的效率原则是指社会保障制度和政策要有利于促进社会资源的优化配置,有利于提高社会保障制度和政策本身的有效程度和行政效率,有利于全民福利的普遍提高。

社会保障的效率原则首先要求提高社会保障的行政效率。社会保障的行政效率是指组织管理社会保障活动的有效性。提高社会保障行政效率的关键是建立一个科学合理的社会保障管理体制,建立这一体制应本着和谐与高效的原则。

社会保障的效率性原则要求社会保障制度和政策要最大可能地增加社会保障支付的社会效用,提高社会保障基金使用的有效程度。在社会保障基金有限的条件下,社会保障的社会效用最大化应作为社会保障基金使用的最高目标。这里的关键是合理界定社会保障范围和对象,按其不同的经济状况设计不同的保障标准,是社会保障真正成为低收入阶层最低生活的“安全网”和“稳定器”。

社会保障的效率性原则还要求社会保障制度和政策要有利于人力资源的优化配置,有利于提高经济运行效率。社会保障是一种保障社会安全的制度,是以保障社会成员生存权利和基本生活为目标的再分配制度。社会保障具有保证劳动力再生产的功能,该功能直接关系到人力资源的配置状况,制约经济运作的效率,因此,在制定社会保障制度和政策时,理应充分考虑对人力资源的影响,考虑有利于提高经济运行效率,这本为社会保障的经济目标,而这一目标的实现主要依赖于社会保障制度对劳动力再生产的合理保障,以及对人力资源合理流动促进作用的发挥。

3. 福利性原则

福利性原则,也称为互济性原则。在当代,因福利概念的广泛性而受到经济学家、社会学家及政治学家的高度重视。在很多时候或很大程度上,福利几乎已成为社会保障的代名词。所谓福利性原则,是指相对于社会成员个人而言,其在社会保障方面的收入大于其支出。它强调的是社会成员在社会保障方面的交易成本低于所获得的保障待遇,即具有福利性。福利性原则表明社会保障虽然可以引进一定的市场机制，但它在本质上却是市场机制无法调控的，这就要求国家必须提供必要的社会福利，否则那些缺乏自我保障能力或自我保障能力不足的中下层社会成员将陷入生存危机而无法自拔。因此，我们可以根据社会经济发展水平适时地对社会保障的范围进行调控，但在政策实践中应当坚持福利性的原则。

4. 互济或互惠制原则

与福利性较为相近的是互济性，它既是社会保障制度赖以存在的基础，也是整个社会协调发展的重要保证。在理论与实践中，互济性其实是以互惠为基础的。互济或互惠制是从家庭中成员之间的互惠与互助的关系，逐步扩展到邻里与社区，直至整个社会的一种制度。社会保障制度不过是该种互济与互惠制的一种强化、固化和规范化而已。因此，社会保障是一种通过"劫富济贫"的方法对整个社会成员进行再分配的过程，也是贫富社会成员在同一社会、同一制度下获得共同发展的有效的协调机制。

5. 适度性原则

所谓"适度"是指社会保障标准要控制在合理的限度内，不能过高，也不能过低。这个合理的限度主要受以下几个因素的制约：一是受生产力水平的制约。由于社会保障所需要的物质财富是社会总财富的一部分，因此，社会保障水平的高低首先要受到一定时期社会财富创造能力的制约，社会保障水平的高低应与生产力水平相一致。二是受一定时期的消费水平制约，通常表现为一定时期的消费物价指数。由于社会保障的支出最终是要通过购买消费品来实现的，因此，社会保障水平的高低直接决定于当期的消费物价指数的多少。三是受社会伦理道德标准制约。社会保障首先要保障的是社会成员的最低生活需要，保护其基本生存权利，但最低生活需要标准的确定通常并不只是满足人的最低生理需要，社会伦理道德在这里起着举足轻重的作用。

6. 强制性原则

由于社会保障制度较高程度地体现了国家的意志，需要利用国家强制力量组织实施。首先，社会保障制度是国家和社会给予社会成员的一种经济福利，它通过资源的再分配，达到对全体社会成员，尤其是弱势群体的保障。再分配过程中,受利益驱使,某些集团成员为逃避责任,甚至阻挠这一过程的顺利实施,因此,必须动用国家强制力进行干预。其次,为使大多数社会成员与社会进步、经济发展具有同步性,达到保障国民生活的目标,社会保障制度必须保证保障的最大范围。这样客观上就要求国家采取强制力量,将符合条件的所有社会成员均纳入到社会保障体系中来。实践证明,强制性贯穿于社会保障制度的始终:强制加入、强制收缴、强制费率直至强制实施。

7. 普遍性与选择性原则

社会保障的普遍性原则是在1942年贝弗里奇起草的《社会保险及相关服务》政策研究报告中提出的一项基本原则,它要求国家在确定社会保障制度时,其对象、范围不能只局限于贫困阶层,而应考虑全体国民均能够享受到相应的社会保障与福利。该原则符合社会保障制度对社会公平、公正的追求,体现了人类社会的崇高目标,被许多国家所认同,并成为其普遍遵循的一项重要原则。

选择性原则是指根据国家财政状况和受保者的经济收入水平及对社会保障的需求程度,有区别地安排社会保障项目、对象范围、筹资方式和待遇水平等。该原则主要是强调效率优先的国家和发展中国家在社会保障制度安排时遵循的一项基本原则。此社会保障制度显然不可能是全民保障,它旨在保障社会成员不同的社会保障需求,亦以不构成财政包袱为限。因此,选择性原则的实践其实为普遍性原则的落实创造了条件。现实中,普遍性原则与选择性原则在许多国家相伴而行是一种常态。我们不能将二者对立起来,而是应当承认这种现实状态的合理性和过渡性。

8. 多样性原则

世界各国及同一个国家的不同发展阶段社会保障制度的巨大差异性,明显地体现出了社会保障的多样性原则。而形成这种多样性的真正原因是各国之间的国情差异与地域差异、各国之间的文化传统差异、各国国民的具体需求差异与价值偏好的差异等。多样性原则包括:一是社会保障制度模式的多样化,以适应不同的社会群体的不同需求;二是社会保障项目结构的多样化,一种社会保障制度不能涵盖社会保障制度的全部内容;三是社会保障水平结构的多样化,表现为社会保障项目在待遇水平上体现出高低不同的水准。

9. **正式与非正式制度结合性原则**

制度经济学认为:“制度是管束人们行为的一系列规则。”制度提供的一系列规则又可分为国家规定的正式约束与社会认可的非正式约束,即正式制度与非正式制度。正式约束是指人们有意创造的一系列政策法规。非正式约束是指人们在长期交往中无意识形成的,具有持久的生命力,并构成了代代相传的一部分。它包括价值信念、伦理规范、道德观念、风俗习性、意识形态等。

正式与非正式制度结合性原则是指国家虽然不能把非正式的社会保障制度直接纳入到正式的社会保障制度中,但却可积极引导并发挥各种非正式社会保障制度的作用,两者有机结合,形成优势互补,这必将放大整个社会保障体系的效能。尤其对具有家庭保障传统的国家来说,将家庭保障作为社会保障的基础,社会保障的正式制度与家庭保障的非正式制度相互结合,必将促使整个社会保障制度步入稳定、健康、良性的发展轨道。正如前国际劳工局局长弗朗西斯·勃朗夏指出的那样,“在支持家庭作为其成员的代理人享受保障方面,社会保障的重要性是不容忽视的。就其固有的目标而言,社会保障应有助于加强家庭关系的稳定性,这种稳定性本身就是社会保障系统保护收益人的先决条件”。①

(二)深圳市社会保障制度的变迁轨迹

深圳经济特区社会保障制度的演进过程大体分为三个阶段:制度的初创期、制度快速发展期或调整期和制度的完善期。深圳经济特区各社会保险制度受各不同发展阶段的经济、社会、国家政策以及观念和理论认识等时代背景的不同影响,建立的时间不尽相同,社会保险制度的变迁时点呈现出极大的差异。

1. **养老保险制度变迁轨迹**

(1)养老保险制度的初步探索时期(1982 年 1 月—1992 年 4 月)

1982 年 1 月,深圳市开始根据《广东省经济特区企业劳动工资管理暂行规定》进行养老保险制度改革的探索,建立了合同工、全民工、临时工和集体单位

① 国际劳工局:《展望二十一世纪:社会保障的发展》“序言”,劳动人事出版社 1988 年版,第 6 页。

固定工养老保险制度。1983 年 11 月①,深圳市政府颁发《深圳市实行社会劳动保险暂行规定》,1985 年颁发《深圳市全民所有制单位退休基金统筹试行办法》及其配套文件,1987 年 3 月颁布实施《深圳市临时工社会劳动保险试行办法》,1987 年 12 月颁布了《深圳市区(县)以上集体所有制单位退休基金统筹试行办法》。

1989 年年底,国务院把深圳市作为全国社会保险综合改革的两个试点城市之一。深圳市根据人员年龄结构比较年轻的实际,借鉴新加坡公积金制度的成功经验,并结合社会主义市场经济的特点,探索建立一种新型的养老保险制度②。

1982 年,深圳市劳动局成立保险科,负责合同制职工社会保险工作,这是全国首个社会保险机构;1983 年年初,深圳市在全国最早成立了社会保险专门管理机构——深圳市劳动局社会劳动保险公司,着手对全市社会劳动保险业务实行专业管理;1991 年 7 月,在深圳市社会劳动保险公司的基础上成立深圳市社会保险局,对社会保险进行统一集中的社会化管理。

(2)养老保险制度的快速发展时期(1992 年 5 月—2003 年 12 月)

深圳市先后颁布了一系列相关规定和条例,建立了统一管理的养老保险制度。1992 年,深圳市政府通过了《深圳市社会保险暂行规定》和《深圳社会保险暂行规定职工养老保险及住房公积金实施细则》,进行社会保险制度综合改革,在全国首创社会共济与个人账户相结合的新型养老保险模式;1996 年 5 月颁发《深圳市基本养老保险暂行规定》,对原有各项保险制度进行了统一改革,规范了各类用人单位各类人员的养老保险政策,并将机关事业单位的工作人员纳入全市统一的基本养老保险制度;1997 年深圳市政府通过了《深圳市企业补充养老保险方案》,建立了企业年金制度;1998 年深圳市人大常委会通过并于 1999 年 1 月 1 日实行《深圳经济特区企业员工基本养老保险条例》,1999 年 11 月,

① 1983 年,新招工人实行劳动合同制的范围扩展到全市各种所有制单位,比全国范围内推行劳动合同制早 3 年多。

② 《深圳市社会保险志》编纂委员会:《深圳市社会保险志》,海天出版社 2004 年版,第 49 页。

《深圳经济特区企业员工基本养老保险条例若干实施规定》发布施行，改变了以前企业养老保险依靠行政手段才能推行的局面；2000 年深圳市三届人大三次会议通过了关于修改《深圳经济特区企业员工基本养老保险条例》的决定，颁布并于次年 2 月 1 日执行《深圳经济特区企业员工社会养老保险条例》，成为企业基本养老保险制度基本规章；2002 年 9 月 1 日，《深圳经济特区企业员工社会养老保险条例若干实施规定》发布施行。

深圳市对社会保险管理部门及其职能进行调整与规范：1992 年 6 月，深圳市社会保险局调整为市劳动局的二级局，并更名为市社会保险管理局。各区设区社保局，实行市、区双重管理；1995 年 7 月，深圳市确立了市、区、镇三级垂直管理的社会保险管理体制。1996—2000 年，深圳市社保局将大型企业集团经办本企业及辐射区域社会保险业务的代办权纳入市社保局管理；2001 年下半年，深圳市将由民政局负责的农村养老保险工作划转社保局；2001 年 12 月，明确了市社保局为市政府授权管理全市养老保险的直属单位。

(3)养老保险制度的完善时期(2004 年 1 月至今)

2006 年 8 月和 12 月，深圳市分别颁布实施新的《深圳经济特区企业员工社会养老保险条例》及其《实施规定》，对现行养老保险制度计发办法等进行了较大的修改。

深圳市政府出台了《深圳市宝安、龙岗区城市化人员基本养老保险过渡办法》，实现了农村养老保险与城镇员工养老保险对接与并轨；组建深圳市劳动和社会保障局，成立市社会保险基金管理中心。2004 年，撤销原深圳市劳动局和原深圳市社会保险管理局，组建深圳市劳动和社会保障局。2004 年，成立了深圳市社会保险基金管理中心。

2. 医疗保险制度的变迁轨迹

(1)职工基本社会医疗保险的初创阶段(1992 年 8 月—1996 年 6 月)

深圳市相关单位于 1990 年起草了《深圳市医疗保险实行方案(讨论稿)》，1992 年 3 月开始在沙头角镇进行职工医疗保险改革试点。深圳市政府于 1992 年 5 月 1 日正式颁布了《深圳市社会保险暂行规定》和《深圳市社会保险暂行规定医疗保险实施细则》，同年 8 月 1 日在全市范围内推行。深圳市以此为标志，拉开了改革公费医疗和劳保医疗的序幕，在全国率先对医疗保险进行改革的实践，建立了统一的职工社会医疗保险制度，医疗保险制度实行了简化的“统账结合”模式。

1991年成立的独立医疗保险专业管理机构——深圳市医疗保险管理局对医疗保险进行统一管理。首次确立了医疗保险基金统一筹集、统一管理、统一使用，参加医疗保险的职工选择定点医疗，约束约定医疗单位、医务人员和医疗保险享受者的行为等社会医疗保险的基本原则和措施，具有重要的意义。

（2）职工基本医疗保险的完善阶段（1996年7月—2003年6月）

深圳市政府1996年5月颁布了《深圳市基本医疗保险制度深化改革方案》和《深圳市基本医疗保险暂行规定》，并于同年7月1日在全市推行统账结合医疗保险新模式——“深圳模式”。《暂行规定》就成为1996年5月—2003年6月间，深圳市基本医疗保险的根本制度。

“统账结合”的“深圳模式”，将医疗服务分为两个板块，由个人医疗账户和统筹医疗基金分别进行费用支付，个人医疗账户与统筹医疗基金间又相连通，但相通的门槛较高的“统账结合”模式即“深圳模式”。它与“两江模式”、青岛的“三金模式”和“海南模式”成为“统账结合”改革过程中的几种有代表性的独创模式，对全国其他城市有重大的借鉴意义。

实现了基本医疗保险的多形式：综合医疗保险（含门诊、住院）、住院医疗保险和特殊医疗保险三种形式。综合医疗保险参保对象主要是有深圳户籍的在职职工和退休人员；住院医疗保险参保对象主要是非深圳户籍的在职职工和深圳户籍领取失业救济金的失业人员。非深圳户籍的在职职工经用人单位申请也可参加综合医疗保险。多形式的基本医疗保险在全国首创了将非户籍职工纳入基本医疗保险体系，充分考虑了深圳市外来务工人员较多的现实，满足了其基本的住院医疗需求，保证了对不同需求人群给予不同程度的保障。

（3）全方位、多层次社会医疗保险体系的探索和初建阶段（2003年7月—今）

深圳市政府于2003年5月27日颁布《深圳市城镇职工社会医疗保险办法》，2005年2月23日颁布《深圳市劳务工合作医疗试点办法》，2006年5月12

日颁布《完善深圳市劳务工合作医疗制度方案》和《深圳市劳务工医疗保险暂行办法》，2007年8月1日颁布《深圳市少儿住院及大病门诊医疗保险试行办法》，2008年10月1日颁布《深圳市非从业居民参加社会医疗保险补充规定》和2008年1月30日颁布《深圳市社会医疗保险办法》①。

深圳市已经初步建立起全方位、多层次多形式医疗保险体系。深圳社会医疗保险不分户籍，凡在深圳的劳动者、学生、儿童等基本做到了应保尽保，满足不同社会成员的医疗需求；实行基本医疗保险（包括综合医疗保险、住院医疗保险、农民工医疗保险、少年儿童及门诊大病医疗保险和非从业人员医疗保险、大学生医疗保险等几种形式）、地方补充医疗保险、公务员医疗补助和企业补充医疗保险、商业性医疗保险等制度保障。实现了以城镇职工基本医疗保险制度为主，以补充医疗保险和商业保险为辅，以社会医疗救助为底线的多层次的医疗保障体系。

健全约束机制，加强监管，全方位的医疗保险立体监督体系。深圳建立了医保监督员管理制度；出台了《深圳市城镇职工医疗保险违规行为举报奖励办法》等。这些制度构成了医保全方位的立体监控网。

3. 失业保险制度的变迁轨迹

（1）深圳市失业保险制度的初创阶段（1982—1986年）

深圳市从1982年1月开始对外商投资企业合同制工人试行社会保障基金统筹，并推行失业公积金制度。1983年11月，《深圳市实行社会劳动保险暂行规定》社会保险费中已包括待业保险费，失业保险制度主要采取救济模式。

从1986年10月起，深圳市失（待）业保险的覆盖范围进一步扩大到国营企业、内联企业和中央、各省（市）、部队驻深企业的全部职工以及机关事业单位和县以上集体企业的合同制工人。

深圳市实行市、区/县二级社会保险管理体制。市一级，1986年9月，市劳动服务公司设立"待业职工管理科"；在区县级，自1986年10月，罗湖、上步、南头、沙头角区及宝安县劳动局相继在所属劳动服务公司成立待业职工管理机构

① 2009年4月30日，深圳市政府法制办发布公告称该《办法》将面临再次修改。

或指定专人负责此项业务。

深圳市失业保险制度的设计，作为固定工制度、劳动合同制改革的配套产物，具有配套性特征。覆盖范围小，仅包括外资性质和公有性质的企业和单位。保障层次较低，失业待遇仅包括待业救济金，以维持待业者的基本生活，属于失业救济模式。

（2）深圳市失业保险制度的规范阶段（1987—1997 年）

1996 年深圳市劳动服务公司下发《深圳市失业保险费缴纳暂行规定》、《深圳市失业救济金发放暂行规定》，1997 年《深圳经济特区失业保险条例》，在制度上实现了失业保险的全覆盖和失业保险基金全市统筹的规定。

管理机构逐渐完善，1995 年 9 月，市劳动局成立失业保险基金管理领导小组，负责审批基金使用，失业保险基金进入规范化管理阶段。

（3）深圳市失业保险制度的统筹发展阶段（1998 年至今）

1998 年深圳市政府颁布《深圳市失业员工管理暂行规定》，2000 年 7 月，市劳动局、财政局联合发出《关于实行失业保险基金全市统筹的通知》，从 2000 年 7 月 1 日起实行失业保险基金全市统筹。2000 年 12 月，失业保险基金实现了全市统筹。

2000 年深圳市发布《关于深圳市国有企业下岗员工与失业员工管理工作并轨的通知》，实现全市国有企业下岗与失业并轨。

2002 年，失业保险的职能正式划归深圳市社保局，实现全市社会保险工作全市统一集中管理和社会保险费合并统一征收。2004 年社会保障局与劳动局合并为劳动与社会保障局，下设深圳市社会保险基金管理中心。

2004 年深圳市开始建立机关事业单位雇员失业保险制度。6 月市政府发布《深圳市机关事业单位雇员管理试行办法》、《深圳市事业单位职员管理办法（试行）》和《事业单位职员社会保障暂行规定》。

深圳市根据户籍职工和外地务工者的不同情况，合理确定失业保险的覆盖范围；明确了失业保险金的筹集、缴付的方法与标准；明确了失业保险金的使用范围，把失业保险与职业介绍、就业培训和生产自救等再就业结合起来。

4. 工伤保险制度的变迁轨迹

(1)制度的初创阶段(1984—1993 年 11 月)

深圳经济特区从 1985 年开始,就着手对工伤保险制度进行调查研究,1990 年 4 月深圳市政府颁布了《深圳经济特区工伤保险暂行规定》,经过 3 年多的运行,1989 年 7 月,深圳市政府颁布《深圳经济特区伤、病、残劳动能力鉴定暂行办法》,建立了劳动能力鉴定程序和制度。1990 年 4 月,深圳市政府颁布《深圳经济特区工伤保险条例暂行规定》,8 月正式实施,宣告深圳市社会化保险制度正式建立。

1993 年 6 月,深圳市劳动局颁布《深圳市职工因工(公)负伤与职业病评残标准》,1989 年 7 月,深圳市成立了由市劳动局、卫生局、总工会、人事局、民政局等部门人员组成的医务劳动鉴定委员会。

深圳市工伤保险制度设计初步体现了工伤保险与工伤预防、康复相结合以及保障与经济补偿相结合的原则,实行工伤保险的缴费差别费率制,工伤保险管理实现了社会化。

(2)制度的发展阶段(1993 年 12 月—2000 年 1 月)

1993 年 12 月,经深圳市人大通过并发布了《深圳经济特区工伤保险条例》,并于翌年 5 月 1 日施行。1994 年 11 月,深圳市政府颁布《〈深圳经济特区工伤保险条例〉实施细则》。

1995 年 7 月,深圳市社保局和深圳市医保局合并,成立新的深圳市社会保险管理局,统一管理全市养老、医疗和工伤保险工作。1996 年,深圳市各区在原区社会保险、医疗保险机构基础上组建分局,分局下设立沙头角等十八个社会保险管理站,并形成了“市、区、镇”三级社会工伤保险垂直管理格局。

《深圳经济特区工伤保险条例》是全国第一个地方人大立法通过的工伤保险条例,标志着深圳市工伤保险制度迈上法制化轨道。法制化层级提高。

(3)制度的调整阶段(2000 年 2 月—2004 年 1 月)

2000 年 1 月,深圳市人大常委会通过《深圳经济特区工伤保险条例修正案》。2001 年 1 月,宝安、龙岗两区全面适用《广东省工伤保险条例》和《〈广东省工伤保险条例〉实施细则》。2001 年,深圳市社保局加强对工伤医疗的管理,公布并实施了《深圳市工伤医疗管理办法》。2002 年 9 月，深圳市政府公布并实施了《〈深圳经济特区工伤保险条例〉实施细则》。

2001 年 1 月，宝安和龙岗开始执行《广东省社会工伤保险条例》和《〈广东省社会工伤保险〉实施细则》，特区内仍执行《深圳经济特区工伤保险条例》，深圳市工伤保险形成了“一市两法”管理体制特点。

（4）制度的统一阶段（2004 年 1 月至今）

深圳市人大常委会审议并决定，于 2004 年 1 月 1 日起实施国务院《工伤保险条例》。同年 2 月，《广东省工伤保险条例》施行，作为对国务院颁发的《工伤保险条例》的补充，深圳市参照执行。

制度覆盖所有劳动者，保证了任何职工只要是工伤，均有权享受工伤保险待遇。

5. 社会保障法规体系

社会保障法治体系是指调整一个国家或地区的社会保障关系的法律规范的总和，它包括国家立法机关制定的社会保障法律和国家行政机关颁布的社会保障法规、命令和条例等。对社会保障而言，法治系统是统率性的、规范性的、最高层次的系统，也是最基础的系统，它作为社会保障制度运行的客观依据和行为准则，同时也是实现社会保障制度良性运行的可靠保证。

在现代社会保障制度的发展进程中，以法律为依据，在管理机构的监管下采取强制方式实施，是其最基本的特征之一。先立法、后实施，是社会保障制度的内在要求，通常以立法机关制定或修订机关法律、法规在先，管理部门制定相应的实施细则在后，最后才是具体组织实施社会保障的项目。从某种意义上说，中国乃至经济特区需要的不是更多的经济学，而是更多的法律。当然，社会保障并不完全排斥市场机制发挥作用，如部分社会福利项目可以走产业化道路，养老保险基金亦可以尝试商业运营，但社会保障本质上只接受计划调控和行政主导。因此，即使是在高度发达的西方国家，在社会保障这样的公共领域对是否引进市场机制亦采取谨慎的态度。

构成深圳特区社会保障法规体系的主要是：1992 年颁布的《深圳市社会保险暂行规定》；1993 年颁布的《深圳经济特区工作保险条例》；1996 年颁布的《深

圳市基本养老保险暂行规定》、《深圳市基本医疗保险暂行规定》、《深圳经济特区失业保险条例》;2004 年 1 月 1 日国务院颁布的《工伤保险条例》等。

(三)深圳市社会保障的制度改进

深圳市的社会保障经过 30 年的探讨和实践,社会保障制度无论在机制上、管理上,还是在法规的完善程度上,都已取得了较好的成绩,为进一步深化改革积累了宝贵的经验。但是,对深圳的社会保障制度也要有一个清醒的认识和客观的评价,总结经验,明确方向,为今后的改革、发展提供保证。

1. 深圳经济特区社会保障制度的特点

深圳经济特区建立 30 年来,贯彻国家的方针政策,结合深圳的实际,勇于探索,大胆实践,逐步架构起覆盖面比较广泛、保障项目比较齐全、资金运作良性循环、社会化程度较高、法规制度比较完备、具有鲜明经济特区特色的社会保障制度。

(1)覆盖全社会的统一社会保障制度

世界各国社会保障管理体制因各国不同的政治、经济、文化、社会背景和历史传统不同而存在着很大的差异,但归纳起来主要有三种模式,即集中统一管理模式、分散管理模式、集散结合的管理模式。

集中统一管理模式是指把养老保险、失业保险、医疗保险、工伤保险以及其他社会保险项目统一在一个管理体系内,建立统一的社会保障管理机构,集中对社会保险的各项险种基金营运、监督等实施统一管理的模式。

集中统一管理模式的优势表现为:一是有利于社会保障的统一规划,统一实施,统一监督,避免出现政出多门,多头管理所产生的诸多利益冲突;二是有利于社会保障项目间、运行机制各方面的协调;有利于社会保障基金的集中管理和一定范围内的相互调剂,充分发挥社会保障的互济功能;三是有利于精简机构,降低管理成本;四是有利于社会保障业务和基金的集中管理,增强透明性,从而有利于社会监督;五是有利于企业从应付多头管理中解脱出来,减轻工作量,提高工作效率。

当然,这种模式也存在着局限性:一是一些社会保障项目的管理与政府业务主管部门难以协调,影响管理效果;二是该模式往往以国家行政管理为主,受到行政干预较多。

覆盖全社会的统一社会保障制度除管理制度、保障方式和办法的统一外，社会全体成员都应享受到相应的保障。

传统的经济特区社会保障项目主要覆盖国有单位，实行的是“高福利、窄覆盖”政策，这与深圳经济特区迅速发展变化的所有制结构格局和各类经济成分的迅猛发展形成强烈的反差，阻碍着劳动力市场的形成和发展，阻碍了劳动力资源的合理有效配置。所以，深圳市从社会保障改革一开始，就把面向全社会统一的社会保障制度作为基本的出发点和归宿点。

从社会保障制度综合改革到改革的深化，对养老保险、医疗保险及工伤保险，在覆盖面上不仅包括深圳市户籍（含蓝印户口）的职工，也包含了广大非深圳户籍职工。尽管在具体的保障标准上有一定差别，但这是根据深圳的实际情况作出的符合深圳发展需要的现实选择。这种制度设计打破了所有制的限制，绝大多数劳动者的基本权益得到了保障，使劳动者防范、抵御风险的能力得到提高，创造了良好的平等竞争的市场经济环境，推动了劳动、工资制度和企业制度的改革，加之与经济特区的各项改革措施相互配套，促进了特区经济的发展和社会各项事业的进步。

深圳市在深化社会保障制度改革中，将机关事业单位的基本保障与企业的基本保障统一起来，通盘考虑，统一实行养老保险、医疗保险、失业保险等基本保险制度，并为两者分别建立了补充的保险制度。

统一的社会保障管理体制，是改革后的社会保障制度顺利实施的基础。按照行政管理与业务经办相分离、执行机构与监督机构分设的原则，深圳市对社会保险管理体制设计：一是建立了“决策、执行、监督”三层次的管理机构。社会保险管理监督委员会作为议事决策机构，负责制定政策法规，统一领导；社会保险管理局作为执行机构，经办具体的社会保险业务；财政、审计部门负责审计和监督。这种制度设计分工明确，相互配合，相互制约，保证社会保险的良性运作。二是构建了深圳市的“市、区、镇”三级统一的社会保险管理网络，深圳市社会保险管理局负责统一管理，各区分局、镇管理站负责具体经办社会保险业务，社会保险的政策法规得以统一实施。

(2)构建了个人账户和社会共济相结合的社会保障模式

社会保障特定结构中社会成员的基本生产和生活需要,体现出相应的社会权益。由于受因素的复杂性和各国具体国情的差异的影响,决定了社会保障制度不可能像经济领域一样走向全球化。迄今为止,世界上既没有一套能够得到公认的最合理的社会保障制度,也很难像输出经济模式一样将一国的社会保障制度全面输入他国。因此,即使是经济体制乃至政治、社会制度相同的国家,其社会保障制度亦可能存在着巨大差异,且在同一国家、相同的社会制度由于处于不同的发展阶段,社会保障制度也不尽相同。

当然,考虑到任何社会能够提供的特定保障的方式都会包括政府、市场、社区及家庭等,对社会保障模式的理解就不能过于简单化,因为许多国家虽然选择方式的侧重点不一,但纯而又纯的单一模式并不存在,大多数国家以一种模式为主同时采用多种模式。从对社会共济与自我保障相互关系的处理方式看,世界各国的社会保障制度可以分为社会共济主导型,自我保障主导型、并存型和混合型等。

当今,在西方主要发达国家中,普遍实行的是社会共济主导型的社会保障制度。在资本主义社会的各种矛盾日益复杂化的背景下,社会保障制度作为一种均衡收入、缓和矛盾并提高劳动者素质的手段,日益受到西方国家政府的关注和偏爱。第二次世界大战后,西方工业国家生产力迅速发展,在解决了绝大多数人的温饱问题的基础上,也逐渐改变着贫困的原始含义,社会保障的水平在“质”的方面向前迈出了一大步,“福利”代替了“济贫”,社会保险、社会救助以及社会福利等各项制度均以强调社会共济为主要特征,表现为保障的多样性、广泛性和福利性,甚至某些国家实行的保障的全面性可谓“从摇篮到坟墓”。国家通过立法和其他行政手段干预社会的再分配,建立巨额的公共基金,为符合规定条件的社会成员提供基本生活保障。每个参与社会劳动的成员均有义务缴纳法定数额的保险金,作为获得保障的资格,但保障的功能是由社会共济实现的。在社会共济主导型的社会保障制度的运作过程中,公民对此的可依赖性较高,国家的作用偏重。

社会主义国家的社会保障制度理论基础与西方国家不同,但也属于共济主导型，而且保障的责任完全由国家和企业承担。

自我保障主导型主要产生于一些新兴工业国家。这些国家大都具有强有力的行政管理体系与民族向心力。这种社会保障模式以"效率"优先为目标，强调"效率"对"公平"的决定作用，不强调社会保障的社会共济性。国家通过立法，建立社会管理的个人储蓄基金来提高社会成员自我保障能力，保障水平取决于个人储蓄基金的多少。这种保障形式，虽然形式上自我保障，但实际上仍然是国家组织、统一安排的，具有法律的强制性。国家在社会保障制度中充当策划者和监护者的角色，企业也承担相当大的责任。

社会共济与自我保障并存型主要是指部分发达国家传统的社会保障制度日益难以运转，国家负担日渐沉重的情况下，政府在直接削减社会保障开支，纠正社会福利的全民观念的同时，加强私营部门的社会保险力量，大力提倡发展非强制性的补充保险项目，用以提高自我保障的能力和保障水平。这些项目与传统的共济性社会保障制度并存，构成了多层次、多渠道的社会保障体系。在该类型社会保障制度中，社会共济与自我保障是互相平行的，分属不同的政府部门、社会团体以及商业机构管理。法定保险、公共救助等由政府统筹资金，统一调剂。自我保障部分则形式多样，功能各异，灵活性强，差别较大。

深圳市根据特区职工的收入及特定社会环境等因素，借鉴国际国内的经验和教训，开创了一条不同于世界各国，但又把社会共济与自我保障有机结合的新路子。该模式设计中强调培养个人自我保障的意识，对传统的社会保障模式采取扬弃的态度，注意充分发挥社会调剂、互助互利的功能，将社会保障的权利与个人的义务联系起来，综合国家、集体、个人三方面的利益，立足目前利益和长远利益的结合，具有鲜明的深圳特色。

社会共济与自我保障相结合的社会保障制度采取资金预筹积累的方法，妥善解决职工的养老问题，解除了他们的后顾之忧，与此同时充分考虑深圳市人口比较年轻的特点优势，以较小的负担，解决数十年后所面临的人口老龄化高峰带来的养老压力，现有离退休职工及即将退休职工的社会保障问题在逐步积累的基金中得到妥善的安排。该制度设计有利于劳动力的合理流动及优化配置，摆脱了劳动者对企业保障的依赖性，冲破了多年来形成的企业负担保障的责任的

“企业自保制度”。值得一提的是，这种社会保障模式适应了外商投资企业职工的社会保障需要，解决了跨行业、跨所有制流动的问题。各类经济组织均能够根据市场需求的变化灵活地调整和经常地优化本组织的人力资源配置状况，使深圳特区率先实行了劳动合同制，打破了长期以来形成的以“铁饭碗”、“靠分配定终身”为特征的劳动用工制度，形成了劳动者与用人单位之间实行双向选择的新型劳动关系。因此，深圳市实行的社会共济与自我保障相结合的社会保障制度强化了人力资源的合理配置，减轻了现代社会给社会成员带来的诸多风险，为其提供了基本生活保障，实现了社会成员的平等，减少了社会矛盾，维护了社会稳定，为深圳经济特区的快速发展提供了高素质的劳动队伍。

深圳市特色的个人账户和社会共济相结合的保障模式不仅发展了深圳的社会保障事业，促进了社会经济的高速发展，同时使企业的生产经营与社会保障得到了进一步的分离，为企业创造了一个平等竞争的客观环境，使市场经济更加规范化。也有利于宏观调控体系的形成和发展，对进一步改善投资环境，增强对投资者的吸引力，起到了促进作用。它构成了深圳特区完善社会主义市场经济的重要步骤。

(3)基本保险与补充保险相结合的多层次社会保险结构已经形成

社会保险是现代社会保障的核心内容，而覆盖最广的社会保险，分为基本保险和补充保险两个层次。基本保险要通过国家立法强制执行，补充保险要根据单位和个人的承受能力自愿投保，作为基本保险的补充。基本保险主要保障广大劳动者的基本生活需要，补充保险则体现单位和个人经营成果和收入水平的高低，满足劳动者的不同层次的需求。

社会保险的层次性以养老保险项目表现最为突出。国外许多国家均实行多层次的养老保险模式。养老保险作为社会保障制度的一种，从世界看，养老保险的模式主要有四种，即普通保障的养老保险模式、强制储蓄的养老保险模式、投保资助的养老保险模式和国家统筹的养老保险模式。

第一，普通保障的养老保险模式。该模式是指国家为老年人提供均一水平的养老金，以保障其最低生活水平。它覆盖全体国民，甚至覆盖侨居一定年限的外国人，而不管其是不是工薪劳动者，也不管退休前工资的多少。当然，享受该养老保险也需要一定的条件,即需要参加老年社会保险,缴纳保险费且达到法定年限,同时需达到法定的退休年龄。覆盖面广,与个人的收入状况无关,操作简明,手续简便构成了其鲜明的特点。北欧国家、英国等均采用这种模式。

但该模式也存在着不足,表现为:一是保险资金来源于政府财政,依靠国家的税收,故不可避免地要实施高税收政策;二是政府负担沉重,经济矛盾加剧,阻碍了经济发展。特别是在人口老龄化的情况下,更是如此。因此,实行该模式的国家不得不降低国家财政资助的比重,通过强调发展各类补充养老保险计划,增大企业和个人对养老保险的责任;三是该模式只保障最低生活,故只有加上企业补充退休金才能实现养老保险保障基本生活的目标。

基于此,实行这种模式的许多国家已开始转向以普通保障为核心的多层次养老保险模式。

第二,强制储蓄养老保险模式。该模式是指通过建立个人退休账户的方式积累养老保险基金,当劳动者达到法定退休年龄时,将个人账户积累的基金、利息及其他投资收入,一次性或逐月发还本人,作为养老保险金。亚非国家、拉美国家均采用这种模式,其中以新加坡的中央公积金制度最为典型。该模式具有明显的储蓄性和强制性的特点,故有西方学者称之为“自己养自己”模式。它可以减轻政府和社会所承担的责任,不足之处在于:一是缺乏互助性;二是对收入的再分配不起作用;三是一次性发放保险金的做法,很难长期保障退休者的基本生活。

第三,投保资助的养老保险模式。该模式是政府通过有关立法,作为强制性实施的依据,除个人缴纳养老保险费外,企业为雇员缴纳社会保险金,政府还依法从财政中拨款作为保险金的一部分。受保者达到一定年龄退休后,即可以定期领取养老金,其数量通常与工作时的收入水平有关。美国、日本等国均采取这种模式。

这种强调以自保为主、国家予以资助的投保资助模式,体现了权利义务的统一,有较强的社会互助性。但问题是:缴纳的养老保险金的标准复杂,不易掌握;同时,随人口老龄化进程的加快,国家、企业和社会成员的负担日益加重,制约着一国经济的发展。

正因为如此，实行这一模式的国家，也开始向多层次的养老保险模式转移。

20 世纪 90 年代，世界银行、国际货币基金组织提出了四个层次的养老保险模式：第一层次是国家举办的、以强制储蓄为特征的养老保险，强调劳动者的自我保障；第二层次是国家举办的以收入再分配为特征的养老保险，强调社会公平；第三层次是由企业建立，国家给予税收等政策优惠的，它与就业相关联和提供补充养老保障；第四层次是由劳动者个人和家庭建立的以自愿储蓄或其他方式建立的补充退休保障，来弥补国家养老保险的不足。

对深圳经济特区来说，吸取国外的成功经验和失败的教训，结合经济特区的实际，构筑多层次的社会保险体系，是一项艰巨的事业。经过多年探索，深圳市已初步构建起了基本保险与补充保险相结合的多层次的社会保障体系新框架：一是初步探索并构建了符合深圳实际的补充养老保险制；二是按补充养老保险制度的特点，实行资金积累的个人账户方式，把职工补充养老保险费的多少与企业效益直接挂钩，充分发挥了补充养老保险的激励作用，调动了职工的积极性；三是充分考虑中老年职工的历史贡献背景，实行“老人老办法、中人中办法、新人新办法”，理顺了老中新职工的利益关系；四是把补充养老保险制度与劳动用工合同制度结合起来，稳定了职工的队伍；五是增强了职工的自我保障意识，初步掌握了补充养老保险基金管理的规律，为建立和完善基金管理制度，实现基金的保值和增值打下了坚实的基础。

（4）实施社会化、信息化的社会保险管理方式

社会保障是一项社会事业，社会保障基金要在社会范围内统筹使用。因此，在构建社会保障管理体制时应坚持社会化管理原则。社会保障管理体制是社会保障管理制度和方法的总和。所谓社会化管理，就是由政府的社会保障职能部门统一制定社会保障的基本制度，并由社会保障专门管理机构统一管理社会保障基金和社会保障对象。具体地说：一是保障对象社会化，即把全体社会成员纳入到社会保障的覆盖网络之内；二是组织机构社会化，既社会保障的对象涵盖全体社会成员，社会保障事业必然要由一个面向社会统一管理的专门机构统一管理；三是服务人员社会化，这要求参与社会保障服务的人员既要有政府公务员、业务工作者，也可有兼职服务者、志愿服务者等；四是资金筹集社会化，指社会保

障基金的建立不仅靠政府财政的支持,更离不开社会各界尤其是企事业单位和社会成员的鼎力相助,资金的来源呈现多样化的格局,以更好地体现社会事业社会办的原则;五是给付管理社会化,即社会保障的享受对象、支付标准及其等级、给付方法等由国家或政府根据一定时期的社会因素加以确定,并在一定范围内统一实施。

在社会保障理论的指导下,借鉴国外的经验,深圳经济特区依据自己发达的金融网络和较为完善先进的社区管理、服务体制,构建了高度社会化的社会保险事务管理方式。

第一,建立了完整的社会保险电脑信息管理系统,对全市所有参保人员的参保资料和数据进行自动化管理。深圳市社会保险局与镇管理站、区分局实现了电脑联网,改变了因企业属性与所在地不同带来的保险费缴纳烦琐的局面,企业可在任何一个站点缴交保障费,方便了企业。受保职工可在互联网上或社保局设置的电脑终端上查询到有关的政策法规和自己个人账户基金的变动情况,对企业投保进行监督。为有效防止养老金冒领问题,使信息管理上层次,又新建了指纹识别系统。

第二,深圳市社会保险管理局与银行、约定医疗机构等有关部门实现了网络化管理,企业缴付的社会保险费,由委托银行直接划拨。养老金的发放实现了社会化。职工可直接持 IC 卡到约定医院或药店就诊购药,手续简便快捷。

第三,大力发展社区服务业,为退休职工提供各种生活服务。深圳市社会保险局与各住宅小区物业管理公司密切配合,使参保职工的管理服务工作实现了社会化。

总之,社会化、信息化的社会保险管理方式,减轻了企业的负担,提高了社会保险业的效率,更为参保职工提供了高质量的社会服务。

2. 经济特区社会保障制度构建的成就、经验及制度完善

深圳经济特区建立 30 年来,认真贯彻党的路线方针和政策,结合深圳的实际,勇于探索,大胆实践,积极稳妥地推进社会保障制度的建设和完善,逐步形成了覆盖范围广泛,保障项目齐全,资金运作良性循环,社会化程度较高,法规制度比较完善的社会保障制度体系,有效地保障了劳动者的基本合法权益,减轻和解除了企业和职工的负担和后顾之忧，有力地促进了社会主义市场经济体制在深圳市的建立和完善。实践已充分证明，深圳市社会保障制度坚持社会共济与自我保障相结合的基本方向是正确的，效果良好，取得了宝贵的经验，对深圳经济特区的社会稳定和社会主义市场经济的发展发挥了十分重要的作用。

（1）深圳经济特区社会保障的制度绩效

养老保险制度建设绩效突出。一是借鉴国外做法，结合特区实际，创立了社会统筹与个人账户相结合的养老保险模式，为全国养老保险制度改革提供了成功的经验。二是以社会性养老金、缴费性养老金和个人账户养老金为记发养老金的办法，较好地贯彻了公平与效率相结合的原则，有利于新老制度的衔接。三是按照“两个低于”原则，合理确定保险范围和缴费比例，切实保障了职工的基本生活，有效地减轻了企业的负担。四是实行共济基金以支定收，个人账户全部实账积累的资金运作方式，实现了共济基金收支平衡和基金运作的良性循环，为减轻人口老龄化和退休高峰期的压力奠定了较好基础。五是实行机关、企事业单位职工统一的基本养老保险制度，促进了人才流动和公务员制度改革。六是率先建立和实施企业补充养老保险，构建起了多层次的社会保障体系。

医疗保险制度改革绩效显著。改革后的医疗保险制度，既保障了不同层次的医疗需求，又有效地减轻了企业的负担，从根本上实现了医疗费用由过去公费报销、单位承担向现在由单位和个人共同负担的转变，有效遏制了医疗费用过快增长的势头，基本上实现了医疗卫生资源的合理利用，实现了统筹基金和个人账户基金双结余。

工伤保险制度建设取得了良好的绩效。深圳市工伤保险制度对整个经济体制改革，特别是劳动、工资制度的改革起到了巩固和促进效果。对于促进安全生产、促进社会安定、促进生产力发展，发挥了积极的作用。

失业保险制度建设绩效明显。深圳市劳动部门充分发挥失业保险金的作用，把失业保险与职业介绍、就业培训和生产自救等与就业服务结合起来，为企业改革营造了宽松的环境，为解决失业人员的生活困难和再就业等方面的工作发挥了积极的作用。

（2）经济特区社会保障制度构建中的问题与思考

深圳经济特区社会保障制度具有鲜明的特色,取得了骄人的佳绩,积累了丰富的经验,但与建立完善社会主义市场经济体制的要求相比较,仍有较大的差距,存在着诸多不容忽视的问题。因此,需要进一步拓宽思路,深化改革,大胆创新,务求尽快加以解决。

第一,社会保障的覆盖面不够宽,参保率相对较低,保障基金筹集有困难。应受保障者未被覆盖在其中,导致部分劳动者的基本保障权益受到损失,有违社会保障的公平性原则。社会保障总体的覆盖面窄,决定了应参保而未参保者增加,导致参保率从总体上水平的降低,而且相当一部分参保者的缴费工资基数存在着隐瞒压低的现象,有的缴费工资基数甚至只达到实际工资的一半,社会保险金的筹集出现了困难。导致参保者的基本保障水平降低,影响整个社会保障制度的健康运行。

鉴于此,一方面,要进一步地扩大社会保障的覆盖面,充分、广泛、有效地发挥社会保障制度安全网的作用,实现社会保障公平性;另一方面,要加大社会保障制度的执行力度,强化相关的监督机制,防止参保者弄虚作假,保证社会保险基金的足额收缴,提高参保者的保障水平,增加社会保障制度的吸引力,使社会保障制度能够健康地发展。

第二,社会保险基金的运营未真正步入市场化、规范化的轨道。社会保险基金的保值和增值不尽如人意,甚至发生巨额基金被贪污、挪用的现象。

对此,应积极组建社会保险基金管理公司,引入市场机制,实行有序竞争,全面提高社会保险基金的运营质量和效益;同时,还应进一步强化社会保险基金的监督管理机制,提高社会保险基金的公开度和透明度,确保社会保险基金的安全性。

第三,社会保障管理体制不十分顺畅,社会保障的行政效率有待提高。虽然深圳经济特区的社会保障单个项目的管理制度较为完善,但就其整个社会保障宏观管理体制而言,总体效率水平尚不尽如人意。

现代社会保障活动的一条重要原则就是效率原则,而效率原则首先要求提高的是社会保障的行政效率。社会保障的行政效率是指组织管理社会保障活动的有效性。它主要指社会保障基金运行效率,即社会保障基金筹集和支付的行政效率。社会保障基金的筹集的行政效率是指社会保障基金筹集和管理的有效程度,从量上说,它可以用筹集基金的耗费与筹措到的基金数量之比率来反映,少耗费多筹资自然是筹资行政效率高,反之,则反是。社会保障支付的行政效率是指组织和管理社会保障支付的有效程度,这种有效程度在量上用社会保障支付的行政管理费用占社会保障支付数量的比率来衡量。显然,深圳经济特区提高社会保障行政效率的关键是建立一个科学合理的社会保障管理体制,尽量减少在筹资和支付方面的行政管理耗费,增加社会保障的筹资和支付数量,降低两者比率,提升经济特区社会保障的行政管理效率水平。

第四,社会保障法制建设层次较低,司法机制不健全。纵观国外社会保障立法的发展实践,社会保障法律制度建设进程是不平衡的,且大多经历过从对单一、少数社会保障领域立法到综合、全面保障立法,从政府颁布各项社会保障管理条例到立法机关立法,从保障特定职业者扩展到保障全体国民的发展过程。深圳经济特区社会保障立法的发展实践也再次验证了这一点。而目前,深圳经济特区涉及有关社会保障方面的条例和法规并不少,但是基本上是行政立法多,而人大立法少,这就决定了法制建设仍然处于较低层次的现状。在条件成熟的情况下,应尽快由深圳市人民代表大会或常务委员会把相关的行政条例以法律的形式颁布出台,使得深圳市社会保障的法制建设上一个台阶。同时,建议在人民法院设立劳动和社会保障法庭,专门从事审理劳动和社会保障争议案件,使当事人在其社会保障权益受到不法侵害的时候,能够获得有力的司法保护。在条件成熟后,可借鉴国外普遍实行的专门法院审判方式,建立深圳市专门的劳动和社会保障法院,完善经济特区的司法机制。

3. 结语

考察深圳经济特区 30 年社会保险制度发展的实践路径,可以得出以下几个基本结论:

(1)深圳经济特区是中国社会保险制度的探路者和示范者

从 1979 年 2 月国务院提出在若干年内把深圳建设成为相当水平的工农业结合的出口商品生产基地,建设成为吸引港澳游客的旅游区,建设成为新型的边境城市,到 1980 年 5 月中共中央和国务院明确深圳正式定为“经济特区”,宣告了深圳率先突破计划经济体制走向市场经济，成为全国市场经济的最早实践者。与此同时，为了适应商品（市场）经济、工业化和城市化发展的需要，深圳市率先对传统的计划经济时期建立的社会保障制度进行了改革，如1982年1月，深圳市在经济特区推行养老保险制度和失业保险制度，以及1984年的对工伤保险制度和1992年5月的医疗保险制度的探索，成为中国社会保险制度的探路者和示范者，履行着时代赋予深圳经济特区的使命。

（2）深圳经济特区构建了完备的社会保险制度体系

深圳社会保险制度历经多年的演化，已经逐步形成了较完备的制度架构。它包括世界公认的5大险种①齐全的社会保险体系框架；较为完善的市、区、站三级垂直管理体制和运行机制；以及充分体现社会保障制度发展中立法先行国际经验的较完备的法律法规体系。

（3）深圳经济特区创造了独特的社会保险深圳模式

深圳市借鉴国际经验、结合本地实际，对养老保险和医疗保险财务模式进行创新实践，创造出不同于国际社会已有的三种模式②的社会保险统账结合的深圳模式，这一模式已成为全国选择的统一模式。

与此同时，深圳市还根据农民工流动性大的特点，创新流动人口医疗保险制度，建立了低标准广覆盖的农民工医疗保险成功模式，保障了农民工的合法权益。

（4）深圳经济特区的社会保障制度是深圳经济社会发展的"安全网"和"稳定器"

深圳作为全国市场经济的最早实践者，理当最早遇到市场经济和工业化给社会带来社会风险问题。现代化的生产方式与生活方式，为社会成员的个人风险转变为社会风险提供了天然的有利条件。在以竞争为主要特征的市场经济社会中，即使是被传统社会视为纯属个人及家庭问题的年老、疾病、工伤、失业等特

---

① 社会保险的5大险种：养老保险、医疗保险、工伤保险、失业保险和生育保险。

② 世界上公认的三种社会保险财务模式：以支定收为特点的现收现付制、长期收支平衡费率稳定的完全积累制和中期收支平衡弹性费率的部分积累制。

定事件，均可能通过群体方式演变成严重的社会问题与社会风险。为此，深圳市政府从特区建立之初就为防范风险作出了必要的制度安排，逐步构建起了以社会保险为主体的庞大社会"安全网"，并进而形成了社会强大的"稳定器"。

(5)深圳经济特区的社会保障制度是民生之福和深圳经济社会发展奇迹的保障

深圳构建的是以解除劳动者未来或可能的风险为目的，保障水平为基本保障型，保障性质为权利和义务结合型，保障过程强制化、规范化的社会保险制度。因此，提供社会保障成为政府和社会的责任，而享受社会保障则成了社会成员的权利，社会保险的提供者与社会保险的享受者在法律上处于平等地位，充分体现了现代社会保障制度最本质的东西。其结果：一方面，参保人合法权益得到了充分保障，此乃民生之福；另一方面，政府和社会也获得了最大的收益——社会的长治久安，以及在此基础之上深圳创造的经济社会 30 年高速发展的世界城市发展奇迹。

完美的制度形态是不存在的，制度的完善是个过程和常态。作为现代社会保障制度主要形态的社会保险制度，自 1884 年在德国诞生至今，制度缺陷与制度的改进相生相伴，从未改变。而只有 30 年历史的深圳社会保险制度也不会打破这一规律。利用参照和借鉴国际社会保障制度评估指标体系设计，结合深圳市实际，从公平性、有效性、适应性三个方面开创性地构建的制度评估指标体系，对深圳市社会保险制度及社会保险基金制度的评估及结果的研判，厘清了深圳社会保险制度与社会保险基金制度中的诸多缺陷：制度设计、管理体制机制、法制建设等。在对深圳未来人口及社会保障发展趋势科学预测的前提下，借鉴国际社会保障实践经验，给出了制度改进的具体建议，正是本书研究目的之所在。

第一章

深圳市养老保险制度：演进、评估与完善

养老保险是社会保障制度的重要组成部分，它是指国家和社会根据一定的法律、法规，为解决劳动者在达到国家规定的解除劳动义务的年龄界限，或因年老丧失劳动能力退出劳动岗位后的基本生活而建立的一种社会保障制度。这一概念有以下几层含义：(1)养老保险是在法定范围内的老年人完全或基本退出社会劳动生活后才自动发生作用；(2)养老保险的目的是为保障老年人的基本生活需要；(3)养老保险是以社会保险为手段达到保障的目的。

随着社会化大生产的发展，人类社会的养老方式由过去的与自给自足的自然经济、生产力低下相适应的家庭养老转向社会养老。社会有能力、也有义务为其提供养老保障，并通过养老保险的形式加以实现。养老保险是世界各国普遍采用的一种社会保障制度，具有强制性、社会性、互济性、保障性和福利性的特征。

养老保险是保障劳动者基本生活需要最为基本和重要的社会保险项目。任何一个独立的国家或者享有一定自主权的地区，其养老保险法规和制度是引导、规范和保障养老保险行为的根本性措施。这些法规和制度的科学性、合理性、完善程度及其执行情况如何，从根本上决定和影响社会群体参加和享受养老保险的实际状况和水平。

第一节　深圳市养老保险的制度演进

深圳市养老保险制度在以国家养老保险相关政策为依据的基础上经历了三次变迁,以适应不同阶段社会经济发展特点。具体制度几经变革,按每个时期制度的不同特点,大体可以将此制度演进过程分为三个阶段:

一、养老保险制度的初步探索期

1982年1月—1992年4月是深圳市养老保险制度的初步探索期。

(一)初步探索期的时代背景

1. 经济社会背景

1979年2月国务院发布38号文件,提出在若干年内把深圳建设成为相当水平的工农业结合的出口商品生产基地,建设成为吸引港澳游客的旅游区,建设成为新型的边境城市。1979年3月,中央和广东省决定把宝安县改为深圳市,受广东省和惠阳地区双重领导。1979年11月中共广东省委决定,将深圳市改为地区一级的省辖市,直属省领导。1980年5月中共中央和国务院发出41号文件,明确指出要积极稳妥搞好特区建设,并将"出口特区"改为"经济特区"。从此,深圳正式定为"经济特区"。1980年8月全国人大常委会通过并颁布了《广东省经济特区条例》,对外宣布"在深圳、珠海、汕头三市,分别划出一定区域,设置经济特区"。1988年11月国务院正式批准深圳市在国家计划中包括财政计划实行单列,并赋予其相当于省一级的经济管理权限。1992年7月全国七届人大常委会第26次会议通过决议,授予深圳市人民代表大会及其常委会和深圳市人民政府有制订法律和法规的权力。

建市之初,深圳市养老保险制度与全国其他城市一样实行企业自保,机关事业单位执行统一的离退休政策。企业职工不缴纳养老保险费,退休后在企业领取退休金。机关事业单位工作人员离退休执行国家和广东省的法规、政策规定。

然而,计划经济时代的退养制度不符合深圳快速发展的现实需求,迫切需要进行制度创新。主要体现在20世纪80年代中期,随着经济主体多元化、劳动力市场化、收入差距扩大化,由此带来社会阶层分化。同时单位与政府、个人与国家、单位之间的利益追求由一致走向分离①,动摇了传统的养老制度。随着经济社会快速发展,对养老保险制度的需求呈现出新的局面。1983年到1987年,深圳市的工业总产值增加了7倍,外商投资企业增加了近5倍。高速增长需要大量劳动力,工业的增长平均每年要求供给5万新劳力,而特区常住人口中能供给的不到十分之一。特区的外向化产业要求生产服从市场,劳动用工也必须服从市场要求。随着合同制工人数量迅猛上升,为使其晚年生活得到妥善安置,建立面向这一庞大群体的养老保险制度成为当务之急。

2. 国家政策背景

自20世纪80年代初期农村家庭联产承包责任制推行,随后进入城镇经济体制改革,市场经济的优胜劣汰机制必然发挥日益重大的作用,与之相适应的社会化的养老保险制度尚未建立,这动摇了传统养老保险的制度基础。同时,对外开放让中国见识到了各国养老保险制度改革的潮流、发展趋向和改革经验,西方发达国家和一些发展中国家对传统养老保险制度的改革以及这种制度的多样化走势给中国提供了现实参考。由于受到经济、政治、社会、国际冲击等诸多因素的影响,1985年年初,中央意识到社会保障制度改革是整个经济体制改革的重要配套工程,确定以建立社会保险制度为重点的社会保障制度改革方向;1986年4月12日,六届全国人大四次会议通过《中华人民共和国经济和社会发展第七个五年计划》,“七五”计划中明确提出,要逐步建立和健全适应新形势需要的社会保障制度,并首次提出社会保障制度以社会化管理为主;1986年7月12日,国务院发布《国营企业实行劳动合同制暂行规定》,明确规定:国家对劳动合同制工人的退休养老实行社会统筹,退休金收不抵支时国家给予补贴,并对缴费额及养老保险待遇等作了具体规定,这是对原有退休养老保险制度的一次重大改

① 参见郑功成:《中国社会保障制度变迁与评估》,中国人民大学出版社2002年版,第12页。

革阶段,也是中国养老保险制度由原来的退休制度向社会保险制度转型的标志。1991 年 6 月 26 日,国务院发布《关于企业职工养老保险制度改革的决定》,对全民所有制企业的职工养老保险改革进行了规范,明确由劳动部、人事部、民政部分别管理城镇企业职工、机关事业单位职工和农村养老保险。之后,劳动部、民政部等部委分别颁发了城乡养老社会保险相关文件,推进了养老保险统筹社会化。

深圳市在合同制职工方面的社会保险探索早于国家。1982 年 1 月,深圳市在经济特区内"三资"企业的合同制工人中推行养老保险制度。对不同的社会成员适用不同的保障标准,社会保障的待遇给付标准同劳动者的收入和缴纳社会保险税(费)挂钩,强调劳动者个人在养老保险方面应承担的责任。

(二)制度的变革与发展

这一时期深圳市建立了合同工、全民工、临时工和集体单位固定工养老保险制度:1982 年 1 月,深圳市开始进行养老保险制度改革的探索,根据《广东省经济特区企业劳动工资管理暂行规定》,采用积累基金的办法,在经济特区内"三资"企业的合同制工人中推行养老保险制度,企业按照劳动服务费的 25% 向深圳市劳动服务公司缴纳社会劳动保险费;1983 年 7 月,在国营企业、区(县)以上集体企业实行,按 20% 的比例缴纳;1983 年 11 月①,深圳市政府颁发《深圳市实行社会劳动保险暂行规定》规定:侨资、三资企业的职工,按其劳动服务费的 25% 作为保险费,国营企业、事业单位、国家机关、团体以及区、县以上集体企业的劳动合同制工人,按其工资总额的 20% 作为保险费,保险费由企业按月缴纳,合同工养老保险全面推开②;为克服全民所有制单位职工退休负担畸轻畸重的弊端,1985 年,深圳市政府颁发《深圳市全民所有制单位退休基金统筹试行办法》(深府〔1985〕178 号)及其配套文件,明确规定:自 1985 年 9 月起实行全民工养老保险,并实行统一的全民工退休金标准,退休基金根据"以支定筹,略有积

① 1983 年,新招工人实行劳动合同制的范围扩展到全市各种所有制单位,比全国范围内推行劳动合同制早 3 年多。

② 参见《深圳市社会保险志》编纂委员会:《深圳市社会保险志》,海天出版社 2004 年版,第 48 页。

累”的原则筹资，规定由各单位在税前按当月全民职工工资总额的20%提取。1987年3月，深圳市政府颁布实施《深圳市临时工社会劳动保险试行办法》（深府〔1987〕10号），规定临时工保险费每月按照临时工工资的19%提取，其中单位负担17%，个人负担2%。暂按全市临时工月平均工资150元水平换成绝对数，按单位每人25.5元和临时工每人3元提取，同时还规定临时工退休时缴费年限满10年，就可以按月领取退休金，改变了此前临时工没有退休保障的历史。1987年12月，市政府颁布了《深圳市区（县）以上集体所有制单位退休基金统筹试行办法》（深府〔1987〕447号），规定集体单位固定工的退休条件及享受退休金待遇，按照全民所有制单位退休基金统筹试行办法办理。1989年年底，国务院把深圳作为全国社会保险综合改革的两个试点城市之一，为了打破企业退休待遇参照机关事业单位做法，只与职务职称挂钩而与缴费工资不挂钩的弊端，深圳市根据人员年龄结构比较年轻的实际，借鉴新加坡公积金制度的成功经验，并结合社会主义市场经济的特点，探索建立一种新型的养老保险制度。①

1982年，为适应劳动用工制度改革的需要，深圳市在企业合同制职工中开始实施养老保险，深圳市劳动局成立保险科，负责合同制职工社会保险工作，这是全国首个社会保险机构；1983年年初，深圳市在全国最早成立了社会保险专门管理机构——深圳市劳动局社会劳动保险公司，着手对全市社会劳动保险业务实行专业管理；1991年7月，在深圳市社会劳动保险公司的基础上成立深圳市社会保险局，对社会保险进行统一集中的社会化管理。

1982年至1988年，深圳市企业养老保险业务采取手工操作管理，社会保险机构对企业参保情况进行不定期检查和监督；1989年，深圳市企业养老保险开始采用手工加微机方式进行管理，由微机计算生成保险金托收台账和明细表，养老金发放仍是手工操作；1990年7月，微机开始运用在养老金的发放上，提高了管理效率。

（三）变革后的制度特征

第一，以所有制为基础进行退休基金统筹。全民所有制企、事业单位职

① 参见《深圳市社会保险志》编纂委员会编：《深圳市社会保险志》，海天出版社2004年版，第49页。

工（含全民单位中的集体职工）参加全民所有制单位退休基金统筹。市区（县）以上集体单位工作的固定工参加市（区）以上集体所有制单位退休基金统筹。

第二，依据不同的用工形式进行退休基金统筹。合同工养老保险适用于侨资、外资企业、中外合资、合作企业在国内雇请的职员和劳动合同制工人，国营企业，事业单位和国家机关、团体招用的劳动合同制工人；临时工养老保险适用于深圳市内的国家机关、事业单位和国营企业、侨资、外资、中外合资、中外合作企业、县以上集体所有制企业、港澳及外国驻深圳市的办事机构等，经市劳动服务公司批准雇用的临时工。

（四）制度运行绩效与存在的问题

1. 制度运行的成绩

1983—1991 年深圳市养老保险制度实现了合同工社会化养老保险从无到有，参保人数逐年稳步增加，如图 1－1 所示。同时，合同工、全民工、临时工和集体工人整体参保人数稳步增长，深圳市全民工、临时工和集体工的参保人数如图 1－2 所示：全民工和临时工的参保人数从 1985 年、1987 年到 1991 年都保持持

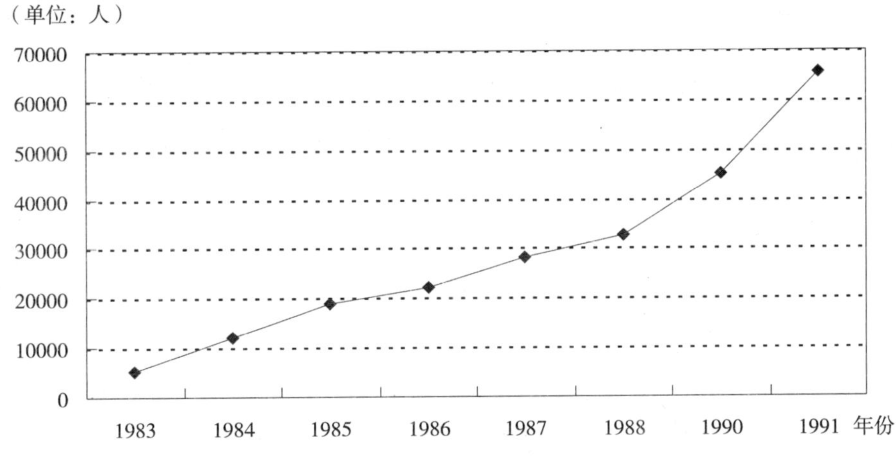

图 1－1　1983—1991 年深圳市企业合同工参保人数

数据来源：《深圳市社会保险志》，海天出版社 2004 年版，第 58 页。

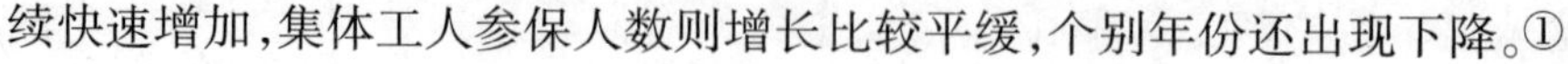
续快速增加,集体工人参保人数则增长比较平缓,个别年份还出现下降。①

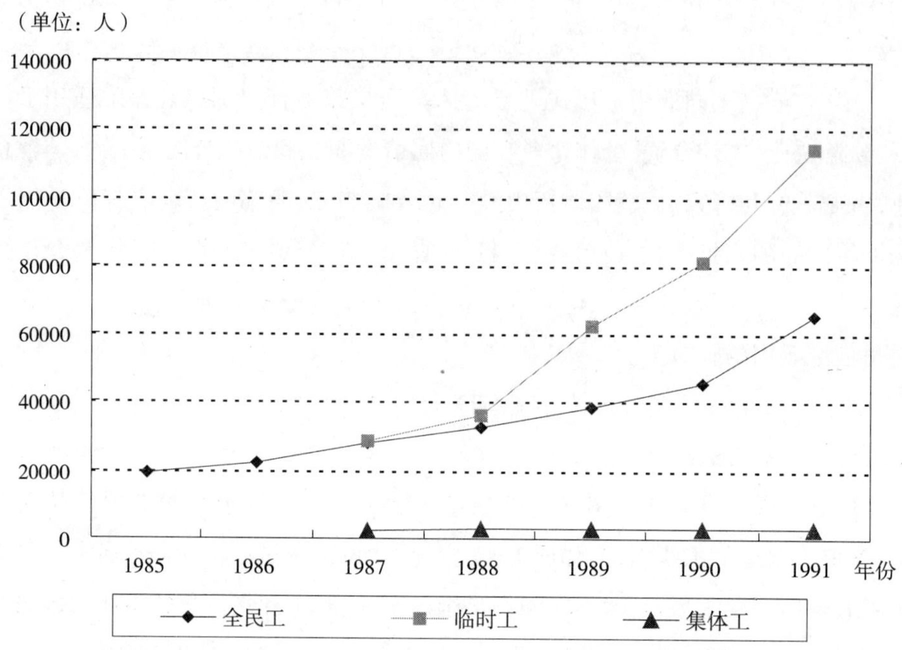

图 1-2　1985—1991 年深圳市全民工、临时工和集体工参保人数

2. 制度运行的问题

第一,基于所有制和用工形式的各种养老保险制度统筹层次不高,共济性不强。合同工、全民工、临时工和集体工养老保险制度在银行都设有各自的基金专户。统筹基金没有实现市级统筹,不能发挥"大数法则",风险共济性不强。

第二,费用负担方式、养老金计发办法不符合养老保险原则。现代养老保险要求国家、单位和个人三方共同分担养老保险费,养老待遇的计发要遵循权利与义务对等原则。深圳市全民工、集体工退休金统筹都是单位缴费,职工不缴费,费用负担方式不合理。企业退休待遇计发方法没有体现权利和义务对等原则。企业(主要是全民所有制企业)退休待遇参照机关事业单位的做法,只与职务职

① 1989 年至 1990 年期间出现了下降,2785-2706=79 人。

称挂钩而与缴费工资不挂钩。

第三,退休金计发缺乏明确的调整制度。合同工、全民工、临时工以及集体固定工退休金计发缺乏明确的调整制度。无法确保职工退休后基本生活以及因退休而生活水平无大幅度下降的可能性。

总体而言,这一时期深圳养老保险发展最主要的动力来自于自身经济社会发展的需要,深圳的改革在许多方面领先于全国,真正在养老保险领域里起到了“排头兵”作用。

二、养老保险制度的快速发展期

1992 年 5 月—2003 年 12 月为深圳市养老保险制度的快速发展期。

(一)快速发展期的时代背景

1. 经济社会背景

20 世纪 90 年代中期,为进一步推动国企改革,处理好改革、发展和稳定关系,需要对改革的配套工程——养老保险制度进一步改革。1989 年深圳被国务院作为全国社会保险综合改革的试点城市,1992 年 5 月深圳市颁发《深圳市社会养老保险暂行规定》和《深圳市社会保险暂行规定职工养老保险及住房公积金实施细则》对社会保险制度进行综合改革,促进企业养老保险制度的快速发展。

2. 国家政策背景

1991 年 6 月 26 日,中国政府颁布了《关于企业职工养老保险制度改革的决定》,明确了企业养老保险改革的目标和原则,即要建立多层次的养老保险体系,包括国家强制性基本养老保险、企业补充养老保险和个人储蓄性养老保险;建立多渠道的费用筹集机制,要求个人也要缴纳养老保险费;并确定了以支定收、略有结余、留有部分积累的原则。党的十四大报告第一次明确地把深化社会保障制度改革作为经济体制改革的重要环节之一。党的十四届三中全会《关于建立社会主义市场经济体制若干问题的决定》,把建立多层次社会保障体系放到更加突出地位,明确其是构筑社会主义市场经济体制的重要支柱之一。

随着城镇企业养老保险制度的改革,1992 年 1 月,民政部颁发了《县级农村社会养老保险基本方案(试行)》。宝安县被列为全国农村社会养老保险 50 个试点县之一,宝安县随后颁布了《农村社会养老保险暂行办法》。

1993 年 10 月 15 日,国务院发出《关于企业职工养老保险统筹问题的批复》,肯定了交通部等八个部门的职工养老保险实行行业统筹。同年 11 月 14 日,中共十四届三中全会通过《中共中央关于建立社会主义市场经济体制若干问题的决定》,第 26—28 条明确提出建立多层次的社会保障体系。

1994 年 1 月 23 日,国务院颁布《农村五保工作条例》,农村五保工作经历一个较为混乱的时期后,走上了规范的道路。鉴于传统养老保险制度的缺陷和国际上对现收现付养老保险模式无法适应人口老龄化的探讨和评论,以及基金制养老保险制度的兴起,中国在推进养老保险改革的同时又吸取国际经验进行制度创新,颁布了一系列条例。

1995 年 3 月 1 日,国务院发出《关于深化企业职工养老保险制度改革的通知》,确立了社会统筹与个人账户相结合的养老保险新模式,《企业职工基本养老保险社会统筹与个人账户相结合实施办法之一》、《企业职工基本养老保险社会统筹与个人账户相结合实施办法之二》作为附件发布。这一通知及两个法规性文件的颁布施行,标志着中国统账结合模式养老保险制度的出台。

1997 年 7 月 16 日,国务院颁发《关于建立统一的企业职工基本养老保险制度的决定》,自省市地区原有养老保险方法基础上提出了全国统一的方案并要求各地贯彻执行,各地不同的社会统筹与个人账户相结合方式开始走向统一。

1998 年 3 月,劳动和社会保障部成立,全国社会保险管理体制在经历了一个分割管理较为混乱局面后实现了行政管理的统一,这为养老保险制度改革推进奠定了必要且重要的组织基础。1998 年 7 月 29 日,国务院发出《关于实行企业职工基本养老保险省级统筹和行业统筹等移交地方管理有关问题的通知》,基本养老保险行业统筹被取消,统筹结合模式的基本养老保险属地管理得到一定程度上的落实。

1999 年 1 月 22 日,国务院颁布《社会保险费征缴暂行条例》,强化了养老保险费的征缴工作。

2000 年 12 月 25 日,国务院发出《关于印发完善城镇社会保障体系试点方案的通知》,这一方案在总结评估以往各项社会保障制度改革的基础上,重点对正在确立中的基本养老保险制度进行改进,包括分离基本养老保险的社会统筹账户与个人账户,对社会统筹基金与个人账户基金进行分账管理,并决定做实个人账户,这一方案于2001年7月1日正式在辽宁省进行试点。

3.理论背景

关于养老保险的理论研究一直为国内外学者所关注。以弗里德里希·李斯特为先驱的德国历史学派和德国社会政策协会的"国家干预主义"、凯恩斯"有效需求"理论、福利经济学、马克思关于社会保障的学说是养老保险制度的理论依据。

20世纪80年代中期以来,各国纷纷针对养老保险制度在收益条件的门槛、收益指数、部分公务人员的特殊养老金收益等方面进行改革。

20世纪80年代的智利养老金私有化改革令世界瞩目,其改革方向有三:第一是收益条件的门槛提高,如退休年龄的延后以及延长最低合格年资;第二是收益指数调整趋势严格,或以较长的服务年限来平均一生的薪资,以降低所得替代率;第三则是取消部分公务人员的特殊养老金收益。

国际上许多学者,如费尔德斯坦、卢卡斯、Ehrlich和Lui对现收现付制提出批评。费尔德斯坦认为,现收现付制会降低经济体系的储蓄率。因为政府收到的税款不用来储蓄投资,而纳税人则预料将来可以领取退休金,较少为了退休而储蓄,社会上总的储蓄会下降。卢卡斯的研究表明,现收现付制度可能会使长远的经济增长率有所下降,从而造成退休金支付的巨大亏损。Ehrlich和Lui也证明,现收现付制度可能会使发达国家的增长率下降。因为在现收现付制下,老年人的收益取决于政府收到多少税款,与个人有多少个子女及子女的收入无关,这就为一些人"搭便车"提供了诱因。反正老了有政府养活,年轻时也就不那么重视在子女身上投资。Corsetti和Schmidt-Hebbl以内生增长模型探讨了以基金制取代现收现付制的影响,他们以智利的实例进行模拟测试,发现现收现付制会令经济增长率下降。国外养老保险制度改革与探讨对深圳市养老保险未来发展模式提供了理论支持,对深圳市探索新的筹资模式产生了重要影响。

(二)快速发展期的制度改进

在新的社会经济发展阶段,深圳市养老保险制度有了新的突破,先后颁布了一系列相关规定和条例,建立了统一管理的养老保险体制。较轻的人口年龄结构为养老保险制度创新提供了基础,国家试点的授权促进了深圳市养老保险制度的快速发展。

首先,深圳市先后颁布了多项规定和条例对养老保险制度加以调整和完善:1992 年,经过反复调研、测算和国际社会保险专家咨询会的论证,深圳市政府通过了《深圳市社会保险暂行规定》(深府〔1992〕128 号)和《深圳社会保险暂行规定职工养老保险及住房公积金实施细则》(深府〔1992〕179 号),进行社会保险制度综合改革,建立各种所有制企业合同工、全民工、临时工和集体工参加统一的企业养老保险制度,在全国首创社会共济与个人账户相结合的新型养老保险模式,并建立了退休金与缴费挂钩的激励机制和退休金水平的正常调整机制;为使新老退休待遇水平平稳接轨,深圳市政府于 1995 年 3 月发布了《关于企业职工退(离)休待遇计发工作的通知》(深府〔1995〕68 号);1996 年 5 月,深圳市政府颁发《深圳市基本养老保险暂行规定》(深府〔1996〕123 号),对原有各项保险制度进行了统一改革,规范了各类用人单位各类人员的养老保险政策,并将机关事业单位的工作人员纳入全市统一的基本养老保险制度,退休金调整方法进一步明确,《深圳市基本养老保险暂行规定》规定退休金水平根据上年生活费用指数上涨和职工月工资平均净增长的一定比例于每年 7 月予以调整,同时,允许外来务工人员离开深圳可以退保以提高其参保积极性;1997 年深圳市政府通过了《深圳市企业补充养老保险方案》,建立了企业年金制度。此外,将难以纳入基本养老保险范围的一些原养老待遇项目放入地方补充养老保险;1997 年 3 月,深圳市政府下发《批转市社会保险管理局、人事局、财政局关于机关事业单位实施基本养老、基本医疗保险有关问题的请示的通知》后,机关事业单位和企业单位养老基金分开管理;1998 年深圳市人大常委会通过并于 1999 年 1 月 1 日实行《深圳经济特区企业员工基本养老保险条例》,1999 年 11 月,《深圳经济特区企业员工基本养老保险条例若干实施规定》(深府〔1999〕89 号)发布施行,改变了以前企业养老保险依靠行政手段才能推行的局面;针对国家要求企业基本养老保险基金实行省级统筹以及省级统筹后深圳市的一些原养老待遇项目难以纳入基本养老保险范围的情况,2000 年深圳市三届人大三次会议通过了关于修改《深圳经济特区企业员工基本养老保险条例》的决定,颁布并于次年 2 月 1 日执行《深圳经济特区企业员工社会养老保险条例》，依据该条例深圳市建立了地方补充养老保险，统一了基本养老保险的缴费比例以及个人账户与共济基金的分配比例，基本养老保险缴费比例统一为13%，个人账户比例统一为11%，共济基金比例统一为2%，成为企业基本养老保险制度基本规章；2002年9月1日，《深圳经济特区企业员工社会养老保险条例若干实施规定》（深府〔2002〕120号）发布施行。

其次，深圳市对社会保险管理部门及其职能进行调整与规范：1992年6月，深圳市社会保险局调整为市劳动局的二级局，并更名为市社会保险管理局。各区设区社保局，实行市、区双重管理；1995年7月，深圳市确立了市、区、镇三级垂直管理的社会保险管理体制。原由市、区劳动等部门承担的社会保险管理职能相应划转市社会保险部门及各区分局，镇一级根据业务需要设管理站，作为所在分局派出机构；1996—2000年，深圳市社保局逐步将从80年代开始的大型企业集团经办本企业及辐射区域社会保险业务的代办权纳入市社保局管理，消除了分割管理，增强了主管部门权威性；2001年下半年，深圳市将由民政局负责的农村养老保险工作划转社保局；2001年12月，市编委明确了市社保局的主要职能，市社保局成为市政府授权管理全市养老保险的直属单位，增设审计监督处、三个服务中心（机关服务中心、信息中心和企业年金管理中心）、一个仲裁办公室以及盐田分局。

最后，1992年8月，为适应养老保险个人账户建立和管理的需要，养老保险业务开始采用美国IBM公司AS/400小型机进行管理，社会保险机构为参加社会保险的职工建立养老保险个人账户，为参加保险的单位设立社会保险金台账；1993年10月，深圳市在全国率先实行退休人员的养老待遇社会化发放，通过银行将养老金转入其银行账号。1994年，蛇口工业区实行独立的管理模式，成立了蛇口劳动保险公司，负责工业区各企业劳动保险基金的收缴、支付、运营、管理，保险基金在工业区内统一调剂使用，实行工业区内统筹；1997年，特区外宝安、龙岗两区的养老保险待遇完成了与特区内的衔接，着手养老金的社会化发放，至1998年1月两区实现了委托银行进行社会化发放养老金，深圳市全面实现了养老金社会化发放，保证了养老金能够按时足额发到离退休人员手中，减轻了企业的社会事务负担，避免了企业因关停并转或破产对离退休人员的影响；

1999 年 10 月，南山区开展社会保险网上申报的试点工作，参保企业可以不去社保机构而直接在网上录入数据，进行社会保险申报，提高了工作效率，降低了错误率。至 2002 年，网上申报系统已在全市开通；2000 年 7 月，深圳市开始试行将指纹验证方法应用于退休人员养老保险管理工作中，使退休人员的身份验证工作更加简便、科学，防止了养老金的流失。2003 年 1 月，企业工人退休由市社保局审批改由企业直接审批，市社保局对员工是否符合按月领取养老金的条件及其养老金的标准作出审查核定。

（三）改进后的制度特点

第一，养老保险制度开创了社会统筹与个人账户相结合的养老保险新模式。深圳市于 1992 年在《深圳市社会保险暂行规定》中提出了社会统筹与个人账户相结合的养老保险制度，开创了我国“统账结合”①的社会保险模式新纪元。1993 年，该模式写进了党的十四届三中全会《中共中央关于建立社会主义市场经济体制若干问题的决定》中，得到党中央和国务院的充分肯定，并确定为全国的养老保险模式。

第二，深圳市养老保险基金的账户管理实行统筹账户与个人账户混合管理的模式。统筹账户部分的收支和个人账户部分的收支混合运作，共同实现收支平衡。

第三，养老保险制度建设走上法制化轨道。1998 年，《深圳经济特区企业员工基本养老保险条例》和《深圳经济特区企业员工基本养老保险条例若干实施规定》的发布与施行，改变了企业养老保险靠行政手段推行的局面。2001 年 2 月，《深圳经济特区企业员工社会养老保险条例》实施，加快了养老保险法制化进程。

第四，企业养老保险制度多层次化。主要包括以下几个层次：基本养老保险、企业补充养老保险、个人储蓄性养老保险、地方补充养老保险。

---

① 对养老保险如何实行“统账结合”存在分歧：一种观点主张基本养老保险不能实行单一的社会统筹制，要引入个人账户；另一种意见则主张基本养老保险实行社会统筹制，补充养老保险实行个人账户制。显然，深圳市采取了第一种观点。1995 年 3 月，国务院颁布了《关于深化企业职工养老保险制度改革的通知》，提出“统账结合”的两个实施办法，允许地方政府选择，结果造成制度不统一。

(四)制度改进的成就与改进中的问题

1. 制度运行的成绩

首先,这一时期养老保险制度实现了常住人口养老保险参保人数和参保率稳步上升。从表 1－1 可见,常住人口养老保险参保人数从 1992 年的 30.6 万增长到 1995 年的 40 万;1992—1995 年,年末户籍人口企业养老保险参保率从 38.2% 上升到 40.4%,养老保险制度有效性逐渐增强。从表 1－2 可见,1996 年至 2003 年,常住人口养老保险参保率从 13% 增加到 45.4%。

表 1－1　深圳市 1992—1995 年常住人口、户籍人口、企业养老保险参保人数

年度	年末常住人口(万人)	年末户籍人口(万人)	年末参加企业养老保险(万人)	年末常住人口企业养老保险参保率(%)	年末户籍人口企业养老保险参保率(%)
1992	260.90	80.22	30.6224	11.70	38.20
1993	294.99	87.69	34.8408	11.80	39.70
1994	335.51	93.97	39.8971	11.90	42.50
1995	345.12	99.16	40.0428	11.60	40.40

表 1－2　深圳市 1996—2003 年常住人口、户籍人口、养老保险参保人数

年度	年末常住人口(万人)	年末户籍人口(万人)	年末常住人口参加养老保险比率(%)
1996	358.48	103.38	13.0
1997	379.64	109.46	13.60
1998	394.96	114.60	14.60
1999	405.13	119.85	20.80
2000	432.94	124.92	29.50
2001	468.76	132.04	36.50
2002	504.25	139.45	43.90
2003	557.41	150.93	45.40

其次,企业养老保险基金累计结余持续增加,备付能力大大增强。如图 1－3 所示,深圳市企业养老保险累计基金从 1992—1997 年稳步增长,1997 年后大幅度增长。2003 年年末企业养老保险累计结余达 268.64 亿元,备付能力达

22.4个月。

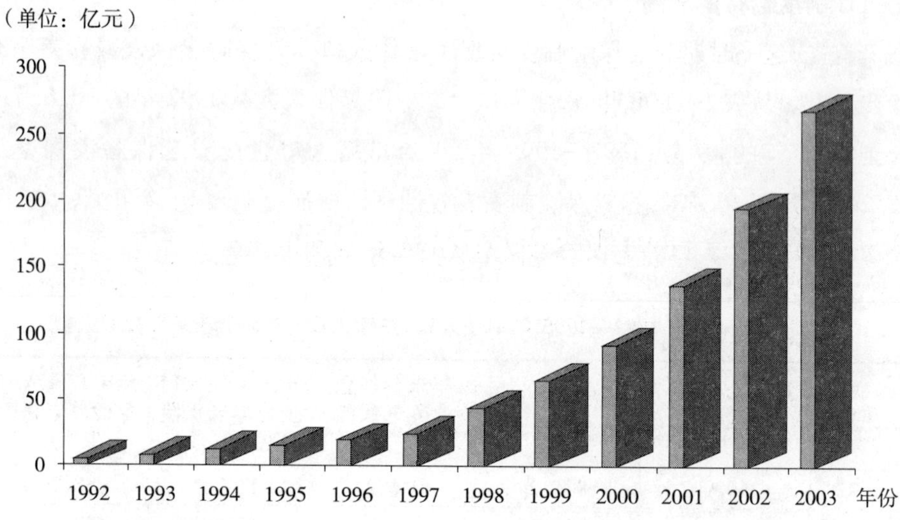

图1－3　1992—2003年深圳市企业养老保险基金累计结余变动

2. 制度运行的问题

第一，企业职工基本养老金替代率偏高。从表1－3与图1－4中可以看出，1992—1996年，深圳市养老保险金替代率达100%以上，1995年高达120%。1996年开始，养老保险替代率虽然逐年下降，但依然高于国家规定的58.5%目标替代率。

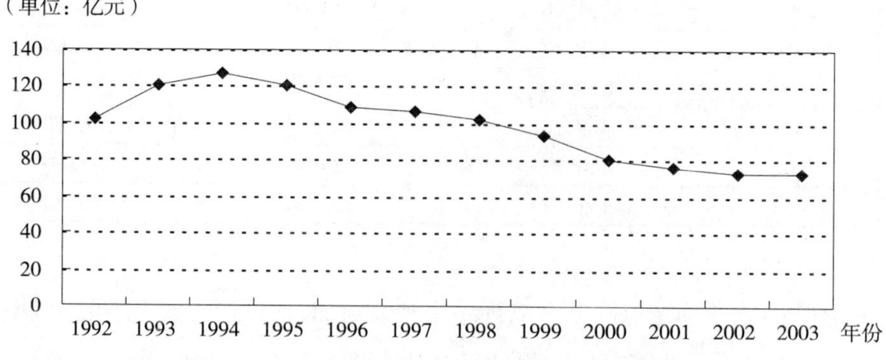

图1－4　1992—2003年企业基本养老保险金替代率

第二，偏高的职工基本养老金替代率加大了养老保险共济基金收支不平衡缺口和中老年职工调入数量的增加。

第三，劳务工问题的尖锐化构成了制度创新的压力。

表1－3　深圳市城镇职工月平均工资和养老金情况

年份	月平均工资（元）	平均养老金（元）
1992	494	505
1993	679	820
1994	881	1121
1995	1023	1232
1996	1209	1313
1997	1378	1464
1998	1532	1567
1999	1726	1615
2000	1920	1682
2001	2162	1735
2002	2352	1800
2003	2551	1860

三、养老保险制度的完善期

2004年1月至今为深圳市养老保险制度的完善期。

（一）完善期的时代背景

1. 经济社会背景

2003年10月，宝安、龙岗两区在农村城市化的基础之上，深圳市在2004年实现了全面城市化。转为城市居民的农民失去了土地，客观上需要逐步享受与城市居民相同的社会保障。随着深圳社会经济的发展，随着人口老龄化、就业方式多样化和农村城市化的改变，近期深圳市现行的养老保险制度尚可满足社会养老需要，但从长远来说很可能出现支付危机，现行企业职工基本养老保险制度还存在个人账户没有做实、计发办法不尽合理、覆盖范围不够广泛和劳务工养老保险缴费基数偏高等不适应的问题，需要加以改革和完善。

2. 政策背景

2003年党的十六届三中全会作出逐步做实养老保险个人账户的决定，进一步明确了我国养老保险实行统账结合、部分积累的制度模式。2004年国家将养老保险改革试点范围扩大到吉林、黑龙江两省，试点的重要内容是完善基本养老保险制度，包括做实基本养老保险个人账户和改革养老金计发办法等内容。国务院2005年12月发布《关于完善企业职工基本养老保险制度的决定》（国发〔2005〕38号），在完善企业职工基本养老保险制度的指导思想、扩大基本养老保险覆盖范围，逐步做实个人账户和改革基本养老金计发办法等方面作出决定。《决定》要求，要继续把确保企业离退休人员基本养老金按时足额发放作为首要任务，基本养老保险基金要纳入财政专户，实行收支两条线管理，严禁挤占挪用，要制定和完善社会保险基金监督管理的法律法规，实现依法监督。为与做实个人账户相衔接，改革基本养老金计发办法，从2006年1月1日起，个人账户的规模统一由本人缴费工资的11%调整为8%，全部由个人缴费形成，单位缴费不再划入个人账户。同时，进一步完善鼓励职工参保缴费的激励约束机制，相应调整基本养老金计发办法。2006年7月26日，深圳市第四届人民代表大会常务委员会第七次会议通过《关于修改〈深圳经济特区企业员工社会养老保险条例〉的决定》，并于8月15日正式颁布实施；12月8日，四届四十一次常务会议审议通过了《关于修改〈深圳经济特区企业员工社会养老保险条例若干实施规定〉的决定》。全国范围内的改革如火如荼，深圳市的养老保险制度也进入了全面发展的阶段。

3. 理论背景

社会保障是市场经济国家保持社会公平的重要手段，使社会成员在无后顾之忧情况下参与市场竞争，共享社会经济发展成果。进入21世纪，养老保险的理论研究也取得了新的突破。提高统筹层次、扩大社会共济性成为学界共识。养老保险的精算研究为划清历史债务提供了理论支持。建立全国范围内的劳务工养老保险也是多数学者的共同呼吁。

（二）制度的逐步完善

深圳市政府出台了《深圳市宝安、龙岗区城市化人员基本养老保险过渡办法》，实现了农村养老保险与城镇员工养老保险对接与并轨，打破了城乡制度分割的局面①；农村城市化人员以股份合作公司为单位，参与基本养老保险；养老保险缴费比例为14%，其中单位按照缴费基数的9%为"城市化人员"缴纳，其余5%由个人缴纳（实际全部都由单位缴纳）。

组建深圳市劳动和社会保障局，成立市社会保险基金管理中心。2004年，在深圳市机构改革中，撤销原深圳市劳动局和原深圳市社会保险管理局，组建深圳市劳动和社会保障局。2004年，成立了深圳市社会保险基金管理中心。深圳市社会保险基金管理中心的职能为全市社会保险的经办机构②。

2006年8月至12月，深圳市分别颁布实施新的《深圳经济特区企业员工社会养老保险条例》及其《实施规定》（深府〔2006〕160号），对现行养老保险制度计发办法等进行了较大的修改。具体内容见第三部分，此处不详述。

（三）制度的新特点

第一，行政和事务分开的原则初步体现。深圳市组建了深圳市劳动和社会保障局，建立了深圳市社会保险基金管理中心。在原统一管理的基础上又进了一步，更注重管理机构内部分工的合理性，初步体现了政事分开的原则。

第二，实现城乡养老保险制度一体化。2004年9月，实现了城市化人员养老保险参保率和待遇发放率两个100%的目标。

第三，制度的调整向有利于非户籍人口倾斜。深圳市政府重新修订的《深圳经济特区企业员工社会养老保险条例》注重扩大覆盖范围，维护非户籍人口养老保险保障权益。

第四，更加注重社会共济性。最新修订的《深圳经济特区企业员工社会养

---

① 市区两级财政拿出6.4亿，为已经退休的和15年内将要退休而缴费不足15年的村民补缴社会养老保险。以后5年，还要从国土基金总收入中划拨3%—5%补充养老基金不足，这两项加起来近15亿。

② 张学泰：《2004年深圳社会保险发展现状及2005年改革思路》，《中国深圳发展报告》（2005）。

老保险条例》规定企业及员工缴纳的养老保险金8%进入个人账户，10%进入社会统筹账户，大大提高了社会统筹基金的比率，增强了社会共济能力以应对深圳市未来人口结构的变化。

四、养老保险制度的演进规律

第一，养老保险管理社会化。深圳建市之初，深圳市养老保险制度实行企业自保，机关事业单位执行统一的离退休政策。随着经济发展、人口增长，深圳市开创了社会统筹与个人账户相结合的养老保险新模式，调动社会全员力量，实现养老保险管理的社会化。

第二，养老保险管理统一化。社保局逐步收回大型企业集团经办权和代办权，并将农村养老保险纳入管理范围。将社会全员养老保险进行统一管理，主管部门权力集中，且权威性不断增强。

第三，养老保险管理机构细分化。为了对社会劳动保险业务实行专业管理，深圳市成立了社会保险专门管理机构，随着深圳市养老保险多层次性凸显以及养老保险管理社会化程度的加深，深圳市组建了深圳市劳动和社会保障局，成立了深圳市社会保险基金管理中心，进行了机构调整，实行市、区、镇三级垂直管理，使得养老保险管理各机构权责明晰，政事分离。

第四，养老保险制度多层次发展趋势。根据不同用工形式建立多层次保险制度对养老保险进行社会化管理。针对地区、单位、个人经济状况差异，实行多种补充养老保险制度以满足不同层次的养老保险需求。同时，新实施的条例及其实施规定在农民工养老准入和待遇准出方面的新举措，全面实现了农民工与深圳户籍员工在基本养老保险制度方面的一体化。

第五，养老保险制度更加注重兼顾社会效益与人群公平。通过对深圳市养老保险制度的回顾与总结分析，可以发现中前期制度的出发点更加注重维护劳动者权益和社会统筹共济性，对个人账户重视程度不够。随着社会经济发展和法制建设完善，养老保险制度已经向社会共济取得社会效益同时又充分重视个人账户实现参保人群公平的理想模式迈进。

第二节　现行养老保险制度概况

一、现行制度总体框架

（一）制度的结构

1. 基本养老保险制度

建立企业职工基本养老保险制度旨在保障企业员工退休后的基本生活。1998 年 10 月 27 日深圳市第二届人民代表大会常务委员会第二十七次会议通过《深圳经济特区企业员工基本养老保险条例》,2000 年 12 月 22 日深圳市第三届人民代表大会常务委员会第三次会议第一次修正该条例,次年颁布《深圳经济特区企业员工社会养老保险条例》,2006 年 7 月 26 日深圳市第四届人民代表大会常务委员会第七次会议再次修正《深圳经济特区企业员工社会保险条例》。机关事业单位养老保险制度仍执行 1996 年颁布的《深圳市基本养老保险暂行规定》,机关事业单位养老保险制度实行社会统筹和个人账户相结合的基本养老保险管理模式。

2. 补充养老保险制度

针对基本养老保险有限的保障水平,深圳市实行了各种形式的补充养老保险制度。以体现地区间、单位间和个人间的经济状况差异,满足不同层次的养老保险需求。

第一,地方补充企业养老保险制度。深圳市于 2000 年建立了地方补充养老保险制度,执行《深圳经济特区企业员工社会养老保险条例》。

第二,企业年金制度。针对有能力的个人和企业希望提高退休后的养老待遇问题,深圳市于 1997 年通过了《深圳市企业补充养老保险方案》,建立了企业年金制度。企业年金制度是基本养老保险的一种必要补充（见图 1－5 所示）。它能提高职工退休后的养老待遇,激励职工的劳动积极性,增强企业的凝聚力和促进企业发展。

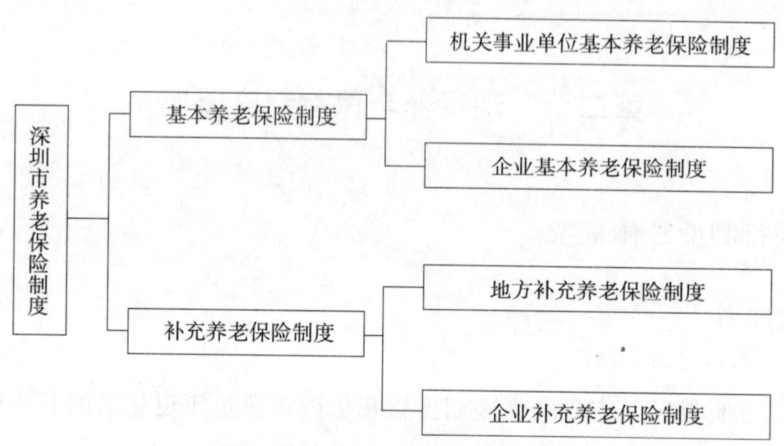

图1-5　深圳市现行养老保险制度结构

（二）管理机构的设置与职能

1. 管理机构设置

2004年3月，深圳市组建劳动和社会保障局，同年5月设立深圳市社会保险基金管理中心（以下简称社保中心），是市劳动和社会保障局下属行政事务机构，2007年4月更名为市社会保险基金管理局。深圳市社会保险实行市、区、镇（街道）三级垂直管理：社会保险基金管理局在罗湖、福田、南山、宝安、龙岗和盐田六区分别设有分局作为派出机构。宝安分局设立9个管理站、龙岗分局设立10个管理站作为派出机构。管理站为分局的直接派出机构。具体组织结构如图1-6所示。

2. 管理机构职能

深圳市劳动和社会保障局（以下简称市劳社局）为养老保险行政管理职能部门，局内设养老保险处、基金运营处、征收处、机关事业社会保险处等；深圳市劳社局社保基金监督处是养老保险基金监督部门；深圳市社会保险基金管理中心（以下简称深圳市社保中心）是养老保险事务经办机构。

各区管理处主要负责拟订辖区养老工作规划和年度计划，并组织实施；负责辖区养老工作保险基金，机关事业单位职工养老金的征收、待遇审核、支付、服务、管理工作；负责对辖区用人单位和员工遵守执行社会养老保险政策、法规情

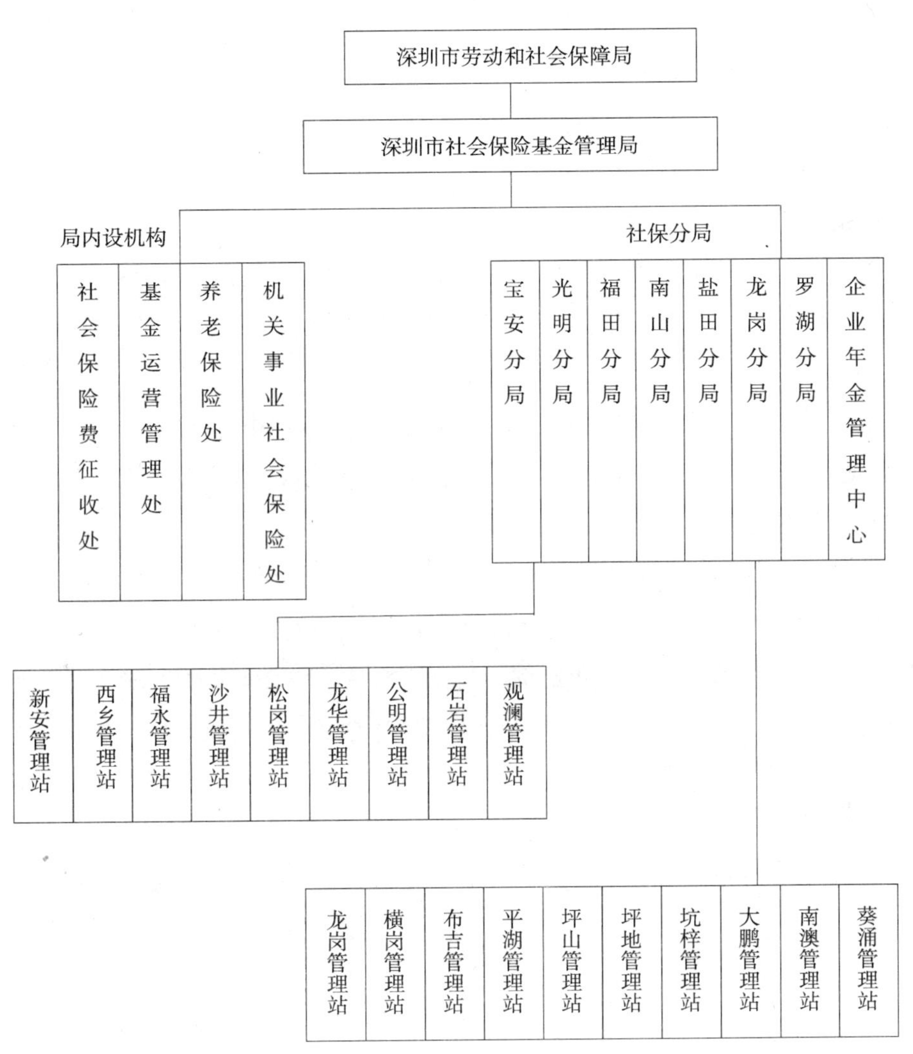

图 1－6　深圳市社会养老保险管理机构一览表

况进行监督检查,依法纠正和查处违规行为;受理养老保险和其他社会保险方面的咨询、投诉、监察并调解有关纠纷。

二、现行制度主要内容

深圳市现行养老保险制度包括基本养老保险制度及各种补充养老保险制

度。基本养老保险制度分为企业职工基本养老保险制度及机关事业单位基本养老保险制度。补充养老保险制度包含地方补充企业养老保险制度和企业年金制度。

（一）基本养老保险制度内容

1. 企业职工基本养老保险制度

(1)2002年《深圳经济特区企业员工社会养老保险条例》主要内容

自2002年9月1日起施行的《深圳经济特区企业员工社会养老保险条例》规定如下：

第一，覆盖范围。深圳市养老保险参保人群包括深圳市各种企业及其员工，深圳市个体经济组织及其雇用人员，深圳市农村城市化人员，及深圳市机关事业单位临时聘用人员。

第二，资金来源。养老保险资金主要来源于基本养老保险费及其利息，基本养老保险费滞纳金和罚款，基本养老保险基金运营收益，财政补贴及其他收入。

第三，缴费标准。员工缴费比例为员工工资的13%，其中员工按本人缴费工资的5%缴纳；企业按员工个人缴费工资的8%缴纳。农村城市化人员缴费比例为14%，其中股份合作公司（村）缴纳9%，个人缴纳5%。自谋职业者的缴费比例也为14%。

第四，统账比例。缴费工资的11%进入个人账户，其余2%计入共济基金。个人账户储存额只用于职工养老，不得提前支取。职工调动时，个人账户全部随同转移。职工死亡，个人账户积累额可以继承。

第五，待遇结构。基本养老金、丧葬补助费、供养直系亲属的一次性抚恤金和基本医疗保险费。“新人”（1992年8月1日以后参加工作的员工）月基本养老金构成是：基础性养老金+个人账户养老金。基础性养老金按退休时上年度市城镇职工月平均工资的20%计算。个人账户养老金按退休时个人账户积累额的1/120计算。

第六，享受待遇资格。按规定缴纳养老保险费，达到国家规定的退休年龄，有本市户口籍的员工在1992年7月31日以前参加工作的，缴费年限累积满10年，有本市户籍的员工在1992年8月1日以后参加工作的，缴费年限累计满15

年,非本市户籍员工实际缴费年限累计满15年方可享受养老保险相应待遇。

第七,养老金的调整。退休人员基本养老保险待遇每年7月份调整一次。

(2)2006年《深圳经济特区企业员工社会养老保险条例》最新政策

2005年年底,国务院发布实施了《关于完善企业职工基本养老保险制度的决定》(国发〔2005〕38号,以下简称《决定》),《决定》对改革、完善企业职工基本养老保险制度提出了明确思路和具体要求,主要包括扩大基本养老保险覆盖范围、改革基本养老金计发办法、统一个人账户的规模、做实养老保险个人账户、建立养老保险缴费的激励机制、保证新老政策平稳过渡等要求。同时,随着深圳市就业形式多样化和农村城市化的发展,原有的企业员工养老保险制度也逐渐显现出一些与社会经济发展不相适应的问题。主要表现在:养老保险个人账户没有完全做实,难以应对人口老龄化对基金的需求;劳务工养老保险缴费基数偏高,与实际工资水平差距较大;待遇计发办法不尽合理,参保缴费的激励约束机制不足。这些都影响到制度的平稳运行和可持续发展,亟待进一步改革和完善。为贯彻落实国家关于基本养老保险制度改革的要求,结合国家的改革决定和深圳市的实际情况,2006年7月26日深圳市第四届人民代表大会常务委员会第七次会议《关于修改〈深圳经济特区企业员工社会养老保险条例〉的决定》中对深圳市企业员工社会养老保险作出一定调整和修正:

第一,覆盖范围。深圳市养老保险参保人群包括深圳市各种企业及其员工,深圳市个体经济组织及其雇用人员,深圳市农村城市化人员,深圳市企业化管理的机关事业单位和与之建立劳动关系的雇员、临时聘用人员,本市户籍的灵活就业人员。

第二,资金来源。养老保险资金主要来源于基本养老保险费及其利息,基本养老保险费滞纳金和罚款,基本养老保险基金合法运营收益,财政补贴及其他收入。

第三,缴费标准。基本养老保险费缴费比例为员工缴费工资的18%,其中员工按本人缴费工资的8%缴纳,企业按员工个人缴费工资的10%缴纳;农城化人员缴费比例为14%,其中股份合作公司(村)缴纳9%,个人缴纳5%。自谋职业者的缴费比例也为14%。养老保险缴费基数上下限,由所在市上年度在岗职工平均工资60%—300%调整为全省上年度在岗职工平均工资的60%—300%。

第四,统账比例。缴费工资的8%进入个人账户,其余部分计入共济基金。即个人账户将由个人缴费缴纳,企业缴纳保险金不再计入个人账户,全部进入社会统筹基金中。

第五,待遇结构。基本养老保险待遇包括基本养老金、丧葬补助费、供养直系亲属的一次性抚恤金和基本医疗保险费和地方补充医疗保险费。基本养老金待遇:1992年7月31日以前参加工作,且在2006年7月1日以后退休的员工,依规定退休时其月基本养老金的构成是:基本养老金+个人账户养老金+过渡性养老金+调节金;1992年8月1日后参加工作,且在2011年12月31日以前退休的员工,依规定退休时其月基本养老金构成是:基础养老金+个人账户养老金+过渡性调节金;1992年8月1日至1998年12月31日期间参加工作,且在2012年1月1日后退休的员工,以及1999年8月1以后参加工作的员工,依规定其退休时其基本养老金构成是:基础性养老金+个人账户养老金。基础养老金、个人账户养老金、过渡性养老金、调节金和过渡性调节金计发办法如下:基础性养老金以退休时本市上年度在岗职工月平均工资和本人指数化月平均缴费工资的平均值为基数,按照缴费每满一年发给百分之一计算;个人账户养老金按退休时个人账户积累额除以国家规定的计发月数计算;调节金为300元;过渡性调节金按照2007年退休的每月250元,其后每晚一年退休的递减20元为标准计发;过渡性养老金和本人指数化月平均缴费工资的计算办法由市政府另行规定;基础养老金、过渡性养老金、调节金和过渡性调节金由基本养老保险共济基金支付,个人账户养老金在个人账户中支付,个人账户支取完毕后,由基本养老保险共济基金支付。员工或离退休人员死亡的,其个人账户积累额可以依法继承,在本市享受按月领取养老金的退休人员死亡或已参加基本养老保险的在职员工非因工死亡的,其死亡时符合供养条件的供养亲属享受丧葬补助费和一次性抚恤金,丧葬补助费为其死亡时本市上年度在岗职工月平均工资的三倍,一次性抚恤金以其死亡时本市上年度在岗职工月平均工资为基数;供养亲属为一人的,支付上述基数的六倍;供养亲属为两人的,支付上述基数的九倍;供养直系亲属为三人及以上的,支付上述基数的十二倍;丧葬补助费、一次性抚恤金从基本养老保险基金中支付。按月享受养老保险待遇的离退休人员,其基本医疗保险费及地方补充医疗保险费由基本养老保险共济基金支付。

第六,享受待遇资格。按规定缴纳养老保险费,达到国家规定的退休年龄,有本市户口籍的员工在1992年7月31日以前参加工作的,缴费年限累积满10年;有本市户籍的员工在1992年8月1日以后参加工作的,缴费年限累计满15年;非本市户籍员工实际缴费年限累计满15年方可享受养老保险相应待遇,1992年7月31日前调入本市的员工,其1992年7月31日前的连续工龄(没有按市政府规定参加养老保险的年份除外),视为缴费年限;1992年8月1日后调入本市的员工不再补交共济基金和个人账户。符合上述规定条件的员工,可向市社保机构办理领取养老金的手续,经市社保机构核定后按规定享受养老保险待遇。

第七,养老金的调整。退休人员基本养老保险待遇每年7月份调整一次,调整比例根据深圳市上年度在岗职工月平均工资增长状况予以核定,由市劳动保障部门报市政府批准。2006年新的养老金计发办法下,退休人员养老金还有如下调整:退休人员具有本市承认的1992年7月31日前连续工龄的,按市政府有关规定享受工龄补助,具体办法由市政府另行规定;归侨员工退休时,月基本养老金与地方补充养老待遇之和低于本市上年度在岗职工月平均工资的,每月加发退休时本市上年度在岗职工月平均工资5%的补助费,加发的补助费由基本养老保险基金支付;2006年6月30日前已经退休的人员,其由社会保险机构支付的待遇不重新计算,由基本养老保险基金支付;2006年7月1日至2011年6月30日为五年过渡期,过渡期内退休的员工,按照新办法计算的养老保险待遇低于按原办法计算的养老保险待遇的,仍按原办法计发养老保险待遇;按新办法计算的养老保险待遇高于按原办法计算的待遇,且于2006年7月1日至2011年6月30日期间退休的,在原办法计算待遇的基础上,分别按新办法和原办法计算的待遇差额的一定比例加发待遇,具体比例由市政府另行规定;2011年7月1日以后退休的,按新办法计发养老保险待遇;过渡期内,按原办法计算基础养老金、过渡性养老金时,凡涉及本市上年度在岗职工月平均工资的,统一使用2005年度深圳市在岗职工月平均工资。

第八，管理机构。市劳动和社会保障行政部门负责企业员工社会养老保险工作。市政府有关部门应在各自职责范围内，协助市劳动保障部门做好养老保险工作。市社会保险经办机构（以下简称市社保机构）具体承办基本养老保险和地方补充养老保险等社会保险事务。街道办事处负责辖区内退休人员的社会化管理服务工作。

第九，指纹采验。退休人员每年应在本人退休的月份或之前的3个月内，在深圳市社保中心、各区社保管理处、站或所属街道办事处指纹采集点提供本人的指纹；在市外居住者可采取指纹卡验证的方式；在国外定居者可采取我国驻外使领馆出具证明的方式；在港澳特别行政区定居者可采取港澳工联会出具证明的方式。

（3）改革的核心内容

一是将本市户籍的灵活就业人员以及国家机关、事业单位和与之建立劳动关系的雇员、临聘人员纳入参保范围。

二是将基本养老保险费的缴费比例由原来的13%提高到18%，其中员工个人缴费部分由5%提高到8%，企业缴费部分由原来的8%提高到10%。员工个人缴费部分全额计入个人账户，企业缴费部分全额计入基本养老保险共济基金。

三是调整基本养老保险待遇结构及计发办法，其中基础养老金调整为，以当地上一年度在岗职工月平均工资和本人指数化月平均缴费工资的平均值为基数，缴费每满1年发给1%。个人账户养老金调整为，个人账户储存额除以计发月数，计发月数根据职工退休时城镇人口平均预期寿命、本人退休年龄、利息等因素确定。从而更多地体现了缴费对待遇的影响，强化了参保缴费的激励机制。

四是设置五年过渡期，实现新老制度平稳过渡。规定从2006年7月1日至2011年6月30日期间为五年过渡期，过渡期内退休的人员按新办法计算的待遇低于按老办法计算的待遇的，仍按老办法享受待遇。过渡期内退休的人员按新办法计算的待遇高于按老办法计算的待遇的，在按老办法计算待遇的基础上，按新老办法计算的待遇差额的一定比例加发待遇，过渡期后的退休人员按新办法计算待遇。

五是增加退休人员社会化管理服务工作的内容。

六是降低非户籍员工养老保险缴费基数下限,非户籍员工按实际工资缴费,但不得低于本市月最低工资。

七是增加对具有本市承认的1992年7月31日前连续工龄的退休人员工龄补助的规定。

除以上几点外,条例还在多处做了调整和修改。主要是:增加了关于非户籍员工领取一次性生活费的规定。根据原条例的规定,本市户籍的员工达到国家规定的退休年龄但不满缴费年限的,退休后不能按月领取养老金待遇,但可以享受一次性生活费,一次性生活费支付标准为:缴费年限每满1年支付1个月的退休时本市上一年度城镇职工月平均工资。根据修改后的条例,在同样条件下,非本市户籍员工也可以领取一次性生活费。一次性生活费标准为缴费年限每满1年支付1个月的退休时本市月最低工资。同时,修改后的条例对于退休前离开本市的员工在养老保险关系转移方面也作出更加明确的规定:养老保险关系可以转移的,按规定转移养老保险关系,终结在本市养老保险关系;养老保险关系无法转移的,经本人申请,可以一次性领取个人账户积累额,终结在本市养老保险关系;养老保险关系继续保留在本市的,本人重新返回本市就业并按规定继续缴纳养老保险费的,其实际缴费年限和个人账户积累额可以累积计算;达到国家规定退休年龄时不满本条例规定的按月领取养老保险待遇缴费年限的,一次性领取个人账户积累额,并按本条例第三十七条的规定领取一次性生活费,终结在本市养老保险关系。其次,条例的修改还增设了对弄虚作假骗领养老保险待遇方面的法律责任。

2. 机关事业单位基本养老保险制度

第一,缴费工资基数。事业单位职员本人月基本工资,即全国标准工资、特区津贴、保留津贴。事业单位职员按本人月档案工资为基数缴纳基本养老保险费。

第二,缴费比例。深圳市养老保险模式为共济基金与个人账户相结合的部分积累型,由财政、个人共同缴费,按本人月基本工资的19%缴纳,当投保工资低于城镇职工上一年度的平均工资时,个人负担4%,财政负担15%;反之,个人负担5%,财政负担14%。其中,13%进入个人账户,6%进入共济基金。

第三,待遇计发办法。基本养老保险金:1992 年 8 月以后参加工作的人员,退休时基本养老保险金构成为基础性退休金+个人账户养老金;1992 年 7 月 31 日以前参加工作的人员,退休时基本养老金构成为:基础性退休金+缴费性养老金+个人账户养老金+住房补贴+300 元;基础性退休金为退休时上一年度机关事业单位工作人员月平均基本工资的 25%①;缴费性养老金为退休前指数化缴费工资×享受比例;个人账户养老金为个人账户积累额÷120。住房补贴:按离退休人员离退休费的 33% 计算。住房补贴从基本养老保险共济基金中列支。退休费补差:机关事业单位工作人员除了基本养老保险规定的退休待遇外,财政还对基本养老保险待遇和离退休待遇的差额予以补偿。

第四,养老金调整。离休人员按同职务在职人员的增资额增加离休费,每人每月增加数不足 80 元的,按 80 元增加。退休(职)人员按退休时职务分别增加 50 元—280 元。增加的离退休费,1996 年 6 月 30 日前离退休的人员,从原经费渠道支付。1996 年 7 月 1 日后离退休的人员,从机关事业单位基本养老保险基金中支付。

(二)补充养老保险制度内容

1. 地方补充养老保险制度

第一,覆盖范围。参加基本养老保险的深圳市户籍员工。

第二,资金来源。地方补充养老保险费及其利息,地方补充养老保险费缴费比例为员工缴费工资的 1%,由企业缴纳;地方补充养老保险费滞纳金和罚款;地方补充养老保险基金合法运营收益;原有养老保险基金积累及其他收入。

第三,待遇结构。地方调节金+地方过渡性调节金+补充养老保险金+过渡性补贴+其他补贴。地方调节金:只计发给 1992 年 7 月 31 日前参加工作且在 1999 年 1 月 1 日后退休的人员,金额为 162 元。地方过渡性调节金:只计发给 1992 年 8 月 1 日至 1998 年 12 月 31 日期间参加工作且于 2007 年至 2011 年期间退休的人员,其中 2007 年退休的为 250 元/月,自 2008 年起每晚 1 年退休的递

---

① 从 2005 年 1 月 1 日起,事业单位职员办理退休后,基础性养老金的计发基数为退休时上一年度本市事业单位职员月平均档案工资的 25%。

减 50 元。补充养老保险金:只计发给 2001 年 12 月 31 日前退休的人员。过渡性补贴:只计发给 1994 年 7 月前参加工作的固定职工、合同制工人,标准是按 1994 年 7 月前的缴费年限每满 1 年给付 10 元计算。

2. 企业年金制度

第一,覆盖范围。企业年金覆盖在深圳市注册的企业、实行企业化管理的事业单位及有深圳户籍、蓝印户口的职工。

第二,资金来源。企业年金由企业出资或企业和职工按约定的比例共同出资筹集,计入职工个人账户,实行全额积累。企业出资筹集企业年金费用在工资总额 4% 以内的部分,可以在经营成本中列支,超过 4% 的部分在企业自有资金中列支;职工个人出资的企业年金费用在本人税后工资、薪金中负担。企业每年筹集企业年金费用不超过企业上一年度职工月平均工资总额,企业和个人筹集企业年金费用合计一般不超过本企业上一年度职工月平均工资总额的两倍。企业年金基金实行市场化管理和运营。投资运营收益并入企业年金,根据职工企业年金个人账户本金按比例计入个人账户。

第三,待遇发放。企业年金计入职工个人账户,职工达到国家规定的退休年龄时,可从本人企业年金个人账户中一次或定期领取企业年金,不得提前支取。

第四,资金配置。年金中心管理的年金资产主要投资范围为国债、央行票据、金融债、国债逆回购、银行协议存款、投资级在 AAA 级以上并且由具有雄厚实力和较高信誉的商业银行或公司做不可撤销连带担保的企业债等。其特点是投资组合期限适中、具有一定的流动性、风险低、收益较高。具体操作上采取了滚动配置的策略,短、中、长期限合理搭配,如果利率上调,滚动到期的资产即可投资到更高收益的品种上,从而提高资产的整体收益率。①

第五,委托运营机构。可以选择有资格的金融、保险等投资运营机构作为投资管理人,签订书面合同,委托负责企业年金的投资运营。

① 深圳市企业年金管理中心:《深圳市企业年金管理中心年金资产配置策略》,http://www.annuity.com.cn/Html/TZ/15067152226314196758.html。

第三节　制度运行效果的客观评估

一、构建评估指标体系原则与思路

（一）构建指标体系原则

1. 全面性原则

设计的指标体系要全面反映社会养老保险制度的运行状况。不仅要涉及企业养老保险制度，也要反映机关事业单位养老保险制度。除单位分别外，还要关注户籍、非户籍，特区内、特区外的区别和差异。同时，还要对养老保险管理体制和管理效率进行评估。

2. 科学性原则

在指标体系结构的拟订，指标的取舍，公式的推导等都要有科学的依据和准确的计算方法，而不能主观臆断。只有坚持科学性的原则，获取的信息才具有可靠性和客观性，评价的结果才具有可信性。

3. 可量化原则

在指标的设计过程中，使每项指标均可量化，其结果都是一个单一数值。可量化原则确保了指标的客观性和直观性，并且为横向比较与纵向比较提供了分析基础。

4. 可比性原则

处于指标体系中同一层次的指标，应该满足可比性的原则，即具有相同的计量范围、计量口径和计量方法，指标取值宜采用相对值，尽可能不采用绝对值。这样使得指标既能反映实际情况，又便于比较优劣。

（二）构建指标体系思路

指标体系从公平性、有效性、适应性三个方面评估深圳市当前养老保险制度运行状况。评估体系采用二级评估指标体系，即一级指标下分若干二级指标进行评估。

公平性主要针对深圳市不同身份劳动者,考察城市整体人群间的公平问题与覆盖人群内部的公平问题。有效性主要从养老金需求满足程度、养老保险服务满足度、管理效率三个一级指标考察当前养老保险制度的运行状况。适应性参照国际上一致的人口、经济标准,通过财务适应性、经济适应性、人口适应性三个指标来考察深圳市当前养老保险制度能否适应当前深圳市的社会经济发展状况。

二、评估指标体系设计

(一)公平性指标的建构

目前,中国养老保险服务对象涵盖所有劳动者,对社会整体人群机会平等,即不能把某种就业形式、某种所有制的人群排除在外;对不同身份参保人缴费及待遇上差别对待,将会影响人们对未来生活的预期、参加社会养老保险的积极性以及社会公平感,因而衡量参保人群间的公平性具有更为重要的价值。深圳市现行养老保险制度公平性指标主要设计整体人群间公平性和覆盖人群内部公平性两个指标对深圳市养老保险制度加以评估衡量(见表1-4)。

1.整体人群间公平性

深圳市社会养老保险制度包括基本养老保险制度和地方补充养老保险制度。因此,指标从考量基本养老保险制度和地方补充养老保险制度两方面去设计,包括基本养老保险覆盖范围、基本养老保险覆盖率、地方补充养老保险覆盖范围三个二级指标。各指标计算公式如下:

基本养老保险覆盖范围①=现规定覆盖人群人数/城镇劳动者

基本养老保险覆盖率=制度覆盖范围内参保人数/城镇劳动者

地方补充养老保险覆盖范围②=现规定应覆盖人群人数/基本养老保险的参保人数。

---

① 该指标反映基本养老保险的机会公平性。

② 反映地方补充养老保险对基本养老保险参保人数的覆盖程度。

2. 覆盖人群内部公平性

衡量覆盖人群内部公平性下设企业机关事业单位基本养老保险平均缴费基数比、企业机关事业单位人均月养老金领取额比、农村城市化人员与企业员工人均月养老金领取额比、特区内外企业员工人均月养老金领取额比四个二级指标。各指标计算方法如下：

企业机关事业单位基本养老保险平均缴费基数比＝机关事业单位平均养老保险缴费基数/企业单位平均养老保险缴费基数

企业机关事业单位人均月养老金领取额比＝机关事业单位人均月基本养老金领取额/企业单位人均月基本养老金领取额

农村城市化人员与企业员工人均月养老金领取额比＝农村城市化人员人均月养老金领取额/企业员工人均月养老金领取额

特区内外企业员工人均月养老金领取额比＝特区内企业员工人均月基本养老金领取额/特区外企业员工人均月基本养老金领取额

表1－4　深圳市养老保险制度公平性评估指标

一级指标	二级指标	指标内容及赋值参考
整体人群间公平性	基本养老保险覆盖范围	现规定应覆盖人群人数/城镇劳动者人数
	基本养老保险覆盖率	现规定覆盖人群参保数/城镇劳动者人数
	地方补充养老保险覆盖范围	现规定应覆盖人群人数/基本养老保险的参保人数
覆盖人群内部公平性	企业机关事业单位基本养老保险平均缴费基数比	企业基本养老保险基数/机关、事业单位基本养老保险缴费基数
	企业机关事业单位人均月养老金领取额比	企业员工月平均养老金数/机关事业单位月平均养老金数
	农村城市化人员与企业员工人均月养老金领取额比	农村城市化人员均月养老金领取额/企业员工人均月养老金领取额
	特区内外企业员工人均月养老金领取额比	特区内企业员工人均月养老金领取额/特区外企业员工人均月养老金领取额

（二）有效性指标的建构

养老保险制度有效性是指养老保险制度能否充分满足退休人员的基本生活

需要,现行养老保险制度下的管理体制能否满足管理需要。衡量深圳市养老保险制度有效性主要通过养老金需求满足程度、养老保险服务满足程度和管理效率三个指标加以衡量(见表1-5)。

1.养老金需求满足程度

养老金需求满足程度指标下设户籍企业员工平均养老金替代率、基本养老金替代率、机关事业单位基本养老金替代率三个二级指标来衡量深圳市现行养老保险制度下养老金需求满足程度。各指标计算方法如下:

户籍企业员工平均养老金替代率=(户籍企业员工人均月基本养老金领取额+户籍企业员工人均月地方补充养老保险金额)/当年城镇职工月社会平均工资

非户籍企业员工平均基本养老金替代率=非户籍企业员工人均月养老金领取额/当年城镇职工月社会平均工资

机关事业单位基本养老金替代率=机关事业单位人均月基本养老金领取额/当年城镇职工月社会平均工资

2.养老保险服务满足度

养老保险服务满足度下设养老金社会化发放率、养老金社会化管理率和退休人员拥有协理服务人员数三个二级指标。各指标计算方法如下:

养老金社会化发放率=养老金社会化发放人数/总发放人数

养老金社会化管理率=社区提供服务的退休者/所有退休者

退休人员拥有协理服务人员数①=社保协理员人数/退休人员数

3.管理效率指标

管理效率指标下设年收缴率和年清欠率两个二级指标。计算方法如下:

年收缴率②=实收/年应收

年清欠率=实清欠/年应清欠

---

① 该指标反映对退休人员服务的满足程度。比例低于一定的数证明不能提供有效服务,需增加编制。比例过高证明人浮于事,需精简人员。

② 比率越低,效率越差,养老保险的强制性实行的越差。

表1-5 深圳市养老保险制度有效性评估指标

一级指标	二级指标	指标内容及赋值参考
养老金需求满足程度	户籍企业员工平均养老金替代率	企业基本养老金替代率+地方补充养老金替代率
	非户籍企业员工平均基本养老金替代率	非户籍企业员工人均月养老金领取额/当年城镇职工月社会平均工资
	机关事业单位平均基本养老金替代率	机关事业单位人均月基本养老金领取额/当年城镇职工月社会平均工资
养老保险服务满足度	养老金社会化发放率	养老金社会化发放人数占总发放人数比率
	养老金社会化管理率	社区提供服务的退休者占所有退休者的比例
	退休人员拥有协理服务人员数	社保协理员人数/退休人员数
管理效率	年收缴率	年收缴率=实收/年应收
	年清欠率	年清欠率=实清欠/年应清欠

(三)适应性指标的建构

适应性指标是指现行养老保险制度是否能够与深圳市财政负担能力、经济发展水平、人口增长速度和人口结构相适应。下设财务适应性、经济适应性和人口适应性三个一级指标加以衡量。财务适应性、人口适应性以及经济适应性分别从不同角度考量社会养老保险与社会经济发展的适应程度(见表1-6)。

1. 财务适应性

财务适应性指标下设养老基金年度收支比、备付能力、个人账户实账率和养老基金增值率四个二级指标衡量深圳市养老保险制度的财务适应能力。其中,养老基金年度收支比反映养老基金年度平衡程度①;备付能力反映基金未来偿付能力;养老基金增值率反映养老基金的增值程度②。各指标计算方法如下:

养老基金年度收支比=养老基金年度收入/养老基金年度支出

---

① 养老保障基金收支比大于1,则反映养老保障基金当年有结余,反之,则有赤字。

② 养老基金增值率决定养老保险财务可持续性的重要方面。反映养老基金增值程度,如果养老保障基金增值率大于工资增长率则反映养老保障基金保值增值,反之,则贬值。说明:这是一种方法,与通胀率之比也是方法之一,与工资之比主要是从替代率考虑的。

备付能力=年末基金累计结余/当年支出

个人账户实账率=1-个人账户空账率

养老基金增值率=养老保障基金增值率/工资增长率

2. 经济适应性

经济适应性是指养老保险发展能否同经济发展速度保持一致,从而让退休人员分享经济和社会的发展成果,主要通过养老保险支出/GDP和养老保险支出/财政支出两个二级指衡量深圳市现行养老保险制度的经济适应性。

3. 人口适应性

人口适应性是指养老保险制度与人口增长的适应程度。通过负担系数、退休人员数增长率/缴费人数增长率和参保人数增长率/劳动力增长率三个二级指标加以衡量。各指标计算方法如下:

负担系数=退休职工人数/缴费职工人数

退休人员数增长率/缴费人数增长率

参保人数增长率/劳动力增长率

表1-6　深圳市养老保险制度适应性评估指标

一级指标	二级指标	指标内容及赋值参考
资金适应性	养老保障基金年度收支比	反映养老保障基金平衡程度,养老保障基金收支比大于1,则反映养老保障基金当年有结余,反之,则有赤字,应引起预警
	备付能力	年末基金累计结余占当年支出的比例
	个人账户实账率	反映养老保险个人账户整体情况
	养老基金增值率	反映养老保障基金增值程度,如果养老保障基金增值率大于工资增长率则反映养老保障基金保值增值,反之,则贬值,应引起预警
经济适应性	养老保险支出/GDP	反映养老保险是否适应国民经济发展速度
	养老保险支出/财政支出	反映社会保障财政支出在财政支出中的比重及向公共财政转移趋势
人口适应性	负担系数	退休职工人数/缴费职工人数
	退休人员数增长率/缴费人数增长率	反映退休人员的增长是否与缴费人数增长率同步
	参保人数增长率/劳动力增长率	反映新增劳动力参保程度

三、制度运行的评估与判断

（一）公平性状况评估

深圳市养老保险制度覆盖范围方面的公平性较好，覆盖人群内部的公平性有待改善。具体评估如下：

1. 整体人群间的公平性

《深圳经济特区企业员工社会养老保险条例》、《深圳市基本养老保险暂行规定》规定深圳市从业人员均可参加养老保险，体现了参保权利人人均等的原则，因此基本养老保险覆盖范围为100%；2007年年末深圳从业人员数655.58万人①，年末基本养老保险参保493.97万人，由此计算出深圳市基本养老保险覆盖率＝493.97/655.58＝75.3%；企业员工地方补充养老保险参保人数为73.4427万人，地方补充养老保险覆盖范围＝73.4427/493.97＝25%。

深圳市养老保险整体人群间的公平性整体状况较好。所有从业人员都纳入到养老保险覆盖范围之内，均享有参加养老保险、获得养老保障的权利，体现了人群间参保权利的公平性；实际覆盖率为75.3%说明深圳市大部分从业人员加入到社会养老保险制度体系中；地方补充养老保险应该覆盖所有参加基本养老保险的企业员工才能体现应有的公平，而深圳市地方补充养老保险覆盖率仅为25%，严重影响了整体人群间的公平性。

2. 覆盖人群内部公平性

覆盖人群内部公平性主要是衡量不同职业、不同身份的参保人员缴费、参保待遇等方面的差距。深圳市企业和机关事业单位在缴费基数和养老金领取额方面差距较大，企业职工基本养老保险制度内部也存在群体待遇差距以及“区际”差距。

在缴费基数方面，企业基本养老保险的缴费工资为员工的月工资总额，机关事业单位养老保险的缴费工资只为工作人员上一年度12月份的基本工资，即工

① 参见《深圳统计年鉴》(2008)。

资总额的一部分。2005 年 9 月企业基本养老保险平均缴费工资 1963 元,机关、事业参保人平均缴费工资 2484 元。企业机关事业单位基本养老保险平均缴费基数比=1963/2484=0.79。

公务员和企业员工待遇差距大:企业人员退休后平均工资是 2000 元左右,公务员退休工资平均 4000 元,企业机关事业单位人均月养老金领取额比=2000/4000=0.5。

企业员工养老保险内部也存在群体差距和“区际”差距:2004 年农村城市化人员月平均养老金为 825 元,企业人员为 2000 元左右,农村城市化人员与企业员工人均月养老金领取额比=825/2000=0.41;2004 年,特区内外月人均养老金分别为 1791 元和 1597 元,特区内外企业员工人均月养老金领取额比=1791/1579=1.12。

覆盖人群内部对象间在参保过程以及结果方面都存在差距。影响覆盖人群内部公平性较差的最主要因素是企业机关养老金待遇差距大以及企业人员和农村城市化人员养老金差距过大。

(二)有效性状况评估

1. 养老金需求满足程度

替代率为 150%,2008 年户籍企业员工平均养老金替代率为 72.7%,非户籍企业员工平均基本养老金替代率为 43.7%,除机关事业单位员工外,其余退休人员的养老金替代率均达到目标替代率 58.5%。因此,影响养老金需求满足程度的最主要因素是非户籍企业员工平均基本养老金替代率较低。

2. 养老保险服务满足程度

2007 年深圳市养老金 100% 按时足额社会化发放,2005 年企业退休人员社会化管理率 47.9%,退休人员拥有协理服务人员数的比为 204:1,100 名退休人员不足 1 名协理员,养老金社会化管理和养老保险服务人员数有待提高。总体来看,深圳市现行养老保险制度服务满足程度一般,其影响因素主要是养老金社会化管理程度不高和退休人员拥有协理服务人员数过低。

3. 管理效率

2007 年深圳征缴社会保险基金 242.39 亿元,基本养老保险 160.13 亿,补充养老保险 3.66 亿,征缴率近 100%,管理效率较高。

(三)适应性状况评估

1.资金适应性

2007 年企业员工养老保障基金年度收入=160.13 亿元+4.52 亿元=164.65 亿元;支出为 67.79 亿元;收支比=164.65/67.79=2.43,养老保障基金年度收支比大于 1 说明养老保险金盈余;企业员工养老保障基金备付能力=年末基金累计结余/当年支出=(164.65-67.79)/67.79=1.39①,说明如果支出水平不变的条件下,当年累计结余仍可支付 1 年以上养老保险金,具有较强的备付能力;养老基金增值率为负说明养老金保值增值存在问题。总之,养老保险资金适应性仍有待于提高,关键性问题在于解决养老基金增值问题

2.经济适应性

2007 年,全市生产总值 6801.57 亿元,财政支出 727.97 亿元,养老保险支出 67.79 亿元,养老保险支出/GDP 为 1%,养老保险支出/财政支出为 9.3%,远低于工业化国家社会保障支出占 GDP 的比重和财政支出 1/3 的水平,②因此,养老保险制度经济适应性仍需提高。

3.人口适应性

2008 年养老保险参保人数增长率=(541.67 万人-493.97 万人)/493.97 万人=0.097,其中 541.67 万人和 493.97 万人分别为 2008 年、2007 年深圳市参保人数,劳动力增长率=(670.42 万人-655.58 万人)/655.58 万人=0.026,其中 670.42 和 655.58 分别为 2008 年、2007 年深圳市从业人员数;参保人数增长率/劳动力增长率=0.097/0.026=3.7,大于 1,说明参保人数增长速度快于劳动力增长速度。

上述数据表明深圳市养老保险制度具有很好的人口适应性。

---

① 参见《深圳统计年鉴》(2008),市社保局 2008 年工作总结,2007 年投资收益率按 4.98% 计算。

② 1996 年发达国家社会保障支出占财政支出的比重和 GDP 的比重:法国分别为 55.3% 和 30.1%,英国分别为 54.9% 和 22.8%,近年会有变化,但由于其相关制度成熟,变动比例不大。

(四)总体判断与结论

通过对深圳市养老保险制度评估可发现,有效性、适应性较好,而公平性较差。

公平性状况处于“差”的水平。尽管整体人群间公平性较好,覆盖范围广泛,但覆盖人群内部公平性很差。深圳市养老保险公平性差的原因在于:基本养老保险的参保率不够高;外来务工人员尤其是农民工群体参保率很低;地方补充养老保险覆盖范围不大。

有效性状况较好,但仍需进一步提高。尽管养老保险的管理效率很高,但养老金的需求满足程度和养老保险的服务满足程度仍存在问题。养老金的需求满足程度内部存在着明显的差距,机关事业单位与企业养老保险待遇相差悬殊;养老保险服务满足程度和养老保险服务社会化管理程度不高也是影响有效性的重要原因。

适应性状况较好,但仍需改善。尽管资金适应性和人口适应性状况不错,但养老保险制度与经济发展的适应性不高,影响了适应性的整体水平。

第四节　制度发展取得的成就

从2004年至今,深圳市着重加强养老保险的制度建设,进行了一系列的制度创新,取得了显著成绩。随着养老保险管理体系的逐步完善及养老保险管理体制的不断调整,社保主管机构加强了对养老保险的高效统一的社会化管理,广覆盖、多层次的养老保险制度架构基本形成,实现了基本养老保险参保人数的持续增长。

一、广覆盖、多层次的养老保险制度架构基本形成

(一)覆盖范围广

1.现行养老保险制度覆盖了户籍、非户籍劳动者和农村城市化人员

社会保险是宪法权利,人人都应享有。《深圳经济特区企业员工社会养老

保险条例》和《台湾香港澳门居民在内地就业管理规定》,非深户员工与深圳市户籍员工一样享受基本养老保险待遇。

2. 探索了农村城市化人员农保向城保转变的模式

伴随着城市化的推进,深圳市在2004年已经全面城市化。深圳市把农城化人员的农村养老保险直接纳入城镇居民基本养老保险。这种模式和嘉兴、宁波市的"土地换社保"一起成为农村城市化人员社保的有益探索。

3. 积极扩大覆盖面

从新修订的《深圳经济特区企业员工社会养老保险条例》中可以看出下阶段以非公有制企业、城镇个体工商户和灵活就业人员为重点,扩大基本养老保险的覆盖面。

(二)多层次的养老保险制度初步形成

深圳市构建多层次养老保险体系,积极发展企业年金,积极探索建立地方养老保险制度,多渠道提高退休人员养老保险水平,应对人口老龄化加速的现实局面。深圳市养老保险制度框架包括基本养老保险制度、补充养老保险制度两个层次。基本养老保险制度分为企业职工基本养老保险制度和机关事业单位基本养老保险制度两个层次。补充养老保险制度又分为地方补充企业养老保险制度和企业年金制度。第二部分深圳市现行养老保险制度概况中已做介绍,这里不再详述。

二、养老保险管理体制进行了调整

(一)组建了深圳市劳动和社会保障局

2004年,深圳市按照统一管理、政事分开的原则改革了养老保险管理体制,撤销了原深圳市劳动局和原深圳市社会保险管理局,组建了深圳市劳动和社会保障局,并成立了深圳市社会保险基金管理中心(2007年更名社会保险基金管理局)。养老保险实行行政、基金监督与事务基本分开的体制。

(二)机构职能的界定

(1)劳动和社会保障局:行政管理职能部门为深圳市劳动和社会保障局,集中决策;市劳动和社会保障局内部设立社保基金监督处,负责养老保险基金的监督工作。

(2)市社保基金管理局:市社保基金管理局分险种设处室,社会保险费征收处、基金运营管理处、企业员工养老保险处、机关事业社会保险处以及企业年金管理中心,负责全市社会保险的经办业务。

三、基本养老保险参保人数持续增长

养老保险制度的有效与否,关键要看它能解决多少人的养老后顾之忧。1996 年深圳市基本养老保险制度建立后至今,基本养老保险的覆盖人口持续快速增加,基本养老保险制度有效性不断提高(参见表 1－7)。

表 1－7　历年深圳市参加基本养老保险职工人数及离退休、退职人员数

(单位:人)

年份	在职职工			离休、退休、退职人员		
	合计	企业基本养老保险	机关事业单位	合计	企业基本养老保险	机关事业单位
1998	576094	483946	92148	23423	22261	1162
1999	841725	746420	95305	29453	27760	1693
2000	1278500	1176519	101981	32896	30581	2315
2001	2235733	2123493	112240	39335	34287	5048
2002	2212360	2084120	128240	44673	380005	6668
2003	2530921	2388069	142852	52368	44584	7784
2004	2958940	2793214	165726	112669	103651	9018
2005	3527526	3396513	131013	122169	111873	10296

资料来源:根据《深圳市社会保险志》(2004 年)及市劳动社保局统计资料整理。

表 1－7 显示,参加基本养老保险的在职职工从 1998 年的 57 万多人增长到 2005 年 12 月份的 352.75 万人,2008 年 12 月份的 541.67 万人;参加基本养老保险市级社会统筹的离退休、退职人员从 1998 年的 23423 人增加到 2005 年 12 月份的 12.22 万人,深圳市基本养老保险参保人数持续扩大。

四、养老保险管理体系不断完善

（一）构建了高水平的信息化系统和社区服务网络

（1）信息化建设：建立了覆盖全市的劳动保障业务的专网，实现了市、区、街道三级劳动和社会保障部门的联网；实现了市、区、站社保机构及350多个定点医疗单位的实时联网，51个街道劳动保障事务所和371个居委会设立了信息化服务点。

（2）社区服务网络：基本实现社会保险管理服务社会化，在全市398个社区居委会建立了社会保障服务窗口①，形成了市、区、街道、社区居委会四级服务网络，400多个社区服务网点与市社保局计算机联网。

（二）管理效率不断提高

基金征缴率提高，实现了个人账户和统筹基金的结余，养老保险基金实行市场化管理，提高基金的整体管理效率，促进了管理水平的提高。同时建立具有灵活多样的用人机制，提高了人事管理效率。

（三）监管能力有效提升

深圳市监管体系的健全、监管措施的施行、监管法规的进一步完善，促进了监管能力的有效提升。利用系统进行事前、事中、事后监管，加强了基金监管规范性和透明性。

五、新修订的《深圳市企业员工社会养老保险条例》的改善及意义

（一）实现了个人账户全部由个人缴费

2006年8月16日，广东省通过了贯彻《国务院关于完善企业职工基本养老保险制度的决定》（国发〔2005〕38号）的实施意见。个人账户的规模统一由本人缴费工资的11%调整为8%，全部由个人缴费形成，单位缴费不再划入个人账户。调整养老保险缴费基数上下限，由所在市上一年度在岗职工平均工资60%—300%调整为全省上一年度在岗职工平均工资的60%—300%。深圳市

① 参见《深圳市劳动保障事业发展“十一五”规划纲要》（2005年12月）。

已按照此规定制定出相关的条例和实施准则,实现了个人账户全部由个人缴费,体现了激励约束机制。同时,深圳市设置新老制度相衔接的五年过渡办法,确保了新老制度的平稳过渡。

（二）改善了非户籍人口养老保险

深圳市非户籍员工尤其是广大劳务工的工资收入水平相对较低,特区外劳务工的工资收入水平更低一些,2005 年度特区内、外员工的最低工资仅为 690 元、580 元,2008 年分别为 1000 元、900 元。而根据原条例的规定,仅 2005 年这些员工的养老保险最低缴费基数为 1597 元,与其实际工资收入情况差距较大。此次条例修改使员工及其企业的缴费情况更加符合收入实际,改善了非户籍人口养老保险。

（三）减轻了非户籍员工及所在企业负担

此次条例修改提高了缴费比例,户籍员工及其企业的缴费负担虽然随之有所上升,但对于非户籍员工及其企业而言,缴费负担没有提高反而有所降低。尽管缴费比率有些许提高,但由于缴费基数大幅度下降,会出现新制度下缴费数额低于原制度框架下的缴费数额。举例说明,若某非户籍员工月工资 950 元,在原制度下企业及个人应缴纳养老保险金分别为 128 元、80 元,在新的条例下企业及个人应缴纳养老金为 95 元、76 元,新办法一定程度上减轻了非户籍员工及其所在企业的缴费负担。

（四）计发办法合理化

养老金计发办法是养老保险制度中的关键环节,涉及广大参保人员的切身利益。按照原条例的规定,缴费满 15 年以上的,基础养老金均按上一年度本市职工平均工资的 20% 计发,个人账户养老金按账户积累额的 1/120 计发。这种计发办法存在两个问题:一是缺乏参保缴费的激励机制。缴费 15 年以上的参保人员多缴不能多得,不符合社会保险权利与义务相对应的原则,因此有相当一部分人缴费满 15 年后就不愿缴费了。而改革后按照新的计发办法,参保人员每多缴一年增发一个百分点,上不封顶,有利于形成“多工作、多缴费、多得养老金”的激励机制。二是个人账户养老金部分,目前我国退休人员退休后的男女平均余命在 20 年以上,而按原条例规定,个人账户储存额领取 10 年后就领完了,计发办法不够合理。按照新的个人账户计发办法,个人账户养老金计发月数由国家根据参保人首次领取基本养老金时城镇人口平均预期寿命、利率等因素统一确定,更加符合深圳市实际情况。

(五)加强企业退休人员社会化管理服务

为进一步加快我市社会保障体系建设,推进企业退休人员社会化管理服务工作,《深圳市企业退休人员社会化管理服务暂行办法》规定企业退休人员社会化管理服务实行属地管理的原则,由退休人员户籍所在地的街道劳动保障事务所(以下简称街道劳保所)和社区工作站进行管理和服务。退休人员指深圳市户籍参加深圳市企业员工社会养老保险并享受深圳市养老保险待遇的企业退休人员和参加深圳市社会养老保险并享受深圳市养老保险待遇的灵活就业的退休人员。

(六)改革的长远意义

2006 年 7 月 26 日,深圳市第四届人民代表大会常务委员会第七次会议《关于修改〈深圳经济特区企业员工社会养老保险条例〉的决定》中对深圳市企业员工社会养老保险作出一定调整和修正有利于调动员工的参保积极性,有利于保障员工的养老保险权益,有利于进一步提高深圳市养老保险保障水平,是全面建设小康社会,完善可持续发展养老保险制度的需要,对于维护改革发展稳定大局、构建和谐深圳具有十分重要的意义。

第五节　现行制度存在的问题

一、农民工养老保险制度设计缺陷

非户籍员工虽然被纳入城镇企业职工基本养老制度,但在制度设计和执行中还存在一系列问题,尤其以劳务工中的“农民工”最突出,这也是公平性评估得分低的最主要原因之一。总体上,对劳务工养老保险制度的设计存在以下缺陷。

（一）农民工参保负担过重

2002年实施的《深圳经济特区企业员工社会养老保险条例》规定养老保险最低缴费基数为深圳市上一年度职工月平均工资的60%，非本市户籍员工的缴费比例为13%，其中员工个人负担5%，企业负担8%。以2004年为例，深圳市城镇职工月平均工资为2661元，相应的养老保险最低缴费基数为1597元。而农民工经济上难以承受相对较高的养老保险费，参加养老保险的农民工个人每月最少须缴费79.85元，单位为127.76元。农民工实际收入大约在500—600元之间，除去自身正常开支与养家费用，相当一部分农民工不具备缴纳养老保险费的经济承受能力。

2006年修订后的《深圳经济特区企业员工社会养老保险条例》规定企业员工养老保险缴费比率为企业员工实际工资的18%，其中个人负担8%全部进入个人账户，企业负担10%进入统筹账户。

2008年的深圳特区内、外的最低工资，虽然分别提高到1000元和900元，但是，由于缴费比率的上升，缴费基数降低，农民工缴费数额减少，使得进入个人账户的保险金也减少，影响其对未来保障水平的预期。因此，现行的养老保险制度无法从根本上解决农民工的负担和参保问题。

（二）多数农民工很难享受到养老保险

首先，享受养老保险金条件规定存在不公。《〈深圳经济特区企业员工社会养老保险条例〉若干实施规定》第十三条要求："非本市户籍员工在深圳退休按月享受养老保险待遇的，应在达到国家法定退休年龄的前5年，在本市连续缴费。"深圳市是移民城市，劳动力流动程度高，多数农民工难以达到在深圳市领取养老金的条件，导致较多农民工只参保、不受益。

其次，农民工退保潮不断。2008年10月份，深圳市已经参加养老保险的外来工总数约为565万余人，深圳年内农民工退保74余万人，同比增加6万余人，增加9.1%，退保金额同比下降16%①。

---

① http://sznews.oeeee.com/a/20081120/666556.html.

(三)制度设计缺乏强制性

养老保险是政府为年老失去收入的人提供基本生存条件的一种社会制度，其本质是国民收入的再分配，是国家宏观调控的手段。社会保险的强制性不仅体现在强制企业参保，也体现在不允许按个人意志随意选择退保。深圳市把劳务工纳入城镇职工养老保险的同时允许劳务工退保，未能体现社会保险对个人的强制性，劳务工对养老保险权利一定程度上会出现滥用的情况。允许劳务工退保是现阶段一种权宜政策，长远来看是对社会养老保险制度的一种否定，导致个人权利实现影响整个社会保障水平提高。

(四)制度设计具有封闭性

由于缺乏全国统一的制度设计，导致制度割裂，制度具有极强的封闭性特征。养老保险统筹基金成为地方政府间利益博弈的焦点，博弈的结果是各个地方政府之间陷入了困境，使得农民工养老保险关系难以转续。

而农民工基本养老保险关系转移难的问题是由我国基本养老保险制度设计、养老保险基金统筹层次以及现行财政体制等多种因素所造成的。首先，从养老保险制度设计来看，现行的基本养老保险制度对统筹账户缴费以及相对应的基础养老金领取并没有采取一一对应的实账化处理。如果不存在人口流动，缴费和养老责任都在同一统筹地区，这种制度设计造成的“模糊化”并不会造成什么影响；其次，从当前基金统筹层次来看，一旦养老保险关系需要跨统筹地区转移，就会导致养老责任的转嫁与承担问题出现，统筹账户设计的这种“模糊化”，使不同统筹区域间养老责任与权益出现了严重不对等。农民工虽然离开了某地区，但他们在该地区缴纳的统筹账户基金却留在了当地，缓解了该地的基金支付压力，而迁入地的政府却要为此承担沉重的养老责任，因为他们接纳的农民工并不能为当地贡献太多统筹基金；最后，从现有财政体制来看，由于财政分灶吃饭，利益博弈从地区间养老保险统筹基金扩大到地方政府间的财政利益。可见，是否接纳农民工的养老保险转入已成为政府之间的一场博弈。接纳转入意味着给自身带来养老金支付压力，而转出的话就可以把责任推卸给别的地区。

二、机关事业单位与企业养老保险待遇差距悬殊

机关事业单位与企业养老保险待遇相差悬殊是导致现行养老保险制度公平性不高的又一主要因素,需要予以较多关注。

(一)待遇差距悬殊的现状

在体现社会性、共济性的基础养老金部分,从 2005 年 1 月 1 日起,事业单位职员办理退休后,基础性养老金的计发基数为退休时上一年度本市事业单位职员月平均档案工资的 25%,而企业为退休时上一年度的市城镇职工社平工资的 20%;从表 1-8 可以看出,2002 年到 2005 年企业人均退休金震荡递减,机关事业单位人均退休金却稳步攀升。

表 1-8 2002—2005 年企业与机关事业单位人均退休费 (单位:元)

年份	企业人均退休金	机关事业单位人均退休金	差距
2002	1798	2558	460
2003	1878	2884	1006
2004	1770	3049	1279
2005	1497	3152	165

资料来源:根据深圳市社保基金管理局相关统计数据计算。

(二)机关事业单位养老保险制度本质是退休制度

深圳市目前机关事业单位的养老保险模式为统筹与个人账户相结合的部分积累型制度,由财政、个人共同缴费。而待遇计发办法仍然沿用计划体制下按工龄来计算退休待遇的办法,即退休金的多少,取决于个人的工作年限。基础工资和工龄工资按本人原标准的金额计发,职务工资和级别工资按原标准的一定比例计发。替代率水平一般都能达到 95% 以上。由于待遇和缴费的关系脱节,容易造成以下几个消极现象:一是部分参保人对缴费的多少漠不关心,甚至有的人想钻政策的空子来逃避缴费或少缴费;二是由于一部分的退休金仍然由财政负担,而且经初步测算,这部分的退休金所占的比例在今后会越

来越大,财政的负担会日益加重;三是不利于机关事业单位和企业之间人员的流动。

现存机关事业单位养老保险制度下,机关事业单位养老保险支付额度和标准不仅不能有效地调节初次分配的差别,反而存在逆向调节并强化了初次分配的差别。这不仅有违权利与义务对等的原则,而且会增加财政负担,有失社会公平。

三、多层次制度中企业年金层次发展不充分

尽管基本养老保险覆盖范围广泛,但补充养老保险尤其是企业年金层次发展不充分,覆盖率低影响了整体人群间公平性,无法在缩短企事业单位待遇的差距方面发挥作用。

(一)企业年金覆盖率低

多层次养老保险制度的关键在企业年金。企业年金的发展是缩小机关事业单位与企业养老保险待遇差距悬殊的有效方法。按照我国政府城镇养老社会保障体系的未来模式(参见图1-7),基本养老保险金的目标替代率预定的58.5%,企业年金替代率必须达到20%—30%的水平,才能基本保障职工退休后基本生活水平维持不变。2007年年末,深圳市企业基本养老保险覆盖率为75%;企业年金规模不到40亿。与发达国家相比,深圳市现阶段企业年金发展极不充分,覆盖率很低①。同时,市民养老型储蓄倾向强。深圳市民间蕴藏着巨额的闲置资金,2007年年末3792.59亿元居民储蓄存款中,相当大的比例是被用于未来养老的,其资金来源大部分是企业员工的薪金和福利。深圳市缺乏合理渠道进入养老储蓄和投资渠道的3792.59亿元储蓄存款,身兼退休养老重任却占比甚微的企业年金。

(二)企业年金的供给与需求均不足

退休职工基本养老金替代率水平偏高,形成了对企业年金需求替代,一定程

① 例如,日本早在20世纪80年代就达到了90%以上,丹麦几乎是100%,荷兰85%,英国60%,美国50%,爱尔兰40%,最低的西班牙也高达15%。

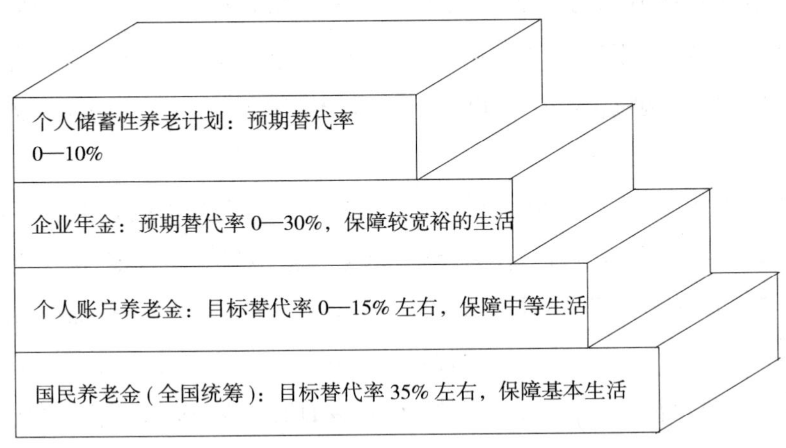

图 1－7　城镇养老社会保障体系的未来模式

度上挤压了企业年金的发展空间。深圳市 2007 年基本养老金替代率高达 88%,退休职工企业年金需求不足。

企业雇主负担较大,企业年金供给不足。企业年金的主要供给者是雇主,深圳雇主社会保险缴费负担达到工资支出总额的 17%,继续提高缴费水平必然加剧雇主成本。企业年金缴费在工资总额 4% 以内可在成本中列支,低于日本等发达国家税前列支比例。要实现企业年金 30% 替代率目标,在企业单方缴费的情况下,4% 的税前列支比例激励不足。

(三)国家相关规定及宏观环境存在缺陷

首先,企业年金源自于自由市场经济比较发达的国家,是一种属于企业雇主自愿建立的员工福利计划。经过一百多年的发展,已经成为发达国家养老保险体系中的一个重要支柱。我国市场经济尚不发达,尤其是资本市场尚不规范,正处于逐步探索完善阶段,企业年金制度运行规则与运行程序尚不成型,实行积累式企业年金方案,基金的积累及运营需要完善的金融市场运行规则、运行程序,我国在这方面目前还处于起步阶段;有关企业年金的理论和实务的探讨研究仍需深入。

其次，投资渠道不合理、投资效益不佳与投资风险并存。一方面是大部分基金主要用于存银行、买国债，在国家连续降息的情况下，投资收益较低。2000 年全国基金投资收益率为 2.79%，其中行业为 3.2%，地方则更低，仅为 1.34%；另一方面，由于资本市场规则不健全，运作程序不规范，一些企业委托金融机构运营，实际运行风险不可避免，职工的利益难以得到确实保证。

再次,缺乏政策环境。国家对企业年金的有关政策、法规没到位,导致企业年金从建立到管理、运营、监督的各环节制度不健全,操作不规范,使企业缺乏建立企业年金的动力。尚未到位的政策和法律法规主要包括:一是税收政策。迄今,我国对企业年金在税收方面的优惠政策仅明确了企业缴费在工资总额 4% 以内的部分可以从成本中列支,而对企业年金的投资收益尚无明确的免税政策,可以说与国际上行之有效的做法仍有一段距离,实际上也弱化了我国企业年金发展的动力。二是企业年金的管理和运营规定。虽然对企业年金确定了实行"市场化管理和运管"的大原则,但一方面对具体运营和管理尚未制定标准加以规范,另一方面是对基金经办机构尚未实行资格认证制度。基金的安全得不到切实保障,基金投资回报率不能达到合理水平。

最后,基本法律支撑体系不完善。如企业年金基金作为信托财产在投资运营过程中必然产生所有权分离的情况,它需要一部严格意义上的《信托法》来规范委托代理关系,但我国的《信托法》"千呼万唤始出来",一部正式的、长期性的《投资基金法》其通过仍需一定的过程。此外,《投资公司法》、《投资顾问法》的拟订尚有争议①。上述法律及其他方面法律的缺位均使得企业年金未能获得一个良好的法制环境和适宜的土壤来茁壮发展。法律体系的不健全制约了企业年金的发展,导致企业年金运行无法可依。

另外,经验丰富的专业机构和专业管理人员的缺乏也是影响企业年金发展不足的一个重要原因。

四、养老保险管理体制与机构设置存在缺陷

养老保险管理体制尚未实现完全权责明晰,相互制衡;管理机构设置和人员

① http://www.cec-ceda.org.cn/channel/qynj/contents/2728.html.

配备方面也不够完善,影响了养老保险制度的服务有效性和管理有效性。

（一）市、区两级存在职能界定不清的问题

深圳市、区两级决策、经办、监管职能混合,未能实现“管、办”分离。决策、执行、监督应该相分离,其中决策、执行主要考虑重心、职能、层级的调整;监督要相对独立,考虑监督“执行”。

经过2004年的机构改革,深圳市虽已建立了行政、基金和事务相分离的养老保险管理体制。但现有市社会保险基金管理中心①有关养老保险的行政管理、业务管理与基金管理仍“三位一体”,无法形成相互制约。

（二）内部机构事权划分不尽合理

养老保险实现属地化管理将提高管理效率,极大地方便参保人办理保险等相关事务。目前,深圳市基本养老保险以企业为参保单位,管理机构的事权划分标准不同,管理的企业类别不同。市局:市属企业、注册资金1000万元以上企业;区管理处:区属企业、其他注册资金1000万元以下企业。

（三）企业离退休人员社会化管理服务尚不完善

深圳市出台了《深圳市企业退休人员社会化管理服务暂行办法》,规定深圳市企业退休人员由其单位移交户籍所在地的社区进行社会化管理,但在社区接纳管理档案以及建立离退休人员数据库方面尚未形成完善的运作机制。同时社会化管理服务上财政经费投入和人员配备不足,2004年安排社区建设补助资金仅为0.5亿元,退休人员拥有协理服务人员数的比为204∶1,社会保险服务人员配备严重不足。

五、企业基本养老保险的统账管理存在不足

（一）混账管理违背统账结合模式的设计初衷

统账结合模式的本质是部分积累制,是从现收现付制向完全积累制的过渡

① 该“中心”是属于劳动保障行政部门下设的二级机构,受劳动保障行政部门的委托,开展社会保险基金的筹集、支付、管理、运营事务,组织实施社会保险的基础性、技术性、事务性和服务性强的工作。

形式。深圳市在基金管理上实行社会统筹部分和个人账户部分混账管理。离退休人员当期所需养老金，都从养老保险统筹基金中支付，支付剩余部分作为积累，以备将来弥补资金缺口。目前，深圳市基本养老统筹基金已经出现赤字。截至2005年8月，深圳市基本养老统筹基金赤字累计达13.40亿元。在混账管理的情况下，深圳市的统筹比例很低，费率最低时只有2%，2006年提高到10%，2007年再提高到12%，相比很多城市的20%，这仍然是非常低的费率。在人口老龄化趋势加速的情况下，统筹基金无法满足社会基本养老金支付额度，尚未真正实现部分积累制的运作机制，实际效果体现为体制回归，具有退回现收现付制的倾向。

（二）养老保险个人账户尚未做实

统筹基金和个人账户基金一直混账运行，由于存在统筹基金的赤字，为了保证当期养老金支付，为填补缺口统筹部分透支了个人账户资金，即通过借用个人账户积累额的办法暂时支付社会养老金差额来“现缺现补”，这种“现缺现补”进一步造成个人账户空账化，使得个人账户的累计空账愈积愈深。尽管深圳市养老保险尚不存在较大支付危机，但个人账户保险金仍存在被挪用现象，养老保险个人账户并未做实。

六、养老保险财政投入不到位

（一）社会养老保险财政资金应“兜底”

政府作为社会养老保险最终保险人，要在社会保险费用收入之外，充分利用一般税收补充养老保险共济基金、补贴社区退休人员。经济波动出现养老基金收支逆差，政府应承担稳定的资金来源，以弥补缺口，或临时借支。未来深圳人口老龄化的特殊性将使养老保险基金支付面临巨大压力，财政对社会养老保险进行“兜底”的潜在压力增大。

（二）政府财政责任履行不充分

深圳市财政责任履行不充分主要体现在：第一，财政养老保险支出比例远低于发达国家40%的水平；第二，养老社会保险中的政府财政责任主要体现在机关事业单位养老保险上，而对企业养老保险来说，政府的财政责任只体现在提供管理费上①;第三,历史欠账财政预算未能有计划地逐步清偿;退休职工的基本医疗保险费由养老保险基金中扣除,侵犯了参保人的权益;第四,机关事业离退休养老保险的财政支出缺乏制度保证,财政预算制度没有明确规定各级财政社会保障预算安排的硬性比例,导致年初预算时安排养老保险支出指标弱化,社会保障预算执行存在随意性②。

第六节　制度完善与发展的建议

通过对深圳市养老保险未来参保人规模及基金收支平衡的长期发展趋势进行预测,针对现行养老保险制度存在的问题,我们可从相应提出完善深圳市养老保险制度的具体措施和未来发展方向。

一、养老保险未来长期发展趋势预测

深圳市养老保险未来发展趋势从两个方面进行预测:一是未来养老保险参保人规模及年龄结构变化;二是养老保险基金未来收支平衡长期趋势。

(一)未来养老保险参保人规模及年龄结构变化趋势预测

1. 参保人规模总体预测

基本假定:由于迁移人口变化规律的不确定性,本模型假定参保人的不同性别、年龄、死亡率以 2000 年全国人口普查城市人口的数据为准并保持不变。③

① 1997 年国务院 26 号文件明确规定基本养老保险基金实行收支两条线管理,全部用于职工养老保险。1998 年年初发布的《企业职工基本养老保险基金实行收支两条线管理暂行规定》中明确规定:"社会保险机构开展业务所需经费,由财政部门在预算中安排。"

② 深圳市 2001—2003 年行政事业单位离退休经费分别为 3.5439 亿元、3.2856 亿元和 4.1733 亿元。

③ 对每年新增参保人规模和速度做了高、中、低三种方案的假定。

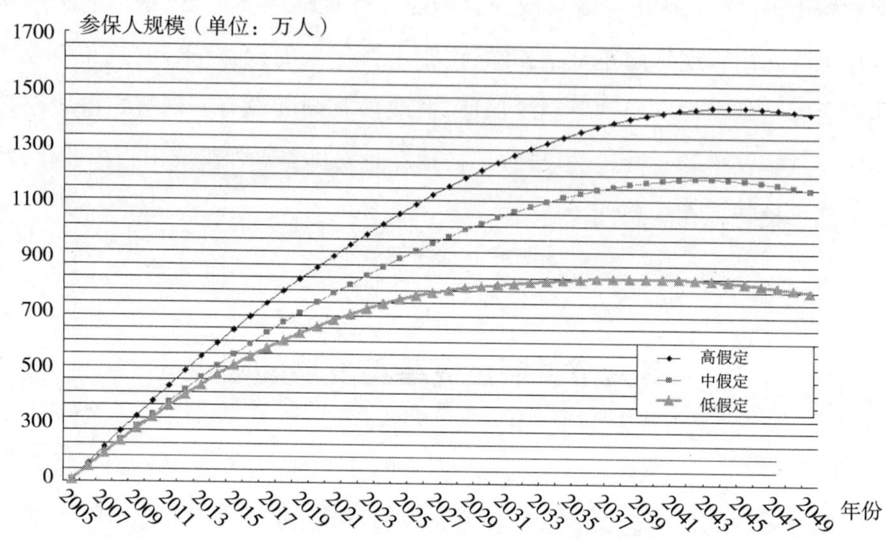

图1－8　2005—2050年间深圳市养老保险参保人规模变化预测

测算结果显示：从2005年到2050年，每年养老保险参保人（含缴费和享受人）总规模的变化规律如图1－8。从预测结果看，深圳人口总规模将继续快速增长，参保人总规模也将继续扩大。从养老保险参保人的性别结构角度看，大多数年份男性人口超过女性人口，表明养老保险制度比较多地覆盖男性人口。不过其人数差距在缩小，特别是当深圳市进入高度老龄化阶段时，享受养老保险的女性将大大超过男性。

2. 参保人年龄结构的长期变化

本模型针对养老保险缴费人和享受人规模大小按年龄为界限，设计了两种方案的假定：低于该值的人口为缴费人，高于该值人口为享受人。

假定A：男55岁、女50岁。假定B：男60岁、女55岁。

测算结果表明（参见图1－9），无论是哪种方案和假定，缴费人和享受人的规模都迅速增大，只是两者增加的速度不同。在假定B条件下，2005年缴费人与享受人规模相比，前者为后者的32.2倍，若按中方案假定，2008年增加到37.5倍，之后持续降低，2018年为10倍，2039年为2倍，到2047年享受人规模开始超过缴费人规模。

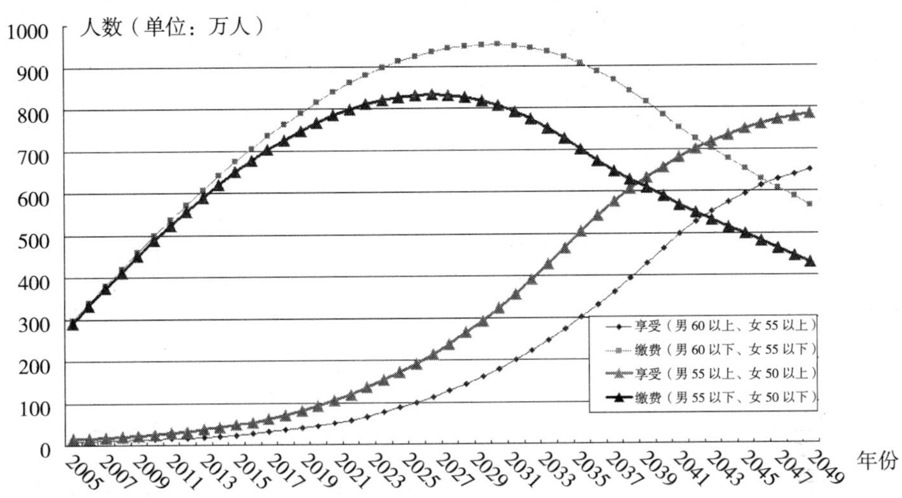

图1－9　2005—2050年不同假定下养老保险缴费人和享受人规模中方案预测

（二）养老保险基金未来收支平衡长期预测

测算结果表明(参见图1－10),高、中、低三方案的基金运行按照目前的运行水平(包括假定A和2.3%的投资收益率),从2016开始养老基金统筹缴费比例每5年提高1个百分点,在最初的21年内都不会存在资金运行问题(有结余),低方案可以持续到2027年,中方案可以持续到2029年,高方案可以持续到2037年。

（三）对未来深圳养老保险的总体判断

1. 未来养老保险参保人规模及年龄结构趋势判断

深圳养老保险基金在最初一些年份总体运行平稳。后期出现参保人老龄化速度加快,而且享受养老保险规模巨大,女性所占比例超过男性的特点。

2. 养老保险基金未来收支平衡趋势判断

随着人口老龄化趋势凸显,养老保险基金运行开始急速紧张起来,基金收支差额逐年扩大(参见图1－11)。特别是高方案,尽管可以有比较长的“富裕”时期,但接下来必须为该时期的“富裕”而补偿以前参保人的贡献,而且在继续保持原有的发展水平情况下,养老基金支付将大大超过同期的积累。养老保险基金的运行处于高度负债状态,必须配合各种政策以减轻负债。

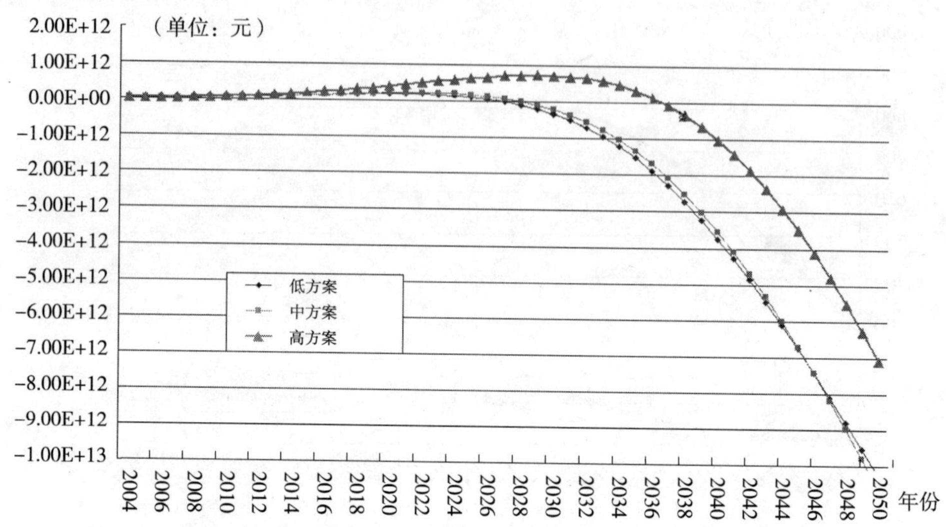

图1－10　2005—2050年深圳市养老保险基金（高、中、低方案）预测图

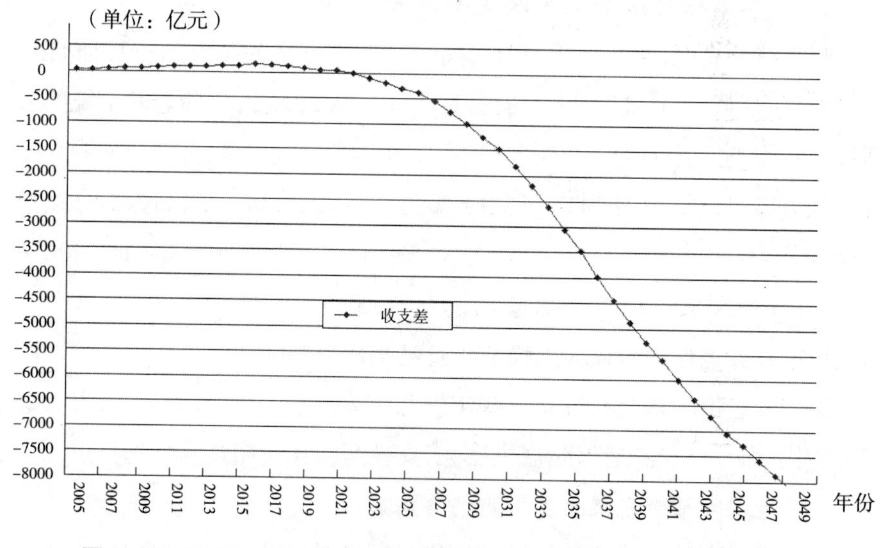

图1－11　2005—2050年深圳市养老保险基金当年收支差测算图

3. 考虑养老金投资回报率提高的预测

假定未来基金收益在2.3%、5%和7%的投资回报率条件下，深圳市养老保险基金至2025年分别比无风险投资情形的（基本方案2.3%收益率）积累多

29.5%和58.5%，至2035年分别多84.4%和183.9%。相应使养老基金由结余转为负债推迟2年到5年（参见图1－12）①。

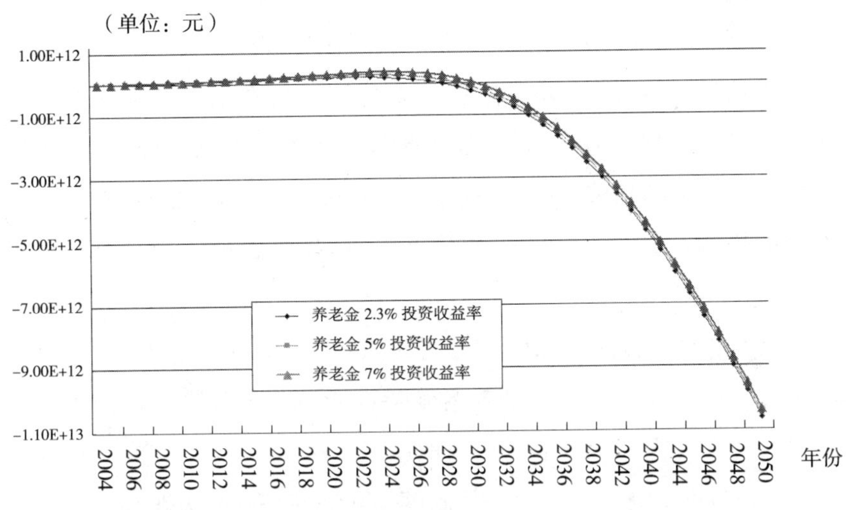

图1－12　2005—2050年深圳市养老保险基金不同投资收益率对比图

二、继续夯实个人账户

做实个人账户有利于实现部分积累的制度模式，有利于应对人口老龄化的挑战，有利于促进劳动力流动。个人账户做实要先把个人缴费部分做成实账，在社会统筹基金与个人账户基金实行分账管理前提下，养老金当期发放不能再透支个人账户，政府要建立健全相关法律法规对此进行约束与规范。同时，完善并发展金融市场、资本市场以及配套的法律体系，为社会保险基金保值增值创造良好的环境和基础，社保基金管理部门必须遵循"安全、高效"的原则，既要保证社会保险基金的安全又要保证基金高效运行，实现最大限度的保值增值。

① 数据模拟显示，利用基金自身的投资收益来减轻收支不平衡，是"部分积累制"养老保险制度的优势，也是克服现收现付制缺点的有效手段。

三、农民工养老保险制度改革的基本思路

(一)农民工养老保险制度改革原则

第一,全国统一的原则。基本养老保险作为一种公共产品,如果由地方政府来提供的话,本地区基本养老保险制度的提供,总会影响到其他地区,后者总是被动受益或是受损,而并没有为此付出代价或得到好处。中央要拿出自己在宏观调控上的权威,承担制度设计的责任,设计出满足参与约束和激励相互约束的机制,通过立法制定统一的政策,并强制地方政府严格按照政策执行。

第二,从实际出发的原则。既要考虑农民工的收入水平和企业的承受能力降低缴费门槛,又要考虑将来的养老金水平,保障年老后的基本生活。

第三,保证农民工社会保障权益的原则。逐步建立农民工的工伤保险制度、医疗保险制度尤其是大病医疗保障制度、养老保险制度、失业和生育保险制度,积极而有效地逐步维护和实现农民工的基本社会保障权益。

(二)农民工养老保险制度改革基本思路

考虑农民工流动性大的特点,我们的最终目标是养老保险实现全国统筹,这已经反映在《社会保险法》草案中,但这个长远目标的实现难以一步到位,还需要一定的时限,当前在旧机制向新机制转换的过程中,如果要在对现有基本养老保险制度不作较大改动的基础上解决流动性大的农民工基本养老保险关系转移困难问题,那么只有对现行的养老保险金计发办法进行制度创新。即借鉴欧盟的经验,改进养老保险金计发方式,引入分段计算养老保险权益的方法,使农民工在各个地区参加的养老保险,其缴费年限都得到承认并可以累积计算,退休后由各地分担支付养老金。

当农民工达到退休年龄时,养老金按其在各地的全部投保时间来计算,各地支付额按其在该地的实际投保时间计算。如果参保期限不足一年,则最后的从业地将负责把该参保人在其他地区的缴费期限计算在内,并分别从相应地区获得补偿。只要农民工在养老金项目累计的缴费年限达到 15 年,就应该得到养老金支付。这种区域间养老保险权益结算机制的引入,关键是要建立科学高效的

地区间养老保险权益结算机制,并成为财政体制的一部分。同时,地区差异使各地养老金待遇也有所差距,而人都是理性的,必然有部分人由养老金待遇较低的地区向较高地区流动,因此在制度设计中必须充分考虑对“投机养老人群”的约束。因此,中央政府应出台养老保险权益记账规则,当农民工跨统筹区域流动时,由当地给参加养老保险的农民工登记缴费记录并开具参保权益证明,以作为全国统筹实现后统一计算缴费年限及享受相应养老待遇的凭证,所缴养老保险费不转移。

依照这个方法,农民工各工作地最后按应分担的比例向职工养老地支付养老金,这样,养老成本在各地域得到了分摊,各地应承担的责任得到了落实,也平衡了各地利益,这为各地方政府走向合作提供了客观上的可能。

四、改革机关事业单位养老保险的制度选择

(一)机关事业单位养老保险制度改革原则

在坚持以下原则的前提下解决退休待遇差距悬殊和权利义务不对等问题:

第一,坚持“渐进式”改革原则。在完善养老保障体系和制度建设过程中,保持养老保障制度相对稳定,只对个别不适宜部分作出相应的调整。

第二,改革成本的代际分担原则。在几代人中分散改革成本。

第三,坚持部分积累制的原则。理想的部分积累制应当是现收现付制和基金积累财务机制的有机结合,即本代人的养老支出一部分依靠现在自身的储备,一部分依靠下一代人的供给。

第四,逐步降低养老金替代率的原则①。

---

① 机关事业单位退休金与原工资相比较的支付比率同世界上许多国家相比都算是高的,特别是还有很大一部分人可领取的退休金为原工资的100%(如教龄满30年的中小学教师及离休人员)。与此对照,英国公务员最高退休金为退休前3年最高月工资的45%、美国为退休前3年最高工资的80%、新加坡为退休前3年平均工资的2/3、法国和德国为退休前工资的75%、日本为70%、韩国为76%。因此,要逐步降低机关事业单位养老金的替代率。

（二）改革机关事业单位养老保险制度可供选择的三方案

方案一：建立统一的深圳市基本养老保险制度。企业员工、机关公务员、事业单位职员等人员都纳入市基本养老保险体系，享受统一的基本养老金。在此基础上，分别建立企业员工补充养老保险、公务员退休津贴（年金）、职员退休津贴（年金），分别体现各自的特点。

方案二：参照国际惯例，分别建立企业员工养老保险制度、公职人员养老保险制度。对事业单位，首先重新确定其类别划分，属行政执行类和社会公益类事业单位，与机关一起执行公职人员养老保险制度；属生产经营类事业单位或企业性质的，执行企业员工养老保险制度。

方案三：分别建立企业员工养老保险制度、公务员养老保险制度以及事业单位职员养老保险制度。

以上方案中，方案一“退出成本”最低，“实施成本”也最小，能实现社会养老保险最大限度的共济。

五、促进企业年金发展

（一）制定相应的税收优惠政策

我国目前规定企业缴费在工资总额4%以内部分可以在成本中列支，远远低于国际上的主要国家的可税前列支比例，如德国为10%，美国为15%，加拿大为18%，澳大利亚为20%，法国为22%。因此应该考虑逐步、适当提高企业年金缴费税前列支比例。企业年金实行EET延迟征税优惠政策，即对企业年金供款和企业年金基金投资收益有条件免税，而对领取企业年金给付金征收所得税的做法，从而为企业年金入市投资运作创造更有利的条件，鼓励和引导更多的企业建立企业年金，制止企业年金的短期逐利行为及其对资本市场可能造成的冲击，维护资本市场的健康、稳定和有序，促使企业年金投资向多元化、长期化发展。

（二）支持企业年金多层次的经办形式

大型企业的企业年金基金，采取信托型的年金制度，既可对企业年金进行有效的监管，又能促进资本市场的发展。中小企业的企业年金计划，则委托社会化的商业保险公司经营①,实现企业年金多层次经办形式。

（三）完善信息披露机制

信息披露是克服市场信息不对称的主要方式和有效途径,建立信息披露机制可以保护保险消费者的利益,保护企业年金受益人的合法权益保,保证保险市场的有效运行。根据现行的社保基金信息披露准则,社保基金仅需每年一次向社会公布社保基金资产、收益、现金流量等财务状况,出现大众与社保基金严重的信息不对称问题。社保基金的最终持有者是大众,处于基金的终极股东及资产委托方的地位,应有权及时通过信息披露了解基金的运营,并进行绩效评价。美国的养老基金实行的是每季度公开信息披露制度,政府部门也提供相关的信息咨询服务,保证了基金的高透明度运作。我国社保基金也实行每季度一次向财政部、劳动和社会保障部提交社保基金财务会计报告、投资管理报告的制度,应该说在及时公开信息披露方面不存在技术障碍。在此基础上,应坚持充分性、有效性、及时性、公开性四原则,通过市场监管有关当事人,有效防范违法违规行为的发生。若信息搜集和传递成本过高时,则要加强政府管制包括强制信息披露和其他管制手段来提高传递信息的能力。

（四）推动外部环境建设

规范资本市场。规模庞大的养老保险基金资产已经成为资本市场的主导力量,它对资本市场有着巨大作用。同时,资本市场对养老保险基金的积累也有着重要的影响。要使养老保险基金以最有效的方式保值增值,资本市场就必须在规模、广度和手段的多样性方面适应养老保险金的需要。一方面提高资本市场有效性和透明度,培育完善的资本市场;另一方面加强金融深化程度,促进金融衍生工具创新,实现投资方式选择多元化。

基本法律体系建设。通过建立健全基本法律体系规范养老保险制度的运

① 我国商业保险公司在企业年金领域运作已积累一定经验,如中国人寿、平安等保险公司曾相继推出投资、分红型年金保险产品,太平洋人寿保险公司在北京、上海、广州、深圳为各大企事业单位进行了大规模的“众恒团体年金保险”,完全可以委托商业保险公司运营。

作，主要体现在：出台相关地方法规和政府规定维护劳动者合法权益，保护劳动者弱势群体，为依法行政提供法律支持；同时，完善现有劳动保障法律法规，在社会保险费征缴、基金监督、促进就业等领域实现法律硬约束。

六、进一步改革养老保险管理体制

（一）改革保险管理体制，推行“管办分离”

1. 社会保障机构调整及职能划分

为实现决策、经办、监督的分权式管理，应分别构架养老保险行政管理、业务经办、基金管理和监管监督这四类管理体系，彼此间职责分开，责任明确，既互相独立，又互相制约。行政和决策机构主要负责拟订养老保险的法律、法规和规则，制定相关政策，组织推动改革并监督检查，不直接办具体业务。建立社会化服务体系，推进经办机构的社会化，把具体管理服务项目向社区前移。

2. 业务经办机构重心下移

业务经办机构应该是相对独立的公共事业单位，主要职责是受政府委托负责养老保险费征缴，养老金的发放和周转金的管理。建立并管理用人单位和参保人的养老保险缴费档案，提供查询和咨询服务，办理养老保险关系跨地区转移等业务。在现有三级垂直管理体制内，经办机构应按照重心下移的原则设置，市、区两级实行“管办分离”，经办业务重心向街道和社区转移。

3. 加强养老保险监管

保险经办业务的前移和管办分离的同时，保险管理机构应加强监管。建立多方代表参加的养老保险社会化举报和监督机制。加强社会保险监管法规建设。深圳市应充分利用特区立法权的优势，提升现有相关规章的法规层级，为加强社会保险监管提供法制基础。

（二）实行属地化管理

进一步加强保险属地化管理来提高管理效率，极大地方便参保人办理保险相关事务。同时打破按企业进行分割管理的限制，实行属地化管理，使参保人完全根据就近原则到所属社区办理相关业务，理顺管理体制。

（三）改革企业基本养老保险统账管理模式

在坚持社会统筹和个人账户相结合的基础上,实行统账结合模式下的分账管理,做实个人账户。

统筹基金满足基本养老保险的需要,统筹基金由企业或单位供款,个人不供款。个人账户部分和补充养老保险统称个人账户基金,属强制性补充养老保险内容。

（四）财政养老支出要制度化、比例化

按照基本养老金35%的目标替代率,结合深圳市2005年退休人员和在职人员情况,实行现收现付的基本养老金的缴费比例应为1.2%。考虑到人口老龄化趋势,可定为2%。逐步实行完全积累制。企业补充养老保险并入个人账户基金。未来的5—10年的财政支出结构中,财政养老保险支出比例要从2003年的1.3%提高到10%—13%。

（五）建立离退休人员社会化管理服务机制

在企业离退休人员社会化管理服务方面,建立起相应的管理机构、运作机制。提高社区建设补助资金的比例,逐步加大财政在社会化管理服务工作上的投入。鼓励退休人员社会化管理服务进社区。支持由社区接纳管理档案,建立起离退休人员数据库。逐步建立起长效规范的退休人员社会化管理服务机制。

第二章

深圳市医疗保险制度：演进、评估与完善

医疗保险是指国家和社会根据一定的法律法规，为保障一定范围内的劳动者提供患病时基本医疗需求保障而建立的社会保险制度。它是保障劳动者基本生活需要最为基本和重要的社会保险项目。

社会医疗保险是由国家立法强制实行的非营利的社会事业。医疗保险通过政府和社会保险机构与医、患三方共同负担费用，合理确定享受条件和保险待遇，保证参加者均享有所需医疗服务和经济补偿的权利。医疗保险的根本目的是提高人们的健康水平，提高劳动生产力，促进社会经济的发展。

社会医疗保险是社会保障的一个独立的子系统，又与伤残保险、生育保险、养老保险等项目相关联，与其他保险项目相比较，它具有保障对象的全民性、医疗机会和待遇的均等性、医疗保险目的的专一性、医疗保险的强制性、医疗保险与其他保险的交织性、医疗保险的服务性和医疗保险的福利性等特征。

第一节　深圳市医疗保险的制度演进

深圳市自1992年颁布《深圳市社会保险暂行规定》和《深圳市社会保险暂行规定医疗保险实施细则》，正式实行职工社会医疗保险制度起，迄今已有18年

了。在深圳市社会医疗保险制度演进的18年中,受建制理念、制度的适应性、有效性和可持续性的影响,具体制度几经变革,按每个时期制度的不同特点,大体可以将此制度演进过程分为三个阶段:

一、职工基本社会医疗保险的初创阶段

1992年8月至1996年6月为职工基本社会医疗保险的初创阶段。

(一)初创阶段的时代背景

1. 经济社会背景

改革开放前,深圳市的前身宝安县实行的是全国统一的劳保和公费医疗制度,它的筹资机制、费用控制、就医办法、管理体制都只适应计划经济体制。在经济改革的过程中,其弊端日益明显,集中表现在:①医疗经费由国家和企业包揽,个人的权利与义务脱节,缺乏有效的制约机制,造成卫生资源的严重浪费;②缺乏合理的医疗经费筹措机制和稳定的医疗费用来源,部分企业经营出现困难时,职工往往得不到基本医疗服务,劳保医疗制度实际上是"企业自我保险";③医疗保险覆盖面窄,管理和服务的社会化程度低,不利于劳动力流动和减轻企业的社会负担。

1979年3月,中央和广东省委决定把宝安县改为深圳市。1980年5月,中央和国务院41号文件将"出口特区"改为"经济特区"。深圳市作为中国经济改革的前沿地带,个体经济、私营经济和"三资"企业成为深圳经济的主要组成部分,职工结构与计划经济时期相比发生了巨大的变化,医疗保障制度不能只着眼于公有制经济,而应尽可能覆盖到城市各种不同所有制企业的全部职工,使城市更多的劳动者都能得到医疗保障,享有基本医疗服务。如果说,在我国其他城市,建立在计划经济基础上的劳保和公费医疗制度的弊端是随着经济社会发展逐渐显现的,那么在深圳市,这种制度与现实的矛盾在特区建立初期就十分突出了,迫切需要进行制度改革与创新。

2. 国家政策背景

早在20世纪80年代初,我国卫生经济研究的先行者们就率先提出要改革劳保和公费医疗制度,建立"具有中国特色的社会主义医疗保险制度",经费来

源可采取“国家资助，企业多拿，个人少付”三者结合的办法，医疗保险管理实行社会化，建立专职机构进行管理，实行老人老办法，新人新制度逐步过渡。1989年3月，鉴于现实的迫切需求，国家体制改革委员会确定吉林省四平市、辽宁省丹东市、湖北省黄石市、湖南省株洲市为医疗保险单项改革试点城市，深圳市和海南省为社会保障综合改革试点地区，进行职工社会医疗保险制度的改革探索。深圳市于同年4月即成立了改革领导小组，开始组织力量进行调研。

至20世纪90年代初，在卫生部、财政部、劳动部等八部委参加的全国医疗制度改革研讨会上，深圳市与其他兄弟城市交流了职工医疗制度改革的做法和进展情况，而且就医改的目标和策略、职工医疗保险管理体制、资金筹集方式、支付方式、费用控制和管理监督集资等专题进行了研讨。

3. 理论背景

当时，国外较成型的医疗保险制度主要有4种：①以英国为代表的“国家医疗服务”模式，表现为政府直接管理医疗保险事业，以税收方式筹集资金，政府收税后拨款给公立医院，医院直接向居民提供免费服务，保险内容覆盖所有必需的医疗服务，医药适当分离。这种模式有国家财力作为实施的坚强后盾，医疗保险基金有稳定的来源，同时医疗保险覆盖面广，能较好地体现社会公平性原则。但这种模式存在医疗费用上涨过快和手术及诊断等候时间太长等缺点。②以德国为代表的“社会病患基金”模式，其特点是：社会健康保险体系与商业健康保险体系共存，医疗保险基金社会统筹、互助共济，主要由雇主和雇员缴纳，政府酌情补贴。这种模式调动了社会各方财力，保证了高质量的医疗服务，为不同人群提供了更多选择，有利于抑制医疗费用上涨的趋势，在一定程度上实现了社会收入再分配。但这种模式实行现收现付，当年平衡，虽能实现横向共济，却难以达到纵向积累，年轻人与老年人之间医疗保险费用负担的代际转移问题突出。③以美国为代表的“商业医疗保险”模式，其医疗保险公司许多都是私营的，有单项保险和综合保险，名目众多，居民自愿参加，政府不干预，也不补贴。60%以上的医疗服务费用开支由居民直接支付，政府仅为特殊人群（退伍军人、老年人、残疾人、低收入者等）提供医疗费用补助。该模式的特点是：参保自由，灵活多样。有钱买高档的，没钱买低档的，适合多层次需求。美国这种以自由医疗保险为主、按市场法则经营的以营利为目的的制度,明显体现出贫富差距。因为它往往把需要投保的健康条件差、收入低的居民拒之门外,他们既没有参加医疗保险,也得不到其他医疗补贴,因此这种保险模式公平性较差。④以新加坡为代表的"储蓄保险模式",筹集医疗保险基金是根据法律规定,强制性地把个人消费的一部分以个人公积金的方式储蓄转化为保健基金。以个人责任为基础,政府分担部分费用。国家设立中央公积金,这部分上缴比率为职工工资总额的40%,雇主和雇员分别缴纳 18.5% 和 21.5%。实施保健双全计划,即大病保险计划。新加坡这种保险模式是以保健储蓄为基础,在强调个人责任的同时,又发挥社会共济、风险分担的作用。

由于经济社会发展阶段和实际发展水平所限,深圳市的职工社会医疗保险制度只能采取疾病救助型的"社会病患基金"模式。参考国外采取该模式国家的经验,深圳市相关单位于 1990 年起草了《深圳市医疗保险实行方案(讨论稿)》(下文简称《方案》),在《方案》中,明确提出了社会统筹和个人账户相结合的医疗保险模式(下文简称"统账结合"模式),并邀请新加坡、德国及国内医疗保险专家进行了多次论证。但由于当时管理手段落后,后来对《方案》进行了修改,并于 1992 年 3 月开始在沙头角镇进行职工医疗保险改革试点。

(二)初创阶段的制度改变

1. 制度的主要发展

根据试点的成果,深圳市政府于 1992 年 5 月 1 日正式颁布了《深圳市社会保险暂行规定》(下文简称《规定》)和《深圳市社会保险暂行规定医疗保险实施细则》(下文简称《细则》),定于同年 8 月 1 日在全市范围内推行。深圳市正式进入了全面实行职工社会医疗保险的新阶段。

1992 年 8 月,《规定》和《细则》正式实施,深圳市在全国率先实现公费医疗和劳保医疗一体化,打破了干部、工人身份界限,建立了统一的职工社会医疗保险制度,并由 1991 年成立的独立医疗保险专业管理机构——深圳市医疗保险管理局进行统一管理。该制度首次确立了医疗保险基金统一筹集、统一管理、统一使用,参加医疗保险的职工选择定点医疗,约束约定医疗单位、医务人员和医疗保险享受者的行为等社会医疗保险的基本原则和措施,具有重要的意义。

2. **制度的基本特点**

该阶段医疗保险制度最主要的特点是实行了简化的“统账结合”模式。医疗保险费收缴后不设个人账户，全额计入医疗保险基金，但在管理上实行“定额内结余有奖，超定额少量自付，自付总额适当控制”的做法限制医疗支出的过分膨胀。职工每人每年的医疗费用定额依不同年龄段按本单位职工上一年平均工资总额的不同比例确定，同时还规定当职工全年医疗费用未达到定额时，当年结余的20%结转下一年度继续使用，历年结转未用的余额在职工离开本市时发还本人。由此可见，医疗费用定额就是个人医疗账户的雏形，也可以说是最原始的个人医疗账户。

（三）制度运行中遇到的问题

在中国医疗保险改革过程中，深圳市首创了“统账结合”的模式，在当时的时代背景下，这一建制方式是具有一定先进性的，并适应深圳市的具体情况。

表2-1　深圳市历年常住人口、户籍人口、基本医疗保险参保人数表

年份	年末常住人口（万人）	年末户籍人口（万人）	月均参加基本医疗保险人数（万人）
1994	335.51	93.97	12.83
1995	345.12	99.16	14.99
1996	358.48	103.38	22.96
1997	379.64	109.46	30.13
1998	394.96	114.60	38.28
1999	405.13	119.85	51.32
2000	432.94	124.92	68.30
2001	468.76	132.04	93.78
2002	504.25	139.45	116.09
2003	557.41	150.93	144.45
2004	800.80	165.13	231.00
2005	827.75	181.93	269.58
2006	846.43	196.83	252.90
2007	861.55	212.38	280.55

续表

年份	年末常住人口（万人）	年末户籍人口（万人）	月均参加基本医疗保险人数(万人)
2008	876.83	228.07	306.28

资料来源:《深圳统计年鉴》,1998—2004年;深圳市社保基金管理中心,2004—2007年月均参保人数采用的是各年12月份相关数据。

该制度实施后,取得了一定成效,1995年月均参保人数已达到14.99万人。但因此也遇到了许多问题和矛盾,这集中体现在以下两点上:

1. **医疗保险费用增长过快,可持续性不高**

深圳市该阶段医疗保险的主要偿付方式是一种“后付制”模式。即约定医疗单位为投保人提供医疗服务,市医疗保险局按平均标准间接把偿付费转给约定医疗单位。这些平均标准包括:门诊人次平均费用标准、住院日平均费用标准、平均住院天数标准。实施这种模式以后,虽然在控制医疗费用不合理增长的方面起到一定作用,但由于投保人缺乏自我控制费用的动力也缺乏有效的内在制约机制,导致制止不了借证就医、冒名就诊、小病大养、无病拿药等不良行为,医疗保险费用居高不下。1995年全国人均医疗费用为221.38元,广东省人均医疗费用为295.6元,而当年深圳市参保职工人均医疗费用为870.65元,是广东省平均水平的2.9倍,是全国平均水平的3.9倍。这种医疗保险支出的过快增长导致了医疗保险基金的紧张,1995年,深圳市医疗保险基金的支付率已达82%,并有继续上升的趋势,除去2%的管理费和4%的风险储备金后结余率只有6.09%,这严重威胁了社会医疗保险制度实施的可持续性。

2. **医疗保险覆盖面过窄,有效性差**

医疗保险支出上涨的主要原因是医疗保险偿付模式体现不了多投保多享受医疗服务的优越性以及医疗保险金没有与个人医疗费挂钩的缘故。导致了享受医疗费用中新的平均主义,刺激了超前的医疗消费。这种不合理因素也导致了医疗保险覆盖面过窄。如表2-1所示,1994—1995年间,参加基本医疗保险人数年增幅为16.4%,但绝对增加人数仅为2.16万人,即低于新增常住人口数,也低于新增户籍人口数。截至1995年年末,深圳市基本医疗保险对户籍人口的覆盖率仅为15.1%,保障能力有限,制度的有效性不高。

二、职工基本医疗保险的完善阶段

1996年7月至2003年6月为职工基本医疗保险的完善阶段。

(一)时代背景的讨论

1. 理论背景

随着各医疗保险试点城市和社会保障综合试点地区的改革试点工作的开展,在20世纪90年代初,召开了卫生部、财政部、劳动部等八部委参加的全国医疗制度改革研讨会,不仅交流了全国各地进行职工医疗制度改革的做法和进展情况,而且就职工医疗制度改革的目标和策略、职工医疗保险管理体制、资金筹集方式、支付方式、费用控制和管理监督机制等专题进行了研讨。

1992年,国务院成立了职工医疗制度改革领导小组,经过向先进国家学习和总结国内试点经验,领导小组经过决策确定在我国实行社会统筹和个人医疗账户相结合的"统账结合"的社会医疗保险模式,以实现个人负责基础上的医药费社会统筹。这种模式借鉴了德国和新加坡医疗保障模式的长处,实现了社会互助和自我负责的有机结合。

2. 国家政策背景

1993年11月中国共产党召开十四届三中全会,通过《关于建立社会主义市场经济体制若干问题的决定》(以下简称《决定》),为改革现行城镇职工医疗制度指明了方向。根据《决定》精神,改革的目标模式是:建立社会统筹医疗基金与个人医疗账户相结合的医疗保险制度(横向的社会统筹共济保险与纵向的个人储蓄积累自我保险相结合,以社会统筹保险为主,形成一种"T"形医疗保险结构,逐步覆盖城镇所有劳动者)。

《决定》指出,建立新型的城镇职工医疗保险制度,应坚持以下原则:①适应社会主义市场经济体制,使城镇劳动者能得到基本医疗保障,有利于整个社会保障制度的改革,有利于转换国有企业经营机制,建立现代企业制度。②基本医疗保障的水平和方式要与我国生产力水平及各方面承受能力相适应,国家和企业不能包揽职工全部医疗费用。③公平和效率相结合。职工享受医疗保障等待遇要与个人对社会的贡献适当“挂钩”,要与按劳分配制度相结合,以利于调动职工劳动积极性。④建立合理的筹资机制和对医疗服务供、需双方的制约机制,有效利用卫生资源,尽可能减少浪费。⑤原公费医疗制度与劳保医疗制度享用的对象统一政策、同步改革。⑥政事分开,各司其职。政府主管部门制定政策、制度、定额标准等,医疗保险基金的收付、审核、运营等由社会医疗保险事业机构承担,自主管理。至此,我国职工医疗保障制度改革的目标模式和基本指导思想就明确下来了。

3. 经济社会背景

深圳市在上一阶段率先进行的“统账结合”模式的探索为中央的决策提供了有益的经验,但由于现实条件所限,这种简化的“统账结合”模式除上文提到的医疗保险费用增长过快和医疗保险覆盖面过窄外,在实行中存在着一定的体制性问题,如偏重于医疗保险的社会共济作用,缺乏有效的激励和约束机制,医疗保险基金筹集困难,医疗卫生资源不合理分配和浪费现象比较严重;医疗保险层次单一,企业经济负担仍然过重,不愿参加医疗保险,职工参保面偏低;保险机构、医疗单位和患者之间矛盾较大,影响了医疗保险事业的健康发展等。

为了贯彻国家既定方针和解决现实存在的制度缺陷,深化改革,进一步完善社会医疗保险制度,深圳市政府于 1994 年 6 月 3 日决定开展社会统筹和个人账户相结合的医疗保险新模式试点,1994 年 11 月 29 日,深圳市医疗保险管理局正式发出《关于南山区实施社会统筹与个人账户相结合医疗保险模式试点的通知》,于当年 12 月 13 日在南山区开始试点。

（二）制度的发展与特点

1. 制度的主要发展

深圳市政府根据南山区改革的成果,于 1996 年 5 月颁布了《深圳市基本医疗保险制度深化改革方案》(以下简称《改革方案》)和《深圳市基本医疗保险暂行规定》(深府〔1996〕122 号,以下简称《暂行规定》),定于同年 7 月 1 日在全市推行统账结合医疗保险新模式。《暂行规定》就成为这一阶段深圳市基本医疗保险的根本制度。

2. 制度的主要特点

这一时期实行的《暂行规定》与上一阶段的《规定》和《细则》相比有两个主要特点：

(1)实行了“深圳模式”的“统账结合”

该阶段建立的个人医疗账户主要支付门诊和小病医疗费用，统筹医疗基金主要支付住院和大病医疗费用，同时规定个人账户不足支付的，其在医疗保险年度内超过本市上一年度城镇职工年平均10%以上的门诊基本医疗费用，由基本医疗保险统筹基金支付70%，个人自付30%。这种将医疗服务分为两个板块，由个人医疗账户和统筹医疗基金分别进行费用支付，个人医疗账户与统筹医疗基金间又相连通，但相通的门槛较高的“统账结合”模式即“深圳模式”。它与“两江模式”、青岛的“三金模式”和“海南模式”成为“统账结合”改革过程中的几种有代表性的独创模式，对全国其他城市有重大的借鉴意义。

此外，《暂行规定》规定财政或用人单位缴交的综合医疗保险费，在提取管理费和风险储备金后，45周岁以上的参保人员，60%记入个人账户，40%记入共济基金；44周岁以下的参保人员，50%记入个人账户，50%记入共济基金。这种按年龄分配统筹基金和个人账户资金的做法也是当时深圳独有的。

(2)实现了基本医疗保险的多形式

《暂行规定》规定医疗保险分综合医疗保险(含门诊、住院)、住院医疗保险和特殊医疗保险三种形式。综合医疗保险参保对象主要是有深圳户籍的在职职工和退休人员；住院医疗保险参保对象主要是非深圳户籍在职职工和深圳户籍领取失业救济金的失业人员。非深圳户籍在职职工经用人单位申请也可参加综合医疗保险。离退休人员和二等乙级以上革命残废军人应参加特殊医疗保险。同时根据不同的形式确定不同筹资比例，按上述“三层次”医保形式分别确定缴费比例为：①综合医疗保险按本人月工资总额缴9%(政府财政和单位7%，本人2%)；②住院保险按上一年度市职工月均工资2%，分别由用人单位和失业保险机构缴纳，个人不负担；③特殊保险按离退休金的12%由政府财政、用人单位和养老保险共济基金会全额缴纳，不同筹资比例有利于扩大医疗保险的覆盖率。

这种多形式的基本医疗保险在全国首创了将非户籍职工纳入基本医疗保险

体系,充分考虑了深圳市外来务工人员较多的现实,满足了其基本的住院医疗需求,一定程度上化解了社会经济发展过程中所产生和积累的社会矛盾。同时,通过多形式的方式保证了对不同需求人群给予不同程度的保障。

这种多形式的基本医疗保险还允许企业为其外来劳务工选择基本医疗保险形式,这有助于降低企业用工成本,极大地提高企业参与社会医疗保险的积极性。

(三)制度运行的目标与局限性

本阶段职工基本医疗保险制度运行情况可总结为以下两个方面:

1.基本完成了改革的预定目标

本阶段的医疗保险制度演进主要目标是:根据深圳市经济发展水平和劳动用工制度的实际情况,建立多层次的医疗保险体系,在切实保障职工基本医疗需求的前提下,遏制医疗卫生资源的浪费,努力减轻企业和职工的负担,改善投资环境,促进深圳市经济健康发展。该目标在本阶段改革过程中基本得到实现。体现在以下几点:

(1)遏制了医疗保险费用增长过快的趋势和医疗卫生资源的浪费,保证了制度的可持续性

表2-2　深圳市参保职工人均医疗费用和全国人均医疗费用表

年份	深圳市参保职工人均医疗费用(人民币元)	全国人均医疗费用(人民币元)
1994	739.87	150.30
1995	870.65	186.41
1996	488.79	221.38
1997	399.76	258.58
1998	552.01	294.86
1999	555.84	321.78
2000	512.09	361.88
2001	766.96	393.80
2002	753.56	442.55
2003	709.06	—

资料来源:深圳市劳动和社会保障局,卫生部卫生经济研究所。

如表2－2所示,1996年开始实行"统账结合"医疗保险新模式后,参保职工人均医疗费用由1995年的峰值870.65元下降到1996年的488.79元。在此后各年中,深圳市参保职工人均医疗费用稳步上升,基本与全国人均医疗费用上升趋势同步,成功遏制了医疗保险费用增长过快的趋势。

在1996年全市推行"统账结合"医疗保险新模式后,虽然医疗保险缴费水平下调了,但基金结余率维持在较高的水平。1996—2003年的个人医疗账户结余率分别为16.47%、40.30%、49.02%、52.75%、57.67%、60.22%、53.32%、53.43%,统筹基金结余率在20%左右,出现了个人账户和统筹基金双结余,医疗保险制度的可持续性大大增强。

(2)参保人数大幅增加,制度的有效性增强

如上文表2－1所示,1996年实行"统账结合"医疗保险新模式后,由于职工个人和用人单位的积极性在新制度实施后得到提高,一举扭转了参保人数增幅过缓的局面,1996—2003年间,月均参保人数年增长率平均为20%,远高于深圳市常住和户籍人口增长速度。

特别是在多形式的新医疗保险制度下,劳务工被纳入医疗保险体系,自1996年,深圳市劳务工的参保人数就呈快速增加的趋势(参见图2－1),到2003

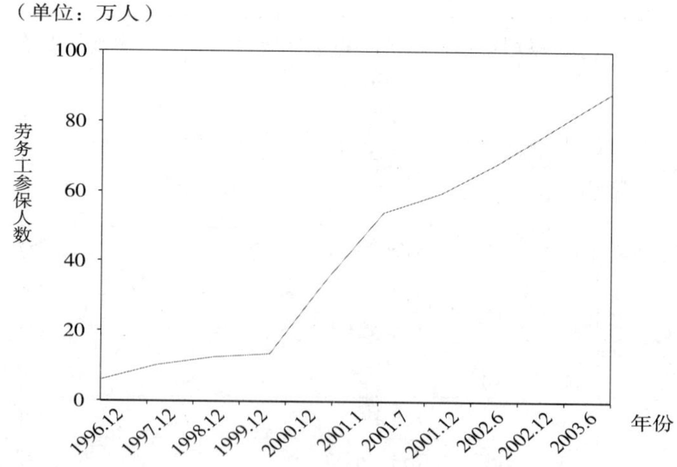

图2－1　深圳市外来劳务工参加基本医疗保险人数变化趋势

资料来源:深圳市社保基金管理中心。

年6月,劳务工参加基本医疗保险人数已达88.27万人,占参加基本医疗保险职工总数的61.1%。

2.随着客观环境的发展，局限性逐步显现

《暂行办法》的建制理念在其颁布时是代表了当时中国社会保障理论最新成果的,有一定的先进性,其适应性也是与20世纪90年代中期深圳市的经济社会状况相匹配的。随着国内外社会保障理论和实践的发展,在深圳市经济经过快速发展的背景下,以《暂行办法》为代表的本阶段社会保障制度的局限性逐步显现了出来,主要有:

(1)覆盖的人群有限,医疗保障缺口仍然较大

深圳市户籍职工参加基本医疗保险率虽然连年上升,2003年已基本实现全覆盖。但是由表2-3中可见,以全部从业人员为基数,基本医疗保险的参保率还较低,只有35%左右。造成这种局面的原因是多方面的,诸如用工不规范等,但本阶段整体医疗保险制度的相对不完善,缺乏对相关人群的覆盖是其中的一个重要原因。

表2-3　深圳市从业人员基本医疗保险参保率情况

年份	参加基本医疗保险人数（万人）	年末全市从业人员（万人）	从业人员参保率（%）
1999	51.32	295.09	17.4
2000	68.30	308.54	22.1
2001	93.78	332.80	28.2
2002	116.09	359.20	32.3
2003	144.45	422.29	34.2

资料来源:深圳市统计公报。

这种问题随着深圳经济的发展,特别是外来务工人员的大量流入,日显突出。

同时,本阶段的医疗保险制度只针对在职和离退休人员,不包括相应的职工家属,特别是医疗需求量较大的幼儿,导致对社会医疗风险的化解能力有限,社会整体医疗保障缺口仍然较大。

(2)医疗保险层次单一,适应性不强

本阶段职工社会医疗保险只有基本医疗保险一个层次,根据其他国家的经验,医疗保健需求有奢侈品的特征,其收入弹性大于1,人均医疗保健支出增幅要快于人均可支配收入的增幅。深圳市国内生产总值近年保持迅猛增长,仅仅保证基本医疗需求的医疗保险明显难以满足人们日益增长的医疗需求。

三、全方位、多层次社会医疗保险的探索阶段

2003 年 7 月至今为全方位、多层次社会医疗保险的探索阶段。

(一)新探索阶段的时代背景

1. 国际背景

进入 21 世纪,世界上大多数国家,社会医疗保险已经成为人民日常生活的一个极为重要的组成部分。但是,西方国家经过多年发展的各种医疗保健体系却遭遇了种种困难,如仍有某些群体被排除在社会保护之外,在享受医疗保险方面缺乏均等的机会,资金问题和成本上升限制了改革的出路,等等。因此,西方国家普遍对其医疗保险体系进行了深层次的改革。这些改革关注的核心问题就是如何在合理成本和合理的缴费前提下为尽可能多的人提供足够的医疗保健;如何防止社会医疗保险体系的资金短缺、过度医疗服务、服务不足、浪费、管理效率低下以及如何以更加着眼未来的方式来建立医疗保健体系等问题。

2. 国家政策和理论背景

在国内,1998 年后,逐步建立的城镇职工基本医疗保险制度本身的局限性造成广覆盖的目标难以实现,政府职能缺位未能承担起实施医疗救助责任,造成困难人员难以公平地享有社会医疗保障。基本医疗保险费用的个人负担较重,造成部分参保人员医疗需求难以满足。医疗供给者诱导需求造成医疗保险基金风险大,制度难以可持续发展等。除此以外还涉及补充医疗保险、医疗救助制度、医疗服务体系等方面内容,不是单纯调整、完善现行的基本医疗保险政策所能解决的,必须通过建立和逐步完善的社会医疗保障体系才能得以较好解决。

针对上述国内外背景,为了促进全社会的协调发展,2002 年,中共十六大明确提出要加快建设与经济发展水平相适应的社会保障体系,健全社会医疗救助

和多层次的医疗保障体系。这就要求把公平作为医疗保险制度追求的目标之一,即同等的健康需求应具有平等的卫生资源供给或卫生服务利用。为了更好地体现社会公平,提高保障效率,必须在“政府坚持有所为有所不为,市场能有所为的尽量发挥市场作用,市场有缺陷的政府一定要承担责任”的原则指导下,改革中国医疗保障制度,建立全方位、多层次的社会医疗保障体系,统筹安排基本医疗保险、补充医疗保险、社会医疗救助制度,充分发挥医院、药店、社区、银行等组织在医疗服务、医保服务中的作用,实现医疗保障制度的可持续发展。2006年3月,国务院颁发《国务院关于解决农民工问题的若干意见》指出,农民工问题事关中国经济和社会发展全局,维护农民工权益是需要解决的突出问题,解决农民工问题是建设中国特色社会主义的战略问题。解决农民工包括医疗保障问题,是维护农民工权益的主要内容之一。2009年4月7日,《医药卫生体制改革近期重点实施方案(2009—2011年)》正式公布。根据《中共中央国务院关于深化医药卫生体制改革的意见》(中发〔2009〕6号),2009—2011年重点抓好五项改革:一是加快推进基本医疗保障制度建设;二是初步建立国家基本药物制度;三是健全基层医疗卫生服务体系;四是促进基本公共卫生服务逐步均等化;五是推进公立医院改革试点。《医药卫生体制改革近期重点实施方案(2009—2011年)》对五项改革作出了具体明确的规定。

3. 经济社会背景

深圳市原有的《暂行规定》实施7年来,局限性已经逐步显现,同时有部分规定与国务院颁布的文件精神不一致,出台新的医疗保险管理办法已是刻不容缓。另外,深圳市由于经济发达,财政能力较强,有能力率先进行深化改革的探索,同时深圳市人口结构处于“青壮年时期”,也为深圳市在国家政策允许范围内,进行将医保制度不断完善和推向纵深发展的新探索提供了难得的发展机遇。因此,在上述国内外形势下,深圳市进行了新一轮的社会医疗保险制度改革。2005年3月,深圳市开始实施《深圳市劳务工合作医疗试点办法》,该办法规定在布吉、龙岗、龙华、沙井4个街道的制造业开始试点劳务工合作医疗。同年9月,又在每个区选1—2个街道共12个街道进行扩大试点。2005年8月,中共深圳市委、深圳市人民政府制定的《深圳市落实科学发展观经济社会调控指标体系(试行)》把劳务工医疗保险覆盖率列入创建和谐深圳、效益深圳的考核指标,规定到2010年劳务工保险覆盖率不低于80%。2005年12月30日,中国共产党深圳市第四届委员会第四次全体会议通过的《中共深圳市委关于制定深圳市国民经济和社会发展第十一个五年规划的建议》,把建立多层次的医疗保险体系,全面推进劳务工医疗保险,解决劳务工就医难、看病贵的问题,列入了深圳市国民经济和社会发展第十一个五年规划。2006年3月22日,深圳市第四届人民代表大会第二次会议上的政府工作报告也指出,全面推行劳务工医疗保险是2006年政府重点工作目标任务之一。2008年深圳市被列为全国医疗保险扩大试点城市之一,按照省政府要求,到年底深圳市居民基本医疗保险总体参保率要达到100%。

(二)新制度的特点

1.制度的主要发展

到目前为止,深圳市在建立全方位、多层次社会医疗保险制度上进行了多角度的探索,相继出台了《深圳市城镇职工社会医疗保险办法》(深府〔2003〕125号)、《深圳市劳务工合作医疗试点办法》(2005年2月23日颁布,同年3月1日进行试点)、《完善深圳市劳务工合作医疗制度方案》、《深圳市劳务工医疗保险暂行办法》(2006年5月12日)、《深圳市少儿住院及大病门诊医疗保险试行办法》(2007年8月1日)、《深圳市非从业居民参加社会医疗保险补充规定》(2008年10月1日)和《深圳市社会医疗保险办法》①(2008年1月30日)。在"十五"期间,深圳市已经初步建立起多层次医疗保险体系,2008年《深圳市社会医疗保险办法》将采取17项新举措建立有深圳特色的全民医疗保险制度。

2.制度的主要特点

这一阶段的社会医疗保险制度相较之前的阶段和国内其他地区的医疗保险制度,除保留了基本医疗保险多形式等特点外,还具有许多鲜明的新特点,主要如下:

(1)进行全方位社会医疗保险新探索

---

① 2009年4月30日,深圳市政府法制办发布公告称《办法》将再次修改。

虽然不同年龄、性别、职业、收入水平的社会成员所拥有的经济资源和卫生资源可能是不一样的,其对医疗的需求也是不一样的,但他们都同样地具有享受基本医疗保障的权利。因此,必须建立全方位的医疗保障体系,以满足不同社会成员的医疗需求。

在本阶段,深圳市出台的《深圳市劳务工合作医疗试点办法》给予了劳务工在医疗保险上的新选择,深圳市劳务工合作医疗从一开始就针对劳务工收入较低、年纪较轻、大病较少的就医特点,提出了"低缴费,广覆盖,保基本"的三大宗旨,让劳务工能够就近、低费看上病,看好病,在一定程度上满足了劳务工门诊需求,在扩大参保人群上做出了有益的探索。

2005 年 6 月 1 日《深圳市劳务工医疗保险暂行办法》正式实施,劳务工"合作医疗"升级为"医疗保险",覆盖面由制造业扩大到所有企业,深圳的百万劳务工有了属于自己的医疗保险,劳务工医疗保险针对劳务工就医的实际状况,作出了两大调整:一是降低缴费标准,减轻了企业负担,尽可能使每名劳务工都能参加劳务工医疗,使劳务工享受全免或部分减免的医疗服务,从而大大减少"因病需就医因经济原因未及时就医者"所占比例;二是既保住院又保门诊。劳务工对门诊保障的需求比住院保障更为迫切,劳务工普遍比较年轻,劳务工所患疾病(感冒、咽喉炎、消化系统疾病、呼吸系统疾病和女性生殖器感染等)经常发生,因此,只有保门诊才能真正解决劳务工就医难的问题。

2007 年 9 月 1 日起施行的《深圳市少儿住院及大病门诊医疗保险试行办法》更是将社会医疗保险的覆盖范围扩大到了职工家属,并针对农民工在深圳居住和就读的农民工提供医疗费用结算服务,是"人人享有初级卫生保健"这一世界性准则的体现,也是建设"和谐深圳"的重要举措。深圳少儿医保的确立实施,被各界称为深圳迈入"全民医保"的标志。

《深圳市非从业居民参加社会医疗保险补充规定》自 2008 年 1 月 1 日实施,标志着深圳市全民医保体系日臻成熟,同年深圳市被列为全国医保扩大试点城市之一。为此,按照《规定》要求,深圳市为非从业居民发放医保补贴,力争年内使居民基本医保参保率达 100%。

在《深圳市城镇职工社会医疗保险办法》基础上修改而来的《深圳市社会医

疗保险办法》自 2008 年 3 月 1 日起正式实施,医疗保险改革推出 17 项新举措,包括提高医疗保险费划入个人账户的比例,扩大个人账户支付范围,将农民工医疗保险纳入基本医疗保险体系、提高农民工医疗保险待遇,地方补充医疗保险待遇取消封顶线,少儿医保参保人可用父母个人账户看门诊等。

2009 年 3 月起,为贯彻国务院办公厅《关于将大学生纳入城镇居民基本医疗保险试点范围的指导意见》,深圳市政府将在深各类全日制高校本专科生、研究生纳入社会保险范畴,学生自愿参加深圳市少年儿童住院及大病门诊医疗保险。

(2)医疗保险体系的多层次

深圳市在此次改革中在全国大中城市中率先实行了地方补充医疗保险。在现行深圳市社会医疗保险制度下,医疗保险体系可分为四个层次:第一层次为基本医疗保险(包括综合医疗保险、住院医疗保险、农民工医疗保险、少年儿童及门诊大病医疗保险和非从业人员医疗保险、大学生医疗保险几种形式),体现全国一致和公平;第二层次为地方补充医疗保险,体现地区经济差别;第三层次为公务员医疗补助和企业补充医疗保险,体现同一地区不同单位间的经济差别,经济状况较好的企业,可以自主决定独自承办或委托金融机构承办企业补充医疗保险,政府机关和全额拨款事业单位干部职工可以享受公务员医疗补助;第四层次为商业性医疗保险,体现个体经济差别。由此,深圳市以城镇职工基本医疗保险制度为主,以补充医疗保险(包括企业补充保险、公务员医疗补助、工会的大额医疗费补助)和商业保险为辅,以社会医疗救助为底线的多层次的医疗保障制度框架已初具雏形。建立独立于企事业单位之外、资金来源多渠道、管理服务社会化的多层次社会保险体系也是我国社会保险发展的方向。

(3)医疗保险缴费比例低,待遇水平高

深圳市现有医疗保险制度规定在职人员以本人月工资总额为缴费基数,按缴费基数的 8% 按月缴,其中用人单位缴 6%,个人缴 2%。地方补充医疗保险费按下列标准缴:参加综合医疗保险人员,按其缴费基数的 0.5% 缴;参加住院医疗保险的人员,按其缴费基数的 0.2% 缴。农民工医疗保险费按每人每月 12 元的标准缴,其中用人单位缴 8 元,个人缴 4 元。生育医疗保险费按综合医疗保险费缴费基数的0.5%按月缴,在职人员由用人单位缴,其他对违反医疗保险规定的行为给予严厉处罚。如《协议书》明确规定,对超限使用药品、超范围和超量带药的,医院应向社保机构支付1—5倍违规费用数额的违约金;对挂床住院、轻病入院、将不可记账的费用记账、不按物价部门的规定收费的,医院应向社保机构支付6—10倍违规费用数额的违约金;对冒名住院、做假病历等采取违规手段增加医疗保险基金不合理支出的,医院应向社保机构支付11—30倍违规费用数额的违约金等。同时坚持每季度对定点医院的病历和门诊处方进行联合交叉检查,检查患者的用药和其他诊疗项目,将违规行为及时反馈给医院,并提出具体整改意见。

(4)全方位的医疗保险立体监督体系

深圳市还建立了医保监督员管理制度。随着医疗保险险种不断增多,参保人不断增加,工作量大量增加。为了缓和医疗保险工作人员严重不足的矛盾,2004年开始向社会公开招聘了一批医疗保险监督员。这些医疗保险监督员,像侦察兵一样长期在定点医疗机构巡视以发现违规行为的蛛丝马迹,重点监督借卡看病、冒名做特检、以药换药、以药换物,核查门诊透析参保人的透析次数等,收到了很好的效果。

另外,为了发动全社会都来监督医院的行为,深圳市还出台了《深圳市城镇职工医疗保险违规行为举报奖励办法》,举报经核实后,市社会保险机构将对署名举报人予以奖励,奖励金额为查实违法、违规数额的20%。

电脑实时监控;开展专项检查;用平均住院费用和住院门诊比指标进行宏观调控;严厉查处违规行为并及时曝光;按照逐级审核原则,严格把好医疗保险费用审核关;坚持使用电子监察系统,依法行政;加强与卫生等有关部门的沟通协调,形成监管合力;建立医疗保险病种费用公示制度,等等,这些制度都构成了医保全方位的立体监控网。

四、深圳市医疗保险制度演进规律

(一)与国家政策保持高度一致,时有创新

深圳市是中国医疗保险制度改革的试验田,但从整体上说,深圳市医疗保险

制度改革与中央的改革思路始终保持了高度的一致。中央的政策改革动向一旦明了,深圳市马上紧跟照办。

社会保障制度是一项全国性的制度,发展的趋势是越来越强调“统一”。深圳市在制度建设上锐意进取,在不改变大方向的前提下,时时在社会保障制度改革中融入自己的创意。

(二)医疗保险管理社会化、统一化

随着经济发展、人口增长,深圳市不断改革创新,完善统账结合的医疗保险新模式,调动社会全员力量,实现医疗保险管理的社会化。同时,将社会全员医疗保险进行统一管理,组建深圳市劳动和社会保障局,成立深圳市社会保险基金管理中心,进行了机构调整,实行市、区、镇三级垂直管理,使得医疗保险管理各机构权责明晰,政事分离,主管部门权力集中,且权威性不断增强。

(三)医疗保险制度向全方位、多层次发展

根据不同强度的医疗需求建立多层次保险制度,对更广大群体进行医疗保障。针对地区、单位、个人经济状况差异,实行多种补充医疗保险制度以满足不同层次的医疗保险需求。随着多层次、全方位医疗保险体系的逐步建立,深圳市医疗保险的参保率不断提高。

(四)医疗保险费用控制机制日臻完善

医疗保险的实施使消费者的就医行为发生改变,往往会形成“道德风险”,对自己的就医行为不加约束,导致过度消费。因此,医疗保险机构为了维持医疗保险基金的收支平衡,必然要采取相应的措施来约束消费者的行为。而医疗保险的设计不同和具体的政策措施的不同对消费者的约束力、约束程度和效果是不同的。深圳市医疗保险费用控制机制就是在实践中不断完善和发展的,起付线、共付线、封顶线等费用控制方式不断得到加强。同时逐步引入了按病种付费等结算方式,形成了独特的混合型结算方式。

(五)医保法规层次不断提升

医疗保险与社会保险其他险种一样,需要依靠法律作为后盾强制实施。“十五”期间,深圳市还不断努力提高医保法规的层次,使医疗保险制度由规范化、制度化向法制化过渡。

1996 年深圳市颁布实施的《深圳市基本医疗保险暂行规定》属于政府一般规范性文件,2003 年深圳市颁布实施了《深圳市城镇职工社会医疗保险办法》,以政府规章的形式对医疗保险作了全面的规定,政府规章的法规层次显然高于政府一般规范性文件。

目前,深圳市的社会医疗保险政策法规体系包括了《深圳市社会医疗保险办法》及 10 个配套管理办法,制度比较齐全,操作比较规范,效果比较明显。深圳市新的医疗保险制度以政府规章的形式颁布实施三年多来,深圳市对其实施情况一直在跟踪调研,及时发现问题,并提出解决问题的方案,拟待条件成熟后建议正式列入市立法计划,进一步提升法规层次,上升为地方法规。

第二节　医疗保险制度的现状

医疗保险制度是社会医疗保障体系中重要的一环,深圳市自 1989 年被国家体改委确定为社会保障综合改革试点地区以来,进行了积极的、富有成效的探索和建设,不断进行制度创新,基本建立起了新型的、全方位、多层次的社会医疗保险体系架构。

一、现行制度总体状况

(一)现行制度框架

目前,深圳市医疗保险制度的核心是“统账结合”的城镇职工基本医疗保险制度,广覆盖的基本医疗保险保证了职工的基本医疗需求,化解了职工面临的医疗风险,体现了全国一致和公平。

与此同时,针对基本医疗保险制度的体制性缺陷和劳务工的庞大需求特点,深圳市建立了劳务工医疗保险制度,使劳务工可以在合作医疗保险和基本医疗保险间自主选择,调动了劳务工和用工企业的积极性,切实保障了劳务工的基本医疗需求。

针对基本医疗保险有限的保障水平,深圳市还实行了各种形式的补充医疗保险制度,以体现地区间、单位间和个人间的经济状况差异,满足不同层次的医疗保险需求。

针对女性劳动者特殊需要,深圳市建立了生育医疗保险制度。生产和再生产有两种:一种是物质资料的生产;另一种就是人类自身的生产。因此,生育不仅仅是妇女个人及家庭的行为和责任,同时也是一种社会的行为和责任。生育保险正是基于这种特殊责任的特殊权利,是社会文明进步的标志,是社会保险的重要组成部分。

对于一些特殊人群,深圳市还采取了一些类似国家医疗保险的政策,有较强的福利性质。

为了保证以上医疗保险制度平稳有效地运行,深圳市还出台了一系列的相关配套政策,以便更好地控制医疗费用的不合理增长,提供优质低价的医疗服务,满足人民群众对医疗服务的需求。

上述各类制度共同构成了深圳市目前的社会医疗保险制度体系(见图2-2)。

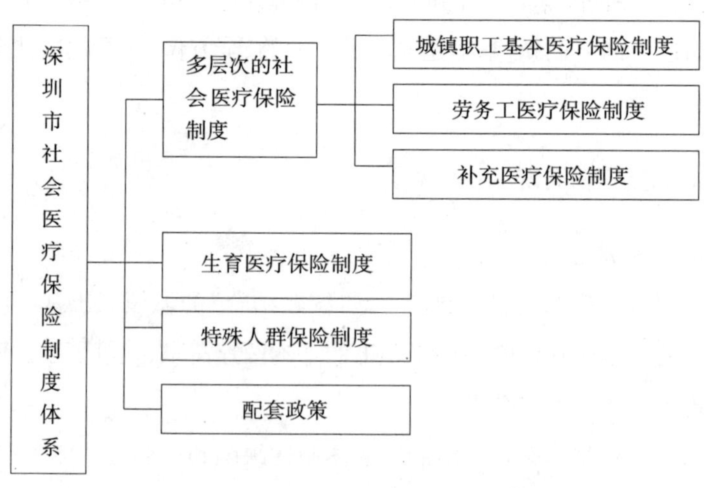

图2-2 深圳市社会医疗保险制度体系

(二)现行管理体制构建

1. 微观管理体制

(1)管理机构设置

从微观角度看,社会医疗保险管理体制主要由各级医疗保险直接管理机构和经办机构构成。

目前,深圳市社会医疗保险的市级主管部门为深圳市劳动和社会保障局,经办部门为劳动和社会保障局所属行政事务机构深圳市社会保险基金管理中心,具体职能部门为社保中心医疗保险处和统筹医疗处,2007 年 4 月更名为市社会保险基金管理局。

同时,深圳市社会保险实行市、区、镇三级垂直管理,社保基金管理局在罗湖、福田、南山、宝安、龙岗和盐田各区分别设有分局作为派出机构,各分局又根据业务需要设立若干管理站作为派出机构。目前,全市共有管理站 22 个。区、镇社会保险机构中均设有相应职能部门管理医疗保险业务(见图 2－3)。

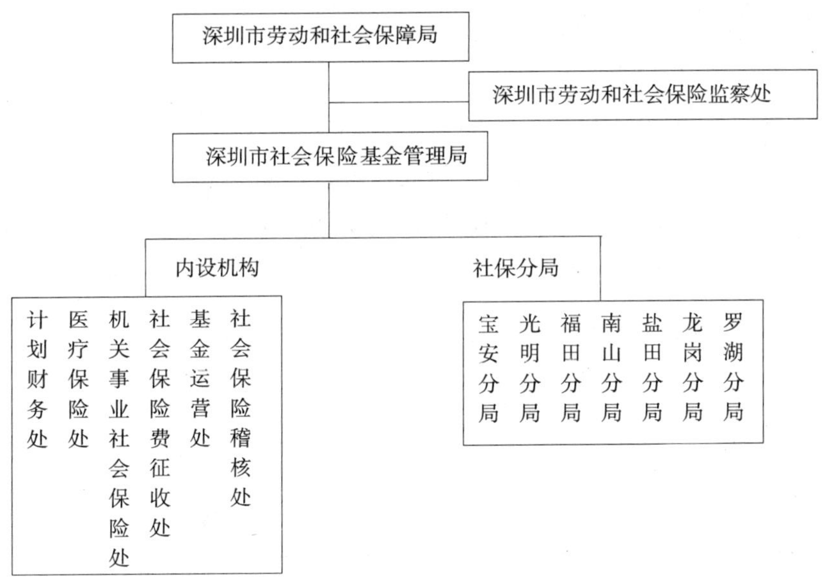

图 2－3　深圳市医疗保险管理机构图

(2)管理机构职能

劳动和社会保障局内设机构主要负责贯彻执行国家有关医疗保险方针、政策，拟定深圳市医疗保险管理的政策、法规和标准，并组织监督实施。拟定全市医疗保险、机关事业单位职工医疗补助基金及家属统筹医疗工作计划和年度计划，并组织实施。拟定和监督医疗保险、生育保险基金和机关事业单位职工家属统筹医疗基金、机关事业单位职工医疗补助金的征收、待遇审核、支付、服务工作。对社会保险预定医疗机构和约定药店进行必要的管理和检查监督，依法查处违规违法行为。受理医疗保险方面的投诉。

各区管理处则主要负责拟定辖区医疗、统筹医疗和生育保险工作规划和年度计划，并组织实施。辖区医疗保险、工伤保险、生育保险基金，机关事业单位职工家属统筹医疗基金、机关事业单位职工医疗补助金的征收、待遇审核、支付、服务、管理工作。对辖区用人单位和员工遵守执行社会医疗保险政策、法规情况进行监督检查，依法纠正和查处违规行为。对辖区约定医疗机构提供的社会保险医疗服务进行管理和检查监督。受理医疗保险和其他社会保险方面的咨询、投诉、监察并调解有关纠纷。

2. 宏观管理体制

社会医疗保险涉及政府和医疗保险提供方、医疗保险被保险方和医疗服务提供方三方的行为，因此，医疗保险制度与药品流通体制和医疗卫生体制存在密切联系，政策互相影响。在我国目前医疗保险法制不健全的客观现实下，这种联系必然导致相关部门职能界定不明晰，产生行政权力的重叠，这种共同对医疗保险制度产生重要影响的管理体制的集合即宏观的管理体制。

深圳市医疗保险相关领域也存在着很强的多头管理和交叉管理的现象，这种广义的管理体制主要体现在表 2-4 中：

表 2-4　深圳市医疗保险广义管理体制

机　构	管理职能
深圳市劳动和社会保障局	医疗保险政策的制定和实施等
深圳市卫生局	医疗机构的设置、管理、仪器引进和改造、公共卫生服务等

续表

机　构	管理职能
深圳市人事局	公立医疗机构的人员编制等
深圳市食品药品监督管理局	药品审批、流通管理等
深圳市物价局	医疗服务相关产品供给的定价等
深圳市财政局	公立医院拨款、医疗保险基金保底等
深圳市发改局	医疗项目筹建、大型设备引进的核准等
深圳市委组织部	管理人员的任命与调动等

资料来源:作者研究整理。

二、现行制度主要内容

(一)城镇职工基本医疗保险

深圳市城镇职工基本医疗保险自1992年草创以来,经过了多次制度变迁,2003年5月27日深圳市人民政府颁布第125号令《深圳市城镇职工社会医疗保险办法》①(下文简称《办法》),该令于2003年7月1日起施行,至2008年3月1日止,它是这一阶段深圳市社会医疗保险基本法,该制度的基本内容可以概括如下:

1. 基本原则

基本医疗保险坚持公平与效率相结合、权利与义务相对应、保障水平与社会生产力发展水平相适应的原则;基本医疗保险费由用人单位和职工双方共同分担;基本医疗保险基金实行社会统筹与个人账户相结合。

2. 覆盖范围、统筹层次

基本医疗保险适用于一切城镇用人单位和职工;基本医疗保险基金在深圳市行政区划内实行统筹管理。

3. 资金来源

城镇职工基本医疗保险费中,综合医疗保险费,在职职工按缴费基数的8%

① 该《办法》不仅涉及城镇职工基本医疗保险,还涉及生育保险和地方补充医疗保险,具体内容将在下文中展开讨论。

缴,其中用人单位缴6%,在职职工个人缴2%;住院医疗保险费,由用人单位按缴费基数的0.8%缴;对于退休和失业职工缴费也作了相应规定;基本医疗保险基金由统筹基金和个人账户构成,综合医疗保险费中,个人缴的部分全部计入个人账户,用人单位或市社会保险机构缴的部分根据参保人年龄层次按不同比例在个人账户和统筹基金间进行分配;住院医疗保险费全部计入基本医疗保险统筹基金,不建立个人账户。

4. 统账结合医疗保险模式

深圳市城镇职工基本医疗保险实行"板块结合——分道交叉运作"的特有混合型医疗保险模式。基本医疗保险分为综合医疗保险、住院医疗保险两种类型,分别针对不同人群,满足不同医疗需求。不同类型医疗保险参保人的权利和义务也各有差异。

5. 资金使用范围、保障水平

统筹基金主要用于住院基本医疗费的支付,个人账户主要用于门诊基本医疗费的支付;统筹基金设有起付标准,达到起付标准的医疗费用由统筹基金和参保人按一定比例共同承担;统筹基金设有最高支付限额,限额与参保时间挂钩。

6. 基金管理和监督机制

基本医疗保险基金要实行财政专户管理,专款专用;社会保险经办机构负责基本医疗保险基金的筹集、管理和支付,信息定期向社会公开;劳动保障和财政部门负责对基本医疗保险基金进行监管、审计;由政府代表、企业代表、工会代表和社会其他方面代表组成社会保险监督机构对医疗保险执行情况等实行监督。

(二)从劳务工合作医疗保险到劳务工医疗保险

深圳市劳务工收入水平与城镇职工有较大的差距,在基本医疗保险制度框架下一般参加费率较低的住院医疗保险。但劳务工年龄结构相对年轻,相对于保住院,保门诊更为现实和迫切。

为弥补基本医疗保险制度的体制性缺陷,保障劳务工的基本医疗权利,深圳市政府于2005年2月颁布了《深圳市劳务工合作医疗试点办法》(以下简称《试点办法》),当年3月开始在布吉、龙岗、龙华、沙井四个街道进行试点,截至2005年12月底,全市参加试点企业已有4789家,参保劳务工达124万人,合作医疗定点医疗单位有132家。接待劳务工门诊38.5万人次,住院1206人次。试点实现了员工、企业和社区健康服务中心三赢,取得了良好的社会效益和经济效益。2006年2月,劳务工合作医疗开始在全市全面推行,2月25日至26日,市劳动保障局召开完善深圳市劳务工合作医疗制度方案论证会,对劳务工合作医疗进行了五大调整。2006年5月12日,《深圳市劳务工医疗保险暂行办法》获深圳市政府四届二十九次常务会议原则通过,并于6月1日起实施。

《试点办法》与《办法》相比,在下述规定上有一定的不同:

1.覆盖范围

《试点办法》针对非深圳市户籍在职员工,《办法》针对一切城镇用人单位和职工(包括退休职工)。可见《办法》的覆盖对象包括了《试点办法》的覆盖对象。非深圳市户籍在职员工可以在合作医疗保险和基本医疗保险间自主选择参加。

2.缴费标准

针对劳务工多数收入较低的特点,《试点办法》在"低水平、广覆盖"的原则下,实行了定额的缴费办法,不同于《办法》中按收入比例的缴费方式。在总体水平上,每人每月12元(用人单位缴交8元,劳务工个人缴交4元)也远远低于《办法》规定的缴费水平。

3.基金使用

《试点办法》规定劳务工合作医疗基金不设个人账户,而是在统筹基金中直接进行用途划分(合作医疗费6元用于支付门诊医疗费用,5元用于支付住院医疗费用,1元用于调剂),明显区别于《办法》中"统账结合"的管理、使用模式。

4.保障水平

相应于较低的缴费标准,《试点办法》规定的总体保障水平也较《办法》低。由于不设个人账户,合作医疗基金的起付标准也较低。

此后,完善深圳市劳务工合作医疗制度方案论证会上对《试点办法》进行了五项调整,从以下五方面来完善深圳市劳务工合作医疗制度:一是将"劳务工合作医疗"更名为"劳务工医疗保险";二是扩大覆盖范围。参保范围由从事制造业的企业及与其建立劳动关系的劳务工,扩大到所有企业及与其建立劳动关系的劳务工；三是适当提高门诊医疗待遇。如适当扩大门诊药品目录、提高大病门诊医疗待遇和增加大病门诊医疗疾病种类；四是较大幅度提高住院医疗待遇。如扩大住院药品目录、提高药品记账比例、提高诊疗项目记账比例、提高一般医用材料记账比例、降低住院起付线、降低院级自付比例、明确输血费报销比例等；五是增加参加人的就医点选择范围。《试点办法》只允许参保人在绑定的一家社区健康服务中心就医，改为可以在与绑定社区健康服务中心同属于一家医院下设的其他定点社区健康服务中心或社区医疗服务站就医。

2006 年 5 月 12 日，全国首个劳务工医疗保险办法——《深圳市劳务工医疗保险暂行办法》获深圳市政府四届二十九次常务会议原则通过，并于 6 月 1 日起实施。《暂行办法》具有“两广两高一低”的特点：“两广”，一是覆盖范围广，扩大到所有企业及与其建立劳动关系的劳务工；二是参保人的就医点选择范围广，可以在绑定医院下设的所有定点社区健康服务中心或社区医疗服务站就医。“两高”，一是门诊医疗待遇提高；二是住院医疗待遇提高。“一低”就是劳务工看病自费比例显著降低，劳务工看病进一步“减负”，劳务工医疗保险门诊费用基金支付率由 75% 左右提高到 79%，住院费用基金支付部分由 35% 提高到 62%。

（三）各种类型的补充医疗保险制度

1. 地方补充医疗保险制度

（1）基本原则。体现地区经济差别，更好地满足人民群众的医疗卫生需求的原则。深圳市在 2003 年《深圳市城镇职工社会医疗保险办法》中增加了地方补充医疗保险的相关规定。目前，全国只有深圳市实行了地方补充医疗保险制度。

（2）资金来源。参加基本医疗保险中综合医疗保险的参保人应该参加地方补充医疗保险。地方补充医疗保险费来源为，参加综合医疗保险的，按缴费基数的 0.5% 缴交；参加住院医疗保险的，按缴费基数的 0.2% 缴交，全部计入地方补充医疗保险基金，不建立个人账户。

（3）保障水平。地方补充医疗保险主要用于支付超基本医疗保险统筹基金支付最高限额的基本医疗费用，以及在住院期间使用地方补充医疗保险用药目录规定的药品和地方补充医疗保险诊疗项目的费用。上述费用由地方补充医疗保险基金支付85%,个人自付15%。支付上限与参保年限挂钩。

2008年2月18日,深圳市劳动和社会保障局《关于增补地方补充医疗保险药品和诊疗项目的通知》,为进一步减轻参保人的经济负担,根据市医疗保险办法规定,增补地方补充医疗保险药品和诊疗项目,列入地方补充医疗保险支付范围。

为减轻老年参保人的经济负担,深圳市劳动和社会保障局从2008年11月1日起执行新的政策,适当调整满70周岁综合医疗保险参保人医疗保险待遇。其中,老年参保人每月享受的地方补充医疗保险补助在原来每月20元的基础上,再增加20元,按每月40元的标准计入其个人账户。

2. 国家公务员补充医疗保险制度

在《国务院关于建立城镇职工基本医疗保险制度的决定》中提出"国家公务员在参加基本医疗保险的基础上,享受医疗补助政策"。在此基础上,劳动和社会保障部于2000年5月出台了《国家公务员医疗补助的意见》。深圳市也相应于2005年出台了《深圳市公务员医疗补助暂行办法》(以下简称《暂行办法》)。

《暂行办法》主要解决了国家公务员基本医疗保险不予支付的大额医疗费用和个人账户用完后个人自付部分的医疗费用。公务员补充医疗保险的经费由财政全额拨付。

(四)生育医疗保险制度

①基本原则。针对女性参保人的特殊生理需要,深圳市实行强制参加生育医疗保险制度原则。②参保对象。具有本市户籍的基本医疗保险参保妇女。③资金来源。由用人单位按缴费基数的0.5%缴交,全部计入生育医疗保险基金,不建立个人账户。④保障水平。用于支付参保人的围产期检查、分娩住院、产后访视、计划生育手术的基本医疗费用。

(五)特别制度

根据国家医疗保险改革的精神,深圳市对特殊人群还实行类似国家医疗保险的特殊政策。主要有以下两类:

1.1997 年，深圳市出台了《深圳市保健对象医疗保险费用管理办法》

该办法规定了离休人员、老红军、二等乙级以上革命伤残军人的医疗保险事宜。

根据 1998 年《国务院关于建立城镇职工基本医疗保险制度的决定》，关于离休人员、老红军、二等乙级以上革命伤残军人的医疗待遇不变，医疗费用按原资金渠道解决的原则得到了进一步明确。

目前，深圳市离休人员、老红军、二等乙级以上革命伤残军人个人不缴费，不设个人医疗账户，医疗费用单独管理、单独建账，合理医疗费用由基本医疗保险统筹基金统一支付，超出基本医疗保险规定范围的费用，由其原缴费渠道补缴，划回统筹基金专户。

从其资金来源和使用角度分析，本政策完全是公费医疗制度的延续。

2006 年 10 月 19 日起，深圳市首先在罗湖区启动优质的居家养老社区服务；针对高龄老人和特殊老人的具体情况给予 200 元至 500 元的补助额度。

2. 深圳市仍然保留了机关、事业单位家属统筹医疗政策

根据 1999 年出台的《深圳市直机关、事业单位家属统筹医疗管理办法》，由市直机关、事业单位已参加职工医疗保险的干部、职工抚养、赡养的直系亲属可以参加统筹医疗。统筹医疗实行先记账，年终结算的方式，结算时超出定额的部分财政负担 50%，其余 50% 按门诊和住院的不同在单位和个人间以不同比例分摊。可见，家属统筹医疗具有较强的原国家医疗保险的色彩。

（六）其他配套制度

为了使上述各项医疗保险制度的顺利实施，深圳市还制定了许多配套制度，如《深圳市城镇职工社会医疗保险用药管理办法》、《深圳市城镇职工社会医疗保险定点医疗机构管理办法》、《深圳市城镇职工社会医疗保险定点零售药店管理办法》、《深圳市城镇职工社会医疗保险参保人就医管理办法》、《深圳市城镇职工社会医疗保险费用结算办法》、《深圳市城镇职工社会医疗保险诊疗项目和服务设施范围管理办法》、《深圳市城镇职工社会医疗保险现金报销管理办法》、《深圳市城镇职工社会医疗保险违规行为举报奖励办法》和《关于开展城镇职工基本医疗保险定点医疗机构信用等级评定管理办法》等，这些配套措施都是为

“用比较低廉的费用提供比较优质的医疗服务,努力满足广大人民群众的基本医疗需要”这个目的服务的,是深圳市医疗保险制度的重要组成部分。

(七)《深圳市社会医疗保险办法》

2008 年 3 月 1 日,《深圳市社会医疗保险办法》实施,同时《深圳市城镇职工社会医疗保险办法》以及《深圳市劳务工医疗保险暂行办法》被废止。该法在原《办法》的基础上推出 17 项新举措:

医疗保险改革的第一大举措是整合医疗保险政策,完善医疗保险体系。基本医疗保险实行统一的基本医疗保险“三个目录”、住院“起付线”和“封顶线”,不同点只是报销比例或报销金额。并明确规定,企业可按不超过职工工资总额的 4% 提取企业补充医疗保险费。

第二大举措是在现行基本医疗保险的基础上,将以下五类人群纳入到深圳市基本医疗保险的保障范围:达到国家规定退休年龄后随子女入户深圳的无医疗保障的老人;行业统筹驻深单位非深户籍退休老人;未达到法定退休年龄的深户非从业居民;具有本市户籍的 18 周岁以上低保人员;在深大专院校在册学生等。具体到第一类人员,即达到法定退休年龄后具有本市户籍,未在国内其他地方享受社会医疗保障的人员,由本人在首次参加本市医疗保险时,以本市上一年度在岗职工月平均工资为缴费基数,按缴费基数的 11.5%×12 个月×18 年一次性缴足。

举措三是将参加深圳市综合医疗保险的非深圳户籍员工纳入生育医疗保险覆盖范围。参加综合医疗保险的非深圳户籍在职人员可以与深圳户籍在职人员一样参加生育医疗保险,并享受同等的生育医疗保险待遇。

举措四是对农民工参保给予财政补贴。是财政对户籍非从业人员和农民工参加医疗保险给予适当补贴。

改革的第五项举措就是规定基本医疗保险中断参保时间不超过 3 个月的,其中断前后的连续参保年限可合并计算。按照《深圳市社会医疗保险办法》,连续参加本市基本医疗保险 1 年以上的参保人,因工作变动,在 1 个医疗保险年度内累计中断参保不超过 3 个月的,重新缴费后其中断前后的连续参保年限可合并计算。在医疗保险年度内累计中断参保超过 3 个月的重新计算参保年限。

改革的第六项举措是,在住院医疗保险缴费标准不变的情况下,每人每月从住院医疗保险费中划出6元用于建立门诊医疗基金。住院医疗保险参保人的门诊医疗待遇、就诊程序、结算方式和服务管理等参照深圳市农民工医疗保险的有关规定执行;住院医疗保险参保人门诊大病、住院医疗待遇保持不变。

提高农民工医疗保险待遇是此次改革的第七大举措;第八大新举措是对综合医疗保险退休参保人给予健康体检补助;第九大新举措是将非工作原因、非他人责任、非本人故意行为、非违法违规行为造成的意外伤害,纳入基本医疗保险保障范围。提高医疗保险费划入个人账户的比例是此次改革的第十大新举措;举措十一是扩大个人账户支付范围。

第十二项新举措是,在原3种门诊大病的基础上,新增糖尿病、冠心病等14种门诊大病,综合医疗保险参保人患这14种门诊大病,发生的基本医疗费用和地方补充医疗保险药品目录的药品、诊疗项目的费用,由个人账户支付;个人账户不足支付的,且属于门诊大病相应的门诊专科范围内,医疗保险年度内门诊费用超过市上一年度在岗职工平均工资5%以上的部分,超过部分的70%分别由基本医疗保险大病统筹基金和地方补充医疗保险基金支付。

举措十三是提高进口医用材料的记账比例,取消进口人工器官和特殊医用材料的最高支付限额。

改革的第十四项举措是,参保人自行到本市外定点医疗机构就医发生的住院医疗费用,经参保人申请,符合医疗保险基金支付范围的,报销比例按照深圳市医院转诊规定报销的比例降低20个百分点;参保人自行到国内非定点医疗机构就医发生的住院医疗费用,经参保人申请,符合医疗保险基金支付范围的,报销比例按照深圳市医院转诊规定报销的比例降低40个百分点。

举措十五是提高了地方补充医疗保险待遇。

第十六项举措是,在农民工医疗保险、住院医疗保险参保人门诊绑定在一家社区健康服务中心或社区医疗服务站,实行社区首诊的基础上,推出引导综合医疗保险参保人到社区就诊的新举措:综合医疗保险参保人在本市定点社区健康服务中心、社区医疗服务站发生的符合基本医疗保险药品目录和地方补充医疗药品目录的门诊药品费用,70%由个人账户支付,30%分别由基本医疗保险大病统筹基金和地方补充医疗保险基金支付。

举措十七是加大对骗取医疗保险基金行为的处罚力度。

《深圳市社会医疗保险办法》出台后,其配套政策如《深圳市社会医疗保险用药管理办法》、《深圳市社会医疗保险门诊大病管理办法》、《深圳市社会医疗保险参保人就医管理办法》、《深圳市社会医疗保险现金报销管理办法》、《深圳市社会医疗保险定点零售药店管理办法》、《深圳市社会医疗保险大型医疗设备检查和治疗项目管理办法》、《深圳市社会医疗保险定点医疗机构管理办法》等法规也相继施行。

第三节　医疗保险制度的绩效评估

一、构建评估指标体系的目的、原则和思路

(一)医疗保险评估的目的

1. 为完善政策提供依据

医疗保险评估是医疗保险管理的一个组成部分,对医疗保险制度本身的评价决定其生存发展的必然,综合评估医疗保险制度及其实施的健康效果、社会效益和经济效益,可以总结经验,发现问题,为进一步完善医疗保险政策、相应的配套政策和方案,发展和巩固医疗保险制度提供借鉴。

2. 为保障人们健康需求得到最大的满足

通过对被保险方医疗服务利用、就医行为、医疗费用、健康状况和对医疗保险满意度的分析,对医疗服务提供方服务的方便、快捷、耗费、效果和提供服务满意度的分析,对医疗保险制度、医疗保险运行机制、医疗保险目标实现程度的分析,即对医疗保险的供需方进行评价,终极目的是为了保障人们健康需求得到最大的满足。

(二)构建指标体系的原则

1. 全面性原则

内容上的全面性:对现行制度的绩效评估不仅仅着眼于现行制度的运行成

效,而且从适应性视角对现行制度的可持续状况做了考察。

指标选择的全面性:在指标项目的选取上力求做到尽可能反映各种情况的穷尽性以及指标之间不相互重叠。

2. 可量化原则

在设计指标时,使每项指标的结果都是一个量化的值。可量化原则保证了指标的客观性,并且为横向比较与纵向比较提供了分析基础。

3. 规范化原则

选取指标要考虑到指标作为分析工具的长期使用的可能性,对指标的口径、单位以及测算方法采用规范化的形式。

4. 描述性指标和评价性指标相结合原则

描述性指标主要指表现为绝对数的指标,评价性指标指表现为相对数的指标。在指标设计时,从描述现状和绩效评估两个角度出发,结合绝对数指标与相对数指标,以使指标不仅反映制度下的经济现实,而且能反映当前制度的运行绩效。

5. 公平性原则

公平性是许多政策制定者的目标之一。在医疗保险评估中,公平性可以从筹资的公平性、分配的公平性和使用的公平性三个方面进行评价。公平可分为两种:①水平公平。是指具有同等支付能力的人,不论其职业、性别、种族等情况是否相同,其实际支付水平相等;或者具有同等医疗服务需要的人,无论其收入水平如何,应该能得到同等质量和数量的医疗服务。这是因为健康产出的公平性要求无论人们的收入、种族以及其他特征有任何差异,卫生服务都应该给人们带来同样的健康水平。②垂直公平。是指需要水平不同的人所得到的医疗保险质量和范围也不相同,需要水平高者得到较多的医疗服务,反之则得到的少;或者收入高的人筹资比率也高,收入低的人筹资比率也低,这样才能保证支付者的效用减少处于相同的水平。

6. 效率性原则

经济学认为,经济资源相对于人们的需求来说总是稀缺的,卫生资源也是如此,所以要提高医疗保险模式对卫生资源的筹集、分配和使用的效率。卫生资源的筹集、分配和使用效率体现在三个方面:①管理效率。任何卫生资源的筹集、分配和使用都需要通过一定的组织形式,消耗一定的人力物力和资源才能实现。一个有效的医疗保险模式应该能够将更多的所筹集到的资源使用到医疗服务上,而将更少的资源运用到医疗保险的运营管理上。②分配效率。是指如何将有限的资源投入到收益最佳的服务项目上,为了提高资源的使用效率,在资金分配时要考虑资金投入所带来的边际收益,用较低的卫生投入获得较高的健康水平的改善。③技术效率。是指医疗保险要素的最佳组合,即用来评价当决定开展某项服务活动时如何有效地组织各种生产要素在限定资源水平的情况下,追求最大产出,或者在限定产出水平情况下追求最小成本。

(三)构建指标体系的思路

根据相关研究和《2000年世界卫生报告》对卫生体系绩效评估的原则,本指标体系从制度的公平性、制度的有效性、制度的适应性三个方面评估深圳市现行社会医疗保险制度的运行状况。每个方面由一级指标和二级指标构成。

(1)公平性指标针对深圳市医疗保险的目标人群是否都可以无阻碍地纳入该社会医疗保险体系和已纳入社会医疗保险体系的人群间能否得到公平的医疗保障两方面,运用整体人群间公平性和参保人群内部的公平性这两个一级指标评估深圳市社会医疗保险制度的公平性状况。

(2)有效性指标针对深圳市医疗保险对参保人健康状况的影响、对参保人医疗需求的满足程度、对医疗卫生费用支出的控制和对定点医疗机构效率的促进四方面,运用医疗保险对参保人卫生需求的满足程度指标、医疗保险对人群健康水平作用指标、医疗保险费用支出控制指标和医保定点机构工作效率指标这四个一级指标评估深圳市社会医疗保险制度的有效性状况。

(3)适应性指标针对深圳市医疗保险在财政上和其他适应性两方面,运用资金适应性指标和其他适应性指标这两个一级指标,评估深圳市社会医疗保险制度的适应性状况。

二、评估指标体系设计

(一)公平性指标的选择

公平性指标总权重:100%。

公平性指标下设整体人群间的公平性和参保人群内部的公平性两个一级指标。目标人群是否都可纳入社会医疗保险体系,已纳入社会医疗保险体系不同人群能否得到公平的医疗保障,共同决定医疗保险制度是否公平,两个一级指标均是公平性的基本考察点。两个一级指标权重为:整体人群间公平性指标权重50%;参保人群内部公平性指标权重50%(见表2-5)。

表2-5 深圳市医疗保险制度公平性评价指标

一级指标	二级指标	指标内容及赋值参考
整体人群间公平性(50%)	覆盖范围和覆盖率(20%)	覆盖范围、覆盖率
	户籍别可及性(10%)	户籍人口参保率、非户籍人口参保率
	收入别可及性(10%)	收入别参保率
	单位别可及性(10%)	单位别参保率
参保人群内部公平性(50%)	参保人群内部医保服务公平性(25%)	不同地区千人口定点医院医师数、护理人员数、定点医院病床数差
	参保人群内部健康状况公平性(25%)	参保人群经残疾率校正预期寿命分布方差与所有人群经残疾率校正预期寿命分布的方差比

1. 整体人群间公平性指标权重:50%

在评估整体人群间的公平性时,覆盖范围和覆盖率指标为基本的宏观考察指标,其他二级指标为补充说明覆盖人口的内部结构。因此覆盖范围和覆盖率指标所占权重较大,其他二级指标所占权重较小。四个二级指标权重为:覆盖范围和覆盖率20%;制度户籍别可及性10%;制度收入别可及性10%;制度单位别可及性10%。考察计算公式如下:

覆盖范围=医疗保险现规定应覆盖人群人数/合意应覆盖人群人数;

覆盖率=现实际覆盖人群参保人数/合意应覆盖人群人数;

户籍人口参保率=户籍人口参保人数/户籍人口人数;

非户籍人口参保率=非户籍人口参保人数/非户籍人口数;

十分位收入组别间医疗保险参保率=十分位收入组别医疗保险参保人

数/十分位收入组别人口数;

国有及国有控股企业职工参保率=国有及国有控股企业职工参保人数/国有及国有控股企业职工总人数;

集体企业职工参保率=集体企业职工参保人数/集体企业职工总人数;

私营企业职工参保率=私营企业职工参保人数/私营企业职工总人数;

外资企业职工参保率=外资企业职工参保人数/外资企业职工总人数;

个体及灵活就业人员参保率=个体及灵活就业人员参保人数/个体及灵活就业人员总人数。

2. 参保人群内部的公平性指标权重:50%

参保人群内部公平性指标下设参保人群内部医疗服务提供公平性和参保人群内部健康状况公平性两个二级指标。在评估参保人群内部的公平性时,这两个指标分别从投入和产出两个方面进行了考察,因此权重应该相同。两个二级指标权重为:参保人群内部医疗服务提供的公平性指标25%;参保人群内部健康状况的公平性指标25%。考察计算公式如下:

不同地区千人口定点医院医师数差=某地区千人口定点医院医师数-另一地区千人口定点医院医师数;

不同地区千人口定点医院护理人员数差=某地区千人口定点医院护理人员数-另一地区千人口的定点医院护理人员数;

不同地区千人口定点医院病床数差=某地区千人口定点医院病床数-另一地区千人口定点医院病床数;

参保人群经残疾率校正预期寿命分布方差与所有人群经残疾率校正的预期寿命分布方差之比=参保人群经残疾率校正预期寿命分布方差/所有人群经残疾率校正预期寿命分布方差。

(二)有效性指标的选择

有效性指标总权重:100%。

有效性指标下设参保人卫生需求满足程度、医保对健康水平作用、医保费用支出控制及医保定点机构工作效率四个一级指标。建立医疗保险制度的目的就是为参保人群提供较高的满足程度,赢得较好健康水平,是有效性中最重要的考察指标。较好地控制医疗费用支出和促进定点医疗机构效率提高也是医疗保险制度效率的重要反映。四个一级指标权重为:医疗保险对参保人卫生需求的满足程度35%;医疗保险对人群健康水平的作用35%;医疗保险费用支出控制20%;医保定点机构工作效率10%(见表2－6)。

表2－6　深圳市医疗保险制度有效性评估指标

一级指标	二级指标	指标内容及赋值参考
医疗保险对参保人卫生需求满足程度(35%)	参保率(15%)	参保率
	经济满足程度(15%)	经济满足程度
	医疗服务满足程度(5%)	参保人群拥有千人口定点医院医生数、护士数、千人病床数与其他城市参保人群拥有千人口定点医院医生数、护士数、千人病床数的比
医保对人群健康水平作(35%)	预期寿命指标(15%)	参保人群和非参保人群经残疾率校正预期寿命比
	患病率指标(10%)	参保人群和非参保人群两周患病率比
	就诊率指标(10%)	参保人群和非参保人群两周就诊率比
医疗保险费用支出控制(20%)	门诊费用控制程度(7.5%)	医疗保险次均门诊费用与部属、省属、省辖市属医院次均门诊费用差
	住院费用控制程度(7.5%)	深圳市医疗保险次均住院费用与部属、省属、省辖市属医院次均住院费用差
	结算方式指标(5%)	按病种付费病种数与其他地区按按病种付费病种数差、预付率
医保定点机构工作效率(10%)	医保定点机构卫生服务提供效率(7.5%)	成为医保定点医疗机构前后病床使用率、平均住院日、平均病床周转次数比
	医保定点机构管理效率指标(2.5%)	成为医保定点医疗机构前后行政人员占工作人员总数的比

1. 医疗保险对参保人卫生需求的满足程度指标权重：35%

医疗保险对参保人卫生需求满足程度下设参保率、经济满足程度和医疗服务提供满足程度三个二级指标。在评估医疗保险对参保人卫生需求满足程度时,是否为有需要的被保险人提供了充分的经济保障是主要考察的指标,应赋予较高的权重。三个二级指标的权重为:参保率15%;经济满足程度15%;医疗服务提供的满足程度5%。考察计算公式如下：

参保率＝实际覆盖人群参保数/现规定应覆盖人群人数；

经济满足程度＝参保人年人均医疗保险支付/参保人年人均卫生费用；

深圳参保人群拥有千人口定点医院医生数、护士数、千人病床数与其他城市参保人群拥有千人口定点医院医生数、护士数、千人病床数的比。

2. 医疗保险对人群健康水平作用指标权重：35%

医疗保险对人群健康水平作用指标下设预期寿命指标、患病率指标和就诊率指标三个二级指标。在评估医疗保险对人群健康水平作用时，预期寿命的高低是最为直观的基本考察指标，同时考虑到患病率和就诊率有一定的序列相关性，因此，赋予预期寿命指标较高权重。三个二级指标的权重为：预期寿命指标15%；患病率指标10%；就诊率指标10%。考察计算公式如下：

参保人群和非参保人群经残疾率校正预期寿命比＝参保人群经残疾率校正预期寿命/非参保人群经残疾率校正预期寿命；

参保人群和非参保人群两周患病率比＝参保人群两周患病率/非参保人群两周患病率；

参保人群和非参保人群两周就诊率比＝参保人群两周就诊率/非参保人群两周就诊率。

3. 医疗保险费用支出控制指标权重：20%

医疗保险费用支出控制下设门诊费用控制程度、住院费用控制程度和结算方式三个二级指标。门诊和住院费用控制成果直观反映医疗保险费用支出的控制状况，赋予较高的权重。结算方式指标说明医疗保险费用支出控制机制的内部结构，赋予一定的权重。三个二级指标的权重为：门诊费用控制指标7.5%；住院费用控制指标7.5%；结算方式指标5%。考察计算公式如下：

医疗保险次均门诊费用与部属、省属、省辖市属医院次均门诊费用差＝深圳市医疗保险次均门诊费用－部属、省属、省辖市属医院次均门诊费用；

深圳市医疗保险次均住院费用与部属、省属、省辖市属医院次均住院费用差＝深圳市医疗保险次均门诊费用－部属、省属、省辖市属医院次均住院费用；

深圳市按病种付费病种数与其他地区按按病种付费病种数差＝深圳市按病

种付费病种数－其他地区按按病种付费病种数；

预付率＝预付制结算方式支付额/社会医疗保险费支付额。

4. 医保定点机构工作效率指标权重：10%

医保定点机构工作效率指标下设医保定点机构卫生服务提供效率和医保定点机构管理效率两个二级指标。在评估医疗保险制度对医保定点机构工作效率的影响时，医保定点机构卫生服务提供效率是主要考察指标，应赋予较高的权重。两个二级指标权重为：医保定点机构卫生服务提供效率指标7.5%；医保定点机构管理效率指标2.5%。考察计算公式如下：

成为医保定点医疗机构前后病床使用率、平均住院日、平均病床周转次数比；

成为医保定点医疗机构前后行政人员占工作人员总数比。

（三）适应性指标的选择

适应性指标总权重：100%。

适应性指标下设资金适应性和其他适应性两个一级指标。良好的医疗保险制度应具有良好的财务状况，在财务上具有可持续性，这是考察适应性的重要指标。两个一级指标的权重为：资金适应性80%；其他适应性20%（见表2－7）。

表2－7 深圳市医疗保险制度适应性评价指标

一级指标	二级指标	指标内容及赋值参考
资金适应性（80%）	医疗保险基金筹集（20%）	医疗保险基金筹集率
	社会医疗保险费支付（50%）	基金结余率
	医疗保险基金管理和储备（10%）	保险管理费用支出占医疗保险基金比、风险储备金沉淀占总医疗保险基金比
其他适应性（20%）	管理人员数量适应性（10%）	合意值与深圳被保险人数与管理人员数比的比值
	社区需求适应性（10%）	定点社会健康中心覆盖率

1. 资金适应性指标权重：80%

资金适应性指标下设医疗保险基金筹集、社会医疗保险费支付和医疗保险基金管理和储备三个二级指标。社会医疗保险费支付情况是影响资金适应性的主要因素,赋予较高权重,医疗保险基金的筹集率和医疗保险基金管理和储备指标也影响资金上的适应性,赋予相应权重。三个二级指标的权重为:医疗保险基金筹集20%;社会医疗保险费支付50%;医疗保险基金管理和储备10%。考察计算公式如下:

医疗保险基金筹集率=本期实缴社会医疗保险费/本期应缴社会医疗保险费;

基金结余率=本期社会医疗保险费结余/本期实缴社会医疗保险费;

医疗保险管理费用支出占医疗保险基金比=本期医疗保险管理费用支出/本期实缴社会医疗保险费;

风险储备金沉淀占总医疗保险基金比=风险储备金沉淀/医疗保险基金总结余。

2. 其他适应性指标权重:20%

其他适应性指标下设管理人员数量适应性和社区需求适应性两个二级指标。考察计算公式如下:

合意值与深圳被保险人数与管理人员数比的比值=合意值/深圳被保险人人数与管理人员人数之比;

定点社区健康中心覆盖率=人口数/定点社区健康中心家数。

三、制度运行的评估与判断

(一)运行状况公平性评估

据统计,截至2007年8月底,深圳市常住人口医疗保险参保率达83.1%。从医疗保险各险种参保人数来看,基本医疗保险参保人数为268.18万人;劳务工医疗保险参保人数为435.22万人,同比增长了58.55%,是参保人数最多、增长最快的险种。此外,从参保人员户籍来看,深圳户籍人员参保人数为121.09万人,参保率为61.52%;非深圳户籍人员参保人数为582.3万人,参保率为89.64%,同比分别增长12.36%、30.64%。非深圳户籍人口在该市参加医疗保险人数和参保率,居全国大中城市之首。目前,深圳有常住人口870余万人,截止到2009年4月底,深圳参加医保人数为803.5万人①,参保率为92.36%。2009年的目标是参加医保人数达到880万人,实现医保全覆盖。同时,考虑到目前许多未参保人为劳务工,收入水平较低,收入别参保率差异也将较大。许多未参保人为灵活就业人员,单位别最高参保率与单位别最低参保率之差应较大。整体人群间公平性不高,说明现行医疗保险制度在促进人群间的可及性上尚有改进余地。

由于深圳市受体制因素长期影响,特区内外医疗服务资源分布不平衡,根据不同地区千人口定点医院医师数、护理人员数、定点医院病床数差计算的参保人群内部医保服务提供的公平性不高。参保人群内部健康状况的公平性指标,由于缺乏监测数据,很难评测。

(二)运行状况有效性评估

深圳市制度覆盖内人口参保情况较好,2005年,参保率达到50%左右。但经计算②,深圳市人均卫生支出约为2319.10元。深圳社会医疗保险2005年人均支付约为335元,仅能满足参保人14.45%的卫生需求。以基本卫生需求为全部卫生需求的50%计算,也仅能满足参保人28.90%的基本卫生需求。虽然整体经济满足程度不高,但调查显示,深圳市医疗保险制度实施以来,有效提高了人口的预期寿命,降低了患病率,使就诊率稳定在了一定的水平,对人群健康水平所起到的作用还是很明显的③。

在医疗服务的提供方面,深圳市保持了较高的效率。2005年深圳市医疗保险次均门诊费用分别较部属、省属、省辖市属医院次均门诊费用低149.27元、88.97元、33.77元。深圳市医疗保险次均住院费用与部属、省属医院次均住院

① 2009年5月26日,《深圳市社会保险办法》修改论证会。

② 2003年我国人均国民生产总值为9073.32元(《中国统计年鉴》),人均卫生支出为512.5元(《2005年中国卫生统计提要》),可以考虑以收入弹性1构造深圳市人均卫生支出,深圳市2007年国民生产总值为6765.41亿元,总人口按1300万计算,则人均国民生产总值为52042元,相应人均卫生支出约为2319.10元。

③ 当然,应该考虑到由于外来劳动力的不断涌入,深圳市人群年龄结构不断年轻化,这种人群的年龄结构变化也将导致患病率下降。但初步排除这种影响,人群的整体患病率还是下降的。

费用低7233.64元、3818.24元。同时深圳市医疗保险定点医疗机构的运作效率也较非定点医疗机构要高①。

（三）运行状况适应性评估

在资金运行方面,深圳市2007年医疗保险基金的筹集率为99%左右,当期结余率达到55%。而管理费用始终较低,说明深圳市医保在财政方面运行良好。截至2007年,深圳市有625家社区健康中心被约定为基本医疗保险定点机构,达到了1.9万人有一家定点社区健康中心的水平,符合每3万—5万人有一家社区健康中心的国家要求。但深圳市医疗保险管理人员与参保人之比为1∶174000②,远远高于1∶10000的较合理的水平③。

（四）基本判断与结论

通过对深圳市医疗保险制度评估可发现,制度的公平性、制度的有效性较为良好,还有待提高;制度的适应性良好。

1. 公平性状况较为良好

影响公平性指标评估结果的主要因素为整体人群间公平性,即医疗保险在不同人群间的可及性存在一定的差异,突出表现为非户籍人口整体参保率不高。深圳市劳动和社会保障局正积极探索建立惠及全体居民的基本医疗保险制度,正在市政府法制办网站(http//fzj.sz.gov.cn)上公开征求意见的《关于〈深圳市社会医疗保险办法〉的修改决定》,修改的一大亮点是扩大参保范围,持有《深圳市居住证》即可申请参加深圳市综合医疗保险。同时,扩大生育医疗保险的覆盖范围,在基金收支平衡的状态下以低缴费广覆盖的方式使更多的在深务工人群可以享受生育医保待遇。将非深圳市户籍常住人员纳入医保这在全国范围内

---

① 在这项评估中,由于不能排除效率较高的医院率先成为定点医疗机构导致的序列相关,评价方法和结果还有待进一步完善。

② “全国医保系统平均每一名经办管理人员管理4461名参保人,而深圳市目前每一名医疗保险经办人员平均管理17.4万参保人,工作是全国平均水平的39倍”。资料来源:2007年深圳市第四届人大三次会议,《关于加强医保基金管理,成立市医疗保险基金管理局的建议》。

③ 参见《深圳年鉴》(2007)。

尚属首例,深圳市将成为率先实现全民医保的城市。

2. 制度的有效性较为良好

虽然目前深圳市医疗保险制度在对人群健康水平的作用、医疗保险费用支出的控制和促进医保定点机构工作效率方面取得了很大成绩。但参保率和医疗保险的经济满足程度不高影响了有效性指标的评估结果。应通过完善多层次的医疗保险制度、明确医疗保险在医疗保障中的功能、拓宽医保结余的出路、提高其配置效率、继续进行结算方式的新探索等措施增进绩效。更好地化解参保人所面临的经济风险和医疗风险。

3. 制度的适应性良好

影响适应性指标评估结果的主要因素为社会保险费支付情况,目前深圳市社会保险费实现双结余是适应性评估结果良好的重要保证。但目前深圳市医疗保险基金结余巨大,应积极探索出路,合理配置资源。同时,强化社区医疗保险管理服务体系,充分发挥定点社区健康中心覆盖率高的优势。

第四节　制度建设取得的成就

一、建立了广覆盖、多层次、多形式的医疗保险体系

(一)覆盖范围广、企业负担低

自《深圳市城镇职工社会医疗保险办法》于2003年7月1日正式实施以来,由于医疗保险缴费比例下调,参保人数迅猛增长。2006年年底参保人数为596万人,2007年年底达754.18万人,同比增长36.5%;2009年3月底更是增长到792.13万人,比上年同期增长4.2%。2008年,为参保人提供门诊医疗服务2486.07万人次,住院服务19.82万人次,门诊特检9.15万人次,现金报销4.13万人次。参保人员的基本医疗需求得到了切实保障。《深圳市城镇职工社会医疗保险办法》大幅度下调了医疗保险费,将用人单位为参加住院医疗保险职工缴交的医疗保险费从上一年度城镇职工月平均工资的2%下调到1%,其中还包

括地方补充医疗保险费0.2%,负担相应减轻了50%。

(二)医疗保险多层次

根据深圳市2003年出台的《深圳市城镇职工社会医疗保险办法》及以后的相关政策,如《深圳市社会医疗保险办法》,深圳市已经初步建立起了以基本医疗保险制度为主体、以地方补充医疗保险、公务员医疗补助、企业补充医疗保险等补充医疗保险制度和商业医疗保险为补充的多层次医疗保险体系。

深圳市多层次医疗保险体系的初步建立,充分体现了医疗保险权利和义务相统一的原则。其中基本医疗保险体现全国一致和公平;补充医疗保险中的地方补充医疗保险体现地区的经济差别,而公务员医疗补助和企业补充医疗保险体现同一地区不同单位间的经济差别;商业医疗保险则体现个体的经济差别。

深圳市多层次医疗保险体系的初步建立有着重大意义。一方面,深圳市作为我国改革开放的前沿,与其他兄弟城市经济发展水平有一定的客观优势;另一方面,深圳多种经济成分、多种劳动用工制度并存的现象十分突出,不同企业和个体之间的经济差异也比较悬殊,对医疗需求的层次、认知和要求也不一样。因此,不同的人群既存在着不同的医疗消费需求,又存在着不同的医疗消费承受能力。而基本医疗保险只能根据用人单位普遍承受得起的供给能力筹集资金,根据基金的承受能力提供基本的、普遍的、能均等享受到的、有限责任的医疗保障。只有根据具体情况、因地制宜,根据建立以基本医疗保险制度为主体的多种形式、多种层次的医疗保险制度,才能切实保障劳动者的医疗需求,满足不同人群的医疗需求,适应深圳经济发展的需要。

(三)基本医疗保险多形式

基本医疗保险分综合医疗保险、住院医疗保险、劳务工医疗保险和少年儿童及门诊大病医疗保险、大学生医疗保险等多种形式。综合医疗保险参保对象主要是深圳户籍的在职职工和退休人员;住院医疗保险参保对象主要是非深圳户籍的在职职工和深圳户籍领取失业救济金的失业人员。非深圳户籍的在职职工经用人单位申请也可参加综合医疗保险。劳务工医疗保险参保对象是深圳市所有企业及其建立劳动关系的劳务工;少年儿童及门诊大病医疗保险参保对象是经教育、民政、劳动保障等部门批准设立的所有托儿所、幼儿园、小学、初中、高中、中专、特殊学校、技校与职校(不含大专段)在册的具有深圳市户籍的少年儿童和具有深圳市户籍未入学、入园的未满18周岁少年儿童,以及具有深圳市户籍在市外定居的未满18周岁少年儿童,且符合国家计划生育政策的,应当参加住院及大病门诊医疗保险;大学生医疗保险参保对象包括非深圳户籍在内的7万多在校大学生(包括民办学校)。这种混合型医疗保险模式满足了不同的医疗需求,有效地提高了医疗保险的覆盖面。

二、在全国率先进行劳务工合作医疗制度的探索和建设

面对劳务工特定的医疗需求和医疗消费承受能力,深圳市政府于2005年2月颁布了《深圳市劳务工合作医疗试点办法》,在全国率先探索和建设专门为外来劳务工服务的医疗保险制度,被称为"深圳模式"。

深圳市的劳务工合作医疗保险实行"低水平、广覆盖"的原则,个人月缴费只有4元,企业月缴费8元,大大降低了劳务工和企业的经济负担,增强了劳务工和企业参加医疗保险的积极性。

《试点办法》的实施使外来劳务工在原有的住院医疗保险外有了新的选择,可以根据自身的经济状况自主选择参加基本医疗保险或者劳务工合作医疗保险,2005年3月在布吉、龙岗、龙华、沙井四个街道进行试点,当月参保人数达到19.1万人。2005年年底,劳务工合作医疗参保人数突破123.998万人。2006年3月开始在全市推广,参保人数2007年年底将达到595万人,使劳务工的基本医疗权利得到了切实的保障。在此基础上,2006年5月12日,全国首个劳务工医疗保险办法——《深圳市劳务工医疗保险暂行办法》正式出台。

三、对统账结合模式、结算方式、配套制度的探索

(一)探索出混合型基本医疗保险新模式

深圳市现行医疗保险制度实行独特的"板块结合——分道交叉运作"的混合型模式。深圳市混合型基本医疗保险模式中的综合医疗保险实行统账结合,其个人医疗账户主要用于支付门诊基本医疗费用,统筹基金主要用于支付住院基本医疗费用。个人医疗账户和统筹基金两个板块之间是相通的,不同于"分

道平行运作”的板块间不相通的模式。但相通的门槛较高，设置了起付线和共付率。规定个人账户不足支付的，其在医疗保险年度内超过市上一年度城镇职工年平均工资10%以上的门诊基本医疗费用，由基本医疗保险统筹基金支付70%，个人自付30%。这种高门槛的板块相通模式一方面使医保资金得到了充分有效地利用；另一方面也成功地控制和约束了被保险方的医疗行为，缓解了共济账户透支的状况。

（二）建立了多种方式结合的结算方式

为了有效控制定点医疗机构方的道德风险，深圳市在医疗保险制度建设上逐步完善了按服务项目、按服务单元、按病种等多种方式相结合的结算方式。

如定点医疗机构门诊、定点零售药店一般基本医疗费用和地方补充医疗费用按服务项目结算；门诊大型医疗设备检查和治疗费用按核定的门诊次均费用偿付标准结算；门诊血透基本医疗费用和地方补充医疗费用按协议规定的费用偿付标准总额结算；一般住院基本医疗费用和地方补充医疗费用按服务单元结算；部分病种或治疗项目的住院基本医疗费用和地方补充医疗费用按病种或项目偿付费用标准结算；长期住院的特殊病人的住院基本医疗费用和地方补充医疗费用按年度包干结算。

多种方式相结合的结算方式考虑到了不同病种、不同服务间的差别，符合结算方式由单一支付模式向混合支付模式、由后付制向预付制发展的一般趋势。

（三）配套制度不断进行创新

各种配套制度是医疗保险制度的重要组成部分，是医疗保险平稳、有效实施的基本保证。深圳市在各种相关配套制度上也不断进行创新，以提高医疗保险制度的整体绩效。

如《深圳市城镇职工社会医疗保险违规行为举报奖励办法》规定任何单位和个人有权检举定点医疗机构、定点零售药店、参保人和市社保机构工作人员的违法、违规行为。市社保机构对检举人予以奖励，奖励额为查实违法、违规数额的20%，由市社保机构从基本医疗保险统筹基金中支付。

又如，深圳市还创新了优秀定点医疗机构免检制度。对信誉度较高、能严格执行医疗保险规定、监督检查均未发现明显违规行为的定点医疗机构授予免检资格。

四、医疗保险管理体系不断完善

（一）制定并出台了一系列管理办法和规定

1. 医疗保险机构和参保单位管理方面

《深圳市城镇职工社会医疗保险办法》规定在市社保机构设立医疗专家委员会，为有关政策的制定提供咨询、指导和鉴定意见。

2. 定点医疗单位管理方面

《深圳市城镇职工社会医疗保险定点医疗机构管理办法》（2003 年）、《深圳市城镇职工社会医疗保险定点零售药店管理办法》（2003 年）、《深圳市城镇职工社会医疗保险违规行为举报奖励办法》（2003 年 7 月）、《深圳市社会医疗保险监督员暂行管理办法》（2004 年 9 月）、《深圳市社会医疗保险定点医疗机构信用等级评定办法（试行）》及《深圳市医疗保险定点医疗机构信用等级评定标准》。2008 年，《深圳市社会医疗保险大型医疗设备检查和治疗项目管理办法》、《深圳市社会医疗保险定点医疗机构管理办法》和《深圳市社会医疗保险定点零售药店管理办法》施行。

3. 用药管理方面

《深圳市社会医疗保险用药管理办法》自 2008 年 4 月 1 日起施行，原《深圳市城镇职工社会医疗保险用药管理办法》（深社保发〔2003〕75 号）自实施之日起废止。

（二）构建了高水平的信息化系统和社区服务网络

深圳市医疗保险建立了具有个人医疗标准、标准接口、标准目录编、标准套餐、标准记账结算、标准监管、高级统计查询和决策支持内容在内的标准化信息系统。

这种以标准技术和标准编码及较规范的业务流程为基础的标准化信息系统满足了规范化管理的需要，可以利用系统进行事前、事中、事后监管，包括了医、患、保三方的互相监督，是深圳市医疗保险制度高效运行的有效保障。

基本实现社会保险管理服务社会化，在全市 398 个社区居委会建立了社会保障服务窗口①,形成了市、区、街道、社区居委会四级服务网络,400多个社区服务网点与市社保局计算机联网。

(三)管理效率不断提高

1.降低了门诊次均费用

2005年基本医疗保险参保职工门诊次均费用85.53元,低于2004年88.48元的水平,远低于2004年部属、省属、省辖市属医院门诊次均费用234.8元、174.5元、123.3元的水平。

2.控制了住院次均费用的增长

2005年基本医疗保险参保职工住院次均费用为5181.16元,略高于2004年5081.998元的水平,接近2004年省辖市属医院的平均水平5099.6元,远低于部属和省属医院12414.8元和8999.4元的水平。

3.实现了个人账户和统筹基金的双结余

深圳市医疗保险基金在医疗保险费下调的情况下②,仍连续实现个人账户和统筹基金的双结余,基本医疗保险金2008年上半年累计结余133亿元③。

4.促进了医疗单位管理水平的提高

医疗保险基金对于定点医疗机构是一种较稳定的收入来源。随着参保人数的不断增加,医疗保险基金会越来越雄厚,购买医疗服务的能力也会越来越强,医疗保险的影响力也随之不断增强。医院会主动适应医疗保险规范的制度,改革与之不适应甚至相抵触的规章制度,加强内部管理,降低服务成本,从而提高盈利空间。据统计,深圳市医疗保险定点医疗机构在成为定点机构后,平均住院天数、手术待床日等均有不同程度的降低。

---

① 数据引自《深圳市劳动保障事业发展“十一五”规划纲要》(2005年12月)。

② 《深圳市城镇职工社会医疗保险办法》大幅度下调了医疗保险费,将用人单位为参加住院医疗保险职工缴交的医疗保险费从上一年度城镇职工月平均工资的2%下调到1%,其中还包括地方补充医疗保险费0.2%。

③ http://www.szsi.gov.cn/sbjxxgk/gzdt/200811/t20081127_1379.htm.

第五节　现行医疗保险制度存在的不足

社会医疗保险涉及政府和医疗保险提供方、医疗保险被保险方和医疗服务提供方三方的行为，三方的行为共同影响医疗保险制度的绩效。

对于政府和医疗保险提供方而言，其行为对医疗保险绩效的影响主要是政府在医疗卫生领域的社会责任是否得到了充分、适度的发挥。对于医疗保险被保险方和医疗服务提供方而言，其行为背后的动力是现行医疗保险制度对其提供了有效的激励和约束机制。可见，前者的行为表现为体制和制度的建设，后两者的行为在一定程度上由制度决定。

据此，本研究将制度本身和制度造成的结果等方面分析深圳市现行医疗保险制度存在的问题，并提出进一步完善的建议。

一、管理体制与机构设置存在缺陷

（一）市、区两级存在决策、经办、监管混合的问题

市、区级医疗保险管理机构主要工作应当立足于政策的制定和监督执行。现在却集决策、经办、监管职能于一身，由此导致工作负担加重，大量的精力和资源用于应付烦琐沉重的经办事务，人力物力资源没有得到最为有效的配置。为达到更好的行政效率，决策、执行、监督应该相分离，其中决策、执行要考虑重心、职能、层级的调整；监督要相对独立，考虑监督“执行”、监管医疗机构。

（二）监管机制不到位

目前，深圳市社保基金管理局，既是医疗保险政策的制定机构，又是医疗保险的经办机构，还负担对参保人和定点医疗机构、定点药店的监管职能。过多的职能集中于一个机构，导致管理本身很难到位，虽然协议管理、数字医保等措施加强了监管的效率，但对于医疗保险中普遍存在的道德风险的控制能力仍然不强。

特别是医疗保险经办机构为事业单位,这在很大程度上制约了依法行政的效能,在行使执法权力的时候,或是要接受行政机关的委托,或者要将检查结果移交行政机关,这种状况直接影响了监管力度。

（三）属地化管理未能实现

医疗保险实现属地化管理将提高管理效率,极大地方便参保人办理保险、医疗等相关事务。目前,深圳市基本医疗保险以企业为参保单位,管理机构的事权划分标准不同,管理的企业类别不同:市局经办市属企业和注册资金 1000 万元以上企业;区管理处经办区属企业和其他注册资金 1000 万元以下企业。直接导致管理效率不高,参保人办理医疗保险和就医程序复杂,增加了交易成本。

（四）劳动保障与社会保险两条线管理

原劳动局和社会保障局合并为新的深圳市劳动和社会保障局后,协同效应并不明显。由于医疗保险政策制定仍由经办机构社保基金管理局负责,并未能形成局机关主要负责政策制定和监管、社保基金管理局负责经办的局面。在区、街道层面,也存在这种劳动保障和社会保险两条线管理的情况。这种两条线管理造成了较大的效率损耗,降低了政策的时效性,增加了经办和管理的难度。

（五）医疗保险管理人员不足

如前所述,2007 年,深圳市医疗保险管理人员与参保人之比为 1∶174000,远远高于 1∶10000 的较合意的水平,也高于全国其他地区的水平（如浙江省人均经办 6469 名参保人员）。医保经办和管理人员严重影响了深圳市医疗保险的进一步发展。2008 年深圳市基本医疗保险参保人员是 321.15 万人,年门诊超过 2486.07 万人次,年住院超过 19.82 万人次①。而社保基金管理机构专门从事医保管理的人员仅有几十人,也缺乏专门的医疗保险监管机构,监管难度很大。

（六）宏观管理体制存在职能分割,三改联动局面尚未形成

在中国,医疗卫生体系普遍存在管理职能分割的现象,医疗卫生体制和药品流通体制的改革从多方面影响医疗保险政策的绩效,这主要体现在以下方面:

---

① 参见《深圳市社会保险基金管理局 2008 年工作总结》。

财政部门负责为医院拨款。原本由制度原因造成的医疗服务的供给不足，表现为用于医疗服务的资金投入的不足；计划部门负责大型仪器和设备的引进与改造；卫生部门和人事部门负责医疗机构的设置及人员编制；物价部门负责各项医疗服务供给的定价；药品监管部门负责药品审批，目前，这一管制已经渗透到医院药物采购的许多微观环节，滋生了腐败行为。

深圳市也存在这种多头和交叉的管理格局，三改联动的局面尚未形成，导致医疗保险有限资源合理使用受到多方面因素的制约，影响了医疗保险的整体效果。

二、医疗保险承担过多保障功能

（一）不同医疗卫生服务层次的不同保障方式

社会成员对医疗卫生的需求几乎是无止境的，而社会所能提供的医疗卫生资源则是有限的。因此必须考虑有限的医疗卫生资源如何在不同的医疗卫生需求之间进行合理的分配。换句话说，必须首先解决医疗保险保什么的问题。

为了合理地分配医疗资源，有必要将医疗卫生服务分为公共卫生、基本医疗服务和非基本医疗服务三个层次。

公共卫生包括计划免疫、传染病控制、妇幼保健、职业卫生、环境卫生和健康教育等在内，属于典型的公共产品，应由政府以医疗福利的形式向全体社会成员免费提供。

基本医疗则针对绝大部分的常见病、多发病，为全民提供所需药品和诊疗手段，以满足全体公民的基本健康需要。对此层次的医疗服务，政府应该提供社会医疗保险计划，确定可以保障公众基本健康的药品和诊疗项目目录，由医疗保险以尽可能低的统一价格提供给所有疾病患者，以降低社会成员面临的健康风险和由此引发的经济风险。同时对于确有需求的社会个体的超过医疗保险支付范围的基本医疗需求应该实施医疗救助。

对于基本医疗服务以外的医疗卫生需求，政府不提供统一的保障，由居民自己承担经济责任。为了降低个人和家庭的风险，鼓励发展自愿性质的商业医疗保险，推动社会成员之间的“互保”。政府提供税收减免等优惠政策，鼓励企业在自愿和自主的基础上,为职工购买补充形式的商业医疗保险。

（二）社会医疗保险在医疗保障体系中的地位

从上文对不同医疗卫生服务层次的不同保障方式的分析中我们可以发现,社会医疗保障体系是由医疗福利、社会医疗保险、医疗救助、商业保险等一系列保障方式组成的有机整体。社会医疗保险不是唯一的医疗保障,只是医疗保障中的一个主体部分,只应该保障公民的基本医疗,而不是基本医疗保险解决所有的医疗需求。

但是社会医疗保险的效果又受到其他保障形式的影响。在公共卫生方面提供良好的医疗福利可以降低公众的患病率,从而使有限的医疗保险资源得到更有针对性地运用。医疗救助则照顾了部分由于经济原因未能参加医疗保险的特殊群体的基本医疗需求,以及一部分超出医疗保险支付限额的基本医疗需求。

（三）深圳市对医疗保险的功能界定不明确

目前,深圳市对医疗保险在医疗保障体系中的功能界定不够明确,这主要体现为医疗保障体系的不完善和医疗保险承担的功能过多。

1. 社会医疗救助尚未提上日程①

由于应由政府设立的医疗救助体系尚未广泛地建立,部分由于经济困难而未能参加医疗保险的人群未能享受到基本的医疗保障。部分超出医疗保险支付限额的医疗支出主要由个人承担,从而造成了一定的“看病难”和“因病致贫”现象。这些现象导致的社会矛盾又由于参保人对医疗保险功能的期望过高而有集中向医疗保险部门的倾向。

2. 疾病医疗保险的理念不够明确

目前,深圳市医疗保险不仅承担了部分应由其他医疗保障形式承担的功能,还对许多非疾病的医疗需求进行了保障,如意外伤害等。这超出了社会疾病基金制医疗保险的范畴,扩大了医疗保险、特别是基本医疗保险的功能。

---

① 深圳市从2000年起,对全市户籍人口中的特困人员的医疗费用以最低生活保障标准的14%的限额支出;低保困难群众的重病医疗,以政府代为购买住院医疗保险的方式解决。

3. 医疗保险承担了部分由于政策未得到落实而附加的功能

按照有关规定，深圳市离休人员、老红军、二等乙级以上革命伤残军人个人不缴费，不设个人医疗账户，医疗费用单独管理、单独建账，合理医疗费用由基本医疗保险统筹基金统一支付，超出基本医疗保险规定范围的费用，由其原缴费渠道补缴，划回统筹基金专户。但目前由于政策未得到切实执行，该部分人群的医疗管理和医疗费用全部由医疗保险承担，对医疗保险基金的挤占仍然十分严重。

三、医疗保险基金与现收现付原则存在一定背离

（一）深圳市医疗保险基金结余率偏高

2005 年，深圳市医疗保险基金累计结余额已达 29 亿余元，整体结余率在 45% 左右。其中生育医疗保险基金结余额率达到 57.8%，地方补充医疗保险结余率达到 80% 以上；基本医疗保险金 2008 年上半年累计结余 133 亿元①，整体结余率高达 55% 左右。

医疗保险作为一种现收现付制的社会保险，基金本身应做到收支平衡、略有结余。在一般情况下，基金结余可保证 2—6 个月的正常支付即可。在医疗保险缴费比率下调后②，深圳市的医疗保险基金结余额仍能负担约 36 个月的正常支付，医疗保险基金的结余率仍然偏高，这影响了个人对收入的自主使用，降低了社会整体的效率。

（二）现行医疗保险费率未充分考虑深圳市的特殊因素

1. 参保人员年龄结构轻

医疗保险基金的支出和使用与参保人员的年龄结构有密切的关系。随着参

---

① http://www.szsi.gov.cn/sbjxxgk/gzdt/200811/t20081127_1379.htm.

② 《深圳市城镇职工社会医疗保险办法》大幅度下调了医疗保险费，将用人单位为参加住院医疗保险职工缴的医疗保险费从上一年度城镇职工月平均工资的 2% 下调到 1%，其中还包括地方补充医疗保险费 0.2%。《深圳市社会医疗保险办法》规定：参加住院医疗保险人员的基本医疗保险费应按月缴，缴费标准为本市上一年度在岗职工月平均工资的 0.8%，具体办法为：在职人员由用人单位按缴费基数的 0.6% 缴，个人按缴费基数的 0.2% 缴。

保人年龄的递增,患病的概率越高,人均费用也相应增高。以国际国内经验而言,美国12%的65岁以上人口消耗了全国29%的医疗经费;日本13%的65岁以上人口,消耗了全国28%的医疗经费。就人均费用而言,美国老人的医疗费用约是非老人的3倍左右;中国台湾地区老人的医疗费用也约为非老人的2.5倍;英国85岁以上老人的医疗费用比16岁至44岁人口群高9倍。

深圳市由于人口整体年龄结构轻,医疗保险参保人员也以中青年为主,老年人和退休人员所占比重不高。2008年全市退休人员约有14.21万人,以全部参加医疗保险计,赡养系数仅为58.5∶1,远高于全国水平和4∶1的赡养系数理论警戒线,因此,医疗保险基金支付压力较轻,这是医保资金结余的现实基础。

2. 缴费基数较高

深圳市经济比较发达,社会平均工资水平较其他城市要高。2008年深圳市月社会平均工资为3233元,较北京市要低493元。而医疗保健价格水平与全国接近,使得医保基金支付压力较小,结余率较高。

3. 医疗保险基金来源渠道较多

其他城市退休人员参加基本养老保险普遍不缴费,深圳市退休职工的基本医疗保险费由养老保险基金中扣除。医保基金来源渠道的多样化也是医保基金结余率较高的一个原因。

(三)医疗保险基金结余偏高,背离了现收现付原则

较高的医疗保险基金结余挤占了个人当期消费。即被保险方以过高的价格购买了社会医疗保险,而降低了被保险方的可支配收入,违背了医疗保险尊重个人自主选择权的原则和现收现付的内涵,也降低了参保人的福利水平。

(四)医疗保险基金结余存在贬值风险

2007年深圳市社保基金整体投资收益率为4.98%左右,2008年我国通货膨胀率为5.9%,以此估算,现有的基本医保结余基金在2008年上半年已实际上至少贬值了1.22亿元。

此外,由于投资渠道的限制,社保基金投资收益率不会有大幅改善,深圳市较大的医保基金结余面临一定的贬值风险。作为现收现付制的医疗保险,保持较大的基金结余主要是为对抗未来可能的支付压力,但贬值风险使这种抗风险

能力大为降低。

四、医疗保险未覆盖到部分人群

如覆盖范围和覆盖率指标所反映，目前，影响深圳市医疗保险的覆盖率和覆盖范围的主要因素是一部分人群未被医疗保险制度所覆盖，其中，企业职工家属是这部分人群中的主体。

目前，深圳市城镇职工家属除机关和事业单位家属可以参加统筹医疗外，其他职工直系亲属只能参照1953年颁布的《中华人民共和国劳动保险条例实施细则修正草案》规定由企业负担医药费的1/2，但由于和社会主义市场经济的宏观环境不适应，该规定在深圳市已基本不施行了。

有关资料显示，现在职工供养直系亲属约占职工总数的50%左右，其中90%为职工子女，10%为赡养的老人。这样，职工所面临的医疗风险就不仅仅是自身患病的风险，所供养的直系亲属患病同样会导致职工家庭整体福利水平的下降。职工家属缺乏医疗保障直接降低了社会医疗保险的保障水平和风险化解能力。

2008年3月1日开始实施的《深圳市社会医疗保险办法》（深府令〔2008〕180号）扩大了个人账户支付范围。个人账户积累额达到1个月市上一年度在岗职工月平均工资的，其超过部分可用于支付健康体检、预防接种费用和其已参加少年儿童住院及大病门诊医疗保险的子女的门诊医疗费用，在全国率先推行医保“家庭账户”。下一步，深圳市拟进一步推进医保“家庭账户”，拟将个人账户积累额达到1个月市上一年度在岗职工月平均工资的，其超过部分可用于支付其家庭所有成员的门诊医疗费用，扩大医疗保险的受益面。

五、社区医疗保险服务体系发展不足

（一）社区医疗保险服务体系的特点

社区医疗保险服务体系是指建立在社区健康服务中心和社区医疗保险工作站相结合基础上的医疗技术服务和医保经办服务一体的医疗保险服务体系。其在运行中主要有以下优点：

1. 社区医疗保险服务可以加强对医保违规行为的控制

现有“分解住院”、“挂床住院”、“冒名住院”、“大额处方”等道德风险行为虽经多种办法强化管理,但仍然在一定程度上存在,造成了医保资金的浪费和流失。而社区医疗保险服务体系有其自身的优势,可以较好地对这些违规行为进行控制,是基本医疗保险基金得到合理使用的重要制度性保障。

首先,社区医疗保险服务体系立足社区、贴近民众,可以较好地掌握实情,可使冒名住院和挂床住院的违规行为得到有效控制。

其次,社区医疗保险服务体系有熟悉政策、精通业务、善治小病的优势。有利于“小病在社区、大病在医院”的科学诊治方案的实施,既保证了医疗,也减少了浪费。

最后,社区医疗保险服务体系可以利用健康宣传、就医指南、用药辅导等形式使许多参保人员掌握就医用药的基本常识,使通过开“高档药、贵重药”形式出现的大额处方得到有效控制。

2. 社区医疗保险服务可以提高医疗保险基金利用效率

基本医疗保险追求以有限的医保基金提供合理的医疗保障,以低廉的价格获得科学的医疗服务,社区医疗保险服务体系满足这些基本医疗保险追求的目标。

首先,社区医疗保险服务体系能够以较低廉的价格实现常见病、多发病的门诊就医。相关研究表明,社区医疗保险服务体系同病种门诊次均费用一般为综合医院的20%。

其次,社区医疗保险服务体系可以为诊断明确、病情稳定的慢性病患者开设家庭病床,提供送医送药服务,进而实现医疗费用支出的大幅度减少。

最后,社区医疗保险服务体系可以为参保人提供日常健康咨询,对重大病患者进行就医指导和跟踪服务,从而实现科学就医,减少费用支出。

(二)深圳市社区医疗保险服务体系发展现状

1. 现有社区医疗保险服务资源未有效利用

由于缺乏明确的激励机制,参保人患病后仍然倾向于到大医院就诊,社区健康中心的就诊率偏低。

2. 对接不到位

社区医疗保险卫生服务与医疗保险经办业务之间缺乏有效的对接机制和组织建设严重影响了深圳市社区医疗保险服务体系发挥其应有的功能。

3. 功能单一，服务不足

截至2007年,深圳市604家社区健康中心中,被约定为基本医疗保险定点机构占总数的95%。但是社区医疗保险服务还仅仅停留在医疗技术服务的单一层面上。

六、医疗保险中的道德风险仍然存在

(一)道德风险的表现形式

在医疗保险运行过程中,较为常见的道德风险的表现形式主要有:

(1)就医资格造假。即冒名就医,如非参保人员以参保人员名义就医;未过门诊起付线的参保患者,以已过起付线的参保患者名义就医;医务人员在参保患者不知情的情况下,利用患者身份证、医保证办理虚假住院,病编造医疗费用手续,向医保机构申报等。

(2)票据造假。定点医疗机构开具阴阳票、大头小尾,或者虚开票据,甚至不就医也开票或者卖票。

(3)处方造假。将非医保支付的项目如美容、保健、镶牙等换开医保支付的项目;将保健品、滋补品、化妆品等其他生活用品开成医保药;将非医保药开成医保药;将普通门诊药写成门诊特殊病用药等。

(4)医疗文书造假。伪造、编造住院和门诊病历、各种检查治疗记录、报告单等。

(5)住院床位造假。即挂床住院,办理住院手续后不实际住院治疗,只在应进行检查治疗时回医院;摞床住院,一张病床同时收治数名住院病人;分解住院,为降低人均住院费用,逃避控制指标,将病人的一次住院费用分解为二次或数次计算。

(6)费用转嫁和转移。开基本医疗保险药品目录外的药品,甚至将应由统筹金支付的费用让病人自负,降低人均费用,侵害参保人合法权益。

(二)道德风险行为的重要特点

上述各种道德风险行为的实施人较为复杂。受利益驱使,即有参保人,也有医疗机构。但是在利益趋同的条件下,往往参保人与医疗机构人员共同合谋欺诈,以达到非法获利的目的。

在实施各种道德风险行为的过程中,医疗机构工作人员的作用十分明显,即使参保人想实施欺诈,往往也要得到医疗机构工作人员的支持、纵容和配合。甚至有的欺诈行为就是医疗机构有组织、有领导进行的,带有集体欺诈和法人欺诈的性质。

(三)道德风险行为不断出现的制度性成因

如上所述,医疗保险中的道德风险行为中,医疗服务提供方的道德风险更为重要,道德风险行为的不断出现深层次的原因是在制度上对医院的违规行为约束不足,这主要体现在以下几个方面:

1. 结算方式对医院道德风险约束力不强

医疗保险中的道德风险行为的大量出现,主要是由于人们的趋利心理作祟,但也与政策制度设计有关,主要是由于一些政策规定由于客观条件的限制,不利于抑制人们的道德风险,缺乏制度内的激励。其中最主要的就是医疗保险的结算方式设计。

深圳市目前实行按服务项目、按服务单元、按病种等多种方式相结合的结算方式。三种方式都有其各自的特点:

按服务项目付费由于向医疗机构支付费用的数量取决于服务项目的数量,因此导致供方诱导需求行为的道德风险的产生,包括医学检查、用药等方面的过度提供和欺诈行为。

按服务单元付费,即按规定标准内的床位费、住院费及各种检查、治疗、用药、卫生材料、器材等费用的平均费用标准定额支付。这种结算方式由于采取了费用共付制和一定总额控制的方法,对道德风险的控制能力较按服务项目付费要强,但一方面存在着定额值难以确定等问题;另一方面对医院采取的分解住院、挂床住院等规避定额的欺诈行为上的约束力不足。

按病种付费是一种按疾病诊断分类的定额付费制度,由于该制度通过计算出医院在某种疾病诊断治疗方面所需的平均费用，以此作为结算的基础，使医院的收入与每个病例及其诊断有关，而与治疗这类病的实际成本无关，从而控制医院的道德风险。按病种付费是较有效控制道德风险的结算方式，但其需要规范的信息系统和统计数据处理过程来支持，不仅需要有相应的人员，也需要配备相应的设备，管理成本比较高，故而在深圳市目前的结算方式只有 31 个病种实施按病种付费，未能充分发挥其优势。

综上所述，目前深圳市实施的以按服务单元服务为主体的混合式结算方式不能对医院的道德风险提供强有力的制度内约束，需要积极探索预付制的结算方式。

2. 法律制度建设落后

医疗保险虽然是强制性保险，但是立法层次低，执法的强制力不够。行政处罚手段虽然规定较多，但在实际落实到处罚上并不尽如人意。而司法机关对采取欺诈手段骗取社会保险基金的行为的处理处于无法可依的状况，以至于即使道德风险行为情节严重，在刑事处罚上也缺乏法律依据。这都在客观上纵容了欺诈行为的发生。

3. 监管机制不到位

医疗保险中的道德风险行为与参保人的就医行为和医疗、医药服务行为有直接的关系。因此，医疗保险管理机构对各种道德风险行为的调查取证，需要得到卫生、公安、交管、药监、急救中心和居民委员会等有关方面的配合，但是由于没有法定的工作协调机制，调查取证往往得不到应有的支持。

第六节　完善医疗保险制度的措施

一、建立惠及全体居民的基本医疗保险制度

（一）医疗保险全民覆盖的目标

WHO 执行委员会在 2005 年 1 月的第 115 次全会上提出了社会健康保险全

民覆盖的定义,它是指“人人在一个可以支付得起的水平上,获得主要的健康促进、预防、治疗和康复的卫生干预措施”。“全民覆盖”的概念是 WHO 继“人人享有卫生保健”和“初级卫生保健”以后,在 21 世纪提出的又一个新的概念,社会医疗保险的全民覆盖已经成为国际共识。

我国现阶段的卫生发展战略是实现“人人享有初级卫生保健”,建立惠及全民的社会医疗保险制度是实现这一目标的重要途径和保证。目前,全国医疗改革试点工作已经展开,已确定四个中等城市试点,试点以基本医疗系统覆盖 90% 的人群,并为其至少负担一半的医疗费用为整体目标,这是我国逐步走向全民健康保险的先声。

深圳市虽然不是本次改革的试点城市,但作为特区,有其先行先试的历史使命。同时,深圳市人口结构年轻,经济较国内其他地区发达,这些既向深圳市探索全民医疗保险提出了客观要求,也为其提供了坚实的社会基础。

（二）其他转型国家建立全民医疗保险的实践

1991 年以前,中东欧国家实行福利社会模式全民医疗保障。这种医疗体制耗费国家大量预算资金,在转型后建立的市场经济体制下不可能继续维持。在世界银行等国际机构的参与下,中东欧国家开始建立市场化的医疗保障体制。由于先前已经实现了全民免费医疗,因此,医疗保障制度的改革是涉及面最广的改革,也是难度最大的改革。

中东欧国家医疗保障制度改革的共同点是建立健全全民医疗保险体系。将原由国家全额拨付医疗经费改为个人、单位和国家三方共同承担。普遍医疗保险分为义务保险和自愿保险两种。有权享受公费医疗的人员必须加入医疗保险。建立由专业医院、社区医院和私人诊所组成的医疗网络。建立家庭医生制度,居民可自由选择家庭医生。减少公立医院的医务人员数量,以降低医疗服务的成本。但几个代表性国家的改革历程又各有特点:

1. 波兰

波兰在 1991—1998 年间,采取签订医疗保险合同,建立非公立医疗机构,建立家庭医生机制,药房和药品批发实行私有化,由地方自治政府承担部分医疗卫生任务,在公立医疗机构实行成本核算等措施。这些做法并未根本改变公共医疗卫生体制经费短缺、医疗卫生单位职工收入下降和医疗经费超额支出等状况。

1997年政府开始筹划医疗保险体制改革,并于1999年初着手实施。此次改革主要措施是设立医疗保险金管理局,将原来对医疗系统的财政拨款改为公民普遍保险同财政拨款相结合,目标是实现医疗保险的普遍性和义务性。缴纳的保险金构成医疗保险的基础,医疗保险金管理局为病人支付医疗费用,并作为自负盈亏的经济实体。公立医院、私立医院或医疗合作社直接与医疗保险金管理局签订医疗保险合同,取消国家行政机构或地方自治政府这一中间环节。

改革在一定程度上提高了医疗服务质量,医院管理亦有所改善。但问题也比较突出:权限分散,多头管理,工作效率不高;医院资金短缺问题未能得以解决,医务人员工资待遇低,导致医疗界的抗议活动迭起;医生经常给病人开进口药品,甚至选择费用昂贵的手术,造成浪费;各省的医疗服务价格存在很大差别。三年的改革成效不明显,反而引起民众不满,使政府失去选民的信任。

2001年10月,政府决心重整旗鼓,对医疗保险体制再次进行改革。2003年1月23日,波兰议会通过了《成立国家医疗卫生基金及普遍医疗保险法》并于2003年4月1日正式生效。根据新法规,波兰重建了全国性的医疗保险体制。新医疗保险体制的核心是集中管理全国的医疗保险经费,使全体投保人员能得到平等的医疗待遇。国家医疗卫生基金作为具有法人资格的国家机构,取代原来的17个医疗保险管理机构。

2. 匈牙利

匈牙利医疗保健管理体制的改革主要从两个方面进行:首先是对医务工作者进行分流,减少社会的医疗服务成本,解决医生的就业问题。建立专业医院、社区医院和私人诊所的医疗网络。建立家庭医生制度,居民可自由选择家庭医生。减少公立医院的医务人员数量,以降低医疗服务的成本。其次是建立与市场经济相适应的医疗保险体制。从1993年开始,实行医疗保险自治,医疗保险费由个人和用人单位共同负担,生活贫困者,经有关部门核实,可继续享有免费医疗。

从1993年开始,还推行了自愿的医疗保险制度,设立非营利性的健康保险基金管理处。强制性的医疗保险只提供最基本的医疗保健服务,居民要享受更高等级的医疗保健服务,可自己选择个人医疗保险基金投保。

目前,匈牙利医疗保险体制的特点是,全民享受医疗保险待遇。缴纳保险金的人所有家庭成员,包括子女老人也享受同等待遇;失业人员的医疗保险费用由地方自治政府缴纳。在匈牙利工作的外国人,主要是指那些从事商贸活动的外国人,也必须按照法律规定交纳医疗保险费用,并与医疗保险公司签订医疗卫生保险协定,享受与匈牙利公民一样的医疗待遇。

3. 捷克

1991 年捷克开始酝酿医疗制度改革,通过医疗保险法。1993 年 1 月 1 日起,正式实行全民医疗保险制度。医疗保险由两部分构成,即强制性的医疗保险和自愿参加的医疗保险。根据医疗保险法建立国民医疗保险公司,每个公民必须参加医疗保险。医疗基金不足部分由中央政府和地方政府补贴。领取养老金者、未成年子女、大中学学生、军人、失业者等,由国家支付保险金。所有医疗保险公司都统归卫生部管辖,并建立了中央协调机构。1993 年开始开放自愿医疗保险市场。

捷克医疗卫生事业的改革已取得了一些进展,在医疗部门形成了有利于提高医疗质量的竞争环境。但医疗部门面临许多困难和问题。缺乏调控机制,医疗部门财政亏损严重。医疗部门职工待遇低,导致数次罢工,要求增加工资。许多区级和乡镇的国家医疗单位在漫长的私有化进程中自动解体,导致财产管理上的混乱。

捷克人均年就医次数是欧盟平均次数的一倍,由于医疗费用高,捷克政府医疗补贴数额巨大。为限制人们滥用医疗福利基金,节省部分医疗支出,促使人们合理用药,避免药品的浪费,捷克在 2004 年进行了医疗福利制度改革。每个公民每年将需缴纳 2000 克朗(约合 72 美元)作为医疗福利基金,在生病时享受有关药品费、处方费、门诊费及住院费用等各项医疗开支的政府补贴。18 岁以下的未成年人和社会救济人员可以申请该基金的返还。

(三)实现惠及全体居民的基本医疗保险的现实路径

由中东欧国家建立全民医疗保险的经验看,政府责任和医疗服务提供的市场化是两个改革主题。但全民医疗保险制度本身有难以控制医疗费用上涨的痼

疾,深圳市要建立惠及全体居民的基本医疗保险必须有步骤、有层次的逐步实施:

1.完善的多层次的基本医疗保险体系

目前,深圳市基本医疗保险具有综合医疗保险和住院医疗保险两种形式,同时还建立了劳务工合作医疗保险。但是,由于不同保险和不同形式间药品目录、给付水平各有差异,衔接间存在障碍。多层次的基本医疗保险尚需从以下几个方面进行完善:

(1)实现"多计划、多形式"的基本医疗保险

医疗保险作为一种社会保险要奉行权利与义务相统一的原则,缴费能力的差异必然影响到对医疗保险权利的行使。在深圳,社平工资水平较高,而工资分布的离差较大,大量的城市困难职工、劳务工、农城化人员难以负担最低按社会平均工资60%缴费的基本医疗保险费,导致这部分弱势群体游离于医疗保险制度之外。

因此,实现以不同缴费水平、不同待遇为主要特征的"多计划、多形式"的基本医疗保险,是继续扩大参保面的关键。具体内容如下:

1)基本医疗保险计划A

由原有综合医疗保险演化而来,基本沿用综合医疗保险的相关政策和规定。

2)基本医疗保险计划B

由原有住院医疗保险演化而来。截至2008年6月底,全市医疗保险参保人838.23万,其中综合医疗保险参保人159.31万,住院医疗保险参保人146.26万,农民工医疗保险参保人487.39万,少儿医疗保险参保人45.27万;全市生育医疗保险参保人数140.73万;而住院医疗保险费用仅为综合医疗保险费用的1/8弱。按综合医疗保险门诊住院费用约1∶1的比例估算,完全可以通过住院医疗保险向门诊的扩展,形成缴费和待遇水平低于综合医疗保险的基本医疗保险层次,满足此部分收入人群的门诊、住院需求。

3)基本医疗保险计划C

由劳务工合作医疗保险演化而来。目前,深圳市劳务工合作医疗保险费率较低,但是基金的结余率较高。可以通过打破药品目录限制的办法,执行基本医

疗保险甲、乙类药品目录,将其纳入基本医疗保险体系。形成一个“低缴费、低水平”的医疗保险计划。

这样,基本医疗保险就形成了三个在同一服务集内,按其缴费多寡,决定其享有服务数量的三个独立的医疗保险计划。适应了不同收入水平人群的需要。

(2)在不同计划间有管理的自由选择

“多计划、多形式”的基本医疗保险体系最大限度地保证了应保尽保,同时尊重了个人在医疗服务上的自主选择权。个人可以根据其收入情况,自主选择参加何种基本医疗保险计划,而不是根据户籍等其他因素强制参加某个计划。从而形成强制社会医疗保险和不同医疗保险计划之间灵活选择的和谐统一。

但是,不同的收入水平应该是参加不同保险计划的唯一依据。要避免参保人在面临医疗风险较低时参加低水平计划,在面临较高医疗风险时参加高水平计划这种逆向选择行为,医疗保险管理机构应对此加强监管。

2. 建立全面的职工家属医疗保险制度

目前,深圳市城镇职工家属除机关和事业单位家属可以参加统筹医疗外,其他职工直系亲属只能参照1953年颁布的《中华人民共和国劳动保险条例实施细则修正草案》规定由企业负担医药费的1/2,但由于和社会主义市场经济的宏观环境不适应,该规定在深圳市已基本不实行了。

有关资料显示,现在职工供养直系亲属约占职工总数的50%左右,其中90%为职工子女,10%为赡养的老人。这样,职工所面临的医疗风险就不仅仅是自身患病的风险,所供养的直系亲属患病同样会导致职工家庭整体福利水平的下降。职工家属缺乏医疗保障直接降低了社会医疗保险的保障水平和风险化解能力。

据统计,目前职工供养的直系亲属所需医疗费用平均占职工工资总额的1%左右。通过社会统筹,可以以较低的成本化解这部分医疗风险。具体思路如下:

(1)与企业脱钩,实行社会化管理

医疗保险统筹地区应出台适合不同人群经济承受能力的多层次医疗保险办法。职工供养直系亲属可选择参加当地职工家属统筹医疗保险或商业医疗保险。

(2)明确职工家属的界定条件

对机关、事业单位和企业职工应适用统一的政策规定。打破不同性质单位之间,不同户籍职工之间等人为界限,做到一视同仁。

(3)坚持保大病的原则

对职工家属的医疗费用实行社会统筹要坚持保大病的原则。普通小病发生的费用应由职工自己负担,对患大病、重病而发生高额医疗费用实行大病统筹,化解风险,发挥社会共济作用。

(4)可先实行职工子女及学生大病医疗费用统筹办法

如上所述,目前职工供养的直系亲属中90%为职工子女。因此,如果实施职工子女及学生大病医疗费用统筹,就抓住了职工家属医疗保障问题的主要矛盾。又可以通过试点逐步解决对子女和老人是否实行统一筹资比例等现实问题。

3. 进一步促进灵活就业人员参保

随着以信息化为标志的新经济的迅猛发展,产业结构变动及全球化导致的市场竞争加剧,非正规的灵活就业领域日益扩大,灵活就业已经成为一种重要的就业方式。深圳市由于改革开放较早,市场经济制度比较完善,灵活就业人员也较多。

为了进一步促进灵活就业人员参保,应主要做好以下几方面工作:

(1)改变服务方式

针对灵活就业人员特点,医保经办机构应变被动服务为主动服务,服务对象由用人单位适时调整为参保人个人,尽量使他们能够享受到方便、快捷的服务。一是对改制企业的灵活就业人员,医保经办机构在企业改制时就主动上门,对分流职工实施跟踪服务,及时接续医保关系,确保职工安置方案和医疗保险关系的相互衔接。二是针对灵活就业人员流动性大的特点,实行灵活的参保缴费办法。

(2)等待期和中断缴费的特别处理

考虑到灵活就业人员的特殊性,也便于医疗保险机构的操作,灵活就业人员按年缴纳医疗保险费比较合适。中断缴费期限也应适当延长至6个月。因按实际缴费年限为准,应准许灵活就业人员中断参保,重新参保后,前后实际缴费年限合并计算。新参保或中断缴费重新参保人员,应有6个月至1年的住院医疗费报销待遇享受等待期。

(3)覆盖广大非户籍灵活就业人员

主要是在制度上允许非户籍灵活就业人员参加基本医疗保险。劳务工合作医疗在条件成熟之后要纳入非户籍灵活就业人员。

二、改革现行医疗保险管理体制

(一)管理机构决策、经办、监管职能分离

1. 经办机构社会化的客观要求

深圳市医疗保险参保人数在不断增多,多层次的医疗保险体系还在不断建立完善,经办业务量也随之日益加大,而经办机构的内部建设、人员编制还远远不能适应这种要求。当前,医保违规行为不断增多,违规手段日益隐蔽,对医疗保险管理能力提出了新的要求。随着医疗保险制度的不断完善,覆盖范围不断增大,灵活就业人员、自由职业者、劳务工等特殊人群不断纳入,同时随着收入水平和生活质量的不断提高,参保人员对医疗保险服务的期望值不断增高,个性化服务的需求不断增多,医疗保险服务面临着严峻的挑战。

由于上述原因,深圳市的医疗保险经办机构忙于政策制定、待遇核付、征缴稽核、咨询宣传等事务,不堪重负,疲于应付,迫切需要建立社会化管理服务体系,把具体管理服务项目向社区前移。

2. 管办分离是经办机构社会化的目标

经办机构的社会化的终极目标是实现社会医疗保险的管办分离。医疗保险管理部门只负责政策的制定、征缴、监管等工作。具体经办业务完全依靠街道、社区劳动保障平台。

建立社区参保登记制度。明确所有参保对象只需到社区填表登记,预缴一个月的医疗保险费,社区医疗保险经办机构就可通过网络与数据中心联系,为参保人员办理参保登记手续。

在现阶段,社区医疗保险经办机构可作为事业编制,在条件成熟时,可适当

引进社会力量从事经办业务。

（二）实行属地化管理

目前，非灵活就业人员仍然按其所属企业进行管理。造成省直、市属、区属等不同企事业单位职工要前往不同经办机构办理医疗保险业务，管理和经办体系复杂，增加了交易成本。

在管办分离的医疗保险社会化经办体系下，应打破按企业进行分割的界限，使参保人完全根据就近原则到所属社区办理相关业务，从而理顺管理体制。

（三）从体制上保证监管力度

随着医疗保险经办业务的前移和管办分离，对医疗保险管理机构的监管就提出了新的要求。而如前所述，目前，医疗保险监管处于无法可依、缺编缺员的状态，必须健全医疗保险监管体制。

1. 完善机构建设

目前，全国有20多个省市有医疗保险单独的管理机构，下设相关制度设计、监督管理职能部门，这充分保证了制度设计和监督管理的效率。

在管办分离的情况下，对医疗保险加强管理的要求更为迫切，有必要在深圳市劳动和社会保障局下设医疗保险管理中心，统筹负责医疗、工伤和生育保险的政策制定、监督管理、征缴稽核等事务。

2. 加强法规建设

如前文所述，目前医疗保险监管缺乏上位法的支持，使得许多监管行为流于形式，没有起到应有的作用。深圳市作为先行先试的特区，在制定地方法规等方面有自主立法权，深圳市应充分利用这项优势，提升现有相关规章的法规层级，为加强医疗保险监管提供法律基础。

3. 建设医疗保险监管多方协调机制

如前所述，医疗保险监察按现行制度没有行政执法权力，需要其他部门配合进行监督执法。为加强各部门间的协调，深圳市应设立市一级的医疗保险监管协调机制，定期举行磋商，组成联合监管执法行动队，增强监管效果。

（四）整合劳动与社会保险管理资源

在市级层面上，随着经办业务的前移，要整合决策功能，将医疗保险政策的制定、监管等功能集中在劳动和社会保障局机关内部,提高决策效率。

在街道、社区等服务前端,要依托社区劳动保障服务站,拓展其医疗保险管理和服务功能,推进属地化管理。街道劳动保障服务站和社会保险基金管理站也应考虑进行资源整合,改变目前两条线管理的局面。

三、明确医疗保险在医疗保障中的功能

如上文所述,医疗保险只是整个医疗保障体系中的一个核心部分,不能承担超过其界限的职能。一方面要通过全民医疗保险充分保障公民的普遍医疗权;另一方面又要明确医疗保险在医疗保障中的职能界限,为此,深圳市需要进一步完善在结构上尚存在缺失的医疗保障体系。

(一)加大政府在公共卫生领域的投入力度

深圳市社会医疗保险要进一步提高绩效最重要的是要建立起把现在的基本医疗保险与预防保健、健康教育结合起来的新机制。这种机制中最首要的就是加大政府在公共卫生领域的投入。

如前所述,公共卫生领域,如包括计划免疫、健康教育、环境卫生监测与监督、传染病的控制等在内的基本公共卫生服务的提供,属于公共产品,应由政府通过征税的方式集中供给。2007 年,我国公共卫生支出占整个 GDP 的比重为 4.52%,深圳市为 0.5%,而世界平均水平是 4%,在一些发达国家,这个比例更高达 40%。相比之下,深圳市公共卫生支出严重不足。

公共卫生与医疗保险的绩效密切相关,预防保健和健康教育等各项公共卫生工作做得好、人们的健康状况提高、疾病的发生频率降低有利于减少医疗保险基金支出,有利于降低基金支出风险,有利于保障医疗保险的可持续发展。

政府应从以下三个方面入手加大其在公共卫生领域的投入力度:

(1)进一步建立健全公共卫生四大体系建设。即疫情信息网络体系、疾病预防控制体系、疾病医疗救治体系和卫生执法监督体系。①建立健全疫情信息网络体系。在各级医疗卫生机构利用现代化的通信手段,建立统一、高效、快速、准确的疫情报告系统,同时完善疫情报告程序和要求,完善公共卫生信息网络建设和功能,建立基本满足现代疾病预防控制需要的信息管理系统。②健全疾病

预防控制体系。通过多形式、多渠道争取各方面的支持来谋求疾病预防控制机构的发展,深化疾控中心体制改革,实行政事分开,改变政事合一的状况;增强疾控中心对疾病预警与处置、疫情收集与报告、监测检验与评价、健康教育与促进、应用研究与指导、技术管理与服务六个方面的疾病预防和控制的能力。③完善医疗救治体系。创新体制、转换机制、面向市场、鼓励竞争,鼓励城市卫生资源向农村转移,提高卫生资源的配置效率和使用效率;健全各级紧急医疗救治中心建设,组建应急救治队伍,提高救治能力和救治水平。④完善卫生监督体系。深化卫生监督体制改革,强化卫生监督执法职能,进一步加强食品、药品和医疗卫生执法监督力度;加强法制建设,建立完备的法律法规体系,制定、修订、完善公共卫生方面的法律法规,做到有法可依、执法必严、违法必究。

(2)加强公共卫生人力资源建设。①加快重点学科带头人的培养,采取多种渠道引进高层次人才,使各级疾病预防控制机构能适应当地的需要。②提高疾病控制机构专业技术人员的比例,市级疾病控制机构的专业技术人员的比例不低于95%。要在原流行病学调查队伍的基础上,进一步充实加强流行病学调查调队伍,并加强流行病学调查技术人员的专业培训。建立健全专门的应急处理机制,按责、权、利统一的原则,设置专职人员,以确保各项业务工作协调运行。③按定人定岗的原则,重新核编,严格公共卫生人员准入制度,比照执业医师考试制度,尽快实施公共卫生人员执业资格全省统考或全国统考制度。具体实施时,可采取老人老办法,新人新办法,即原在职公共卫生人员通过有计划地加强专业培养和培训,以提高其业务素质。新进人员必须通过全国统考,才能录用。④人事、编制和卫生行政部门要制定引进人才的优惠办法,为引进疾病控制、卫生监督、应急医疗救治等公共卫生专业人才提供便利条件,在职称晋升、人员聘用等方面采取优惠政策吸引人才、留住人才、用好人才,严格控制非专业人员进入公共卫生队伍,提高公共卫生队伍的整体素质。⑤支持深圳大学等科研教学机构进行医学研究建设,提高人才造血能力。

(3)加强公共卫生基础设施建设。①强化政府公共卫生管理职能,增加对公共卫生经费投入,同时力争国内、国际的卫生合作项目和国债资金等多方面的支持。②加强公共卫生机构的硬件建设,要加大仪器设备投入和更新,提高疾病预防控制和医疗救治的科技含量;要合理配置卫生资源,提高仪器设备的利用率和综合效益。③加大人才培养,并积极引进新技术、新方法等来提升疾病预防控制和医疗救治的综合能力;要统筹兼顾,进一步建立健全以直接面向人群、开展初级卫生保健和疾病综合防治的城市社区卫生服务网络。④全面提升公共卫生的疾病预防控制和医疗救治的综合能力,切实提高对突发性公共卫生事件、重大疫情、重大疾病、新发传染病、不明原因疾病的快速应急反应的处理能力。

(二)坚持医疗保险改革中的市场化因素

1. 医疗服务中的市场失灵和政府失灵

如肯尼思·阿罗在其经典论文《不确定性和医疗保健的福利经济学》中指出的,医疗产品既有福利性,又有一般商品的特点。综观各国医疗卫生制度,虽然主流方向是为了克服市场失灵而推行政府调控,但是其结果并非如想象的那么完美,医疗领域除了有市场失灵,同时还存在政府失灵。

从市场失灵来看。一方面,医疗服务及其保险市场像其他商品一样有其供给和需求,对医疗服务的需求是人们对健康需求的衍生,而对医疗保险的需求又是医疗服务需求的衍生产品。因此医疗领域首先具有一般商品的特点,它是一种服务性产品。另一方面,由于医疗服务市场存在自然垄断,生产或消费中有外部效益,存在信息不完全(非对称性和不完善性),公共品和公益品,平等性差等问题。医疗保险市场存在道德风险和逆向选择以及其他信息不对称问题。而且医疗服务往往与社会追求收入平等、社会公平目标相联系。所有这些市场失灵往往成为政府对医疗服务和保险市场干预的原因。

但是根据美国著名的卫生经济学家萧庆伦先生的归纳总结,许多国家过去30年政府对医疗服务和保险制度许多干预的实践显示,其干预效果并不佳。主要表现如下:

(1)因为政府的决策往往在很大程度上取决于政治上各派别的协商和讨价还价,因此势力相对强大的利益集团,能影响和决定资源的配置和公共计划中费用的主要承担者和利益的主要享受者。

(2)虽然存在政府的诸多干预,在许多国家依然存在公共医疗资源流向富裕的城市中等阶层,而不是低收入的穷人的现象;同时,在所有国家治疗性医疗服务总是受到偏爱,而有效的初级医疗以及预防性服务总是遭到忽视。所以医疗资源的分布不合理和轻预防重治疗是普遍问题。

(3)大多数政府以命令控制式的官僚规则管理制度运行,由于公共设施通常是以垄断形式运作,即使是用心最良苦的官僚机构,也会由于信息的缺乏和对病人实际需求的隔膜而日益退化,因此公共医疗服务往往会漠视病人的要求和需求。没有竞争,公共医疗服务运行效率就会退化。而且,政治团体会操纵公共医疗服务的运作,将其变为某些团体和其他利益团体的庇护场所,一句话,公共部门存在部门利益和执行人员的个人利益,这会扭曲上级的良好愿望和意愿。执行力问题(执行者的意愿、利益、能力)在中国的各个基层部门更突出。

(4)医疗服务市场中医生和医院一定程度的垄断权始终存在,与此同时,消费者对于价格和治疗没有完善的信息,信息不对称显然对医生有利。当缺乏必要的制约和平衡机制时,公共机构中的医护人员的利益会威胁到病人的利益,许多发展中国家普遍存在医护人员的腐败、欺诈、收取回扣和红包等现象就是明证。政府干预政策有可能消除因行医执照造成的偏离,却没法消除信息问题造成的偏离,病人的福利还是会受到损害。

2. 中国医疗服务市场中的市场化不足和政府失灵

如前所述,医疗卫生领域是一个有很强公共服务性质和外溢效用的领域,对于公共领域要不要进行市场化改革,是一个争论已久的话题。1992 年以后的中国电信业改革、基础设施投资改革的经验已经证明:市场化是有效提高公共领域效率的途径。只有引入充分的市场竞争、实现多元化投资主体才是解决国有垄断效率低下问题的方法。在以上产业改革期间,并不乏对国家安全、社会稳定的担忧,但事实证明,采取合理有效的改革方法和稳步推进的路径,是可以规避这种担忧的。

医疗卫生体制的市场化改革可以划分为需求和供给两方面。目前,深圳,乃至中国面临的一方面是完全市场化的需求方,一方面是垄断性质的供给方,按照经济学的基本原理,价格应该是完全垄断定价。

再将供给方内部细分,目前中国大多数医院仍保留着计划经济时代的特征,整个行业市场实质上依然是一个竞争性相当低下、对消费者信息极度不公开的市场。医生正规收入多停留在中国普遍收入的中层甚至还要低一些,而医院大量的人力资源支出耗费在过多的行政人员上,造成了承担风险最大的医生得不到和风险成正比的收入,因此在需求方完全市场化的格局下,“以药养医”的灰色途径成为一种必然选择。

在国家经济体制转向市场经济的情况下,医疗卫生体制别无选择,走向市场体制改革也无可指责。看一看我国医疗卫生领域目前存在许多问题,在发达的市场经济国家却都不存在。因此,中国的医疗卫生改革并非市场化过度,而是距离市场化仍然很遥远。世界卫生组织和世界银行等国际组织 10 多年来也一直向发展中国家介绍“已建立市场经济的国家”,即发达国家的医疗卫生经验和成就,说明面向市场经济的医疗卫生改革方向是正确的。

我们要做的是正视市场的存在和提高利用市场力量的能力来加强政府在医疗领域的责任和监管。市场化的最明显优势是信息透明,有问题马上能暴露,然后得到纠正,这已经从一些市场化程度高的产品身上得到了明证。

市场化下会有许多创新,可以为政府部门所用,政府在医疗领域的责任就是提高政府能力,创造良好的氛围发挥各个方面的积极性;市场化程度高还能促进信息的更加公开和透明。因此我们不能一出现问题就因噎废食,这样只能导致更多的政府失灵。

3. 在市场化条件下政府完善医疗保险服务的方向

深圳,乃至中国进一步的医疗改革,应坚持医疗市场化的导向,要严格界定卫生和医疗两个领域的职能,实行政府全额出资办公共卫生,而对内对外开放医疗市场。

同时,政府应在医疗提供领域外的医疗保险方面承担更大的责任:

(1)充当“第三方购买者”

政府的一项重要功能,就是扮演医疗服务购买者的角色。很显然,当人们把医疗费用预付给医疗保障机构之后,医疗保障机构就能以集体的力量,成为医疗服务市场上具有强大谈判能力的购买者,从而有能力运用各种手段来控制医疗服务机构的行为,确保医疗服务的质量与价格相匹配。

无论是谁,作为单个病人在面对医院时难免势单力薄,没有能力约束这些医疗服务提供者的行为。医疗诉讼固然可能会起到一些效果,但最根本的解决之道是建立一种可持续的体制来约束医院,即由专业的“第三方购买者”代表病人和医院交涉。

政府既然提供了医疗保险,就有理由充当好这个“第三方购买者”的角色。但是,我国现有医疗保障制度的参保者,相当一部分人到医院看病时,还必须先缴纳全额或者大部分医疗费,然后再向医保机构寻求报销。这种做法有一个相当严重的后果,即相当一部分医保的参保者感觉自己在就医时还相当于自费。现有医保管理者的工作重心等于是在管理参保病人,而不是履行约束医院行为的职责。

本来,参保人缴纳保费给医保管理者,是希望他们成为自己的代理人,代表自己同医院讨价还价。但是,现在的医保管理者反而反过来约束参保人。这是中国现行医疗卫生体系的重大制度错位之一。

因此,根本的改革措施在于改变个人先垫付再报销的制度安排,代之以完全的医疗保险预付制。在参保之后,民众在医疗服务点只需缴纳自付的部分即可。其余的医药费用,应该由医疗保障管理者直接向服务提供者支付。医保管理机构必须要做的是,同医疗服务提供者——医院订立契约,运用各种支付手段(例如,费用包干制、按人头收费、按病种收费、按服务内容收费,等等)的组合,来引导后者实现费用控制和质量保障之间的平衡。

(2)引导资源配置

世界上的众多国家,非急诊病人必须首先在个体或合伙制行医的全科医生(家庭医生)那里就诊;如果家庭医生看不了,才向专科医院转诊。至于普通的医院,根本不提供日常的门诊服务。

深圳市门诊和专科医疗服务缺乏制度化的分工。非急诊病人无论大小病都涌向各类医院,越高级的医院人越多,费用必然增加。因此,政府在医疗体制改革中应该成为“规划者”或“资源配置者”。要扮演好这一角色,正确的思路是要逆市场潮流而动——大力推动社区卫生服务体系的发展壮大。

(三)解除医疗保险的附加职能

1. 明确疾病医疗保险的内涵

目前,深圳市实行的医疗保险制度,主要是针对参保人员中患有疾病的人通过保险的方式和手段给予一种事后经济补偿的制度。这种制度的显著特征是通过大数法则的原理筹集保险基金,以补偿和分担少数社会成员在重大疾病时个人难以承担的医疗费用和经济损失。

不同原因造成的医疗需求应由不同的措施来保障。医疗保险不是所有基本医疗风险的化解机制,仅仅是对疾病带来的基本医疗风险的化解。

必须进一步明确基本医疗保险这种疾病医疗保险的内涵。同时,对意外伤害、事故等原因造成的医疗需求引导参保人通过商业保险等手段进行化解。

2. 调整特殊人群医疗保健政策

如前所述,目前深圳对离休人员、老红军、二等以上革命伤残军人实行个人不缴费的政策,其超出基本医疗保险规定范围的费用,由其原缴费渠道补缴。

这部分人群对医疗保险基金的挤占情况十分严重,1600 余人年医疗费近 8000 万元,原有渠道的缴费难以落实。这严重违反了医疗保险权利与义务相统一的原则,使医疗保险承担了国家对部分人员实行特殊医疗福利的附加职能。必须对相关政策进行调整。

建议该部分人员以职工身份参加医疗保险,按规定由养老基金缴费,实行与其他参保人统一的待遇。其特殊待遇部分由其原有渠道进行物质或精神补偿。

(四)完善多层次的医疗保险体系

1. 完善基本医疗保险机制

如上文所述,基本医疗保险覆盖率将随着"多计划、多形式"的基本医疗保险体系的形成而上升。为了控制医疗费用的不断增长,要采取封顶线、起付线和共付线等措施。如韩国健康保险的共付率高达 50%,日本目前的个人共付比例也已提高到 30%,蒙古则将个人每月医疗费用限制在 500 图格里克以内。深圳市目前医疗保险基金结余率较高,为进一步完善基本医疗保险机制,控制医疗费用支出过快增长,同时也为更好地保障参保人的基本医疗需求,应采取"取消封顶线、降低起付线、激活共付线"的措施。通过取消封顶线和降低起付线使参保人的基本医疗需求可以在更大程度上得到保障,而主要采取提高共付比例的办法控制费用支出。

同时,也应采取提高医疗保险药品目录内药品备药率、使用率及降低自费药品费用占参保人员用药总费用的比例等措施督促医院使用目录内项目和药品，降低基金结余。

健康是需要维护的，使那些还没得病的健康人和亚健康人能够用自己个人账户内积累的资金用于健康保健和疾病预防上，既有利于减轻医疗保险基金的负担，也有利于实现健康的最终目标。个人账户正是基本医疗保险和预防保健结合的途径。对于个人账户有积累的参保人，其积累应可用于体检、保健等预防环节的开支。

2. 修订地方补充医疗保险的诊疗项目和药品目录

为了更好地体现地方补充医疗保险体现地区间经济差别的功能。深圳市应该在地方补充医疗保险使用独立的项目和药品目录上取得突破。涵盖一部分基本医疗保险药品和项目目录中未涵盖的医疗服务和药品，使参保人在更大范围内获得医疗保障。

3. 出台企业补充医疗保险相关规定

目前，深圳市企业补充医疗保险仅使用国家对建立企业补充医疗保险企业进行税收优惠等基本规定，无法适应企业补充医疗保险更快速推进的要求。在近期的改革中，深圳市要出台相关规定，规范和促进企业补充医疗保险的发展。

（五）建立独立的医疗救助制度

城市医疗救助制度，既是我国社会保障制度的重要组成部分，也是我国医疗保障制度、卫生服务体制的重要组成部分。建立和完善适合我国国情的城市医疗救助制度，切实帮助城市贫困群众解决就医方面的困难和问题，是减少因病致贫、返贫，促进社会公平，维护社会稳定的需要；是建立和完善社会主义市场经济体制，树立和落实科学发展观，全面建设小康社会，构建社会主义和谐社会，促进社会经济协调可持续发展的需要；也是坚持以人为本，实现和谐社保的要求。

根据已有经验，医疗救助多采取以下方式和途径：

1. 医疗减免

这是医疗救助的基本形式或常规形式。就是对医疗救助对象在挂号费、治疗费、药费、住院费等费用实行一定比例的减收或者全部免收。如为贫困对象发放医疗优惠卡，享受“三免”（免挂号费、急诊费、出诊费）、七减（减收注射费、住院费、市内出车费的3%，检查费、治疗费、护理费、手术费的10%）。

2. 临时救济

为了缓解贫困人口医疗难问题，解决医疗保险不能解决的问题，一些地方增大临时救济费解决贫困户因患病不能支付医药费的困难。临时救济费由各级财政列支。

3. 专项补助

为了实施医疗救助，一些地方采取专项补助、包干使用的办法。即由财政每年根据救助对象的治病需求，拨付一定的经费，专款专用，小病包干，大病补助。江苏的海门市、北京的密云、怀柔就实行这种方式。

4. 医疗救助基金

一些地方按照"以支定收、收支平衡"的原则，在职工参加医疗保险的同时，每人每月按一定余额一次性缴纳一年的医疗救助基金，由地税部门负责征收。凡是不按规定缴纳医疗救助基金的单位，其参加了医疗保险的人员不能享受医疗救助待遇。这个待遇是：参保又参加医疗救助基金的人员，其住院医疗费用超过基本医疗保险统筹基金最低支付限额的部分，由医疗救助基金支付。

5. 团体医疗互助

各行业、单位及工会内部组织职工建立医疗互助互济组织，从单位福利费、工会经费、个人缴费或提取不超过工资总数一定比例的费用，设立单位内部的互助型医疗基金，对参加互济的职工住院自负医疗费给予一定比例的医疗补偿；凡以工资总额提取而形成的互助医疗基金，首先应保证用于清理历年医疗费欠款和帮助因病致贫的特困职工，其次才可用于开展互助医疗补助。

6. 慈善救助

它是社会或慈善组织为病贫人员组织开展的义诊、义捐和无偿义务医治活动。大体有以下形式：①慈善医疗机构、福利医院，免费对持医疗救助卡的贫困人口进行医治服务。外国也多有类似的穷人医院。北京市规定，享受医疗救助的特困人员，可持医疗救助卡，在社区卫生服务站就医，或转诊到指定医院就医，或经批准到北京市福利院就医，费用按规定政策减免。②慈善募捐。由慈善组织或其他社会组织发起，对特定贫困病人开展献爱心募集资金活动，所筹资金专款专用、所剩分部再去救治新的对象。③定期义诊。医院与社区达成协议,定期轮流派医护人员,或医疗救助志愿者无偿地到社区,对“三无”等符合医疗救助条件的人员进行义诊,上门服务。

深圳市应根据自身情况,主要采取专项补助和医疗救助基金的模式,鼓励团体医疗互助,探索慈善救助新方式,扩大慈善救助对外开放。同时,深圳市劳动和社会保障局要配合民政部门,合理确定救助对象,科学制订补助标准。按照“布局合理、数量适宜、满足需求、方便就近”的原则,选择和确定提供医疗救助服务的医疗卫生机构。形成程序规范,运转高效的医疗救助运作系统,主要目标为:

(1)规范的救助程序。医疗救助的程序性规定是救助行为的确定性轨迹。无论是医疗救助主体,还是被救助对象,一旦进入医疗救助运作过程,都不能有任何随意性。申报审批程序、资金拨付、使用和管理,都按有关规定进行。

(2)可靠的救助资金。医疗救助资金的稳定可靠来源,是医疗救助工作运转正常,运作有效的保证。资金来源的主渠道是财政性资金,辅之以社会捐助资金。医疗救助的规模和水平,在很大程度上取决于这两部分资金量及其到位状况。

(3)多样的救助方式。医疗救助方式也可称为救助的途径或措施,它是政府和社会,包括社会组织在医疗救助中履行职责或发挥优势而采取的各种办法的汇集。它们具有一定的替代和互补性,通过不同途径开展医疗救助,进行扶病救治;以不同运作方式,达到同一个目的。医疗救助方式多,医疗救助的办法多,救助对象获得救助的可能性也就大。医疗救助方式的多样化,体现了社会救助的社会化。

(4)优质的救助服务。医疗服务是医疗救助运作过程的终点,其水平高低是医疗救助效果的显示器。这里所指医疗服务包括医疗水平、服务水平和医药价格。高超的医疗技术,周到热情的治护服务,合理的医药价格,是医疗救助得以圆满完成救助任务的重要条件,因而在整个医疗救助运作过程中,处于救助落脚点的实质性环节。救助性医疗服务质量和水平,决定着医疗救助的效果,因而加强承担医疗救助任务的医疗机构的医护人员的教育,提高其医德、医护技能,是非常必要和重要的。

四、拓宽医保基金结余的出路、提高其配置效率

如经济满足程度指标与社会医疗保险费支付指标所反映,深圳市医疗保险目前基金结余率高,而经济满足程度相应偏低,应拓宽医保基金结余的出路,在广泛地满足参保人的医疗需求。可考虑采取以下措施:

1. 调整缴费比率(负担比率),适当提高支付待遇。

2. 调整特殊人群医疗保健政策。

3. 投入到公益性的、惠及全体参保人的医疗基础设施建设和提高医疗福利待遇上。兴建设施比提高支付待遇更为合理、可持续;如兴建职工疗养设施等。

4. 用于参保人的健康维护、重病预防、免费体检等。

突破社保基金投资渠道限制,使现有医保存量结余的更合理使用、配置。要研究先行、全市统筹考虑。

五、推动三改联动

(一)三改联动的必要性

所谓三改联动,也就是说医保改革的成功运行,要求医疗卫生体制和药品生产流通体制配套改革。三改要联动,首先在于三项改革的总体目标是一致的,那就是用比较低廉的费用提供比较优质的医疗服务,努力满足广大人民群众的基本医疗需求,促进医药卫生事业健康发展。同时,这三项改革又互为条件、相辅相成。推进医保改革,关键是要建立合理的医疗费用分担机制,其核心是克服浪费。如果不同步进行医疗卫生和药品生产流通体制的改革,医疗服务上不去,医药费用下不来,群众的基本医疗需求无法保证,医保改革的成功就无从谈起。而如果医保制度不改革,医疗卫生和药品生产流通体制改革就难以达到效果。

(二)三改联动的体制建设

目前,医疗保险制度的绩效受多部门政策的影响,由于不同部门的利益存在矛盾,三改联动的局面还远未形成。医疗保障作为一个整体也被不同的部门分割,卫生部门主管公共卫生,劳动和社会保障部门主管医疗保险政策的制定和实

施，民政部门制定和实施医疗救助政策。

医疗市场是一个专业化极强的市场，医疗服务提供方和医师在该市场中占据主导地位，具有信息不对称的优势。因此，涉及医疗市场的医疗保障政策应该由最为熟悉该市场运作的部门来统一制定。

参照国外的经验，医疗保障由卫生部门负责，养老和失业保险则由劳动部门负责。这种分工体现了政府组织中的比较优势，势必导致政府绩效的提高。深圳市应将医疗福利、医疗保险、医疗救助相关职能整合进一个部门，划归卫生系统管理，这一方面能提高专业行政的效率；另一方面也有助于打破原有的利益分割局面，切实地促进三改联动。

（三）三改联动的具体措施

当前，确保医保改革的顺利实施，是三项改革的首要任务。三改并举，医保改革是切入点和抓手。医保改革要有效地控制医疗费用，取决于两个重要环节，即医疗机构提供质优价廉的医疗服务，以及药品生产流通企业提供质优价廉的医药产品。为此，应该采取下列措施：

1. 引入竞争机制，实行病人选医院、选医生和选药房

医生挂牌供病人自由选择，就能把决定权交给病人；老百姓自由选择定点医院就诊，将促进医院间的竞争，对整体提高医疗服务质量大有好处；病人既可以到医院药房也可以到定点药店去配药，将引发药房和药店之间的竞争，从而使药价下降和服务改进。

2. 实行药品收支两条线管理，改变“以药养医”的办医模式

实行收支两条线管理后，医院药品收入按季度上缴，经过统筹安排合理返还，收缴费用全部用于发展卫生事业，最终切断医院与药品营销之间的直接经济联系，遏制医院片面追求药品收益的势头，促使医院把主要精力投入到提高医疗服务质量上来。

3. 加快医疗机构分类管理，明确不同医疗机构的办医方向

医疗卫生体制改革将医疗机构分为营利性和非营利性两类进行管理。非营利性医疗机构主要由各级人民政府举办，还包括企事业单位兴办的职工医院等，它们以向社会提供基本医疗服务为主，是卫生服务的主体，执行政府指导价，享受税收优惠政策;营利性医疗机构则根据市场需求自主确定医疗服务项目,价格放开,照章纳税。

4. 改革医疗机构内部运行机制，提高医疗服务水平

深圳医院应全面推动人事、分配、后勤服务社会化等综合改革,努力减少医院的人力成本;将建立良性的激励机制,把医务人员的技术水平、服务态度、工作质量等与收入挂钩,奖优罚劣、奖勤罚懒;将通过改革使后勤服务从单位各自为政向集约化、专业化转变,使医院从办后勤转向买后勤,进一步降低运营成本。

5. 开展药品集中招标采购工作，狠杀药品采购中的不正之风

2005 年 7 月,上海市属 35 家大医院对医保药品报销范围内的 3 个药品进行了集中招标采购的试点,中标药品的价格同比降幅达 35% 左右。深圳市也应仿效这一做法,将药品降价的利益大部分要让利于老百姓。

6. 推进药品生产流通体制改革，让老百姓获得质优价廉的药品

要加快医药产业的发展,鼓励集约化经营,提升医药产品和企业的综合竞争力。逐步减少政府定价的药品种类和数量,通过形成科学合理的药品价格管理体系,遏制药品流通中的“虚高定价”,使药品零售价格降下来。要加强管理,提高医药企业的质量规范水平。要进一步整顿药品流通秩序,规范药品经营行为,减少流通环节,降低流通成本。要坚持药品执法监督工作,通过建立长效监管机制,提高监管效率,让老百姓吃上“放心药”。

六、强化社区医疗保险管理服务体系

2006 年 2 月 8 日,国务院常务会议专题研究社区卫生发展问题,审议并原则通过《关于大力发展城市社区卫生服务的决定》,大中城市每 3 万—5 万人的社区应设立一个社区卫生服务中心,深圳市目前有 604 家社区健康中心,被约定为基本医疗保险定点机构所占比例高达 95% ,基本满足了社会的需求。但是深圳市整体以社区为依托的医疗保险管理服务体系尚未完全建立。还应在以下几个方面加强工作:

(一)完善社区管理服务平台

在深圳市各个社区成立劳动保障事务所,并增设医疗保险服务站,每个服务站配备3名左右医保服务人员，性质为全额拨款事业单位。同时在各社区通过公开招聘配备劳动保障专管员，经费由劳动和社会保障部门自筹。在此社区管理服务平台的基础上，开展医疗保险管理服务进社区，将灵活就业人员管理服务、医保定点单位管理、参保人员健康教育、医保政策宣传、参保信息查询、医保信息管理等工作向社区延伸。同时完善医保信息网络，实现医保中心与街道社区计算机网络的连接，使居民在街道社区即可办理参保手续、报销医药费。实现医疗保险服务体系以社区为载体的社会化。

（二）实现社区医保服务与社区医疗卫生服务的对接

医保部门在推进社会化管理服务体系建设的同时，要努力实现社区医疗保险服务与社区卫生服务的对接。

1. 构建完善的协调、管理和组织机制

要通过制定一系列的规则、制度、职责范围等，建立健全政策规章体系、技术支持体系和监督管理体系。通过建立医保准入制度，实行对社区医疗卫生服务机构的协议管理，完善医保考核标准，对社区卫生服务机构实行规范化、制度化和科学化的管理。

2. 发挥社区卫生服务价格低廉的优势

根据社区卫生服务的特点，将其门急诊、住院、家庭病床以及老年康复等符合基本医疗的项目纳入基本医疗保险基金支付范围，并设立一定的优惠政策，如降低起付线、降低门诊住院医药费个人自付比例等，吸引参保患者向社区医疗服务机构分流。要探索实行适合社区卫生服务特点的医疗保险费用结算方式，如预付制、按就诊人次付费等，完善费用补偿机制，在提高社区卫生服务机构积极性的同时提高医保基金使用效率。

3. 为参保人员提供“零距离”医疗服务

考虑到人们就医观念的根深蒂固，需要采取一定的措施合理引导参保人员前往社区就医，逐步形成“小病在社区”的就医习惯。当前深圳市社区医疗卫生服务除了用价格来吸引参保人员以外，改善社区卫生服务机构的医疗条件和提高其技术水平也是至关重要的。为了确保大重病患者得到及时有效的就诊和康复，应整合社区卫生资源，建立医疗专家库，提供会诊及决策咨询服务，并与综合性医院建立健全畅通的双向转诊制度,切实解决患者的后顾之忧。

(三)建立健全制度体系,力争管理与服务双赢

深圳市应针对医疗保险管理工作中的薄弱环节,以建立社区服务网络为契机,适时推出服务措施,将管理寓于服务之中,努力做到管理与服务同步,在优化服务质量的基础上,力争管理与服务双赢。可以考虑如下具体做法:

1. 全面建立退休人员定期体检制度

对深圳市退休人员实行定期免费体检。并在此基础上,结合退休人员就医情况,由社区负责,全面建立退休人员健康档案,并实行计算机动态管理。这既为退休人员送了一份爱心,又可通过体检全面了解退休人员的健康状况,及时发现退休人员的患病情况,为有病早医,无病预防,推动疾病医疗保险向健康医疗保险转变提供了条件。同时,也为考核退休人员享受医保待遇、合理就医用药、节约医保费用提供了第一手资料。

2. 推行送药上门服务制度

深圳市要根据慢性病、特殊病用药规律性较强的特点,组织社区医疗保险服务人员为患者送药,为离休人员就医、购药、报销实行全程跟踪服务、上门服务。这将为患者消除了就医购药往返奔波的辛苦,节约了挂号等费用;同时,也将由于实行按需供药,上门服务,切实解决长期存在的点名开药,冒名开药等问题,从而大大节约医保费用支出。

3. 提供全方位的医疗保障服务

深圳市要发挥社区卫生服务机构在健康宣传、就医用药指导、常见病多发病防治、家庭病床等项目上的作用,提供医疗保险增值服务。医保部门可通过社区卫生服务机构加大医保政策及健康知识宣传力度,在社区普及医保知识,提高社区居民的健康意识。同时可以有针对性地采取疾病防治措施,达到服务对象稳定,服务实现连续的特点。

七、继续进行结算方式的新探索

目前,深圳市实行混合型的结算方式,但按服务项目和按单元付费仍是结算方式中的主要形式,在深圳市医疗保险制度的深化改革中,要逐步将这种结算方

式过渡到以按病种付费为代表的后付制与按人头付费为代表的预付制相结合的结算方式，同时积极探索慢性病等病种的特殊结算方式。

（一）按病种付费方式的扩大

1. 建立在临床路径基础上按病种付费的作用

“按病种付费”能够规范医疗市场行为，降低医疗费用的不合理增长。长期以来，由于政府对医院的投入相对较少，同时，医疗服务价格尚未能体现其价值，于是，医疗机构便形成了“以药养医”为主的补偿机制。这种补偿机制在一定时期内也曾经为医院的发展作出了贡献，但近年来，这种补偿机制的问题逐渐暴露。目前我国药品收入占医院总收入的60%左右，而发达国家只有10%—15%，其他发展中国家也只有20%—30%。我国的“以药养医”现象相当严重，已经导致了医疗市场出现了一些混乱局面。

（1）药品“回扣”问题严重。由于医院本身的特殊性，使得医院无论在药品的买进还是卖出方面都占有得天独厚的优势。有些医院在与厂家进行交易的时候，可能将药品价格压得非常低，然后又高价卖给病人，从中获得比较高的药品差价。同时，在部分医院中药品出售量的多少以及出售价格的高低直接与医生的收入挂钩。许多药品生产厂家就是看准这一点，给大夫“送红包”，并且许诺给大夫所谓的“药品”加成。这样，医生所开药品越多，所开药品的价格越高，大夫的收入就越高。这就不难理解为什么自1997年以来国家对药品屡次降价都不能降低患者医疗费用的原因了。

（2）药品价格虚高问题严重。为了给医院提取一定的药品利润空间，同时满足医生的“开单提成”，药厂对药品的报价往往大大高于药品的实际生产、经销成本，导致药品价格虚高。

（3）不平等竞争产生的问题。虽然目前我国零售药店与连锁药店共计大约有18万家，但是由于医院的特殊性，药店根本不是医院的竞争对手。同时由于“以药养医”机制的存在，使得药品价格很难下降。

（4）对于参加医疗保险的患者，“以药养医”还存在着另一个问题，就是医生与参保患者在某些方面可能有着共同的利益。这就可能导致医生与患者联合起来共同“欺骗”医疗保险机构。而实行“按病种付费”之后，可以切断医生与药品之间的直接利益联系，上述问题就可以缓解了。

2. **“按病种付费”可以促使医院减少医疗资源的浪费，提高医疗服务质量**

由于医疗市场存在着信息不对称的特点，当患者看病的时候，“诱导需求”现象非常严重，从而导致了许多医疗资源的浪费。实行“按病种付费”之后，就可以减少“诱导需求”的发生，用低廉的费用提供高质量的医疗服务促使医务工作者潜心研究医术，提高医疗服务水平。

3. **“按病种付费”对医院管理层的激励作用**

实行“按病种收费”后，医院只能按照病种费用标准规定的价格收费。从而促进医院建立健全成本核算体系，努力降低经营成本；提高病案管理质量，促进信息系统建设，促进医院的标准化管理。

4. **“按病种收费”还能促进医院收治疑难重症病人**

实行“按病种收费”后，一方面一些疑难重症的收费价格自然会相对高一点；另一方面病人在选择医院的时候，不可避免地青睐疑难重病治愈率高的医院。因此，医院要吸引病人，就会加大对疑难重症的研究力度，提高对疑难杂症的诊治水平，从而促进医院收治疑难重症病人。

5. **扩大建立在临床路径基础上的按病种付费的路径**

2006 年，深圳市有按病种付费的病种 31 种，山东省按病种付费的病种数则有 61 种，北京市也积极对 13 种病种进行临床路径调查。因此，深圳市应积极扩大按病种付费的病种数，保持结算方式的先进性。具体做法如下：

（1）建立合理的医疗信息网络，收集充足的医疗信息资源

在实施按病种付费的国家和地区，制定各病种的支付限额过程前，要搜集到的每个病种在治疗过程中所有诊断、治疗、材料和药费的发生和利用情况的资料数据，并且在正式实施以前开展了大量的论证和分析，确保在实施过程中兼顾医院、患者及医疗保险机构的利益。而目前国内各家医院信息系统存在较大差异，难以将多家医院数据进行统一分析，因此需要建立起具有统一格式的信息系统模式，以便于进行深入分析。

（2）组建权威的临床路径论证小组

临床路径必须由不同专科背景的人员共同合作制定，并且需要在实际工作

中不断更新改进,以保证所制定的临床路径能够适应医学的不断发展。医疗保险机构通过临床路径制定按病种付费的标准时,要考虑到各家医院的不同,制定的标准要有权威性、可行性。

(3)建立完善的管理体制

按病种付费只是一种支付方式,要发挥其控制医疗费用和卫生资源过度利用的作用,需要建立完善的管理机制。在制定管理办法时要认识到,医疗保险机构制定的只是支付标准和质量保证的管理要求,而不是制定病种治疗规范,要允许医疗机构在治疗过程中有选择医疗方案的自由性。

(4)医疗保险部门运用风险理论解决临床路径中存在的差异

由于临床路径本身存在差异,部分实际发生的治疗和护理情况不在临床路径的标准内。因此,在制定按病种付费的标准时,要考虑到这些因素,通过对大量以往数据的测算,找出超出这些标准情况发生的概率,允许这些特殊情况的发生,并对这些异常部分进行管理。

(二)预付制结算方式的可行性

1. 美国管理式医疗(HMOs)的经验

管理型医疗保健出现于20世纪60年代,初衷是提高医疗服务的质量和持续性,并提供预防保健服务。后来发展成为一种以控制医疗费用为主要目的的医疗保障模式。

确切地说,管理型医疗保健是一种集医疗服务提供和经费管理为一体的医疗保险模式。关键在于保险人直接参与医疗服务体系的管理。它具备以下几个要素:根据明确的选择标准来挑选医疗服务提供者(医院、诊所、医生);将挑选出的医疗服务提供者组织起来,为被保险人提供医疗服务;有正式的规定以保证服务质量,并经常复查医疗服务的使用状况;被保险人按规定程序找指定的医疗服务提供者治病时,可享受经济上的优惠。

20世纪70年代以来,由于医疗服务费用的急速上涨,管理型医疗保健这种模式受到愈来愈多的重视。采用这种模式的医疗保险机构也大量涌现,规模迅速扩大。到1996年初,加入管理型医疗保健各种机构和计划的投保人达到了1.1亿。而且管理型医疗保健所覆盖的内容已从传统的一般住院和门诊服务,扩展到了理疗、精神治疗、眼科、牙科、推拿等专科治疗。在管理制度和方法上也日臻成熟。在控制医疗服务费用同时保证病人得到妥善的医疗服务方面取得了明显的成效。

HMOs针对初级保健医生主要采取按人头付费的结算方式，即保险人按参保人的数量，将一定比例保费预付给医疗服务提供者。之后保险人和投保人不再向医疗服务者支付费用。其最大的优点是能充分发挥医疗服务提供者控制费用的主动性，有效降低医疗费用。缺点是医生可能会因为注重节省费用而造成医疗服务提供不足的现象。但一般而言，由于投保人来年有重新选择指定医生的权利，所以为了稳定病人数量，医生在节省费用的同时，也得考虑病人的需求和满意度。所以普遍认为，按人头付费的结算方式是在保证一定医疗质量的基础上有效降低医疗费用的有效手段。

2. 杭州市对按人头付费方式预付制的探索

杭州市近年对门诊按人头付费的预付制结算方式进行了探索。其按人头付费的付费标准为每人每月110元，起付线为400元/年。按人头付费只可选择一家定点医疗机构就医，每月可调整一次。

根据相关研究，对于按服务项目付费结算方式，参加按人头付费的70—80岁男性参保人门诊两周就诊率和两周就诊次数分别下降49.05%和22.36%；在门诊医疗费用方面，按人头付费组的次均费用和两周人均费用较按项目付费组分别下降33.50%和73.69%。

3. 杭州市试行按人头付费方式预付制的经验

（1）合理制定人头费标准

根据美国HMOs的经验，在人头费标准的测算上，以最近三年的医疗费数据为基础，这样可保证医疗费用相对的稳定性，同时在权重系数上偏向于最近12个月的医疗费数据，以相对客观地反映医疗费用的真实走向。

（2）确定合理的约定期限

按人头付费的实质在于成本控制，鼓励医疗服务提供方积极开展预防保健服务，以降低被保险方的发病率，从而控制医疗成本，获取最大的经济利益。一般来说，这个期限设定为1—2年是相对合理的。

(3)建立有效的风险池

按人头付费的另一重要因素就是服务人数。从理论上讲,医疗服务提供方的服务人数越多,其抵御风险的能力及利润保障的力度就越大;而服务人数过少时,其承担风险的压力就会逐渐增大,导致逆向选择。因此,应建立有效的风险池,设立约定服务人数的最低标准。一方面可保证医疗服务提供方抵御风险的能力;另一方面也对医疗服务提供方医疗服务行为进行制约,当其不能提供令人满意的服务质量时,将面临被淘汰出局的压力。

4. 深圳市试行按人头付费方式预付制的可行性

有一种观点认为,深圳市外来务工人员流动性过强,是不能实行总额预付制的重要原因。按人头付费的方式可以较好地解决这种难题。

按人头付费的人头数通过与医疗机构签约的被保险人决定,这是一种事先签订的关系,签约后,被保险人不能前往其他医院就诊,大大降低了流动人口对医院实行总额预付制后可能带来的冲击。

一方面,这种结算方式是以个人为单位的,可以只针对户籍人口或常住人口等流动性较小的人群实行。另一方面,可以通过一定制度限制对有较强流动性的人口进行预付。如果以6个月为约定期限,可以规定只有参保6个月以上的参保人才能参加按人头付费,从而保证其已提供了较充裕的基金为其预付人头费,其以后的流动情况不会对基金运行和医院收入产生过大的影响。

(三)慢性病结算方式的新探索

门诊慢性病费用纳入统筹基金支付范围可以减轻患者负担,但是,对其应有较独特的结算方式以控制其费用。对因慢性病发生的医疗费用,应采取总量控制下的单病种定额包干办法较为适宜。

1. 对慢性病支出费用要有总量控制

把慢性病的门诊费用由个人账户支付改为统筹基金支付,本身就带有经济补偿性质,其前提必须是基金有结余,慢性病费用支付比例只占统筹基金的一部分。如河南省确定慢性病费用支付的比例为统筹基金收入总量的10%。

2. 要科学合理地确定病种定额包干标准

对慢性病实行病种定额包干,其原因在于病种的准入标准及支付范围比较明确,同一病种医疗消费的水平差异不大,这样做,可以促使医疗机构间的公平竞争,从而达到最大限度地发挥统筹基金的使用效果的作用。这包括以下几个方面:

(1)定额标准双指标。就是既要有统筹基金控制指标,又要有医疗费用总额控制指标,在制度上限制医疗机构向患者转嫁费用,增加个人负担。

(2)合理确定定额标准。组织专家根据慢性病的准入条件和治疗范围,提出该病种具体的治疗方案,药品、治疗、检查价格按同类中等水平制定,计算出一个月的费用总量,作为费用控制指标。

(3)定额标准主要针对医疗机构。对医疗机构实行定额结算,可以促使其自我约束,减少浪费。对具体的慢性病人,由于病情轻重不一,年龄有大有小,用药和检查也会有一定差别,因此不能对某一个人也进行定额控制。

(4)定额包干总量按月下达,按年考核。有些慢性病受季节的影响,如慢性支气管炎、类风湿、肺心病;还有些慢性病有间歇期,如精神分裂症、恶性肿瘤,有些当月用药量小,而有些月份需要大量用药和检查。因此,按年度考核,允许当月定额包干总量适度超支和结余是比较切合实际的做法。

八、加强对医疗服务提供方道德风险的控制

上文已对成立独立的监督管理机构和建立行政部门协调机制进行了论述,本部分不再赘述。本部分将着重讨论完善协议管理和信用评定制度对医疗服务提供方道德风险的控制。

(一)强化协议管理的基础性作用

1. 协议管理是医疗保险管理工作的基础

《医疗服务协议》是医疗保险保险方和医疗服务提供方在协商一致的基础上签署的协议,是医疗保险管理工作中重要的法律文书,协议内容是医保政策法规的系统化、条理化和具体化。签署《医疗服务协议》是医疗机构成为医疗保险定点机构的实质性标志,协议是处理医疗保险保险方和医疗服务提供方双方关系与考核定点医疗机构服务质量的重要依据,尤其是其中违约责任条款的规定,往往是医保保险方与医疗服务提供方处理纠纷和特殊事件的归责依据。因此,

协议管理成为一种现实的、基础性的医疗保险工作管理方式。

2. 协议管理要突出强调被保险人的知情权

被保险人是医疗保险基金的提供者和最终受益者,保障参保职工的合法权益,使他们享受相对优质的医疗服务是医疗保险制度改革的重要目标。但由于目前只能提供与社会经济发展水平相适应的基本医疗保障,以及医疗服务尚存在一些不尽如人意的问题,被保险人的医疗消费知情权就显得更加重要起来。协议要明确医疗机构提供特许服务的患者知情权,并且明确违约的责任。让被保险人参与到医保管理实践中来,有利于促进医疗机构规范内部管理,有利于维护参保职工的合法权益,同时也给予患者一种医疗需求的选择权,减少纠纷,有利于促进医保改革在实践中健康稳步发展。

3. 协议管理要可操作性强

协议要体现政策性与实用性的结合,能够解决实际问题,针对不同级别、不同性质的医疗机构,从就医程序、结算方法、结算标准等方面应该有所区别,要体现出定点医疗机构的实际情况。

4. 协议管理要严格执行,与时俱进

协议一旦确定就要严格执行,使医保政策真正贯彻到医保实践中去。遇到医保政策的调整影响到协议的正常履行,要及时补充或变更协议内容。既要保持协议的相对稳定性,又要在实践中不断创新,不断完善。

(二)完善对定点医疗机构的信用评定

通过对定点医疗机构信用等级进行量化评定,实行优秀机构免检和分级分类管理是促进定点医疗机构自我诚信管理的一种重要方式。信用评定标准应主要考虑以下几方面的内容:

1. 诚信程度

主要依据医疗保险相关规定,考核定点医疗机构进行医疗保险服务的诚信度。包括定点医疗机构的服务质量、管理制度、服务态度、诊疗环境、廉洁行医等方面。通过问卷调查的方式向参保人员调查对定点医院医保服务的满意度。

2. 管理状态

要考核定点医疗机构主动配合医疗保险管理部门落实各项政策、法规、规章及各项要求的情况。包括医疗保险职能部门与专职人员落实情况；贯彻医疗保险费用结算电算化程度与数据管理质量等。

3. 服务能力

主要考核定点医疗机构的服务环境和诊疗能力。包括临床诊疗环境评价；科室细分状况；专业团队建设情况；特色科室业务建设情况；门诊人次和出院病人人次；核定床位与实际开放床位情况等。

4. 服务质量

主要考核定点医疗机构诊疗质量。包括出院病人平均住院天数；平均病床工作日；治愈好转率；入院3日确诊率；院内感染率；手术前后诊断符合率；无菌手术甲级愈合率；无菌切口感染率等。

5. 基金绩效

主要考核定点医疗机构向参保人员提供诊疗服务的成本，以检验其合理使用医疗保险基金情况。包括出院病人平均费用（分病种）；出院病人平均床日费用（分病种）；出院病人费用构成情况（按费用类别）；门急诊病人平均处方单价；门诊慢性病患者平均给药天数；门急诊病人平均处方单价的费用构成情况等。

九、加强医疗保险信息化建设

加强医疗保险的信息化建设就是指用信息化、数字化的手段来管理医保事务，研究、分析和处理医保问题，以提高医疗保险的科学化管理水平。深圳市医疗保险信息系统的建设取得了巨大的成就，但还需要在以下几方面进行完善：

（一）加强医保计算机网络建设，提高医保基础管理水平

网络建设是进行指标统计，实行数字化管理的前提条件。一方面，社保管理机构、经办机构和定点机构内部要有完善的数字管理系统。要争取为不同的医疗保险形式和层次配备独立的主机和软件。各业务部门间要保持及时的信息交流。另一方面，社保管理和经办机构必须与所有定点医院、定点门诊和药店实行前台联网，并实现医保信息的实时、快捷传递，解决刷卡难的现象。特别是在社区建立医疗保险信息管理系统终端，并实现与中心系统的实时网络连接，畅通信息传输渠道，进一步提高管理服务效率。目前，国家正在实施金保工程，深圳市

应该以此为机遇，进一步完善基础网络建设，为指标体系建设和发展数字医保奠定基础。

(二)规范医保原始信息的采集、录入、管理，拓展可利用信息资源

定点医疗机构，尤其是定点医院是医保信息的重要来源，各定点医院前台的信息输入必须做到统一、规范、准确、全面。如入出院诊断的病名、不同规格和生产厂家的药品、种类繁多的监察、治疗和材料等项目名称要尽可能按药监、卫生、物价等部门确定的行业标准执行，统一按代码输入。减少操作人员的随意性和录入资料的不准确性，提高信息的实用性和科学性。参保单位和个人的信息资料也是医疗保险信息的重要组成部分，包括单位和个人基础档案资料及个人账户记录等，也要制定统一标准，按照实用、方便、齐备等原则确定相应内容，以便从不同角度进行分类统计。当前，尤其要统一“一日清单”和出院结算单的格式和内容，以获取足够的、规范统一的原始资料。

(三)大力开发医保信息网络软件系统，发挥数据指标的管理效用

首先要组织力量研究医保管理软件开发的需求，只有有了业务需求，软件开发商才能按需求编写出高质量、智能化的软件。各地的探索实践表明，软件质量的高低取决于计算机软件开发人员与医保业务管理的配合程度。在软件开发过程中，应根据管理的需要，对个体资料按照一定的规则进行分类汇总，使之条理化、系统化。并设计出多种层次、不同角度的统计表。在此基础上，进一步建立医保信息分析系统。运用指标在不同时段的量的变化，通过拟合、回归、多元统计等手段对医保现象进行动态和趋势分析。医保信息更高层次的处理就是开发辅助决策系统。它是在综合多方面指标分析结果和日常管理经验的基础上形成的，如医保基金预警系统、医保运行质量评估系统等。这是实现医疗保险自动化、智能化管理的高级形态。

第三章

深圳市工伤保险制度：演进、评估与完善

工伤保险是工业化的产物，是现代社会维护社会稳定、保护劳动者权益的重要制度设计。工伤保险是国家和社会为在生产、工作中遭受意外事故和职业病伤害的劳动者提供医疗服务、生活保障、经济补偿和职业康复；为因上述两种情况导致死亡职工的供养亲属提供遗属抚恤等物质帮助的一种社会保险制度。

工伤保险是世界上产生最早的一项社会保险项目，也是世界各国立法较普遍，发展最为完善的一项制度。具有强制性、普遍性、赔偿性、保险费企业负担、待遇优厚性、项目完备性、风险共担性和补偿与预防、康复相结合等特点。

第一节　深圳市工伤保险的制度演进

深圳市工伤保险制度经历了从最初的计划经济体制下的企业自保模式，到建市后推行保险制度改革，在全国最早建立起适合市场经济的工伤保险制度，并逐步完善到今天实施全国统一的工伤保险制度，形成与国际接轨的成熟的工伤保险制度。在这里我们将以制度演进形式对各个阶段进行评估，并对现有制度进行问题分析，同时提出对策。根据深圳市的工伤保险制度演进总体情况，大体可分为四个阶段：初建阶段、发展阶段、调整阶段、制度统一阶段。

一、工伤保险制度的初创期

1984年至1993年为深圳市工伤保险制度的初创期。

(一)时代背景分析

1.理论背景

随着工业化的到来,机器的使用使人从体力劳动中解放出来,大大发展了生产力,为社会创造了巨大的财富,极大地促进了社会的进步。但另一方面使劳动者的职业危险性大大增加,工伤事故也随之发生,而且随着社会化大生产程度的提高以及新技术应用范围的扩大,事故的严重程度也在提高。据国际劳工组织的统计,全世界每年发生的工伤事故达10万起以上,死伤人数2000多万,其中死亡约15万人,占世界总死亡人数的5%。在住院治疗的病人中,有10%—30%人是工伤受害者。发展中国家的工伤死亡人数,在各种死因中排在前五位。因此在大多数国家中,工伤保险制度比其他保险制度建立的更早,适用范围更广。早在1881年11月7日,德国首相俾斯麦就发布诏书,即《德国社会保险宪章》,为社会保险制定了准则。并于1884年7月颁布了《工伤保险法》,这是世界上第一部工伤保险法,也是一部专门涉及工业事故和职业病及其预防与补偿问题的法规。德国作出了对事故伤亡的工人给予补偿的规定后,影响遍及整个欧洲。西欧和北欧各国纷纷效仿德国,先后建立了工伤保险制度,颁布了相应法规。根据国际社会保险协会(ISSA)资料,在全球近200个国家和地区中,有164个国家和地区建立了工伤保险,其他30多个国家和地区也有与工伤事故方面相关的立法。工伤保险已成为国家社会保障制度中制度最完善、覆盖面最广和待遇水平最高的险种。

自德国1884年7月颁布《工伤保险法》至今,国际上已形成三种主要的工伤保险模式,即"雇主责任制"(香港)和"社会保险模式"(大部分国家,包括中国),以及混合模式(美国)。目前世界上实行工伤保险的国家主要为两种模式:一种是社会保险模式;另一种是雇主责任保险模式。采用前一种模式的约占实行工伤保险制度国家的2/3,它们是用公共基金实施的,其工伤保险基金可以是一般社会保险基金的组成部分,也可以是单独的。在这些国家中,凡参加工伤保险的雇主,都必须向社会保险机构交纳工伤保险基金,由社会保险机构支付伤残补助金。采用后一种模式的是少数国家,其雇主责任保险有两种情况:一是受伤的工人或遗属直接向雇主要求索赔,雇主根据法律规定向他们直接支付赔偿费用。如果工伤还涉及其他方面的争议,法院或国家有关机构将出面解决;二是雇主为其雇员的工伤风险实行保险。这些雇主只能通过向私人保险公司投保而得到保险,而保险公司征收的伤害保险费,通常是根据各企业或各产业部门的工伤事故发生的情况或根据工作风险程度进行评定,保险费可能差别很大。

2. 国家背景

新中国成立后,在恢复经济建设的同时,我国正式开始了全国统一的社会保障制度的创建工作。并与1951年2月25日由中央人民政府政务院颁布了全国统一的《劳动保险条例》。这是我国第一部包括工伤、死亡遗属等社会保险在内的全国统一性法规,也是社会保障制度在中国开始实施的起点。此后,根据实际的需求,不断地得到改进。但是在"文化大革命"期间,国营企业一律停止提取劳动保险金,开始实行企业自保,社会保险的统筹调剂职能彻底丧失。从新中国成立初期至1990年,深圳市企业职工发生工伤事故执行《中华人民共和国劳动保险条例》,职工工伤待遇由企业负担,工伤完全是企业自保行为,造成企业间负担畸轻畸重,职工工伤或死亡后,要么得不到及时而妥善的处理,严重影响企业职工积极性;要么由于标准的废止而使一些"闹工伤"的家属不合理地得到高额甚至超高额"补偿",加重了企业负担。

虽然在"文化大革命"结束后作了一些改进,但随着中国的改革开放,原有规定越来越不适应社会发展的需要,尤其是不适应深圳的当时经济发展状况,其问题主要表现在:一是实施范围与覆盖面较窄。现有制度基本上是"全民企业执行"、"集体企业参照执行"。保险单位仅限于拥有人口一百人以上的国营、公私合营、私营及合作社经营的工厂、矿场及其附属单位;铁路、航运、邮电的各企业单位与附属单位;工、矿、交通事业的基本建设单位;国营建筑单位。二是"企业风险"难以分散劳动风险。在这种制度下。发生工伤事故后,受伤害者的医疗、补偿以及死亡者遗属的抚恤金等项费用,均由企业支付,伤残者及死亡者遗属,由企业"包下来",职业病患者由企业"养起来"。这无疑会造成各类企业及其职工的工伤待遇有高有低,表现不平衡,职工心里难以承受,不仅影响企业生产而且影响劳动力的合理流动;对认定工伤保险待遇的范围没有明确的规定,引发了很多纠纷,造成了工伤待遇"小闹小解决,大闹大解决"的弊端。三是待遇标准偏低。原有的工伤伤残标准和死亡标准都是按本人标准工资计发的,基本上都是20世纪五六十年代的标准,那时国家实行的是"低工资高就业"制度。改革开放后,也就是深圳市建市后,职工收入提高了,工伤待遇标准与工资的比重逐年下降再加上长期待遇没有调整机制,伤残待遇及死亡抚恤待遇就显得更低。四是工伤保险缺乏强制性,由于工伤保险的企业自管化,再加上劳动保险机构不健全,监督力度不够致使很多企业漏报瞒报伤亡人数。五是没有工伤预防机制,不能充分发挥工伤保险促进事故预防的积极作用。

1989年3月,国家体改委确定:深圳市和海南省为社会保障综合改革试点地区,进行职工社会工伤保险制度的探索。

3. 深圳市背景

1979年3月,中央和广东省委决定把宝安县改为深圳市。1980年5月,中共中央和国务院41号文件将"出口特区"改为"经济特区",深圳市的市场经济体制开始建立,经济得以飞速发展,但是中国的社会保障制度在改革开放中却未引起相应的重视,从而形成了与现实需求严重脱节的局面。

自深圳市建市以来职工工伤一直沿用原来企业自保的模式,保障水平低,企业负担畸轻畸重。随着市场经济的体制的建立与发展,深圳市出现了为数众多的"三来一补"企业和三资企业。此外,股份制企业、民营企业与和个体经济组织也如雨后春笋般地在深圳特区冒了出来,这些企业具有存续期限不固定、用工形式不固定的特点,劳动力供需主要由市场调节,工伤保险无法统一按着企业自保的模式运行,同时许多企业因经营不善而破产倒闭,原来的企业自保模式的工伤保障模式的弊端越来越突出,已不能适应生产力迅速发展的需要。与此同时,特区劳动用工制度也出现重大变革,特区内外、不同行业、不同所有制企业间人员频繁流动,外来劳务工大量涌入。为使员工得到保障,急需建立适应市场经济的发展和有利于人员合理流动的社会化的工伤保险制度。1984年,深圳市开始探索建立工伤保险制度。深圳市劳动局社会劳动保险公司成立工伤保险科,并组织人员对工伤保险进行调研,参照香港雇主责任险的模式拟定了工伤保险改革方案①,起草了《深圳经济特区工伤保险暂行规定》并提交市政府讨论,但因建设集团代表的反对没有通过。

（二）工伤保险制度的建立

1989 年 7 月,深圳市政府颁布《深圳经济特区伤、病、残劳动能力鉴定暂行办法》,建立了劳动能力鉴定程序和制度。

1990 年 4 月,深圳市政府颁布《深圳经济特区工伤保险条例暂行规定》,8 月正式实施,宣告深圳市社会化保险制度正式建立。同年 7 月,深圳市社会劳动保险公司增设工伤保险部,公司增配事业编制 20 名。

1993 年 6 月,深圳市劳动局颁布《深圳市职工因工（公）负伤与职业病评残标准》,适用于深圳市各类企业、事业单位,成为伤残鉴定、职业病鉴定的依据和标准。

1989 年 7 月,深圳市成立了由市劳动局、卫生局、总工会、人事局、民政局等部门人员组成的医务劳动鉴定委员会,委员会成员均为兼职。

1990 年,深圳市医务劳动鉴定委员会设立内科、外科、职业病科三个医疗技术鉴定小组,内科由市人民医院负责,外科由市红岭医院负责,职业病科由市卫生防疫所负责。其职责是对职工伤、病、残、职业病的劳动能力状况作出医学、科学技术方面的鉴定（见图 3 - 1）。

（三）制度的基本特点

1. 工伤保险管理社会化

企业由原来的自保转变为适合市场经济体制发展的社会化管理的工伤保险制度。1990 年 8 月,深圳市政府颁布《深圳经济特区工伤保险暂行规定》,深圳

---

① 香港工伤保险也称雇主责任保险或强制私营工伤保险,它起源较早,主要做法是参照英国的一些雇主责任保险条例,这是由于香港的特殊地位所致,真正通过立法的形式以《雇员补偿条例》确立下来是在 1997 年 1 月 1 日之后,《条例》主要是依据国际劳工组织公约、香港基本法、法庭判决等规定来制定的。目前,只有劳工保障制度里的《雇员补偿条例》是唯一通过立法来实施执行的工伤保险法例。《条例》规定,雇主不给员工投保工伤保险将会被检控。

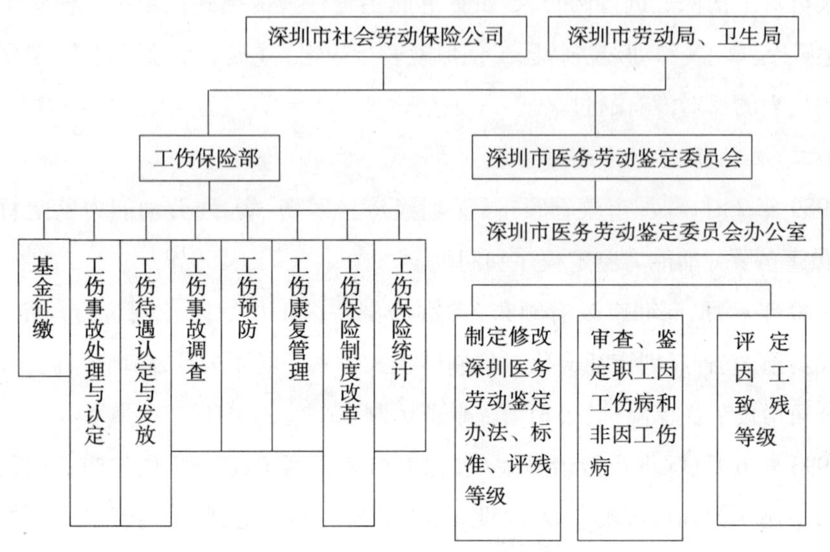

图 3－1　深圳市社会工伤保险管理机构及职能

市社会劳动保险公司成立工伤保险部，负责全市的工伤保险业务，标志着工伤保险由企业自保转为社会化管理，工伤保险实现了基金征收统一、待遇标准统一、管理规范统一，消除了原工伤保险待遇不统一造成待遇纠纷的弊端。

2. 初步体现了工伤保险与工伤预防、康复相结合以及保障与经济补偿相结合的原则

《暂行规定》规定工伤保险应当与工伤预防及康复相结合，用人单位和员工必须积极预防工伤事故和职业病。社会保障机构对当年没有发生工伤致残、重伤、死亡事故的用人单位，将其当年工伤保险费的5%—10%用于奖励安全生产负责人和安全生产绩效者。市社会保险机构每年从当年征集的工伤保险基金中提取5%做工伤预防费，其中3%用于工伤预防的调研、宣传、教育。《暂行规定》规定：职工因工负伤致残，必须安装康复器具，购买安装费用由市社会保险机构承担。

3. 工伤保险的缴费实行差别费率制

《暂行规定》规定工伤保险基金按照行业工作性质、劳动工作条件、危险程度、并兼顾社会互助的原则确定，按工资总额的一定比率收取。各单位根据行业性质分别按比例向社会保险机构缴纳,行业费率分为0.8%、1.2%、1.5%、2%、2.5%五个档次。因工伤保险在某种意义上属于"雇主责任",工伤保险费率全部由用人单位负担,个人不交费。企业的缴费基数随着不同年度进行调整。在人员短缺和交通不便的情况下,工伤保险满足程度低,硬件措施严重不足,人员配备也较少,1990年4月至12月征收工伤保险费为439万元,有3542家企业和28万员工参保。

(四)制度运行情况

1.运行中的成绩

工伤参保人数从1990年的28万人增至1993年的57万人,每年以12%的速度增长;基金征收额,从1990年的439万元增至1993年的5290万元,增长超过十倍。医务劳动能力鉴定人次,自1990年的47人上升到1993年的176人(见表3-1)。

表3-1　1990—1993年深圳市工伤保险制度运行状况

年度	1990	1991	1992	1993
参保人数(万人)	28	40	54	57
基金征收(万元)	439	1364	2024	5290
医疗费支出(万元)	4	27	66	66
一次性补偿金(万元)	5	56	91	80
丧葬费(万元)	0	1	1	1
一次性抚恤金(万元)	6	8	7	15
奖励金(万元)	0	0	137	158
康复器具费(万元)	0	0	12	10
医务劳动鉴定人次(人次)	47	178	212	176

资料来源:《深圳市社会保险志》。

2.运行中的问题

覆盖面还不够全面,不包括流动性最大,工作危险性最高,对工伤保险需求最强烈的农民工。

参保率低,平均不足劳动人口的30%,据统计,1990年劳动者109.22万人,参保率26%;1993年劳动者209.74万人,参保率27%。

工伤待遇低,医疗费超过5000元要求企业与社会分担,没有实施完全共济。

工伤保险部门工作人员少,征缴力度不足。1990年,工伤保险部门配员8名,当年仅实现28万人参保。

深圳原工伤保险规定还只是一个试点规定,不具有法律效应,执行中不具有强制性。工伤保险在推行中,企业缴费积极性差,工伤保险进展缓慢。

工伤保险的基本框架虽已成型,但过于粗糙,如社保机构对医疗管理缺乏明确的规定,造成社保机构对与工伤指定医疗单位的管理较为松散。

二、工伤保险制度的发展期

1993年12月至2000年1月为深圳市工伤保险制度的发展期。

(一)时代背景介绍

1.国家背景

经过10多年的改革开放,我国经济水平提高巨大,在物质生活丰富的同时,人们对社会保障的认识程度也不断提高,开始逐渐接纳国外先进的社会保障思想与理念,并强调开始借鉴与实施。我国的工伤保险制度探索取得一定成效,开始向正规化转变。

2.深圳市背景

深圳经济发展进入了稳定高速增长时期,劳动人口迅猛增加,各行业中多种所有制企业飞速发展。随着企业所有制结构的多样化,逐渐形成多种用工形式并存的综合结构。

同时,为适应所有制结构变化和国有企业改革的深入,需要扩大工伤保险制度覆盖面,提高工伤保险的法制化水平、管理水平和应变能力。

(二)制度的新变革

1993年12月,为使深圳工伤保险依法管理有法律依据,深圳市一届人大常委会第二十次会议通过并颁布《深圳经济特区工伤保险条例》,并于翌年5月1日施行,为深圳工伤保险依法管理提供了法律依据。

1994年11月,深圳市政府颁布《〈深圳经济特区工伤保险条例〉实施细则》,

并形成了"市、区、镇"三级社会工伤保险垂直管理格局。1996 年,深圳市各区在原区社会保险、医疗保险机构基础上组建分局,分局下设立沙头角等 18 个社会保险管理站,改变了过去分散、多头管理,职能重叠的局面,提高了工作效率。

1995 年,深圳市社会保障局制定了《关于加强深圳市工伤员工医疗管理办法》。

1994 年 12 月,深圳市社会保障局制定了《因工伤残员工配置安装康复器具价格标准》。

1993 年,深圳市社会保障局制定了《深圳市职工因工(公)负伤与职业病评残标准》,在全国首次科学、全面地采用百分率方法对劳动能力进行鉴定。

1995 年,深圳市社会保障局与市医保局合并后,医务劳动鉴定委员会办公室设在新成立的深圳市社保局。

(三)变革后的制度特征

第一,法制化层级提高。《深圳经济特区工伤保险条例》是全国第一个地方人大立法通过的工伤保险条例,标志着深圳市工伤保险制度迈上法制化轨道。增强了制度运行的规范性,使制度运行依据更加充分,增加了强制性和可操作性。

第二,管理层次不断提升。为了深化社会保险制度的改革,1995 年 7 月,深圳市社会保障局和深圳市医保局合并,成立新的深圳市社会保险管理局,统一管理全市养老、医疗和工伤保险工作。

第三,管理架构统一。深圳市各区在原区社会保险、医疗保险机构基础上组建分局,分局下设立管理站。1996 年,相继成立了沙头角等 18 个社会保险管理站,形成了"市、区、镇"三级社会保险、工伤保险垂直管理格局,改变了过去分散、多头管理,职能重叠的局面,提高了工作效率。

第四,缴费基数明确化,并改革工伤保险基金收缴办法。1994 年 9 月《〈深圳经济特区工伤保险条例〉实施细则》明确规定用人单位和社会保险机构在每年政府统计部门公布上一年度社会月平均工资的次月,调整工伤保险缴费基数和待遇计发基数。并且为扩大参保面,当时罗湖区由街道劳动管理站代办收缴个体工商户的工伤保险费;宝安、龙岗两区则委托驻地公安派出所收缴工伤保险费用。直到1995年市社保局成立后，工伤保险费用征缴工作全部归社保局统一管理，工伤保险基金依法征收，基金征收力度明显加大，实施《深圳经济特区工伤保险条例》后第二年即1995年，全市参保企业达20320家，参保人员达160万人，基金征收达18534万元。

（四）制度运行成效与缺陷

1. 运行中的成效

深圳市社会工伤保险参保人数实现了飞跃：1994年达152万，比1993年增长约两倍。深圳市社会工伤保险基金征收额，从1994年的12851万元增加到1999年的28109万元，7年翻了一倍多（见表3－2）。

表3－2 深圳市工伤保险第二阶段的运行情况（1994—1999年）

年份	1994	1995	1996	1997	1998	1999
参保人数（万人）	152	160	185	179	189	202
基金征收（万元）	12851	18534	19204	24029	26057	28109
医疗费（万元）	139	297	355	410	2349	3886
一次性补偿金（万元）	159	340	387	405	4282	3666
残废补偿金（万元）	0	0	1	10	88	41
护理补助金（万元）	1	2	9	6	18	28
丧葬费（万元）	6	25	35	45	40	77
一次性抚恤金（万元）	112	347	130	237	380	484
供养亲属生活补助费（万元）	0	0	181	194	591	619
奖励金（万元）	229	382	489	485	1991	1804
康复器具费（万元）	8	53	11	16	92	142
医务劳动鉴定人次（万人次）	326	474	291	703	1215	1144

资料来源：《深圳市社会保险志》。

深圳市加强了工伤保险的预防力度，通过加强宣传，加强检查、抽查、清查等工作，做到使企业安全生产，使员工能保尽保，从源头上减少工伤发生率。加强工伤预防是工伤保险的重要工作，也是首要原则，1996年，为加强工伤保险预防,市劳动局与社保局联合开展了大规模的工伤预防与工伤保险综合整治活动,对印刷、五金制品、木器加工、塑料制品和建筑施工等事故多发单位进行综合整治,督促企业消除事故隐患和办理工伤保险,提高安全管理水平,拓宽工伤保险覆盖面。此次活动共检查1202家企业223394名员工,发放《深圳经济特区工伤保险条例》和《工伤保险指南》等宣传资料27800份,向27744人发出整改和追缴《通知书》2483份,共有102家企业19652人补交了工伤保险费(这只是行政手段,真正需要的是制度化)。1998年后,经市政府同意,市社保局每年从工伤保险基金拨出一定经费用于工伤保险的宣传、推广以及事故预防工作,并建立了工伤预防费用开支监督机制,由市社会保险管理监督委员会、市安全生产委员会、市财政局、市社保局共同监督工伤预防费用的使用情况。

工伤保险待遇水平大幅度提高,享受待遇劳动者的范围得以拓宽。随着《深圳经济特区工伤保险条例》及其实施细则的实施,对工伤员工医疗费用的限制条件放宽了,医疗费用全部由市社会保险机构支付,以减轻企业负担,真正实现了工伤保险基金供给的原则。因医疗需要使用的自费药品可经市社会保险机构审核后报销①。而且用人单位参保后员工发生职业病的也可享受工伤保险待遇,首次把职业病纳入工伤保险的范围,与国际进一步接轨。1996年,深圳市龙岗区横岗村辉开科技发展公司发生多名员工职业病中毒,其中25人办理了工伤保险,深圳市社保局仅医疗费一项就支付了200多万元(所以要实施储备金制度,以防突发事件)。当年市社会保险机构共支付工伤医疗费355万元。

因工伤残人员保险待遇标准明晰化,待遇标准大幅度提高。深圳市伤残标准分为十个等级,规定1—3级残废由市社会保险机构发给一次性补偿金,按月支付补助金和护理补助金,4—10级残废,发给一次性补偿金。每项保险待遇标准均比《深圳经济特区工伤保险条例暂行规定》的标准提高了2.4—4.7倍。员工因负伤致残后,经市医务劳动鉴定机构鉴定确认旧伤复发的,医疗费用由市社

① 1999年,深圳市某建筑公司一名已参保员工在工地作业时不慎从高空落下,30多万医药费均由社保局按规定报销。当年市工伤保险机构共支付工伤医疗费3886万元。

会保险机构支付。同时因工死亡的丧葬费、一次性抚恤金标准明确化，分别为5个月和36个月深圳市上一年度城镇月平均工资，供养补助费也相应增加。各项待遇标准明细化、规范化，使工伤保险执行中有条可依，这是深圳市工伤保险走向成熟的标志，如1995年2月，罗湖文锦手袋厂临时工白海峰因简易煤油汽化炉发生爆炸造成严重烧伤，面积达94%，经市红会医院抢救治疗无效，于1995年6月18日死亡。由于其本人参加了工伤保险，发生烧伤后为其治疗达4个月，医疗费高达40万元，市社保局按规定给予单位和家属偿付医疗费和补偿金共53万元。《深圳经济特区工伤保险条例》扩大了保险待遇的范围，同时增加了法律、法规规定的其他情形这一条，规定因私行为和违法行为不享受工伤保险待遇。

1997年至1998年，市社保局建立了一年两次的工伤事故典型案例分析会制度，建议一月一次，并开展《百例工伤事故处理无差错》检查评比活动，通过工伤事故典型案例分析与检查评比，提高办案效率和办案质量。

2. 运行中的问题

由于医疗监督处于空白状态，骗保事件大幅度增加，基金浪费严重。如1995年调查较为严重的工伤事故3500起。1999年，市社保局共查处大额工伤医疗费40多宗，查出不符合规定的医疗费用近30余万，所以防止骗保成为一项重要的工作。深圳市社会保险机构确立了严格核查用人单位员工名册及有关资料，核实用人单位参保员工人数等措施，以防止企业在事故后参保。市社会保险机构对用人单位不如实提供情况及有关数据，有意隐瞒伤亡事故真相，提供虚假证据或虚假数据资料以及拒绝配合事故调查的拒绝支付该项工伤保险的各项费用，并责令用人单位支付员工各项工伤保险待遇。杜绝工伤医疗费用不合理开支，方向是制度化、明晰化，从对医疗机构、工伤员工、社保经办机构、认定鉴定机构的从严监督做起。

伤残职工工伤康复工作基本处于空白状态。虽然在1994年的《特区条例》和2000年的修正案中都明确提出：深圳市人民政府应发展医疗康复和职业康复事业，为因工伤残员工重新走向工作岗位创造条件。且1994年12月市社会保障管理局制定了《因工伤残员工配置安装康复器具价格标准》，但由于工伤康复涉及基建费用、医疗服务、职业康复培训的一系列复杂问题,从1990年至1998年,深圳市伤残职工康复工作基本处于空白状态。1998年后,市社会保障管理局着手筹建一座功能完备的工伤康复中心,为工伤致残员工提供康复训练和职业康复服务。由表3-2可知,1998年市社会保障管理局支付康复器具安装费仅92万元。

三、工伤保险制度的调整期

2000年2月至2004年1月为深圳市工伤保险制度的调整期。

(一)时代背景分析

1.国家政策背景

国家自1989年以来,全国性工伤保险出台一系列条例和国家规定,在全国其他地区统一执行。1996年劳动部颁发《企业职工工伤保险试行办法》,于同年10月1日起在全国实行。1996年劳动部发布中华人民共和国国家标准GB/T16180—1996《职业工伤与职业病致残程度鉴定》。

广东省1998年颁布了《广东省工伤保险条例》,2000年发布《广东省工伤保险条例实施细则》。

2.深圳市背景

随着全国工伤保险制度改革的深入,国家和省的一些条例相继出台,深圳与国家或广东省条例的冲突明显,造成工伤诉讼增多。随着深圳市经济发展,《深圳经济特区工伤保险条例》中有关工伤保险的制度规定已不能适应经济社会发展的需要(如缴费率偏高,机构不统一等问题),需要对《深圳经济特区工伤保险条例》进一步完善。

(二)制度的改进

2000年1月,深圳市人大常委会通过《深圳经济特区工伤保险条例修正案》。2001年1月,宝安、龙岗两区全面适用《广东省工伤保险条例》和《〈广东省工伤保险条例〉实施细则》。

2001年,深圳市社保局加强工伤医疗的管理,公布并实施了《深圳市工伤医疗管理办法》。

2002年9月,深圳市政府公布并实施了《〈深圳经济特区工伤保险条例〉实施细则》。

工伤保险缴费实行浮动费率制,浮动费率制是世界工伤保险制度成熟国家通用的做法,体现了工伤保险预防为主的原则。建立浮动费率制是为了促进企业搞好安全生产,使雇主致力于安全预防工作,降低事故发生率和职业病发生率。

(三)制度的新特点

工伤保险实施"一市两制",2000年1月,《深圳经济特区工伤保险条例》修订后,仍没有解决深圳工伤保险条例与省条例在工伤保险待遇上的差异,宝安、龙岗两区工伤保险行政复议和行政诉讼仍居高不下。为解决此矛盾,2001年1月,宝安和龙岗开始执行《广东省工伤保险条例》和《〈广东省工伤保险条例〉实施细则》,特区内仍执行《深圳经济特区工伤保险条例》,深圳市工伤保险形成了"一市两法"管理体制。

医疗鉴定标准开始执行国家和省标准,条例开始向国家和省统筹方向发展,2000年1月11日,医务鉴定标准执行国家《职工工伤与职业病致残程度鉴定》。医疗终结时间执行《广东省职工外伤、职业中毒医疗终结鉴定标准》。工伤保险制度修正了原先的五个交费档次,调整为按行业不同的三个交费档次,即企业按照深圳市上一年度职工平均工资0.3%、0.6%和0.9%。

明确了社保机构的工伤认定职能并规范了工伤认定程序,《修正案》对不能享受工伤保险待遇的"因私行为"和"违法行为"作了进一步明确规定,对工伤事故认定时间进行了调整,用人单位申请工伤认定为15天,员工或亲属申请时效为3个月,工伤保险部门在受理后10个工作日内作出工伤认定。《修正案》还明确由社会保险机构负责工伤认定。由于原条例规定,以参保的企业员工工伤案件由工伤保险机构负责认定,而有争议的工伤案件则由劳动局安全监察处负责认定。这样在案件的处理过程中,就会出现政出多门,引起工伤争议问题处理的复杂化。改革后的条例明确规定,工伤认定工作由深圳市社会保险管理局来执行,这样一方面使机构简化,增进问题处理的效率;另一方面标志着工伤保险制度的日渐成熟。2000年4月,深圳市社会保险管理局开始受理未参保工伤争议案件,针对工伤认定的复杂性,建立了每周工伤认定讨论例会制度,由深圳市社会保险管理局分管局领导召集工伤保险处、政策法规处对市局、分局、站发生的疑难案件进行讨论认定。

(四)制度运行的基本情况

1. 运行中的成绩

2000 年至 2003 年,深圳市财政拨出经费专门用于工伤调查,骗保发案率大幅度下降。深圳市社会保险管理局组织了兼职工伤调查人员,工伤事故调查开展得更为细致,骗保发案率大幅下降。如表 3-3 所示,供养亲属生活补助费由 2000 年的 1024 万元下降到 2003 年的 320 万元。

参保人数、基金征收快速增加。工伤保险条例调整后,工伤保险参保人口以每年 17% 的速度快速增长,三年增加 120 万,达到 320 万。基金征收额达 34245 万元。

2001 年深圳市社会保险管理局开始实施《深圳市工伤医疗管理办法》,对承担工伤医疗单位实行定点签约管理,与 52 家医院签订《工伤保险定点医疗单位协议书》。

表 3-3　2000—2003 年深圳市工伤保险制度运行情况

年度	2000	2001	2002	2003
参保人数(万人)	241	262	301	321
基金征收(万元)	28924	22843	28588	34254
医疗费(万元)	5954	6409	6064	7300
一次性补偿金(万元)	12059	11383	12953	17300
残废补偿金(万元)	454	595	793	1000
护理补助金(万元)	65	202	300	180
丧葬费(万元)	121	1280	1416	230
一次性抚恤金(万元)	1033	1020	1695	2100
供养亲属生活补助费(万元)	1024	562	739	320
奖励金(万元)	238	1090	868	1616
康复器具费(万元)	187	87	95	100
医务劳动鉴定人次(人)	13597	14693	17645	20922

资料来源:《深圳市社会保险志》。

2. 运行中的问题

2000年深圳市全市工伤医疗费比1999年增长44%。由于以前的工伤医疗管理机制还不够完善，造成2000年全市工伤保险费用比1999年增长了44%，达5954万元。2002年《〈深圳经济特区工伤保险条例〉实施细则》对工伤医疗费垫付作了更为具体的规定，工伤医疗管理进一步加强，工伤医疗费从2001年的6409万元下降到2002年的6064万元，但在2003年又有大幅回升。

参保率虽有很大提高，但超过50%劳动者没有参保，农民工参保问题依然十分严峻。工伤康复事业仍然徘徊不前。

（五）深圳"一市两制"的制度演进

1990年，工伤保险实施后，当时宝安县工伤保险执行《〈深圳经济特区工伤保险〉暂行规定》。1993年1月，宝安撤县并成立宝安、龙岗两区。由于深圳市特区内外职工的实际工资水平、企业承受能力及投资环境等因素的不同，尽管《深圳经济特区工伤保险条例》规定了工伤保险缴费基数为深圳市统计部门公布的上一年度社会平均工资，两区为了尽快普及工伤保险，从1995年起，企业同意按照1993年城镇职工月平均工资679元的标准缴纳工伤保险费，与特区内执行不同的缴费基数和补偿基数标准。其工伤保险业务由劳动部门负责，镇一级的工伤保险征收委托公安派出所负责。但在随后的几年中由于法律程序上的缺陷导致投诉、争议等情况的增多。

1998年10月，广东省人大常委会公布了《广东省工伤保险条例》，该条例与《深圳经济特区工伤保险条例》在工伤待遇计发基数、一次性伤残补偿金计发标准和医疗康复费用计付等方面均有差异，直接引发了工伤保险行政诉讼案件的增多。

为了减少省市两级政策差异而可能引发的问题，2000年1月，深圳市人大常委会修改并通过《深圳经济特区工伤保险条例》。

2001年1月起，根据《立法法》的规定，宝安和龙岗两区开始执行《广东省工伤保险条例》和《〈广东省工伤保险条例〉实施细则》，特区内仍执行《深圳经济特区工伤保险条例》，从而形成了"一市两制"的管理体制。

2003年12月，深圳市特区内外同意适用于2004年1月1日起实施的国务院《工伤保险条例》。解决了长期以来特区内外因使用不同工伤保险制度而引起的矛盾。

四、工伤保险制度的全面统一时期

2004 年 1 月至今为深圳市工伤保险制度的全面统一时期。

(一)时代背景

深圳市现行工伤保险制度是基于 2003 年国务院颁布的《工伤保险条例》,它主要是根据“职业风险”原则建立,具有补偿性和保障性。深圳市工伤保险制度经历了初建、探索、完善到成熟过程,由原来的以补偿为主,开始向发达国家通行的以“预防为主,补偿、预防与康复相结合”三位一体的方向发展。如今工伤预防、工伤救治与补偿、工伤康复正逐步成为深圳市工伤保险制度的三大支柱。

经过 20 年的探索,深圳市已经建立起来一个包括立法、覆盖范围、待遇补偿、工伤认定、工伤与职业病鉴定、基金管理、争议处理、安全生产、工伤与职业病预防、工伤康复、医疗监管等方面的一个完整的工伤保险体系。现有工伤保险制度把包括农民工在内的所有劳动者纳入其保障范围,有效地保障了劳动者的工伤保险权益。

1. 国家政策

2002 年,中共十六大明确提出要加快建设与经济发展水平相适应的社会保障体系。建立全方位、多层次的社会保障体系已经成为中国保障制度改革的新方向。工伤保险制度改革的目的,是要在我国建立一种所有企业都能实行,所有企业职工在发生事故伤亡和职业病时,都能得到经济补偿和生活保障的一种社会保障制度。在工伤保险政策方面:国务院于 2003 年颁布《工伤保险条例》。此后颁布的工伤保险配套政策有,2004 年 6 月,《关于农民工参加工伤保险有关问题的通知》、《关于实施农民工“平安计划”加快推进农民工参加工伤保险工作的通知》;2004 年 11 月,《关于实施〈工伤保险条例〉若干问题的意见》;2005 年 4 月,《关于贯彻〈安全生产许可证条例〉做好企业参加工伤保险有关工作的通知》。

2005 年 12 月 29 日,劳动和社会保障部会同人事部、民政部、财政部印发了

《关于事业单位、民间非营利组织工作人员工伤有关问题的通知》,自此事业单位、民间非营利组织的工伤范围、工伤认定、劳动能力鉴定、待遇标准等按照《工伤保险条例》实行;2006 年 1 月 18 日,一个全面系统地解决农民工问题的指导性文件——《国务院关于解决农民工问题的若干意见》获国务院常务会议审议并原则通过;为加快推进建筑施工企业农民工参加工伤保险工作,2006 年 12 月 5 日,劳动和社会保障部、建设部发布《关于做好建筑施工企业农民工参加工伤保险有关工作的通知》。

2. 经济社会背景

我国加入 WTO 之后,各项制度纷纷与国际惯例接轨,需要将我国工伤保险制度纳入世界通行做法。

随着就业结构的变化,原有对工伤认定范围、工伤鉴定和企业工伤预防等方面的规定逐步不能符合经济社会发展的要求,引发了一系列的社会问题。

3. 深圳市背景

深圳市由于经济发达,财政能力较强,人口年龄结构处于"青壮年时期"。外来劳务工需求量大,"民工荒"问题严重。劳务工对劳动环境、劳动待遇及社会保障有更高的需求。

建设"和谐深圳"的目标要求覆盖广大外来务工人员,深圳市作为工伤保险制度试点的任务基本完成。深圳市工伤保险制度"一市两制"存在制度不统一的弊端。

(二)制度的主要发展

深圳市人大常委会审议并决定,于 2004 年 1 月 1 日起实施国务院《工伤保险条例》。同年 2 月,《广东省工伤保险条例》施行,作为对国务院颁发的《工伤保险条例》的补充,深圳市参照执行。

2006 年 3 月 20 日,广东省劳动和社会保障厅、广东省人事厅、广东省民政厅、广东省财政厅转发《关于事业单位、民间非营利组织工作人员工伤有关问题的通知》,规定事业单位、民间非营利组织工作人员因工作遭受事故伤害或者患职业病的,其工伤范围、工伤认定、劳动能力鉴定、待遇标准等按照《工伤保险条例》的有关规定执行,深圳市自 2006 年 7 月 1 日起实施。

2007 年 3 月 6 日,深圳市劳动和社会保障局发布《关于调整深圳市机关事业单位工作人员因公伤亡待遇有关问题的通知》,规定自 2006 年 7 月 1 日起,深圳市属行政机关(含行政事务机构)的在编人员、财政全额拨款事业单位和民间非营利组织的全额拨款编制人员,其因公伤亡范围、申报时限、劳动能力鉴定、待遇标准等暂参照《工伤保险条例》的有关规定执行。

2009 年 2 月 27 日,深圳市制定了《深圳市建筑施工企业农民工参加工伤保险试行办法》,并发布实施。

(三)制度的新特点

制度统一:深圳市工伤保险制度统一实行 2004 年 1 月 1 日国务院颁发的《工伤保险条例》。

覆盖全面:覆盖所有劳动者,保证了任何职工只要是工伤,均有权享受工伤保险待遇。

五、制度演进规律

(一)工伤保险管理社会化

深圳建市之初,深圳市工伤保险制度实行企业自保,随着改革开放和深圳经济特区的建立,深圳市建立了社会化管理的工伤保险制度。

第一阶段(1990 年起),建立了初步的、小范围的社会化工伤保险制度。

第二阶段(1993 年起),法制化程度提高,实行强制性、较大范围的社会化管理的工伤保险制度。

第三阶段(2000 年起),处于制度逐渐成熟的调整阶段,覆盖范围包括全体劳动者,保障水平更高,且各项标准逐渐细化。

第四阶段(2004 年起),制度统一阶段,制度框架趋于完善。

(二)工伤保险管理一体化

工伤保险初建时,工伤保险金征缴、工伤认定、劳动能力鉴定、监管、治疗都是由不同的部门来分别执行,管理甚为混乱,造成操作极为困难。

但随着工伤保险的发展,各项权利逐步统一到工伤保险部门来,各部门之间的关系逐渐明晰,工伤保险职能已形成完善的体系,具有统一的管理机构。

（三）工伤保险统筹程度不断提高

第一阶段，工伤保险制度建立之初，深圳特区内执行《深圳经济特区工伤保险暂行规定》，原宝安县（现为宝安、龙岗和光明三区）参照执行。

第二阶段，特区内外虽然同时实行《深圳经济特区工伤保险条例》，但执行不同缴费基数和补偿基数标准。

第三阶段，特区内执行经修改的《深圳经济特区工伤保险条例》，特区外执行《广东省工伤保险条例》，从此出现"一市两制"的局面。

第四阶段，深圳市不分特区内外统一执行国务院出台的《工伤保险条例》，各项标准统一。

第二节　工伤保险制度的结构与内容

一、现行制度总体架构

深圳市工伤保险制度由原来以补偿为主，向发达国家通行的以"预防为主，补偿、预防与康复相结合"三位一体方向发展。如今工伤预防、工伤救治与补偿、工伤康复正逐步成为深圳市工伤保险制度的三大支柱。

经过20年的探索，深圳市已经建立起来一个完整的工伤保险体系。现有工伤保险制度把包括农民工在内的所有劳动者纳入其保障范围，有效地保障了劳动者的工伤保险权益。

（一）制度结构现状

2001年10月27日，全国人民代表大会常务委员会通过并颁布《中华人民共和国职业病防治法》。

2004年1月，深圳市统一执行2003年国务院颁布的《工伤保险条例》。2004年2月，《广东省工伤保险条例》施行，作为对国务院颁发的《工伤保险条例》的补充，深圳市参照执行。

为提高工伤保险条例的可实施性，国家、广东和深圳劳动和社会保障局还出台了一系列配套措施,具体如下:2003 年 9 月 18 日劳动和社会保障部为规范工伤认定程序,依法进行认定,维护当事人的合法权益,根据《工伤保险条例》的有关规定,制定了《工伤认定办法》。

为明确因工死亡职工供养亲属范围,根据《工伤保险条例》的授权,劳动和社会保障部于 2003 年 9 月 18 日出台了《因工死亡职工供养亲属范围规定》。

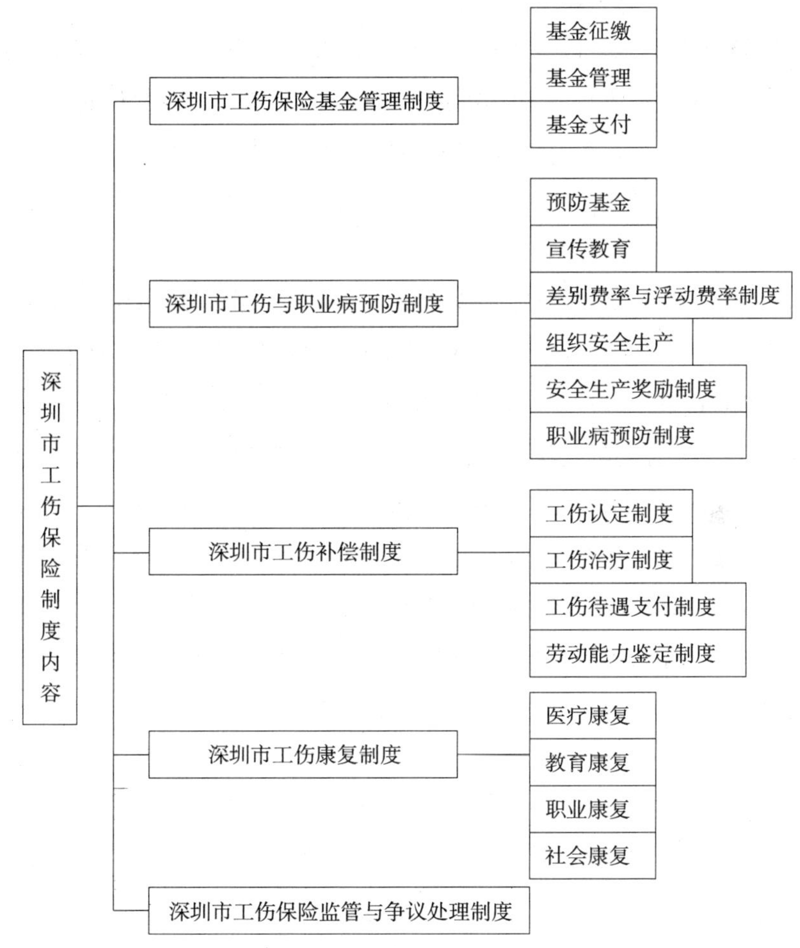

图 3－2　深圳市工伤保险制度内容

根据《工伤保险条例》第六十三条第一款的授权,劳动和社会保障部于 2003 年 9 月 18 日出台了《非法用工单位伤亡人员一次性补偿办法》。

为合理确定工伤保险费率促进工伤预防,实现工伤保险费用社会供给,2003年10月29日,经国务院批准,由劳动和社会保障部、财政部、卫生部和国家安全生产监督管理局联合出台了《关于工伤保险费率问题的通知》。

为切实维护农民工的合法权益,保证农民工依法参加工伤保险,在出现工伤时享受工伤保险待遇,2004年6月17日,国家劳动和社会保障部出台了《关于农民工参加工伤保险有关问题的通知》。

2005年7月25日,劳动和社会保障部等部门下发《关于贯彻〈安全生产许可证条例〉做好企业参加工伤保险有关工作的通知》,规定煤矿企业必须依法参加工伤保险,为从业人员缴纳工伤保险费,并将参加工伤保险作为企业取得安全生产许可证的必备条件之一。同时,参保企业应将参保情况及时在本单位内向所有职工公示。

2005年12月29日,经国务院批准,劳动和社会保障部会同人事部、民政部、财政部印发了《关于事业单位、民间非营利组织工作人员工伤有关问题的通知》,明确将事业单位、民间非营利组织工作人员纳入工伤保险的覆盖范围,标志着统一的覆盖企业、事业单位工作人员的工伤保险制度的建立。在此之前,工伤保险的参保范围被限定为规定企业和有雇工的个体工商户。《工伤保险条例》第六十二条授权劳动和社会保障部会同有关部门制定事业单位、社会团体、民办非企业单位工作人员的工伤保险办法。这次颁发的四部门《通知》,就是依据国务院授权,对参保范围进行调整,进一步明确将全国2724万个事业单位的职工以及30万个民间非营利组织的工作人员陆续纳入工伤保险覆盖范围的依据。

2006年1月18日,国务院总理温家宝主持召开国务院常务会议,审议并原则通过《国务院关于解决农民工问题的若干意见》。解决好农民工问题,是统筹城乡发展、解决"三农"问题的迫切需要,是维护社会公平正义、保持社会和谐稳定的必然要求,也是推进中国特色的工业化、城镇化、现代化健康发展的战略任务。就农民工的社会保障问题,《意见》提出,根据农民工最紧迫的社会保障需求,坚持分类指导、稳步推进,首先着力解决工伤保险和大病医疗保障问题,逐步解决养老保障问题。根据这个思路,《意见》强调各地都要认真贯彻落实《工伤保险条例》,依法将农民工纳入工伤保险范围,所有用人单位必须及时为农民工办理参加工伤保险手续;未参加工伤保险的农民工发生工伤,由用人单位按照工伤保险规定的标准支付费用;特别要加快推进农民工较为集中、工伤风险程度较高的建筑、采掘等行业参加工伤保险。

为发挥工伤保险基金征收的调控作用,促进工伤预防,完善工伤保险费率机制,2006 年 11 月 30 日,深圳市社会保障中心公布《深圳市工伤保险浮动费率暂行办法(草案)》。《暂行办法》于 2008 年 1 月 1 日正式施行。按照《草案》,浮动费率将针对第二类和第三类工伤事故发生风险较大的行业,对工伤事故多发企业,下一年将在原缴费比例的基础上提高其工伤保险的缴费比例,调高幅度为原缴费比例的 120% 或 150% ;对无工伤事故或工伤事故较少的企业,下一年将在原缴费比例的基础上降低其工伤保险的缴费比例,下调幅度为原缴费比例的 50% 或 80% 。

现行的《工伤保险条例》只适用于企业及其员工,机关事业单位工作人员如果因公受伤后,则按照《广东省人事局、财政厅关于广东省国家机关事业单位工作人员因公伤亡保险待遇的通知》的规定,由人事部门认定公伤和发放公伤待遇,但与企业的工伤保险待遇相比,相差悬殊。鉴于此,2007 年 3 月 6 日,深圳市劳动和社会保障局《关于调整深圳市机关事业单位工作人员因公伤亡待遇有关问题的通知》,新政策出台后,将改善深圳市机关事业单位工作人员享受公伤待遇范围窄、待遇标准低的状况,使广大公务员,尤其是一些工作风险较大的部门,如公安、消防、城建等部门的工作人员因工作受伤可以获得更好的保障。至此,深圳市所有就业人员都纳入了统一的工伤保险保障网。

2009 年 2 月 27 日,根据国家劳动和社会保障部、建设部《关于做好建筑施工企业农民工参加工伤保险有关工作的通知》和广东省劳动保障厅、建设厅《转发劳动和社会保障部建设部关于做好建筑施工企业农民工参加工伤保险有关工作的通知》的规定,颁布《关于做好建筑施工企业农民工参加工伤保险有关工作的通知》。

(二)管理机构设置与职能划分

工伤保险组织机构的设立取决于该国或地区实行哪一种保险模式。实行雇主责任制的国家一般由商业保险机构管理；实行社会保险的国家则由公共机构或保险基金会单独负责。深圳市一直以来都是实行社会保险的工伤保险模式，所以其管理体制由公共机构单独负责。

1. 管理机构设置

2004年3月，深圳市组建劳动和社会保障局；同年5月，设立深圳市社会保险基金管理中心（下简称社保中心），是市劳动和社会保障局下属行政事务机构；2007年4月，社保中心更名为市社会保险基金管理局。

深圳市社会保险实行市、区、镇（街道）三级垂直管理：市社会保险基金管理局在罗湖、福田、南山、宝安、龙岗、盐田和光明7区分别设有分局作为派出机构，其中宝安分局设立9个、龙岗分局设立10个管理站作为派出机构（如图3－3所示）。

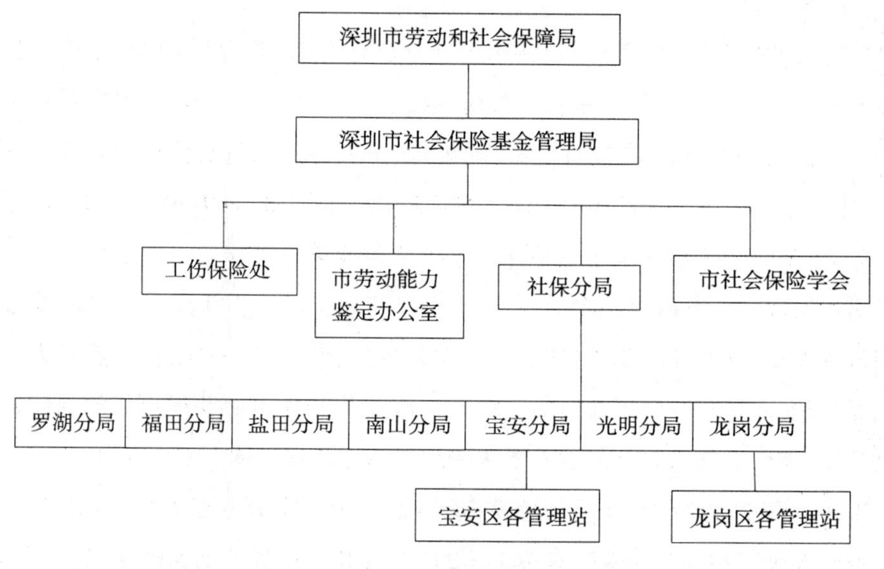

图3－3 深圳市工伤保险管理机构图

2. 管理机构职能

深圳市社会保险基金管理局内设工伤保险处、征收处、计划财务处和机关事业社会保险处，其职能分别为：

工伤保险处：主要职能有（1）负责企业工伤事故的调查、取证和员工工伤认定。(2)负责企业参保员工因工伤、残、死亡的工伤保险待遇的核定、支付工作。(3)负责核定支付参保员工工伤后在约定医疗机构医治的工伤费用。(4)负责参保员工因工伤全残和因工伤亡后供养亲属生活费的发放和跟踪服务。(5)负责工伤致残参保员工的配置康复器具费用及康复展能、旧伤复发的医疗费用核定和支付工作。(6)负责对安全生产年度工作奖励金的发放。(7)负责确定年度工伤保险浮动费率。

征收处：主要职能有(1)负责征收养老、医疗、工伤、失业、生育保险费和企业员工住房公积金，并依法征收拒缴、漏缴、迟缴、少缴社会保险费及其利息和滞纳金。(2)负责社会保险登记，参保资料的审核，参保单位建档和个人账户建账工作。(3)负责参保单位及参保员工的信息录入、台账建立、社保证制发等工作，并为参保单位和参保员工提供参保信息。(4)负责处理参保员工社会保险金的退转和住房公积金的退领。(5)负责社会保险关系转移。(6)负责企业社会保险年检工作。(7)协调派出机构做好基金征收工作。

计划财务处：主要职能有(1)编制各项基金的收支预算和决算报告。(2)审核收付台账并收取和偿付各项社会保险费、企业年金与机关事业单位家属统筹医疗基金。(3)负责核算参保单位的各项社会保险基金、企业年金、机关事业单位家属统筹医疗基金开支。(4)负责各项社会保险基金的上解、下拨工作。(5)指导监督派出机构的财务工作。

机关事业社会保险处：主要职能有(1)负责市属机关事业单位社会保险登记、参保资料核定和建档工作。(2)负责基本养老保险费、基本医疗保险费、地方补充医疗保险费、生育医疗保险费、工伤保险费、公务员医疗补助金的征收和各项基金的转退及住房公积金退领工作。(3)负责市属机关事业单位离退休人员基本养老保险待遇的核准和支付，以及基本医疗保险费拨付台账的建立。(4)负责市属机关事业单位工作人员非因公死亡、离退休人员死亡后抚恤金、丧葬费的核准和发放台账的建立。(5)指导派出机构的相关业务工作。

3. 各区分局

各区分局的主要职能有：

拟订辖区养老(含农村养老)、工伤、医疗、失业、少儿医疗、统筹医疗和生育保险及住房公积金工作规划和年度计划,并组织实施。

负责基本养老保险、地方补充养老保险、农村养老保险(特区外分局)、医疗保险、工伤保险、失业保险、少儿医疗保险、生育保险基金,机关事业单位职工家属统筹医疗基金、机关事业单位职工医疗补助金,企业住房公积金的征收、待遇审核、支付、服务、管理工作。

负责对辖区用人单位和员工遵守执行社会保险政策、法规情况进行监督检查,依法纠正和查处违规行为。

负责区属和市局授权参保单位参保人工伤认定、工伤救治及其伤残康复管理工作,监督用人单位按规定偿付未参保员工工伤待遇。

对辖区约定医疗机构提供的社会保险医疗服务进行管理和检查监督。

负责参保单位因病、因(公)工受伤人员劳动能力和伤残等级评定工作。

受理社会保险方面的咨询、投诉,监察并调解有关纠纷。

4. 各个管理站

主要职能是经授权承办辖区机关、事业单位及企业员工养老保险、工伤、医疗、失业、生育、统筹医疗以及农村养老保险等各项社会保险服务工作。

二、现行制度的主要内容

(一)《工伤保险条例》

1. 工伤保险职能与原则

工伤保险保障因工伤残或者职业病伤害的劳动者获得救治和经济补偿,对因工死亡职工亲属进行抚恤,分散用人单位的工伤风险。

基本的原则为雇主责任原则,工伤补偿与工伤预防、工伤康复相结合的原则,基金实行以支定收、收支平衡的原则。

雇主责任原则,也称为“无过失赔偿原则”。实行严格的雇主责任是工伤保险制度区别于其他社会保险项目的重要特征。在工伤事故或者职业病发生以后,无论职工有无过错,都要由雇主缴费形成的工伤保险基金承担待遇支付的责任。

预防、康复与赔付相结合的原则。对工伤职工进行救治和经济赔付,是工伤保险制度的一项基本内容。随着社会的进步,工伤保险工作的重心越来越向工伤的预防与康复方面转移。这是因为,预防工作做好了,工伤事故的发生率就会降低;另外,工伤事故发生后,职工除了获得赔偿外,还需恢复自己的生理机能和工作能力,重新回归社会。

基金实行以支定收、收支平衡的原则。工伤事故的发生虽有偶然性,但在相当长的一段时间里,工伤事故的发生是有规律的,对工伤职工的赔偿与医治所需金额也是能够估算出来的,因此,工伤保险基金可以实现以支定收。此外,工伤保险不需要太多的基金积累,如果资金不够,可以通过提高缴费费率、缴费基数,或者严格享受条件、降低待遇水平等方式加以解决,不会导致大的社会动荡。

2. 覆盖范围

深圳市行政区域内各类企业、个体工商户、民办非企业单位、国家机关、社会团体及事业单位与之建立劳动关系的职工或雇工,基本包括所有劳动者。

3. 工伤保险费率

我国制定的基本费率根据不同行业的工伤风险程度,确定了控制在用人单位职工工资总额0.5%左右、1.0%左右、2.0%左右的三个类别行业的差别费率,并根据工伤保险费使用、工伤发生率等情况在每个行业内确定若干费率档次。

深圳根据本地区用人单位工伤保险费使用、工伤发生率、职业病危害程度制定费率,最高为1.5%。用人单位属一类行业的,按行业基准费率缴费,不实行费率浮动。用人单位属二、三类行业的,费率实行浮动。用人单位的初次缴费费率,按行业基准费率确定,以后由统筹地区社会保险经办机构根据用人单位工伤保险费使用、工伤发生率、职业病危害程度等因素,1 年至 3 年浮动一次。在行业基准费率的基础上,可上下各浮动两档:上浮第一档到本行业基准费率的120%,上浮第二档到本行业基准费率的150%,下浮第一档到本行业基准费率的80%,下浮第二档到本行业基准费率的50%。

4. 工伤认定

职工有下列情形之一的,应当认定为工伤:在工作时间和工作场所内,因工作原因受到事故伤害的;工作时间前后在工作场所内,从事与工作有关的预备性或者收尾性工作受到事故伤害的;在工作时间和工作场所内,因履行工作职责受到暴力等意外伤害的;患职业病的;因工外出期间,由于工作原因受到伤害或者发生事故下落不明的;在上下班途中,受到机动车事故伤害的;法律、行政法规规定应当认定为工伤的其他情形。

另外,职工有下列情形之一的,视同工伤:在工作时间和工作岗位,突发疾病死亡或者在48小时之内经抢救无效死亡的;在抢险救灾等维护国家利益、公共利益活动中受到伤害的;职工原在军队服役,因战、因公负伤致残,已取得革命伤残军人证,到用人单位后旧伤复发的。职工有前款第(一)项、第(二)项情形的,按照本条例的有关规定享受工伤保险待遇;职工有前款第(三)项情形的,按照本条例的有关规定享受除一次性伤残补助金以外的工伤保险待遇。

但是职工有下列情形之一的,不得认定为工伤或者视同工伤:因犯罪或者违反治安管理伤亡的;醉酒导致伤亡的;自残或者自杀的。这样做可以减少工伤认定中不合理的现象。

明确了认定申请时效和手续,职工发生事故伤害或者按照职业病防治法规定被诊断、鉴定为职业病,所在单位应当自事故伤害发生之日或者被诊断、鉴定为职业病之日起30日内,向统筹地区劳动保障行政部门提出工伤认定申请。遇有特殊情况,经报劳动保障行政部门同意,申请时限可以适当延长。

用人单位未按前款规定提出工伤认定申请的,工伤职工或者其直系亲属、工会组织在事故伤害发生之日或者被诊断、鉴定为职业病之日起1年内,可以直接向用人单位所在地统筹地区劳动保障行政部门提出工伤认定申请。

5. 劳动能力鉴定

职工发生工伤,经治疗伤情相对稳定后存在残疾、影响劳动能力的,应当进行劳动能力鉴定。

劳动能力鉴定是指劳动功能障碍程度和生活自理障碍程度的等级鉴定,劳动功能障碍分为10个伤残等级,最重的为一级,最轻的为十级。生活自理障碍分为3个等级:生活完全不能自理、生活大部分不能自理和生活部分不能自理。

劳动能力鉴定由用人单位、工伤职工或者其直系亲属向劳动能力鉴定委员会提出申请,并提供工伤认定决定和职工工伤医疗的有关资料。

劳动能力鉴定委员会收到劳动能力鉴定申请后,应当从其建立的医疗卫生专家库中随机抽取3名或者5名相关专家组成专家组,由专家组提出鉴定意见。劳动能力鉴定委员会根据专家组的鉴定意见作出工伤职工劳动能力鉴定结论;必要时,可以委托具备资格的医疗机构协助进行有关的诊断。

劳动能力鉴定委员会应当自收到劳动能力鉴定申请之日起60日内作出劳动能力鉴定结论,必要时,作出劳动能力鉴定结论的期限可以延长30日。

申请鉴定的单位或者个人对设区的市级劳动能力鉴定委员会作出的鉴定结论不服的,可以在收到该鉴定结论之日起15日内向劳动能力鉴定委员会提出再次鉴定申请。劳动能力鉴定委员会作出的劳动能力鉴定结论为最终结论。

自劳动能力鉴定结论作出之日起1年后,工伤职工或者其直系亲属、所在单位或者经办机构认为伤残情况发生变化的,可以申请劳动能力复查鉴定。

6. 工伤保险待遇

工伤保险待遇遵循"保障与赔偿相结合"的原则,它包括工伤与职业病治疗和劳动力损失补偿。具体分为工伤医疗待遇、职工因工残废保险待遇、职工因工死亡保险待遇和工伤康复待遇。

工伤医疗待遇一般按工伤保险治疗标准实报实销,超标准的由职工自己负担。

工伤职工康复性治疗的费用,符合规定的,从工伤保险基金支付。工伤职工因日常生活或者就业需要,经劳动能力鉴定委员会确认,可以安装假肢、矫形器、假眼、假牙和配置轮椅等辅助器具,所需费用按照国家规定的标准从工伤保险基金支付。

职工因工作遭受事故伤害或者患职业病需要暂停工作接受工伤医疗的,在停工留薪期内,原工资福利待遇不变,由所在单位按月支付。停工留薪期一般不超过12个月。伤情严重或者情况特殊,经设区的市级劳动能力鉴定委员会确认,可以适当延长,但延长不得超过12个月。

生活不能自理的工伤职工在停工留薪期需要护理的,由所在单位负责。工伤职工已经评定伤残等级并经劳动能力鉴定委员会确认需要生活护理的,从工伤保险基金按月支付生活护理费。生活护理费按照生活完全不能自理、生活大部分不能自理或者生活部分不能自理3个不同等级支付,其标准分别为统筹地区上一年度职工月平均工资的50%、40%或者30%。

职工因工致残被鉴定为一级至十级伤残的,享受此相应的待遇。

职工因工死亡,其直系亲属按照下列规定从工伤保险基金领取丧葬补助金、供养亲属抚恤金和一次性工亡补助金:丧葬补助金为6个月的统筹地区上一年度职工月平均工资;供养亲属抚恤金按照职工本人工资的一定比例发给由因工死亡职工生前提供主要生活来源、无劳动能力的亲属。标准为:配偶每月40%,其他亲属每人每月30%,孤寡老人或者孤儿每人每月在上述标准的基础上增加10%。核定的各供养亲属的抚恤金之和不应高于因工死亡职工生前的工资。一次性工亡补助金标准为48个月至60个月的统筹地区上一年度职工月平均工资。

7. 工伤预防

工程技术预防措施,是指对设备、设施、工艺操作等,从职业安全卫生角度进行计划、设计、检查和保养。新建、改建、扩建工程项目和技术改造工程项目,必须具有相应的职业安全卫生设施。新设备、新设施在设计阶段就应该考虑安全问题,并且要随着生产的发展和设备、设施的使用,及时改进或采取相应的工程技术措施,改善工作条件。

教育预防措施,是指有关部门和用人单位通过不同形式的安全教育,使劳动者遵守法规,学会掌握安全方面的知识和操作方法,增强事故的预防和处理能力。

管理预防措施,是指由国家行政机关、企业单位组织制定有关规章、制度和措施,制定有关安全规程、规范和安全标准,提高管理水平。

经济预防措施,是指通过实行工伤保险差别费率、浮动费率办法和安全生产奖励基金制,建立一种促进企业安全生产的内部控制机制。

8. 工伤康复

医学康复是康复首要和最重要的内容之一,也是使残疾者全面康复的基础。凡是在医学上为达到康复的目的而应用的功能诊断、治疗、训练和预防的相关医学技术与科学都称之为医学康复。

职业康复是为残疾者考虑工作和职业问题的有关措施之一。职业康复包括了就业咨询、职业能力测定、就业前的职业教育与训练、就业安置等工作,最终使残疾者能切实达到从事某项适合本人能力的工作岗位。

社会康复是使残疾者在完成各项康复的同时为其创造一个必要的社会环境条件,包括文化、经济、社会生活、法律等一系列方面,使残疾者与健全人获得平等的权利以及必要的尊重。

工伤职工因日常生活或者就业需要,经劳动能力鉴定委员会确认。可以安装假肢、矫形器、假眼、假牙和配置轮椅等辅助器具,所需费用按照国家规定的标准从工伤保险基金支付。

9. 争议处理

通过调解机制、劳动仲裁、行政复议、法律诉讼等手段进行处理。

10. 监督管理

工伤保险经办机构与医疗机构、辅助器具配置机构在平等协商的基础上签订服务协议,并公布签订服务协议的医疗机构、辅助器具配置机构的名单。经办机构按照协议和国家有关目录、标准对工伤职工医疗费用、康复费用、辅助器具费用的使用情况进行核查,并按时足额结算费用。

劳动保障行政部门依法对工伤保险费的征缴和工伤保险基金的支付情况进行监督检查。财政部门和审计机关依法对工伤保险基金的收支、管理情况进行监督。工会组织依法维护工伤职工的合法权益,对用人单位的工伤保险工作实行监督。职工与用人单位发生工伤待遇方面的争议,按照处理劳动争议的有关规定处理。上述内容如图 3－4 所示。

(二)职业病防治制度

职业病,是指企业、事业单位和个体经济组织(以下统称用人单位)的劳动者在职业活动中,因接触粉尘、放射性物质和其他有毒、有害物质等因素而引起的疾病。深圳市执行的是《中华人民共和国职业病防治法》。

1. 覆盖范围

深圳市行政区域内各类企业、个体工商户、民办非企业单位、国家机关、社会团体及事业单位与之建立劳动关系的职工或雇工,基本包括所有劳动者。

2. 前期预防

用人单位设有依法公布的职业病目录所列职业病的危害项目的,应当及时、如实向卫生行政部门申报,接受监督。

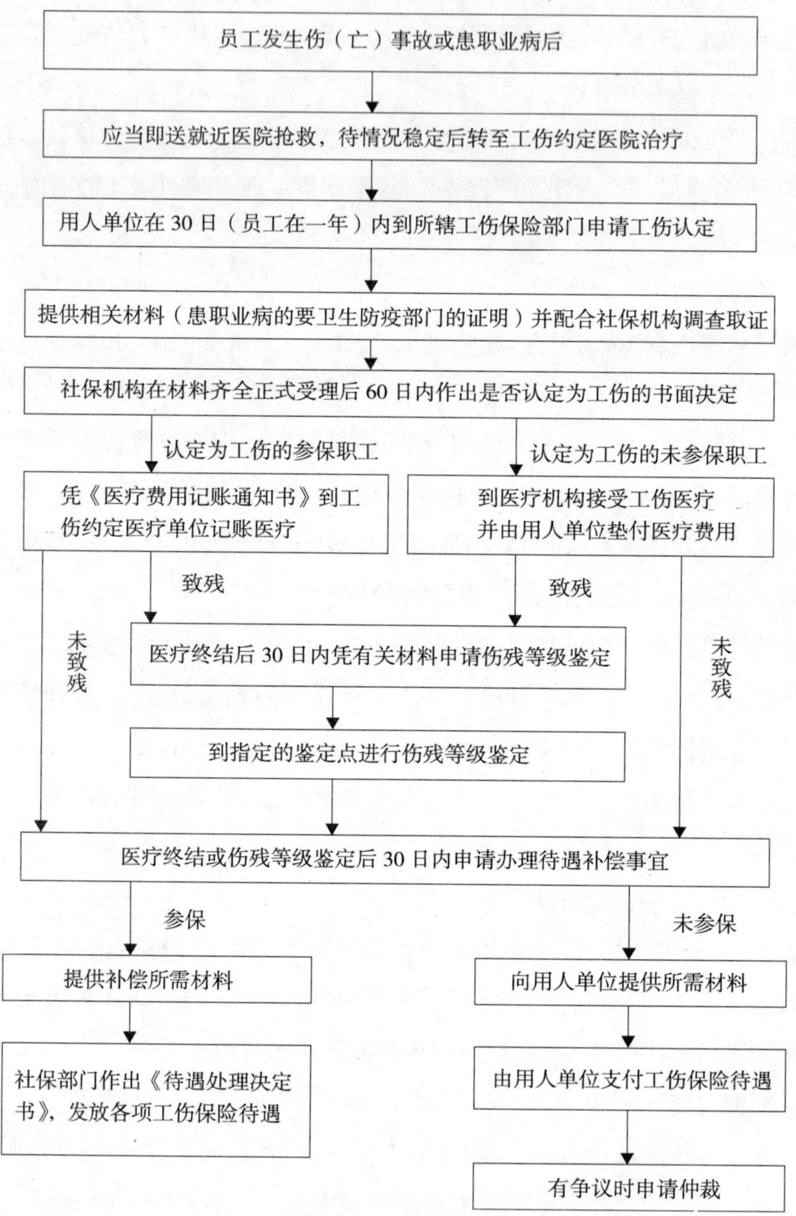

图3－4　深圳市办理工伤保险业务流程图

新建、扩建、改建建设项目和技术改造、技术引进项目可能产生职业病危害的，建设单位在可行性论证阶段应当向卫生行政部门提交职业病危害预评价报告。

职业病危害严重的建设项目的防护设施设计，应当经卫生行政部门进行卫生审查，符合国家职业卫生标准和卫生要求的，方可施工。建设项目在竣工验收前，建设单位应当进行职业病危害控制效果评价。建设项目竣工验收时，其职业病防护设施经卫生行政部门验收合格后，方可投入正式生产和使用。

建设项目的职业病防护设施所需费用应当纳入建设项目工程预算，并与主体工程同时设计，同时施工，同时投入生产和使用。

职业病危害预评价、职业病危害控制效果评价由依法设立的取得省级以上人民政府卫生行政部门资质认证的职业卫生技术服务机构进行。

3. 劳动过程中的防护与管理

用人单位必须采用有效的职业病防护设施，并为劳动者提供个人使用的职业病防护用品。

用人单位应当优先采用有利于防治职业病和保护劳动者健康的新技术、新工艺、新材料，逐步替代职业病危害严重的技术、工艺、材料。

产生职业病危害的用人单位，应当在醒目位置设置公告栏，公布有关职业病防治的规章制度、操作规程、职业病危害事故应急救援措施和工作场所职业病危害因素检测结果。

用人单位应当实施由专人负责的职业病危害因素日常监测，并确保监测系统处于正常运行状态。用人单位应当按照国务院卫生行政部门的规定，定期对工作场所进行职业病危害因素检测、评价。检测、评价结果存入用人单位职业卫生档案，定期向所在地卫生行政部门报告并向劳动者公布。

职业病危害因素检测、评价由依法设立的取得省级以上人民政府卫生行政部门资质认证的职业卫生技术服务机构进行。

用人单位与劳动者订立劳动合同（含聘用合同，下同）时，应当将工作过程中可能产生的职业病危害及其后果、职业病防护措施和待遇等如实告知劳动者，并在劳动合同中写明，不得隐瞒或者欺骗。

4. 职业病诊断与职业病病人保障

职业病诊断由省级以上人民政府卫生行政部门批准的医疗卫生机构承担。

劳动者可以在用人单位所在地或者本人居住地依法承担职业病诊断的医疗卫生机构进行职业病诊断。

用人单位和医疗卫生机构发现职业病病人或者疑似职业病病人时,应当及时向所在地卫生行政部门报告。

确诊为职业病的,用人单位应当向所在地劳动保障行政部门报告。

职业病诊断鉴定委员会由相关专业的专家组成。

职业病病人的诊疗、康复费用,伤残以及丧失劳动能力职业病病人的社会保障,按照国家工伤社会保险规定执行。

5. 监督检查

县级以上人民政府卫生行政部门,对职业病防治工作及职业病危害检测、评价活动进行监督检查。

(三)机关事业单位工作人员工伤保险等制度

2007 年 3 月 6 日,深圳市劳动和社会保障局《关于调整深圳市机关事业单位工作人员因公伤亡待遇有关问题的通知》,新政策出台后,将改善深圳市机关事业单位工作人员享受公伤待遇范围窄、待遇标准低的状况,使广大公务员,尤其是一些工作风险较大的部门,如公安、消防、城建等部门的工作人员因工作受伤可以获得更好的保障。

2009 年 2 月 27 日,根据国家劳动和社会保障部、建设部《关于做好建筑施工企业农民工参加工伤保险有关工作的通知》和广东省劳动和社会保障厅、建设厅《转发劳动和社会保障部建设部关于做好建筑施工企业农民工参加工伤保险有关工作的通知》的规定,深圳市制定《深圳市建筑施工企业农民工参加工伤保险试行办法》,颁布之日起实施,为进一步做好本市建筑施工企业农民工参加工伤保险工作,保障农民工的合法权益。

第三节　工伤保险制度运行的评估

一、构建指标体系的原则与思路

（一）指标体系构建原则

1. 规范化原则

选取指标时,考虑到指标作为分析工具长期的使用可能性,对指标的口径、单位以及测算方法采用规范化的形式。

2. 全面性原则

首先是内容上的全面性,即对现行制度的绩效评估不仅仅着眼于现行制度的运行成效,而且从适应性视角对现行制度的可持续状况做考察。

其次是指标选择的全面性,即在指标项目的选取上力求做到尽可能反映各种情况的穷尽性以及指标之间相互不重叠的互斥性。

3. 可量化原则

使每项指标的结果都是一个量化的值。可量化原则保证了指标的客观性,并且为横向比较与纵向比较提供了分析基础。

4. 可比性原则

指标体系中同一层次的指标,应该满足可比性的原则,即具有相同的计量范围、计量口径和计量方法,指标取值宜采用相对值,尽可能不采用绝对值。这样使得指标既能反映实际情况,又便于比较优劣。

（二）构建指标体系的思路

本指标体系从公平性、有效性、适应性 3 个方面考察深圳市工伤保险制度。

公平性指标主要衡量是否实现社会公平,不同身份的劳动者是否拥有同等权利。下设 3 个一级指标,分别从覆盖率、特区内外劳动者公平性和户籍别劳动者公平性 3 个方面衡量现有制度的公平程度,前者侧重于考察现有的覆盖范围是否合理,后两者侧重于覆盖范围内部是否存在不公平现象。每个一级指标下各设1—3个二级指标。

有效性指标衡量能否有效保障劳动者发生工伤或得职业病后,得到有效及时的治疗,并在因伤致残后得到相应的补偿以维持其本人和家属的基本生活。也就是说,它主要是衡量现有制度下,各项职能的执行效果。下设7个一级指标,分别从工伤参保量变化率、工伤待遇补偿满足程度、工伤预防费用水平、工伤医疗服务满足程度、工伤康复服务满足程度、工伤认定与鉴定服务满足程度、职业病防治水平与服务满足程度7个方面进行评估。每个一级指标下均设2个二级指标。

适应性指标主要衡量工伤保险工作能否适应经济和社会发展的要求,下设3个一级指标,分别从经济、社会、人口变动3个方面进行评估。每个一级指标下均设1—2个二级指标。

二、指标体系的构建

(一)公平性指标的设计

公平性指标总分:100分。

工伤保险的功能是化解所有劳动者工伤风险,首要目标是实现劳动者的广覆盖,其次是已纳入工伤保险体系的劳动者能否得到公平的待遇。

公平性指标下设覆盖率和户籍别劳动者公平性2个一级指标。2个一级公平性指标权重为:覆盖率50%和户籍别劳动者公平性50%。

1. 覆盖率权重:50%

在评估覆盖率公平性时,理论覆盖率和实际覆盖率分别反映制度公平程度和实际的公平程度,两者占有同样重要的地位,2个二级指标权重相同。2个二级指标权重为:理论覆盖率25%,实际覆盖率25%。覆盖率指标下设理论覆盖率和实际覆盖率2个二级指标。计算公式如下:

理论覆盖率=应覆盖人数/理论覆盖人数

实际覆盖率=实际覆盖人数/理论覆盖人数

2. 户籍别劳动者公平性权重:50%

不同人群间的公平性下设户籍别劳动者参保公平性、户籍别工伤者人均待遇公平性和户籍别工伤者事故处理公平性3个二级指标。3个二级指标在衡量户籍别劳动者公平性时,户籍别劳动者参保公平性与户籍别工伤者人均待遇公平性占有更重要的地位,所以权重较大。3个二级指标权重分别为:户籍别劳动者参保公平性20%、户籍别工伤者人均待遇公平性20%和户籍别工伤者事故处理公平性10%。计算公式如下:

户籍别劳动者参保公平性=户籍劳动者工伤参保率/非户籍劳动者工伤参保率

户籍别工伤者人均待遇公平性=户籍工伤者人均待遇/非户籍工伤者人均待遇

户籍别工伤者事故处理公平性=户籍工伤者事故处理率/非户籍工伤者事故处理率

表3-4　深圳市工伤保险制度公平性评估指标

一级指标	二级指标	指标内容及赋值参考
覆盖率(50%)	理论覆盖率(25%)	应覆盖人数/理论覆盖人数
	实际覆盖率(25%)	实际覆盖人数/理论覆盖人数
户籍别劳动者公平性(50%)	户籍别劳动者参保公平性(20%)	户籍劳动者工伤参保率/非户籍劳动者工伤参保率
	户籍别工伤者人均待遇公平性(20%)	户籍工伤者人均待遇/非户籍工伤者人均待遇
	户籍别工伤者事故处理公平性(10%)	户籍工伤者事故处理率/非户籍工伤者事故处理率

(二)有效性指标的设计

有效性指标总分:100分。

有效性指标下设工伤参保量变化率、工伤待遇补偿满足程度、工伤预防费用水平、工伤医疗服务满足程度、工伤康复服务满足程度、工伤认定与鉴定服务满足程度、职业病防治水平与服务满足程度7个一级指标。

目前,深圳市工伤保险制度仍然以广覆盖、工伤医疗救治、工伤补偿为主;工伤预防、工伤康复和职业病防治还处于初级阶段,但工伤预防是发展方向。

7个一级有效性指标所占权重为：工伤参保量变化率15%、工伤待遇补偿满足程度20%、工伤预防费用水平15%、工伤医疗服务满足程度15%、工伤康复服务满足程度10%、工伤认定与鉴定服务满足程度10%、职业病防治水平与服务满足程度15%。

1. 工伤参保量变化率指标权重：15%

在工伤参保量变化率评估中，参保率高低比参保人年增长率高低能更充分反映工伤保险制度的有效性，所以参保率所占权重较大。2个二级指标权重为：参保率10%，参保人年增长率5%。各指标计算公式如下：

工伤参保量变化率下设参保率和参保人年增长率2个二级指标。

参保率=实际参保人数/制度覆盖人数

参保人年增长率=（本年度参保总人数-上一年度参保总人数）/上一年度参保总人数

2. 工伤待遇补偿满足程度指标权重：20%

工伤待遇补偿的满足程度下设治疗与住院费用满足率、一次性补偿费用满足率、工伤康复费用满足率、死亡补偿费用满足率、遗属抚恤费用满足率和护理费用满足率6个二级指标。深圳市工伤保险处于初级阶段，劳动者对工伤保险需求主要是得到有效及时的治疗，并在致残或死亡后得到足够的补偿。所以在评估工伤待遇补偿满足程度时，治疗与住院费用满足率所占权重较大，其他几项权重大体相等。6个二级指标权重为：治疗与住院费用满足率5%；一次性补偿费用满足率、工伤康复费用满足率、死亡补偿费用满足率、遗属抚恤费用满足率和护理费用满足率权重均为3%。各指标计算公式如下：

治疗与住院费用满足率=工伤保险报销治疗与住院费用/治疗与住院需要费用

一次性补偿费用满足率=补偿总费用/工伤劳动者总损失

工伤康复费用满足率=康复报销费用/康复需求费用

死亡补偿费用满足率=死亡补偿费用/实际需求与损失费用

遗属抚恤费用满足率=遗属抚恤费用/最低生活保障费用

护理费用满足率=护理费用/最低工资

3. 工伤预防费用水平指标权重：15%

工伤预防费用水平指标下设浮动费率、预防费用占工伤保险基金比例、安全奖励基金占工伤保险基金比例和安全培训上岗率4个二级指标。

专门工伤预防基金是工伤预防有效实施的重要保证,发达国家工伤预防基金占有很大比重,工伤预防费用占有率所占权重较大。

浮动费率制是国际上促进工伤预防通行的做法,是工伤保险制度发展重点,所以权重较大。其他3项指标分量相差不多,所占权重相当。① 4个二级指标权重为:预防费用占工伤保险基金比例5%,浮动费率5%,安全奖励基金占工伤保险基金比例3%,安全培训上岗率2%。各指标计算公式如下:

浮动费率水平高低与国际相比较

预防费用占工伤保险基金比例=工伤预防费用/工伤保险基金费用

安全奖励基金占工伤保险基金比例=安全生产奖励费用/工伤保险基金费用

安全培训上岗率=安全培训上岗人数/劳动者总人数

专门工伤预防基金是工伤预防有效实施的重要保证,发达国家工伤预防基金占有很大比重,工伤预防费用占有率所占权重较大。

4. 工伤医疗服务满足程度指标权重：15%

工伤医疗服务的满足程度下设万人占有卫生技术人员数、万人占有病床位数、万人占有重大设备数、工伤职工满意度、社保机构满意度5个二级指标。医疗服务满足程度指标的5个二级指标地位大体相当,均反映工伤医疗服务对工伤职工满足程度。5个二级指标权重均为3%。各指标计算公式如下:

工伤职工满意度:深圳市社会保险基金管理中心评定。

---

① 安全奖励基金占工伤保险基金比例是通过退还一定比例工伤保险费用奖励达到安全生产标准的企业,是直接有效的激励方式;万人监察人数是安全生产直接监督力量,足够的监督力量能保证工伤预防顺利实施;安全培训上岗率=安全培训上岗人数/劳动者总人数,根据《中华人民共和国安全生产法》、《生产经营管理安全培训规定》,生产经营单位主要负责人、安全管理人员、特殊工种必须经有资质培训机构进行安全培训,经考核合格后持证上岗。

社保机构满意度:深圳市社会保险基金管理中心评定。

5. 工伤康复服务满足程度指标权重:10%

工伤康复服务满足程度下设万人占有康复服务人员数、万人占有床位数、工伤职工满意度和社保机构满意度4个二级指标。工伤康复满足程度4个二级指标中,万人占有卫生技术人员数和万人占有病床位数等硬件措施所占分量较大,所以权重较高,其他2个二级指标权重较低。4个二级指标权重为:万人占有卫生技术人员数与万人占有病床位数各占3%,工伤职工满意度和社保机构满意度各占2%。各指标计算公式如下:

工伤职工的满意度:社保局计算,采用积分制。

社保机构满意度:社保局计算,采用积分制。

6. 工伤认定与鉴定服务满足程度指标权重:10%

工伤认定与鉴定服务满足程度下设万人占有认定机构人员数、万人占有鉴定机构人员数、事故处理率和事故再认定率4个二级指标。反映工伤认定与伤残鉴定服务满足程度的4个二级指标,在评估万人占有认定机构人员数与万人占有鉴定机构人员数等硬件措施占有重要地位,所以权重较大。4个二级指标权重分别为:万人占有认定机构人员数3%、万人占有鉴定机构人员数3%、事故处理率2%和事故再认定率2%。各指标计算公式如下:

工伤事故处理率=处理工伤事故数/工伤事故发生总数

工伤事故再认定率=发生再次认定工伤事故数/总认定工伤事故数

7. 职业病防治水平与服务满足程度指标权重:15%

职业病防治满足程度下设职业病预防费用占工伤保险基金比例、万人占有职业病防治人数、有毒企业监控率、接触毒害劳动者占有率、接触毒害劳动者监控率、实际的职业病发病率、万人占有职业病康复服务人员数和接触毒害劳动者年体检率8个二级指标。

职业病防治是工伤保险比较特殊的部分,医疗技术含量比较高,需特殊处理,职业病防治各二级指标在评估中分量大致相当,权重比较平均。8个二级指标所占权重为:职业病预防费用占工伤保险基金比例2%、万人占有职业病防治人数2%、有毒企业监控率2%、接触毒害劳动者占有率2%、接触毒害劳动者监

控率2%、职业病发病率2%、万人占有职业病康复服务人员数1%和接触毒害劳动者年体检率2%。各指标计算公式如下:

职业病预防费用占工伤保险基金比例=职业病预防费用/工伤基金费用

有毒企业监控率=受监控的有毒企业数/企业总数

接触毒害劳动者占有率=接触毒害劳动者数/劳动者总人数

接触毒害劳动者监控率=监控到的接触毒害劳动者数/劳动者总人数

职业病发病率=职业病发病人数/职业病总人数

接触毒害劳动者年体检率=年接触毒害劳动者体检人数/劳动者总人数

表3-5　深圳市工伤保险制度有效性评估指标

一级指标	二级指标	指标内容及赋值参考
工伤参保量变化率(15%)	参保率(10%)	实际参保人数/制度覆盖人数
	参保人年增长率(5%)	(本年度参保总人数-上一年度参保总人数)/上一年度参保总人数
工伤待遇补偿满足程度(20%)	治疗与住院费用满足率(5%)	工伤保险报销治疗与住院费用/治疗与住院需要费
	一次性补偿费用满足率(3%)	补偿总费用/工伤劳动者总损失
	工伤康复费用满足率(3%)	康复报销费用/康复需要费用
	死亡补偿费用满足率(3%)	死亡补偿费用/实际需求与损失费用
	遗属抚恤费用满足率(3%)	遗属抚恤费用/最低生活保障费用
	护理费用满足率(3%)	护理费用/最低工资
工伤预防费用水平(15%)	浮动费率(5%)	与国际比较
	预防费用占工伤保险基金比例(5%)	工伤预防费用/工伤保险基金费用
	安全奖励基金占工伤保险基金比例(3%)	安全生产奖励费用/工伤保险基金费用
	安全培训上岗率(2%)	安全培训上岗人数/劳动者总人数
工伤医疗服务满足程度(15%)	万人占有卫生技术人员数(3%)	包括医师、护士
	万人占有病床位数(3%)	绝对数
	万人占有重大设备数(3%)	超过100万元
	工伤职工满意度(3%)	积分制
	社保机构满意度(3%)	

续表

一级指标	二级指标	指标内容及赋值参考
工伤康复服务满足程度（10%）	万人占有卫生技术人员数（3%）	绝对数
	万人占有病床位数（3%）	绝对数
	工伤职工满意度（2%）	积分制
	社保机构满意度（2%）	积分制
工伤认定与鉴定服务满足程度(10%)	工伤事故处理率（2%）	处理工伤事故数/工伤事故发生总数
	工伤事故再认定率（2%）	发生再次认定工伤事故数/总认定工伤事故数
职业病防治水平与服务满足程度（15%）	职业病预防费用占工伤保险基金比例（2%）	职业病预防费用/工伤基金费用
	万人占有职业病防治人数（2%）	绝对数
	有毒企业监控率（2%）	受监控的有毒企业数/企业总数
	接触毒害劳动者占有率（2%）	接触毒害劳动者数/劳动者总人数
	接触毒害劳动者监控率（2%）	监控到的接触毒害劳动者数/劳动者总人数
	职业病发病率（2%）	职业病发病人数/职业病总人数
	万人占有职业病康复服务人员数（1%）	绝对数
	接触毒害劳动者年体检率（2%）	年接触毒害劳动者体检人数/劳动者总人数

（三）适应性指标的设计

适应性指标总分:100 分。

适应性指标下设工伤保险与经济发展水平适应性、工伤保险与社会保险发展适应性、工伤保险与行业劳动者变动适应性 3 个一级指标。

工伤保险与经济发展有密切联系,较其他 5 个一级指标比较分量更为重要,与经济发展水平适应性所占权重最大。

工伤保险发展与产业结构调整联系较为密切,产业调整带动人口就业结构的变化,从而影响工伤事故的发生,其所占权重其次;与社会发展的适应性权重最小。3 个一级适应性指标权重为:工伤保险与经济发展水平适应性 55%、工伤保险与社会保险发展适应性 10%、工伤保险与行业劳动者变动适应性 35%。

1. 工伤保险与经济发展水平适应性指标权重：55%

工伤保险与经济发展水平适应性下设工伤事故增长与经济增长适应性、工伤保险基金增长与经济增长适应性、人均待遇增长与经济增长适应性、工伤预防与经济增长适应性、工伤康复与经济增长适应性和职业病防治与经济增长适应性 6 个二级指标。在工伤保险与经济发展水平的适应性评估中，所评估项目除职业病防治与经济发展适应性指标分量较小外，其余 5 个二级指标权重相同。6 个二级指标权重为：职业病防治与经济发展适应性 5%，其他 5 个二级指标权重均为 10%。各指标计算公式如下：

工伤事故增长与经济增长适应性＝工伤事故增长率/GDP 增长率

工伤保险基金增长与经济增长适应性＝工伤保险基金增长率/GDP 增长率

人均待遇增长与经济增长适应性＝人均待遇增长率/GDP 增长率

工伤预防与经济增长适应性＝工伤预防费用增长率/GDP 增长率

工伤康复与经济增长适应性＝工伤康复费用增长率/GDP 增长率

职业病防治与经济增长适应性＝职业病发生率增长率/GDP 增长率

2. 工伤保险与社会保险发展适应性指标权重：10%

工伤保险与社会保险发展适应性下设工伤保险与全市社会保险发展适应性和深圳工伤保险与全国工伤保险发展适应性 2 个二级指标。在评估深圳工伤保险与社会保险发展适应性中，两个评估指标分量相当，权重相等。2 个二级指标权重均为 5%。各指标计算公式如下：

工伤保险与全市社会保险发展适应性＝工伤保险费增长率/市社会保险费总增长率

深圳工伤保险与全国工伤保险发展适应性＝深圳工伤保险费增长率/全国工伤保险费增长率

3. 工伤保险与行业劳动者变动适应性指标权重：35%

工伤保险与行业劳动者变动适应性下设劳动者增长与工伤事故增长适应性、高风险劳动者变动与工伤事故发生适应性、中风险劳动者变动与工伤事故发生适应性和低风险劳动者变动与工伤事故发生适应性 4 个二级指标。在工伤保险与行业人口变动适应性评估中，后 3 个二级指标分量相当且反映的问题较突出，所以所占权重较大。工伤保险与行业人口变动适应性 4 个二级指标所占权重为：劳动者增长与工伤事故增长适应性 5%；其他 3 项均为 10%。各指标计算公式如下：

劳动者增长与工伤事故增长适应性＝劳动者增长率/工伤事故增长率

高风险劳动者变动与工伤事故发生适应性＝高风险行业劳动者增长率/其行业工伤事故增长率

中风险劳动者变动与工伤事故发生适应性＝中风险行业劳动者变化率/其行业工伤事故增长率

低风险劳动者变动与工伤事故发生适应性＝低风险行业劳动者变化率/其行业工伤事故增长率

表 3－6　深圳市工伤保险制度适应性评估指标

一级指标	二级指标	指标内容及赋值参考
工伤保险与经济发展水平适应性（55%）	工伤事故增长与经济增长适应性（10%）	工伤事故增长率/GDP 增长率
	工伤保险基金增长与经济增长适应性（10%）	工伤保险基金增长率/GDP 增长率
	人均待遇增长与经济增长适应性（10%）	人均待遇增长率/GDP 增长率
	工伤预防与经济增长适应性（10%）	工伤预防费用增长率/GDP 增长率
	工伤康复与经济增长适应性（10%）	工伤康复费用增长率/GDP 增长率
	职业病防治与经济增长适应性（5%）	职业病发生增长率/GDP 增长率
工伤保险与社会保险发展适应性（10%）	工伤保险与全市社会保险发展适应性（5%）	工伤保险费增长率/社会保险费总增长率
	深圳工伤保险与全国工伤保险发展适应性（5%）	深圳工伤保险费增长率/全国工伤保险费增长率

续表

一级指标	二级指标	指标内容及赋值参考
工伤保险与行业劳动者变动适应性（35%）	劳动者增长与工伤事故增长适应性（5%）	劳动者增长率/工伤事故增长率
	高风险劳动者变动与工伤事故发生适应性（10%）	高风险行业劳动者增长率/其行业工伤事故增长率
	中风险劳动者变动与工伤事故发生适应性（10%）	中风险行业劳动者变化率/其行业工伤事故增长率
	低风险劳动者变动与工伤事故发生适应性（10%）	低风险行业劳动者变化率/其行业工伤事故增长率

三、制度运行的评估与判断

根据国际的经验与深圳的实际情况,按公平性、有效性和适应性进行评估。

（一）制度运行公平性评估

2003 年国务院出台《工伤保险条例》,规定覆盖范围为所有劳动者,理论覆盖率为 100%,劳动者都享有工伤保险权益。

2007 年户籍参保人口 120 万,劳动人口 136 万,户籍人口参保率 88%;非户籍参保人口 480 万,劳动人口 900 万,非户籍人口参保率 53%。由此可知,户籍别劳动者参保率的差别在全国来说处于比较低的水平,虽有相当的差距,但近年来呈现下降趋势。制度规定不分人群,享有同等待遇,待遇差别较小,不同人群间的公平性较好。

截至 2008 年 6 月底,深圳市参加工伤保险的企业已达 11.2 万家,参保人数位居全国前列,为 819 万人,其中 80% 以上是外来劳务工,基本上实现"全覆盖"的目标。深圳市无论是理论覆盖率,还是实际覆盖率,都处于全国各城市首位,但要实现全覆盖,还需要进一步的努力。深圳市工伤保险无论在制度规定,还是在制度实际运行中的公平性都较好。

（二）制度运行有效性评估

2007 年深圳市工伤保险参保人数为 752.36 万,劳动人口约 1100 万,参保率达68%,其中劳务工参保率达到95%以上;2006年深圳工伤保险参保人704.7万,即2007年增长率为6.8%。同期,全国平均增长率为18%,说明深圳工伤保险参保人数高增长率阶段已经过去,而深圳市工伤保险参保率远远高于全国水平。

2007年深圳市社会保险管理局共支付医疗费20.66亿元,支现金报销2.98万人次,医疗费用报销金额547.82万元,基本满足参保人工伤治疗和康复的需要。①

深圳市遗属补偿标准为:配偶职工每月工资的40%,其他亲属每人每月30%,孤寡老人或者孤儿每人每月在原标准上增加10%。2007年深圳市社会平均工资3233元。2007年10月起,深圳市最低生活保障标准统一为361元,遗属抚恤费平均水平为3233×40%=1293.2元。

2006年度,工伤预防费按年征收总数的5%计算,其支出上限为3820.56万元,实际支出3161.59万元,符合规定。但是,其中的工伤宣传培训费支出按实际支出的30%计算,应当为984.48万元,实际支出2561.59万元,超出规定1577.11万元。安全生产奖励费按规定的支出比率应当占实际支出的70%,为2213.11万元,实际支出600万元。②

2005年深圳市有毒害企业数8468家,占工业企业12296家的68.9%,申报有毒害企业数7889家,占有毒害企业数的93.2%。深圳市2005年约281万工人接受职业病毒害监控,2004年,32人被诊断为职业病患者,比2003年下降42%。职业病防治形势比较严峻,主要是因为防治人员数和康复服务人员数偏低。

(三)制度运行适应性评估

2007年深圳市GDP增长率14.8%,2006年深圳市GDP增长率16.6%,工伤事故发生率2007年比2006年大幅下降18.2%。工伤事故增长率低于经济增长率,呈现下降趋势。

---

① 参见《深圳年鉴》(2007)。

② 深圳市2005—2006年度工伤保险基金专项审计结果,2007年第1号(总第039号)。

2007 年，工伤保险基金增长率 39.4%，高于经济增长率 14.8%。2006 年，工伤保险基金增长率 15.4%，经济增长率 16.6%。

2006 年工伤预防费用占工伤保险基金的 2.7%，增长率为 16.8%，略高于经济增长率 15%；工伤认定数同比下降 0.3%，低于工伤保险参保增长率 69.6%，但高于 2004 年的 4.5%。

2004 年深圳市工伤康复费用为 135 万，比 2003 年增长 35%，占工伤保险基金的 0.25%，远低于发达国家 27% 的标准。2005 年、2006 年工伤保险基金的收入分别是 6.62 亿元和 7.64 亿元，两年的工伤康复费按规定支出上限分别为 7434 万元和 1.02 亿元。然而，两年的工伤认定数分别为 6.82 万宗和 6.21 万宗，但工伤康复费实际支出只有 2.23 万元和 2.0 万元①，远远低于按规定可以使用的限额。

工伤保险与经济发展水平适应性良好，其中工伤保险基金与经济发展适应性和工伤保险待遇与经济增长的适应性两个二级指标得分较高；工伤康复与经济发展的适应性与职业病防治与经济发展的适应性两个二级指标得分较差。

2007 年，工伤保险基金增收 39.4%，高于社会保险基金增长率 33%。② 截至 2007 年年底，全国工伤保险参保人数达到 12155 万人，同比增长 18.4%；全年工伤保险基金收入 166 亿元，同比增长 35.9%。深圳市参保人数增长 6.8%，工伤保险基金增长 39.4%。

工伤保险与社会发展的适应性较差，主要是因为深圳市工伤保险与全市社会保险的适应性、与全国工伤保险的适应性得分较低，工伤保险基金增长的速度已低于全市社会保险和全国工伤保险基金增长的速度。

（四）总体判断与结论

通过对深圳市工伤保险制度评估可以发现，总体情况良好，有效性相对较

① http://www.southcn.com/news/gdnews/nanyuedadi/content/2007-07/25/content_4213857.htm。

② 市社保局 2007 年工作总结和 2008 年工作计划，http://www.sz.gov.cn/sbjjblj/ghjh/ndgzjh/200810/t20081009_90013.htm。

差，公平性取得很大成就。

1. 公平性状况判断与结论

公平性状况为优。覆盖率状况较好，户籍人口与非户籍人口、特区内与关外无歧视性。

深圳市工伤保险应加大对非户籍人口投入力度，强化执行力度，增加非户籍人口参保率，有效保护其合法权益。

2. 有效性状况判断与结论

有效性状况良好。七个一级指标中，工伤保险参保率与增长率、待遇补偿满足程度两个指标得分较高；医疗服务满足程度、工伤认定与鉴定服务满足程度、职业病防治满足程度三个一级指标得分良好；只有工伤预防与康复费用满足率偏低，尤其工伤预防中没有实行浮动费率制，但对整个指标总体得分影响较小。

工伤保险的覆盖面大，发展迅速，工伤者的权益得到了较好保障；工伤保险在工伤预防、工伤康复和职业病防治投入力度不足；以预防为主，工伤预防、工伤补偿和工伤康复“三位一体”的工伤保险体系尚未建立。

3. 适应性状况判断与结论

适应性状况良好。三个一级指标中与行业劳动者变动适应性、与经济发展适应性两个指标得分均较高。

只有与社会发展适应性一个一级指标得分偏低；与经济增长适应性中的工伤预防、工伤康复和职业病防治指标较差，但对整体影响不大。

深圳市产业结构逐渐由高风险行业向低风险转变；经济发展为工伤保险发展提供了更有效的保障。

工伤预防、康复与职业病防治的发展落后于经济发展速度，工伤预防与康复的投入明显不足；深圳市工伤保险基金增长与社会保险基金增长不同步，落后于深圳市社会保险基金增长，甚至落后于全国增长水平。

第四节　制度构建与运行的绩效分析

深圳市实行国家统一颁布的《工伤保险条例》,按照不分人群、地区的公平性原则,使劳动者获得同等的工伤保险待遇。目前,深圳市的工伤保险已覆盖到区域内的所有企业、民办非企业单位、国家机关、事业单位、社会团体和个体工商户及其所属全部职工或雇工。

一、制度构建取得的成就

(一)实现了深圳市工伤保险制度的统一

深圳市2004年1月起,执行2003年国务院颁布的《工伤保险条例》,同时参照执行2004年2月《广东省工伤保险条例》中的部分内容,实现了统一的制度安排,结束了关内、外工伤保险制度"一市两制"的局面。

一直以来,深圳市关内实施《深圳特区工伤保险条例》,而关外宝安、龙岗两区实施《广东省工伤保险条例》。这种局面一度使深圳市工伤保险制度管理混乱,管理成本增加,工伤认定、劳动能力鉴定、工伤补偿标准争议不断。

(二)工伤认定的标准进一步明确

《工伤保险条例》强调了工伤认定的标准是"因为工作"所受到的伤害和职业病,具体规定职工在上下班途中受到的机动车事故伤害,应当认定为工伤。有以下六种情形之一的,也应当认定为工伤:在工作时间和工作场所内,因工作原因受到事故伤害的;工作时间前后在工作场所内,从事与工作有关的预备性或者收尾性工作受到事故伤害的;在工作时间和工作场所内,因履行工作职责受到暴力等意外伤害的;患职业病的;因公外出期间,由于工作原因受到伤害或者发生事故下落不明的;法律、行政法规规定应当认定为工伤的其他情形。

此外,条例还规定,职工有下列情形之一的视同工伤:在工作时间和工作岗位,突发疾病死亡或者在48小时内经抢救无效死亡的;在抢险救灾等维护国家利益、公共利益活动中受到伤害的;职工原在军队服役,因战、因公负伤致残,已取得革命伤残军人证,到用人单位后旧伤复发的。但劳动者因为犯罪或违反治安管理伤亡,醉酒导致伤亡,自残或自杀等,则不属于工伤保险的保护范围,并规定伤残认定申请由用人单位提出。

(三)制定了《深圳市劳动能力鉴定办法》

2008年7月31日,《深圳市劳动能力鉴定办法》出台。深圳市劳动能力鉴定法律层次得以进一步提高,深圳市劳动能力鉴定办法由原来的暂行规定上升为与国家和省法规相一致的法律规定。新鉴定办法的出台,结束了《工伤保险条例》与《广东省工伤保险条例》出台后,国家、省和市劳动能力鉴定相冲突的局面。

深圳市早在1989年就颁布了《深圳经济特区职工伤、病、残、劳动能力鉴定办法》,并建立劳动能力鉴定制度,16年来劳动能力鉴定工作取得了长足的发展,劳动能力鉴定人次从1990年的42人次,到2004年23998人次,增加570倍。但是,《工伤保险条例》与《广东省工伤保险条例》实施后,深圳市劳动能力鉴定办法在劳动能力鉴定机构、模式、程序等方面存在较多冲突,所以无论从依法行政还是从实际工作需要的角度,深圳市都有必要修改其劳动能力鉴定办法,以适应国家和广东省的法规,完善深圳市的劳动能力鉴定程序。

新鉴定办法的出台统一了关内、外劳动能力鉴定制度。深圳市宝安、龙岗两区2005年年底前,实施与深圳市不同的劳动能力鉴定办法。

建立了医疗卫生专家库,新鉴定办法对专家成员的职责、选任程序、作用以及应尽义务,都作了较为细致的规定。

明确了鉴定的有关时效,新鉴定办法规定,申请鉴定的时效应在职工医疗期满或医疗终结后提出,工伤的应在医疗期满30日内提出,作出鉴定结论的时限为60天,特殊情况可延长30日。

规范了作出鉴定结论的产生程序,新鉴定办法规定由专家组提出鉴定意见,鉴定委员会根据专家组的鉴定意见作出鉴定结论。

新建了初次鉴定、复审鉴定和省再次鉴定的“两级三次”鉴定模式,这种模式从深圳市劳动能力鉴定的实际出发,不同于国务院《工伤保险条例》规定的初次鉴定、省再次鉴定的模式，增加了复审环节，避免当事人不服就要去广州申请再次鉴定的麻烦；同时也不同于《广东省工伤保险条例》规定的初次鉴定、复查鉴定和省再次鉴定的表述，规定只有申请了初次鉴定的单位或个人才有资格申请复审鉴定和再次鉴定，促进用人单位积极为工伤职工申请鉴定。

（四）成立了职业病防治专门机构

2005 年 3 月 11 日，深圳市职业病防治院正式成立。“深圳市职业病防治院”作为公共卫生体系的一部分，为深圳市的职业病预防提供了技术保障，结束了拥有近 1000 万产业工人没有专门职业病防治机构的历史。① 其职能是承担深圳市职业病防治管理职能，即承担职业病诊断、鉴定诊断、报告和治疗；对职业中毒事故的危险因素进行技术鉴定；参与实施、指导基层职业病防治专业机构（组织）和工厂企业开展各项职业卫生与职业病防治工作。

目前，多数严重的职业病世界上至今尚无有效的治疗手段和措施，但是，几乎所有的职业病危害又都是可以预防的。各国公认的“预防为主”是最有效、最符合成本—效益原则的策略，国外专家曾对职业病，得出著名的“7∶4∶1”结论。即总体上看，如果企业发生职业病和职业性人身伤亡事故造成的经济损失是 7 的话，那么在发生这些事件之前，企业实现采取了对生产环境尘毒危害的防护措施和相应的技术改造，所需的经济投资只有 4；如果企业在初建时就能根据横向与纵向的比较，考虑到未来可能产生的致病危害隐患，将防护措施与整个项目的设计、建造统筹考虑，其投资只为 1。我国卫生系统也曾对尘肺病作过类似的研究，预防的投入和尘肺病造成的损失比例为 1∶6。而深圳市一直以来，几乎没有专门的资金用于职业病预防。

（五）信息化管理水平不断提高

在信息化管理方面，深圳市社会保障具有起步早、发展快的领先优势。深圳市社会保障第一个建立 Data Center，采用集中式管理；第一个建立 Internet 网站，实行网上申报等。2004 年，深圳市工伤保险建立和完善市、区、镇三级计算机联网，实施无纸化管理和便民服务模式。

---

① 参见 http://city.sz.net.cn/city/2005-03/13/content_76535.htm。

如今，深圳市社会保险信息系统已发展成为一个集政府管理职能、社会化服务功能、金融管理模式为一体的综合性管理信息系统。2006 年，深圳市开始整合各项网上服务，推出“网上办事大厅”。2008 年 10 月 27 日，深圳全市社会保险服务网点已超过 1500 个，与市社会保险机构签约的联网医疗机构达 946 个，加上各区的社区康复管理中心等，与市社会保险信息系统联网单位已经超过 1000 个。深圳市社会保险局的信息化系统已成为深圳最大的电子政务网络，为 8 万个企业提供 8 项网上经办业务，为数百万人提供 6 项网上信息服务。

信息化管理水平的提高，实现了网上申请工伤事故认定、网上支付补偿金、抚恤金等工伤保险待遇，提高了工伤保险服务效率，提高了监管水平，增加了信息的透明度，节约了运行成本。

（六）在工伤争议处理制度中，规定了用人单位的举证责任

《工伤保险条例》规定，职工与用人单位发生工伤认定矛盾时，由用人单位承担不构成工伤的举证责任，而不是由劳动者承担构成工伤的举证责任。避免了劳动者由于举证困难，导致大量的工伤争议积压在行政部门，久拖不决，提高工伤争议处理的效率。

（七）理顺了工伤保险关系，划分了工伤保险责任

《工伤保险条例》规定，用人单位分立、合并、转让的，承继单位应当承担原用人单位的工伤保险责任。企业实行承包经营的，工伤保险责任由职工劳动关系所在单位承担；职工被借调期间受到工伤事故伤害的，由原用人单位承担工伤保险责任，但原用人单位与借调单位可以约定补偿办法。企业破产的，在破产清算时优先拨付依法应由单位支付的工伤保险待遇费用。无营业执照或者未经依法登记、备案的单位以及被依法吊销营业执照或者撤销登记、备案的单位的职工受到事故伤害或者患职业病的，由该单位向伤残职工或者死亡职工的直系亲属给予一次性赔偿，赔偿标准不得低于本条例规定的工伤保险待遇。

（八）为促进流动性强的农民工参保，采取了多种灵活措施

2005 年，成功举办深圳市首届面向全国的“工伤预防动漫比赛”作品征集活动和宣传工伤保险、“八荣八耻”为主题的“拼图作品比赛”活动。印制了扑克牌、笔记本、贺年卡、挂图、宣传小册子和法规单行本等，免费送到企业和员工手

中。在各街道开办工伤保险宣传窗口,制作发布公交车工伤保险公益广告等,以此来提高社会各界的工伤保险意识。

2005年年初,为推进建筑业等高风险企业参加工伤保险和解决深圳市农民工用人单位的参保难题,社会保障局取消了已坚持多年的“五险合一”的捆绑征缴模式,允许尚不具备参加全部险种条件的用人单位或建筑业等高风险企业的农民工先行参加工伤保险,工伤保险参保人数开始出现跨越式增长。

深圳市工伤保险费率低,补偿高。按照国家规定,工伤保险的最高费率为2%左右,而深圳市将最高费率控制为1.5%,减轻了用人单位的经济负担;用人单位按员工的实际工资总额进行投保,但员工一旦发生工伤,社会保障部门发放工伤待遇则按市上一年度职工月平均工资的60%为工伤员工计发(2006年7月—2007年6月为1622元,2008年7月1日至2009年6月30日为1939.8元),增强了工伤保险对用人单位和广大农民工的吸引力。

采用递交“月报表”或“网上申报”制度,解决了农民工流动性带来的制度盲区问题。深圳市允许有多份兼职的农民工分别和多个用人单位建立工伤保险关系等。

二、制度运行的绩效

(一)参保人数、参保率、基金总量和基金征缴率全国第一

1.参保人数、参保率

截至2006年8月,深圳市的工伤保险参保职工人数已经达到670多万人,其中80%以上为农民工,深圳市推进农民工工伤保险的扩面征缴工作开展一年来,基本上实现了“应保尽保”;2006年年底,全市工伤保险参保职工人数已达704.7万人,其中80%以上为外来农民工,同比增长率高达16.8%,占到了全国工伤保险参保人数的7.9%,居全国各城市首位。到2009年1月,全市工伤保险参保职工人数达到756万人。

深圳市取得如此大成就一个重要原因是采取工伤优先的原则,取消“五险合一”捆绑征缴模式,允许尚不具备参加全部险种条件的用人单位或建筑业等高风险企业的农民工先行参加工伤保险。在社会保障一体化的进程中,工伤优

先原则是反规律的,但这是不得已的选择。但是工伤优先原则是深圳市工伤保险存在的基础。在深圳市目前的情况下,实行工伤优先原则是符合实际情况和保障劳动者实际需要的保障原则。因为深圳市的社会保险基金基数较小,只有把有限的基金用到缴纳了此种费用的人身上,才可以实际保护其利益,而且工伤优先原则可以将其负担减小到最低限度,进而使企业愿意增加投资,推动经济发展,更有可能实现社会保险一体化。此外,工伤优先原则还有利于保险基金的筹集,保证社会保障体系的正常运行。深圳市实行工伤优先的原则,大大增加了工伤参保率,尤其是高风险行业的工伤参保率。

2. **基金总量**

2007 年共征收工伤保险基金 10.65 亿元,比上年增长了 39.4%。

3. **基金征缴率**

基金征缴率达到 99% 以上,接近 100%。

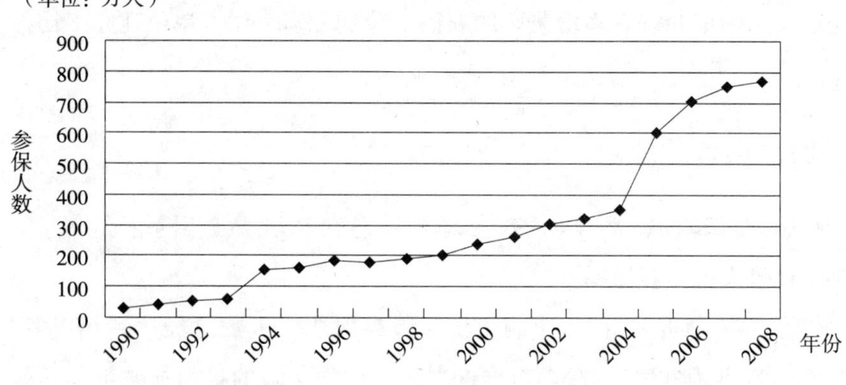

图 3－5　深圳市工伤保险参保人数示意图(1990—2008 年)

(二)劳务工参保人数居全国大中城市首位

截至 2006 年 9 月,深圳市工伤保险参保人数达到 717 万人,其中劳务工参保人数占 80%,超过 600 万,居全国大中城市首位。① 与此同时,北京农民工

① 据不完全统计,截至 2004 年年底在京农民工 272 万,仅有 10 万农民工参加了工伤保险,不到农民工的 4%。

272 万,仅 10 万农民工参加了工伤保险,参保率不到农民工的 4%。重庆市工伤保险参保总人数为 153 万,而其总人口接近 3200 万,为深圳人口两倍多。截至 2008 年 6 月底,深圳市参加工伤保险的企业已达 11.2 万家,参保人数位居全国前列,比 2007 年同期增加约 79 万,其中 80% 以上都是外来劳务工。2007 年,深圳市工伤保险参保人数达到 819 万,基本上实现"全覆盖"的目标。

深圳市之所以要将工伤保险扩大到农民工,是因为深圳市外来农民工有 600 多万人,约占全市从业人员的 77%。农民工年龄在 18—25 岁之间的占 75%,主要从事劳动密集型的制造业、建筑业和服务业。在进城农民工的社会保险权益中,因工伤致残(或患职业病)后合法权益能否得到有效保护是最为迫切的;此外,由于工伤保险的费用负担很轻,用人单位容易接受。以用人单位员工工资总额的 1% 进行测算,深圳市近 600 万外来农民工人月均工资收入约 800—900 元,以外来农民工为主的用人单位月工伤保险费用负担人均也就 8—9 元钱,因此绝大多数的用人单位都可以承受,也容易接受工伤保险。这些因素都为推进工伤保险全覆盖奠定了良好的基础;另外,把全体劳动者都纳入到工伤保险的这张"安全网"里,也是维护社会稳定的重要措施。

表 3-7 深圳与各大城市工伤保险参保人数对照表 (单位:万人)

人数 城市	城市人数	参保人数	外来人数	外来工参保总人数	外来工参保率
深圳	1206	717	1035	600	60%
北京	1538	258.9	272	357.8	76%
上海	1752	526	398	232	58%
广州	994.3	171	500	80	16%
重庆	3090	153	—	—	—
天津	1001	162.9	—	—	—
东莞	644.6	—	500	236	47%

(三)工伤保险低缴费率、高补偿率

深圳市工伤保险制度规定最高费率为 1.5%,国家规定最高标准为 2% 左

右。在工伤医疗管理中,深圳市社会保障局于2002年6月起推行工伤医疗费用记账偿付,以减轻用人单位和参保员工的经济负担,在工伤待遇偿付工作中,条例规定因工死亡职工“一次性工亡补助金”的标准为48—60个月的统筹地区上一年度职工月平均工资,但深圳市统一规定按60个月的标准发放,提高了参保员工的待遇水平。

深圳市采取多项举措为农民工参保提供便利,在工伤认定的适用法律过程中,能认定为工伤的,尽量给予认定、偿付,切实把用人单位的职业风险和工伤事故对农民工的伤害降到最低限度。对发生了工伤事故的未参保农民工,在工伤认定、事故调查取证、劳动争议仲裁和信访受理投诉等环节,尽量简化工作程序,并通过和司法部门联合举办“法律援助”咨询,免费为未参保的农民工提供法律援助等多种途径主动介入,维护其合法权益。据统计,深圳市工伤保险实现了工伤补偿率100%。

(四)工伤和职业病预防工作初见成效

据统计,深圳市全市补偿事故率2004年比2003年下降11%,2005年又比2004年下降了5%;认定事故率2005年比2004年下降了15%;基本杜绝群死群伤的重大或特重大工伤事故。

加强了职业病预防,进行专项整治,并初步扭转职业病防治被动局面,2004年职业病发病率比2003年下降近50%,无人员死亡。

(五)企业、医疗机构、参保人监管成果显著

1. 加强企业执法检查力度

深圳市安全生产监督管理局、劳动和社会保障部门、总工会从2003年6月开始对重点伤残事故多发企业3000余家进行安全生产执法检查,下达整改通知书近2000份,封停设备近1000台,整改设备3万多台,经济处罚金额超过400万元。

在工伤保险总参保人数连续两年上升17%,年均增长60多万人的情况下,2004年全市工伤补偿金额较2003年下降6.5%,减少支出达1981多万元,深圳重伤致残和因工死亡的比率逐年下降,2004年比2003年下降了50%。

现阶段,因为未参保工伤员工而导致的争议与上访所带来的对劳动保障、工

伤保险、信访、仲裁、监察等职能部门的工作压力在逐步下降。据统计,2007 年深圳市的社会保障信访受理宗数和人次分别比上一年度下降了 62.7% 和 94%。①

2. 加大了对不为职工参保企业的惩罚力度

劳动保障部门开展专项整治行动,集中力量加大对未参加工伤保险而又事故频发的用人单位的检查和处罚力度。对未参保的企业给予其欠缴工资额 1—3 倍的处罚。用人单位不依法参加工伤保险,员工可通过热线投诉举报。

2006 年 4 月,深圳市劳动和社会保障局对未按期为员工购买工伤保险的深圳市宝安文乐菱生电子厂开出 137 万元行政处罚事先告知书。这是深圳市有史以来对未参加工伤保险企业所作的最大数额处罚。同时,深圳市于 4 月 27 日启动了为期两个月的"飓风"行动,重在检查落实劳动保障法律法规执行情况,首日就对 22 家违反劳动保障法律法规企业进行处罚,涉及金额 208 万元。

3. 医疗监管效果明显

在深圳市参保人数大幅增加的同时,医疗费用支出下降,2004 年全市 1—8 级工伤事故总量明显下降,总补偿金额在参保人数增长 17% 的前提下,比 2003 年下降 6.5%,减少支付 1981 多万元。

医疗监管的制度化程度不断得到提高,制定了明晰的工伤保险诊疗项目目录、工伤保险药品目录和工伤保险住院服务标准。工伤医疗服务费用基本统一。

(六)工伤预防的投入力度逐渐加大

1. 工伤保险的宣传力度不断加强

2005 年深圳市社会保障局印发了几十万份工伤保险法规单行本向用人单位免费发放,并在报刊上宣传工伤保险政策;同年 4 月,由深圳市社会保障局和基金管理中心领导亲自带队,在全市范围内共设立了 30 个宣传站点,现场进行工伤保险政策的宣传及员工工伤案件的投诉受理。

2005 年 10—12 月,深圳市社会保障局工伤保险处与《深圳商报》合作联合开展了"促进工伤保险全覆盖、降低事故发生率、关爱劳务工"的工伤保险宣传

① 参见 2006、2007 年《深圳统计年鉴》。

月活动；这一期间，深圳市社会保障局工伤保险处组织了全市 17 万参保人参加了全国工伤保险知识竞赛。

2. 加大了对企业安全生产的监督与激励

2005 年，深圳市社会保障局工伤保险处沟通和联系安全生产监督管理部门，联合开展了对工伤事故高发企业的“工伤预防员安全生产专项检查整治活动”。

2005 年 5—7 月，深圳市社会保障局与安全生产监督管理局共同组织开展了“2004 年度深圳市工伤预防百家先进单位”的评选活动，对 100 家在 2004 年度工伤预防工作中作出优异成绩的先进单位进行了表彰和奖励。

为促进企业重视工伤预防和安全生产，深圳市社会保障局每年举行“深圳市工伤预防先进单位”评选活动，其中 2005 年举行的第二次活动中，设一、二、三等奖，评选出 300 家企业，奖金总额高达 600 万元。同时评选条件细化，具体评选等次、数量要求直接与安全生产和工伤发生率衔接，促进了企业进行工伤预防的积极性。

第五节　制度建设存在的缺陷

一、工伤保险管理体制存在缺陷

（一）市、区两级机构职能界定不清

市、区级两级工伤保险管理机构主要工作应当在于政策的制定和监督执行。现在却集决策、经办、监管职能于一身，由此导致工作负担加重，大量的精力和资源用于应付烦琐沉重的经办事务，人力物力资源没有得到最为有效的配置。决策、执行、监督应该相分离，其中决策、执行要考虑重心、职能、层级的调整；监督要相对独立。

（二）劳动保障与社会保险两条线管理

“过渡期”劳动者工伤保险政策的制定仍由经办机构社会保障基金管理局

负责,并未能形成由局机关主要负责政策制定和监管、社会保障中心负责经办的局面。

在区、站层面,也存在这种劳动保障和社会保险两条线管理的情况。两条线管理造成了较大的效率损耗,降低了政策的时效性,增加了经办和管理的难度。

二、制度未能有效纳入一些劳动者群体

工伤保险最根本的作用就是化解劳动者的工伤风险,最有效的化解方式就是把所有劳动者都纳入工伤保险制度范围内,但由于目前由于个人、企业或制度规定的原因,有很多员工还没有纳入工伤保险范围,在他们工伤以后,不能有效得到基本保障。

(一)灵活就业劳动者

由于灵活就业劳动者工作的不确定性,在现有制度框架下,其工伤保险权益很难得以保障,但由于很多灵活就业劳动者又处于工伤事故的高发行业,他们又是工伤保险制度的需求者,所以解决这部分劳动者的工伤保险问题需要制度上的改进。

2007 年年末,个体经营人员达 187 万人,占全市第二、三产业就业人员的 25.6%。若依此比例推算,全部灵活就业者人数达 281 万。在现有制度框架下,灵活就业者工伤保险权益得不到保障。

(二)"过渡期"劳动者

主要指处于试用期的劳动者、实习生等,由于其与企业确定劳动关系的不确定性,造成参保的时间上与工伤保险生效时间上有一定的盲区,而造成责任的承担的不合理性。

工伤保险在制度设计上不严密,会存在一定的"灰色区域",在这个区域内就容易引起纠纷。

(三)企业违规未参保者

由于现有的工伤保险制度设计不完整性,只对瞒报虚报职工人数的单位有惩罚措施,而对违规未参保的企业没有具体的惩罚措施,造成对这部分更严重的企业惩罚没有法律依据。

三、工伤预防、康复与职业病防治体系存在缺陷

(一)工伤预防体系残缺

工伤保险制度的存在不仅为受伤害者提供医疗服务,赔偿其因暂时或永久伤残而致的收益损失,而且更重要的是唤起人们职业安全与卫生的意识,做好预防工作,将其视做保护工人不可分割的一部分。

回顾德国工伤保险的发展历程,从一开始它就是与事故预防紧密结合的。法律明确地授权和规定,行业公会是德国工伤保险的承担机构,主要职责除了支付工伤保险补偿费,还强调对工伤预防、补偿和康复的综合系统管理,并明确其先后次序为预防—康复—补偿。

德国将事故预防看做是德国工伤保险的首要任务和基本原则。德国的工伤保险可分为职业事故保险、农业事故保险以及联邦、州和区特定事故保险 3 种类型,而各自的管理体系不同。其中以职业事故保险最具代表性,它覆盖 280 万家企业,受保人达到 4200 万,约占保险总人数的 90% 以上。

1884 年,为实施工伤保险制度,在德国,专门建立了负责管理工伤保险的机构——行业公会。在德国劳动安全领域,实际上存在着双轨制,劳动保护(指职业病防治)与事故预防分属不同的机构管理。从工伤保险法颁布之日起,行业公会就负责事故预防,而各行业公会的技术监察员负责事故预防监督工作。

德国通过采取先进的技术措施、有效的心理措施、健全的法律法规、高效的管理机构和灵活的经济调控手段,共同构成了其工伤预防机制,并长期以来有效地防止了工伤事故与职业病的发生。1960 年以来,工伤事故率持续下降。1960 年,发生工伤事故 251 万起,而 1995 年,这一数据下降为 165 万起。同期,雇员增加了近 50%,而事故率降低了 30%。

而深圳市工伤保险在工伤预防上虽然也做了很多工作,但已与深圳市经济发展的水平、深圳市工伤保险事业发展的进程不相适应。总之,深圳市缺乏完善严格的工伤预防制度规定,主要缺陷如下:

制度上出现一定的倒退,深圳市 2004 年采纳国家出台的《工伤保险条例》,但是《工伤保险条例》在实行的基础上并没有进一步完善工伤预防与工伤保险

之间的有机联系,而是将工伤保险排除于工伤保险制度之外,并对原《深圳经济特区工伤保险条例》中规定用于工伤事故预防支出项目的事故预防费、安全奖励金、宣传和科研经费等均未保留,出现了制度制定中的倒退现象。

深圳市没有明确、强制性的工伤预防立法,工伤保险预防不具有制度性和可持续性。

缺乏与工伤预防相结合的保障机制,工伤预防手段比较单一,效果较差。工伤保险制度运行良好的德国,主要是通过管理的、经济的、法律的、技术的、心理的等多种手段形成的综合性事故预防机制,各种预防措施和办法相辅相成,共同作用,较好地促进了企业事故预防工作的开展。

而深圳市目前主要是通过单一的管理、心理手段来开展工伤预防工作,而其他手段或没有,或力度较弱,效果较差。

差别费率分类较粗,没有充分反映不同行业的风险差别,深圳市的差别费率只简单分为0.5%、1.0%、1.5%三个标准,这与发达国家如日本、德国相差甚远。日本把费率划分为27大类,52个工种,最低费率是0.6%,最高为13.4%。

工伤预防调研与教育力度不够且工伤保险宣传效果不明显,没有建立工伤预防调研、宣传与教育的长效机制,宣传的针对性不强且宣传的方法不合理,造成工伤劳动者的自我保护意识严重缺乏。① 没有建立工伤事故发生机制与工伤预防之间联系的研究机制,因此无法为工伤预防提供科学的依据。

(二)工伤康复体系残缺

深圳市在工伤保险制度建设中,工伤康复理念处在初级发展阶段。目前,国际工伤保险发展的趋势是"先康复、后补偿",这样既可以促进工伤员工的康复,又可以节约工伤保险资源。但深圳市不仅没有形成这样的理念,而且只建立了初级医疗康复体系,缺少以德国为代表的国际上通行的医疗康复(为了帮助职工恢复健康)、职业康复(帮助工伤职工重新回到工作岗位)、社会康复(帮助工伤职工重新回到社会,享受正常的社会生活)等复杂的高级工伤康复体系。

德国的工伤制度建立了120年,在其工伤保险立法之初就确定了"注重康

---

① 据调查只有不到12%的劳动者了解工伤保险制度。

复”的原则，如今已建立起世界上最完整的工伤康复体系，仅工伤康复费用就占其工伤康复基金的27%，远远高出深圳市的1%的水平。他们认为，职工发生工伤后，重要的不是对职工进行经济上的补偿，而是要尽最大的努力，采取一切适合的手段，对职工进行最好的康复，使工伤者能够重返工作并享受生活，从而“降低社会总成本”。

深圳市没有明确地为工伤康复制度立法，工伤康复政策不健全。深圳市实施工伤保险制将近20年的时间，仍没有一部工伤康复制度的具体规定，工伤康复没有制度保障。目前深圳市的工伤康复政策仅停留在工伤康复器具上，缺乏相应资金保障政策、再就业支持政策等。2008年6月25日，深圳市召开《深圳市职工工伤康复管理办法》论证会，该《办法》对职工工伤康复设置了一整套严密的程序，从最初的职工工伤治疗享受工伤待遇到工伤康复诊疗享受康复津贴，再到康复后的职业培训享受职业培训津贴，以及职业培训后的推荐就业和就业补贴待遇，环环相连，每个环节都充分考虑到广大伤残员工的切身利益，以充分调动伤残员工工伤康复的积极性，帮助他们尽快康复重返工作岗位。

深圳市工伤康复资源严重短缺。据测算，2003年深圳市工伤伤残人数为9389人，2004年为17619人，2005年为17552人，2006年为12682人，2007年为8519人，减去其中很难康复的工伤伤残人数，并综合历年深圳市康复机构的工伤康复人数，每年大约应工伤康复的人数为3000人，工伤康复需求量巨大；但康复基础设施、康复技术以及康复专业人才等方面严重不足。目前虽然有广州康复中心，但深圳市本身没有相应的完整的工伤康复制度、专业工伤康复服务人才、完善的工伤康复机构。

早期康复的介入缺乏制度保障。工伤康复取得成效的一个关键是早期康复的介入，但因早期工伤康复介入涉及工伤治疗医院、用人单位和工伤职工多方的利益关系，尚存在体制上的障碍。目前缺乏有力的政策支持来促使早期康复的介入。

（三）职业病前期防治与监管乏力

职业病发病的滞后性，深圳劳务工的高流动性，使得深圳职业病的预防、责任认定、治疗和补偿都存在难度。深圳市工伤保险部门对职业病危害的前期防治与监管乏力。

深圳市是一座新型城市,职业卫生监督和技术服务起步较晚,企业的尘毒防治和安全设施没有与主体工程同时设计、同时施工和同时竣工验收、投产使用等诸多问题,增加了职业病危害的隐患。

对用人单位职业中毒情况不清,难以进行有效监管。而根据深圳市卫生局调查结果显示,深圳市全市 19700 家工厂中,存在严重职业毒害因素的企业高达 9392 家,而与职业毒害因素接触的工人就有 30 万人。其中,近 30% 的职业中毒发生在未纳入管理的企业,超过 70% 的职业中毒是企业隐瞒或不清楚职业病危害因素造成。

(四)制度设计存在漏洞

工伤保险制度只对瞒报虚报职工人数的单位有惩罚措施,对不为职工参保的企业不能进行相应的惩罚,企业惩罚没有法律依据。

四、预防、康复与职业病防治投入力度不足

(一)预防、康复和职业病防治占工伤基金支出比例低

2006 年,深圳市工伤保险共结余 3.06 亿。① 结余的主要原因之一是预防与康复占工伤保险基金支出比例偏低。深圳市工伤康复费用占工伤保险基金的 4.3%,远低于发达国家 27% 的平均水平。深圳市工伤预防与康复费用占工伤保险基金支出的 7%,与德国等发达国家 34% 的水平相比较,两者相差悬殊。

职业病预防。② 2003 年,深圳投资 4 亿元兴建市疾病预防控制中心;兴建疾病预防控制中心、卫生监督所将使现有的疾病控制中心、卫生监督所的业务面积

---

① 参见 http://www.szaudit.gov.cn/sjywgz/sjbg/sjjggg_1/200807/t20080725_388541.htm。

② 人员编制严重不足。深圳市疾病控制中心(包括职业病防治人员)人员编制为 190 名。沈阳市为 296 名,广州市(不包括职业病防治人员)为 330 名(加上职业病防治人员达 500 多人),青岛市为 562 人。各地疾病控制与卫生监督人员比例多为 2∶1 或 3∶1。在各省内,几乎所有地级以上市都设立了职业病防治所,人数几十到几百,而深圳市包括市卫生监督所的劳动卫生监督人员和市疾病控制中心的职业病防治人员才 10 多人。

扩大4倍。新建职业病防治院有200—250个床位的规模,使全市职业病控制在依法监督和预防的同时,实现规范化的诊断、治疗和管理。①

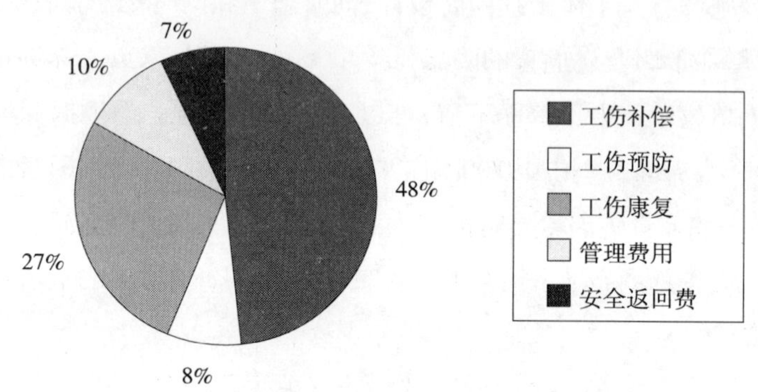

图3-6　德国工伤保险基金支出构成

(二)工伤保险监管人力不足

工伤保险业务工作面最广,各种矛盾错综复杂。深圳市工伤参保人口已从1990年的28万人增加到2007年年底的752.36万人,15年增加了35倍多,而工伤保险管理人员只从1990年的8人增加到2007年的200多人。而与此相比,德国的36个工伤保险行业公会,拥有雇员21812人,其中从事工伤预防的就有4223人,每年研究费用达3000万马克。同比其受保人为4200万,人均为深圳的27倍。行业公会总会下属技术监督机构(TAD)负责对企业的劳动保护监察和咨询服务,目前其雇员约有2100人。

深圳市人口流动性大,工伤事故率高。2007年深圳市共完成工伤认定5.58万人②,工伤事故率较上年降低14%。③

工伤保险机构压力的增大,严重影响了工伤保险机构的服务质量,严重制约了工伤保险管理与服务工作的深化。

---

① 参见www.maydeal.com。

② 参见《深圳市社保局2007年工作总结和2008年工作计划》。

③ 2008年7月30日,深圳市工伤预防先进单位表彰大会上公布的数据。

（三）职业病防治人力不足

职业病发病的滞后性，深圳劳务工的高流动性，使得深圳职业病的预防、责任认定、治疗和补偿都存在难度。

按照国家规定，每万名劳动者要配3名职业病防治人员。深圳市卫生部门从事职业病监督执法人员仅117人，对全市近2万家企业、数百万劳动者职业健康的监督难以到位。有的区、街道的卫生部门对企业的监督，6年才能完成一次，无法履行国家法规规定的监督责任。监督频率低，缺乏监督的力度，使一些企业抱有侥幸的心理，不去认真履行职业病防治的义务。

（四）工伤保险宣传效果差，农民工工伤保险知识薄弱

虽然深圳市社会保障部门在工伤保险宣传方面做了很多工作，但是宣传效果不是太好，农民工的工伤保险知识薄弱。

2005年7月，中国人民大学中国社会保障研究中心对深圳市农民工的社会保障情况进行了全面的调查。深圳市问卷调查共600份，有效问卷599份。其中男性农民工374人，占62.4%；女性农民工225人，占37.6%。年龄最小的16岁，最大的64岁，年龄平均值为26.88岁。130人回答在工作中曾受过伤或患过职业病，占样本总量的21.8%，即深圳市农民工每5个人中就有一人受过工伤或患过职业病。在调查的样本中，320人没有参加工伤保险，占54.1%。许多农民工对工伤保险缺乏必要的了解，80.2%的农民工不知道有关伤亡补偿的标准，44.5%的农民工不清楚单位是否建立有工伤和职业病补偿制度。建立有工伤和职业病补偿制度的单位或企业只占调查样本的26.3%，补偿标准大部分不确定。受过工伤或患职业病后，农民工往往得不到及时治疗。51.7%的人由自己进行治疗，28.8%由用人单位、老板负责治疗，17.8%由自己负担一部分，用人单位、老板负担一部分，还有2人没有进行任何治疗，占1.7%。①

通过这次调查，我们看到农民工知情权的重要性，如果农民工不知道工伤保险的内容，即使有很好的法律保障，也不会去运用法律保护自己的权利，这是值

① 参见 http://www.ahnw.gov.cn/2006nwkx/html/200610/{60E731A9-28BF-44B4-9363-3C7FBDE7383B}.shtml。

得我们深思的。

第六节　制度发展的建议与措施

深圳市工伤保险制度以治疗和补偿工伤职工为主要原则。在已建立完善的工伤治疗与赔偿机制情况下,工伤保险制度应转向以预防为主,补偿、预防、康复相结合的原则,建立完善有效的工伤预防、康复、治疗与赔偿体系。

一、完善工伤保险管理体制

(一)管理机构决策、经办、监管职能分离

建立社会化管理服务体系,把具体管理服务项目前移。经办机构社会化的目标是实现社会工伤保险的管办分离。工伤保险管理部门只负责政策的制定、监管等工作。具体经办业务依靠各区和劳动保障站平台完成。

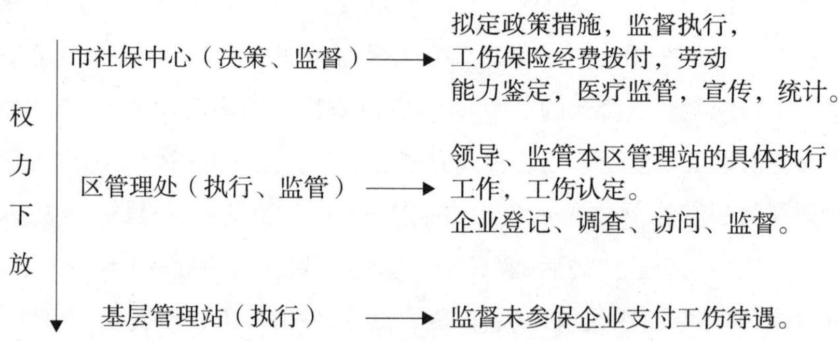

图 3－7　工伤保险管理体制目标模式建议

(二)从体制上保证监管力度

随着工伤保险经办业务的前移和管办分离,对工伤保险监督管理机构加强建设,合理配置工伤保险人员,健全工伤保险监管体制,为工伤保险的监管提供体制保障和人力支持。

理顺体制，将工伤保险纳入安全生产监督管理部门统一管理。目前，深圳市工伤保险由劳动和社会保障部门管理，从表面上看，工伤保险具有社会保障的属性，将社会保障多险种放在同一部门管理，似乎理顺了关系，但从实际上看，因工伤保险与其他社会保险制度的相关性不大，组织方式与实际效果和制度目标之间产生了脱节。工伤保险是为了促进安全生产，安全生产是为了减少事故和工伤补偿，可以说工伤保险离开了安全生产就无生存的根基。从代表世界发展主流趋势的德国、日本两大模式来看，或将工伤保险作为国家法律授权的社团组织独立运作，国家安全生产监督管理部门负责监督；或由安全生产监督管理部门直接负责管理。深圳市工伤保险的体制建设，应取德国和日本之所长，并结合深圳市实际，设立独立的事业单位负责基金运作，由安全生产监督管理部门负责制定政策和工伤基金的监管，统筹规划，整体推进。

（三）整合劳动与社会保险管理资源

劳动保障服务站和社会保险基金管理站进行资源整合，在区和站等服务前端，拓展其工伤保险管理和服务功能，改变目前两条线管理的局面。

二、推动工伤保险制度有效纳入一些劳动者群体

（一）建立对因企业违规导致的“未参保者”的工伤救助制度

建立对企业违规“未参保者”的工伤救助制度目的：为保障因企业违规导致的未参保者的合法权益，化解劳动者风险，使其得到及时有效的治疗。建立违规企业罚金救助制度。对1—4级伤残者，按不同的救助标准提供一次性救助。

（二）修改《工伤保险条例》，有效保障“过渡期”劳动者

解决“灰色区域”问题有三种途径：按事实劳动关系处理，由企业承担全部责任，这种方式对企业存在不公平问题，工伤者也很难得到应有补偿；完善现有工伤保险网络技术管理系统，实施申报即时生效制；建立按一定比例工伤保险金作为“过渡期”劳动者保险费制。

（三）制定明确的针对灵活就业者工伤保险具体措施

借鉴国内外经验，可采取两种解决方式：其一，由企业把钱退给劳动者，由劳动者自己缴纳，上海市明确规定招用非全日制从业人员的用人单位应当将应缴

纳的工伤保险费在劳动报酬中支付给个人，由其本人按照《上海市工伤保险实施办法》规定的工伤保险费缴费基数和费率自行缴费，并享有以下待遇：

（1）按照《上海市工伤保险实施办法》规定由工伤保险基金支付的工伤保险待遇；

（2）由承担工伤责任的用人单位参照《上海市工伤保险实施办法》规定支付停工留薪期待遇，并不得低于全市职工月最低工资标准；

（3）致残一级至四级的，由承担工伤责任的用人单位和工伤人员以享受的伤残津贴为基数，一次性缴纳基本医疗保险费至工伤人员到达法定退休年龄，享受基本医疗保险待遇；

（4）致残五级至十级的，由承担工伤责任的用人单位按照《上海市工伤保险实施办法》规定的标准一次性支付工伤医疗补助金和伤残就业补助金。

其二，企业为员工购买团体商业保险。如成立于2001年1月的深圳补充工伤保险，专业从事补充工伤保险的代理、理赔等服务工作，可以在《工伤保险条例》的基础上，扩展补充工伤保险的职能，在特殊情况下发挥化解企业和工人的风险的功能。

三、完善工伤预防、康复和职业病防治制度

树立“先预防，后补偿；先康复、后补偿”的理念，借鉴国际成熟经验，率先建立适合深圳特色的工伤预防、康复和职业病防治制度，形成完整的工伤预防、康复和职业病防治政策、标准、管理和服务体系。

（一）加速制定完善的《工伤预防条例》

加强对工伤事故发生与工伤预防研究力度，学习和借鉴国际上成熟的工伤预防经验，建立工伤预防调研、宣传与教育的长效机制，支持工伤和职业病预防的研究工作，建立起完整科学的工伤保险制度。

从国际劳工组织1998年公布的统计资料（见表3－8）以及我国和深圳市1998年的统计数据可以看出，我国和深圳市在工伤预防措施上的投资过低，而事故率相对较高。据国际劳工专家估计，每年由于职业伤害造成的经济损失，占一个国家国民生产总值的2%左右。据统计，我国每年工伤事故死亡近2万人，

永久性伤残人数超过10万人,对人民生命和健康造成的损害极大。通过表3-8我们可看出,工伤预防措施投资多的国家,事故率低,因此要加大在工伤预防上的投资,并牢固树立"预防为主"的观念。

表3-8　一些国家事故死亡率(1997年ILO统计)

国别	就业人口(百万)	职业事故(不包括交通事故)死亡人数(人)	职业事故死亡率(以10万人统计)
美国	125	6600	5.3
日本	64.5	3183	4.9
欧盟	147	5907	5.9
泰国	32	6162	19.2
全世界(ILO有统计国家)	2394	334000	14

采取管理的、经济的、法律的、技术的、心理的等多形式综合性预防方式。成立专门的工伤保险调研、宣传与教育队伍,做到劳动者安全生产意识的全覆盖;建立工伤预防宣传、教育、培训的机制。分析近年来工伤事故率和职业病发病率长期居高不下的情况,除生产技术、工艺落后,安全设施不完善等原因外,生产经营管理人员与从业人员的法律意识、劳动防护意识和职业危害意识不强是一个重要的原因。据统计,有80%以上的工伤事故是人为原因造成的,多数是可以避免的。要改善这种状况,除加强职业安全健康监察工作外,有必要建立工伤保险宣传、教育和培训的平台,通过经常性地在全社会开展工伤保险与工伤预防的宣传,普及工伤保险知识;通过对企业生产经济管理人员尤其是私有企业、"三资"企业、个体工商业、基础加工企业、外来加工企业等用人单位主要经营管理人员的教育培训,提高法律意识和劳动保护意识。这种教育培训可采取工伤保险基金的支持,对受教育培训人员实行免费。一直以来,深圳市社会保障局就规定,可以从工伤保险基金中提取预防宣传教育费,对从业人员可免费发送宣传教育手册,加强培训,提高从业人员的自我保护意识和工伤保险意识。

规范企业用工形式:企业用工必须签订劳动合同或用工协议,对不签劳动合同的加大处罚力度。我们知道合同是平等主体的自然人、法人及其他组织之间设立、变更、终止民事权利义务的意思表示一致的协议，是反映交易的法律形式。合同一旦确立，就对当事人双方产生了法律的约束力，签约双方的权利、义务就受到了国家强制力的保护和监督。它最根本的作用就是变“不确定”为“确定”，明确双方的权利与义务，它是获得权利和承担义务的凭证。如今很多人尤其是处于弱势群体的农民工在现有比较完善的工伤保险体制下，仍不能保护自身的权利，很大程度上是因为没有签订作为凭证的合同，甚至在工伤发生后不能证明事实上的劳动关系，根据目前的《工伤保险条例》，只要工人能证明和企业间的事实劳动关系，就可以得到足够的工伤补偿，但很多人发生工伤后，第一件事就是和公司私了，这样大大增加了劳务工的工伤赔偿风险。据统计，深圳市的合同签订数为570万份，签订率达92%。实行集体协商与集体合同制度的企业已达26000多家，覆盖309.5万员工。① 但是农民工集中的高风险行业，特别是在建筑业等行业，劳动合同签订率都非常低。深圳市建筑企业为工伤欠保“大户”，据深圳市建筑部门统计，深圳市目前有40余万建筑从业人员，但购买了工伤保险的却只有20万左右。形成这种问题的主要原因，是他们几乎没有签订劳动合同，无据可查。为促进合同签订率，可以以非公有制企业、改制企业和劳务工为重点，实现所有用人单位与员工普遍依法签订劳动合同，并确保劳动合同依法严格履行。此外，还应积极推行集体协商和集体合同制度，以大型外商投资企业、民营企业建立集体协商制度为突破口，在企业比较集中的社区、街道、工业园区，大力推行区域性、行业性集体协商，进一步扩大集体协商范围。

规范使用工伤预防专项基金，可以考虑制定适用深圳市实际情况的有效的机制，如制定《工伤保险与事故预防管理办法》，规范工伤保险奖励金和工伤预防费开支，健全财务制度和审计制度，设专门科目、专款专用。用工伤保险基金支持开展职业危害防护技术研究与高危行业、工种岗位改善劳动条件的研究和实施工作。基于“损失控制”的原理，一是以工伤保险基金的支持，有针对性地选择如噪声、粉尘、冲压等危害大、数量多、防护设置落后等方面的技术研究与产

① 参见 http://www.sznews.com/news/content/2006-11/30/content_581232.htm。

品开发,推动劳动保护设施的改善。二是以工伤保险基金的支持,开展对高危职业危害场所的监测和人员健康监护,实施早预防、早改造、早发现、早治疗等有效控制,防止或降低事故与职业病发病率,降低从业人员的伤病程度,从而也降低工伤保险基金的支出。三是以工伤保险基金的支持,针对工伤风险较高的典型作业场所、典型工种、典型岗位制定科学的工作规范,以规范操作动作、操作频率、操作强度、操作重量、暴露程度,加强职业危害的防范。

建立工伤信息交换机制与计算机分析处理系统。建立信息交换机制,就是要在劳动保障部门之间,劳动保障部门与安全健康监察部门之间建立信息交换、数据共享、情况通报的平台,及时对工伤事故、职业病的发生情况,职业危害评估状况、安全生产情况交换信息,为职业安全健康的监察、工伤保险费率的确定或调整,提供及时的数据信息。同时经过对有关数据的统计分析,对职业伤害发生的类型、程度、高发的人群和发展的趋势提供数据资料,使职业安全健康预防工作和费率筹集做到心中有数,对开展工伤预防工作做到有的放矢。

广东省新近颁布的两个安全生产规范性文件,出台了不少促进安全生产的新政策,包括安全费用提取制度、安全风险抵押金制度、工伤保险浮动费率制度等,都值得深圳市借鉴。

1. 安全费用提取制度

以高危行业企业的产品产量或销售总额按一定比例提取,实行专户储存,主要用于安全设施安全技术措施经费、重大危险源监控和整改等安全生产工作。

2. 安全风险抵押金制度

征收数额与企业的安全生产状况挂钩,主要用于企业发生事故后的抢救和善后处理。

3. 工伤保险浮动费率制度

将企业的安全生产状况与工伤保险费用的缴纳挂钩,企业工伤事故发生越多,其应缴纳的工伤保险费则越高。

目前,深圳市根据国家和广东省的规定,结合本身的实际,做好工伤保险相关数据的测算,合理确定行业基准费率,科学制定费率浮动的具体办法。加强对工伤保险运行情况的监测,定期分析工伤保险费率对工伤保险制度运行的影响,及时实行调整行业差别费率及行业内费率档次的方案。

（二）加强和完善职业病防治院预防功能

加强和完善深圳市职业病防治院的预防功能，加强对有毒害企业的监督，规范企业用工形式。企业用工必须签订劳动合同或用工协议，对不签劳动合同的加大处罚力度，从源头上减少职业病的发生。

引导企业重视和加强职业病防治工作。将企业职业病防治措施落实情况和卫生监督机构监督验收意见纳入安全监督部门安全生产许可的必要条件，引导企业重视和加强职业病防治工作。从现行的《职业病防治法》来看，没有设立职业卫生许可制度，但可以利用2005年卫生部、国家安全生产监督管理下发的《关于职业卫生监督管理职责分工意见的通知》（以下简称《通知》）的有关精神，已将职业卫生工作纳入安全生产加以监督管理。该建议的可行性在于：(1)该《通知》重新明确了卫生部门和国家安全生产监督管理部门在职业卫生监督管理中的职责，并明确规定："对有毒有害作业企业实行职业卫生安全许可证制度"，为将职业卫生纳入安全生产许可提供了法律依据；(2)在安全生产许可审批程序上，可参照食品经营企业办理工商登记的办法去操作，即先由卫生行政部门按照一定的标准对企业职业病落实情况进行量化考评，监督管理部门依据卫生监督部门的考评结果和相关法律、法规为企业办理安全生产许可；(3)具体实施程序可按照《通知》要求的部门间协调机制进行解决。这一建议的优点在于：第一，弥补了职业病防治法存在的部分缺陷；第二，从安全生产角度体现了对企业落实各项职业病措施的强制性；第三，真正实现各职能部门对职业病防治工作齐抓共管的目的。

开展区域性职业危害现状调查和监测，加强信息的收集和管理，为政府决策和防治措施的制定提供科学的依据。

借鉴国际上成熟的经验，制定有毒害企业的建厂、工作程序等科学标准，从源头减少职业病的发生。

联合安全生产监督部门，摸清有毒害企业的情况，建立有毒害企业的备案制，有效全面地监控有毒害企业安全生产状况。加强有毒害企业职工身体检查力度，促进职业病治疗的早期介入。

增加职业病防治的技术与管理人员，针对目前职业病防治的技术与管理人员严重短缺的情况,成立专门的研究小组,借鉴职业病预防较成熟国家的经验,研究合理的人员配置,提高深圳市职业病防治的水平。

(三)加速制定完善的《工伤康复管理办法》

树立"先康复、后补偿"的理念,借鉴国际上成熟的经验,率先建立起适合深圳特色的工伤康复制度,逐步建立起包含教育康复、职业康复、社会康复的工伤综合康复体系,形成完整的工伤康复政策、标准、管理和服务体系。

把工伤康复提上重要议事日程。从德国高度重视工伤康复工作的经验看,工伤康复不仅具有良好的社会效益,而且做好工伤康复从经济上讲也是"合算"的,德国提出工伤康复可以"降低社会总成本"的理念对我们很有借鉴意义。表面上看,工伤康复花了一些钱,但实际上,工伤职工通过工伤康复特别是职业康复,能够生活自理甚至重新回到工作岗位,不仅对个人身心有益,而且会大大降低社会对工伤职工的资金投入。作为工伤保险发展标兵的深圳,更应该把对工伤职工的工伤康复工作提到重要议事日程,这也符合以人为本科学发展观的要求。建议有关部门进一步加强对工伤康复政策和相关标准的研究,积极开展工伤康复试点工作,在借鉴发达市场经济国家工伤康复经验的基础上,逐步探索建立适合深圳的工伤康复制度。

而根据德国的工伤康复经验和深圳市目前的实际情况,深圳市急切要做的是:

(1)理顺工伤治疗机构、用人单位和工伤职工的利益关系,化解工伤治疗医院、用人单位和工伤职工多方体制性障碍,以最大限度提高工伤康复的效率。

(2)整合和利用现有工伤康复资源,制定完善的《工伤康复管理办法》。在广州工伤康复中心的基础上,挑选合适医疗机构,采取与医院建立协议的模式,完善其康复设施,形成完整的工伤康复机构体系。目前,已制定《深圳市职工工伤康复管理办法(草案)》,待报市政府审查。

(3)同时深圳市要制订长期的工伤康复计划,制定促使早期康复制度的政策,建立早期康复介入的体制,理顺工伤治疗机构、用人单位和工伤职工的利益关系,以最大限度提高工伤康复的效率。

(四)建立工伤保险费率研究机制

工伤保险费率机制是工伤保险制度的核心问题,合理的行业差别费率是工伤社会保险制度公平性能否得到充分体现的重要标志，体现着深圳市社会保障制度的保障与稳定功能发挥得是否充分。工伤保险历史悠久的国家，基本上是通过工伤赔付支出费用额来确定行业差别费率的。国外工业发达国家工伤保险制度发展成熟，工伤事故数据统计相对准确、稳定，工伤保险基金运作规范，因此根据工伤赔付支出费用修订行业差别费率是完全可行的，也为雇主和雇员所接受。深圳市工伤保险制度处于初级阶段，工伤事故管理不规范，工伤统计数据还很缺乏，现阶段行业差别费率的划分基本上处于经验判断阶段。

在没有完整的工伤事故统计资料时，可根据实际情况采用聚类分析、风险系数测评和模糊风险评估等方法来确定行业差别费率。深圳市工伤保险制度还处于初级阶段，费率厘定、工伤事故管理、统计等基础工作还很不规范，建立完善的工伤保险数据统计系统显得尤为迫切，特别是工伤保险行业差别费率还处于初步试验阶段，有关此方面的研究还在探讨中，但为了在工伤保险制度发展中少走弯路，在现有基础上，应做好工伤保险制度基础数据统计工作，为尽快建立完善的工伤保险制度做好充分准备。

（五）提升《工伤保险条例》制度层级

对不为职工参保的企业制定相应的惩罚措施，使企业惩罚具有法律依据。工伤保险条例的法制性程度很高，但还不是人大通过法律，应在现有条例和积累经验基础上，尽快出台《工伤保险法》。

四、加强工伤保险中医疗服务管理

在实行工伤保险社会统筹后形成的工伤保险基金中，工伤医疗费用的支出占基金的比例较大。据统计，2006 年，工伤医疗费用 1.45 亿元，占工伤保险基金支出的 31.6%①，且工伤医疗费用具有较大的变动性，因为工伤医疗费用实行全额报销，费用不易控制，在职工工伤的治疗过程中容易形成“小伤大养”、“慷

① 参见 http://www.southcn.com/news/gdnews/nanyuedadi/content/2007-07/25/content_4213857.htm；http://www.szaudit.gov.cn/sjywgz/sjbg/sjjggg_1/200807/t20080725_388541.htm。

‘公家’之慨”的现象,造成医疗费用的浪费,甚至导致工伤保险基金的赤字危机。因此,进行工伤保险制度改革,必须抓好工伤医疗服务管理这项基础性工作,在保证工伤职工医疗的前提下,克服浪费,保证工伤保险基金的“可持续发展”。一些工伤保险制度改革先行地区在实践中探索了一些切实有效的办法,为工伤保险中的医疗服务管理积累了有益的经验。

(一)加强对医疗服务“供方”即定点医院的管理

工伤发生的概率相对较低,但工伤医疗要求医疗机构反应快、水平高,因此首先必须选好定点医疗机构,做到“优中选优”,即选那些技术水平高、服务态度好和“软”、“硬”件都比较过硬的医疗机构;由于工伤医疗的特殊性,还需要选那些专科有特色的、较权威的医疗机构中的重点特色科室,如烧伤科、骨科等。

在选好工伤保险定点医院后,要通过签订合同(协议)书的方式,加强对工伤医疗的服务管理。一些地方(如海南省)的合同主要有以下几点内容:

(1)规定定点医院在对工伤职工进行治疗时,医疗服务和药品的提供要符合有关规定;对一些超出范围的医疗服务项目和药品,如果是救治伤员所必需的,应先向劳动保障主管部门提出申请;紧急情况下可先使用,事后再提出补充申请。

(2)严格要求定点医院严格遵守、执行物价部门制定的医疗服务项目收费标准和国家有关药品定价的规定,遵守医疗规范,因病施治,合理检查、合理用药、合理收费,不做与伤残无直接关系的检查和重复检查,一般可用常规手段明确诊断的,不用高新技术设备检查,严格掌握用药规范,坚持处方用药以治疗药为主,不用疗效不确定、价格昂贵的药作为首选药;保证各项收费记录清楚,杜绝分解收费、重复收费现象。

(3)在确有需要对工伤职工进行高新技术检查、治疗,施行器官移植及使用贵重药品时,定点医院必须从严掌握,认真填写专用申请表,并与工伤保险管理机构进行协商。

(4)定点医疗机构在与社会保障机构结算医疗费时,定点医院要按要求交验住院通知书、医疗服务收费明细卡、贵重药品和特殊检查(治疗)申请表等单据。

(5)规定定点医院要接受社会保障机构对其提供的医疗服务质量及收费等情况进行监督、检查。

(二)加强对需方即工伤职工医疗费用的管理

加强对工伤职工医疗费用的管理,主要有以下措施:

(1)对住院治疗工伤职工,采取医疗服务明细账管理,如发现不合理的用药或医疗服务项目,费用不予报销。

(2)对门诊治疗的工伤职工,采取同医疗机构、工伤职工商定,“预估”医疗费用的办法管理医疗费用的支出,同时要求医院做好病案记录,以供核查。

(3)对医疗期间的用药范围和使用贵重自费药品或特殊医疗项目等,要与医疗机构签订协议,不符合规定的不予报销。

(4)对因治疗确需转院的工伤职工,需经本人申请、工伤保险管理机构批准、专家“预估”所需医疗费用并与工伤职工所在单位协商后才能转院。

总之,对工伤职工医疗费用的管理,必须从“供”、“需”双方进行科学合理的控制,才能有效地控制浪费。这就要求必须建立一套行之有效的机制,使工伤保险沿着深化改革的方向健康发展。

五、加大工伤保险总体投入力度

根据管理体制改革的需要,本着经办重心下移的原则,合理配置资金及人力资源,理顺现有管理体制。

(一)加大人力投入

调整和增加工伤保险管理与服务系统的人力投入结构。加大在工伤预防、认定、事故调查人员的配备。增加职业病防治的技术与管理人员,按国家规定每万名劳动者配 3 名职业病防治人员配备,提高深圳市职业病防治的水平。

对医疗机构和企业监管的力量,增加非编制流动监督员,通过生活补贴和激励机制,减少支出,减少骗保率,避免工伤保险资源浪费,增加监管的效果。

（二）增加预防与康复支出占工伤保险基金支出比例

2006 年,深圳市工伤保险共结余 3. 06 亿元,工伤预防与康复费用占工伤保险基金支出的 11. 27% 弱,①增加预防与康复基金支出比例完全可以做到。加大预防宣传、教育的投入力度,增强参保人的预防意识。

（三）激励现有医疗机构加大在工伤康复环节投入

制定明确的规定,规定定点医疗机构必需的康复机构、设备和人员设置标准,给予符合标准的医疗机构以物质奖励。并制定对定医疗机构中康复服务的质量评价体系,促使医疗机构加大在工伤康复上的投入。

在韩国建立了以工伤人员职业康复为主的劳动福利事业,由勤劳福利社管理。勤劳福利社受劳动保险局的领导。勤劳福利社管理着 10 所工伤医院、1 个医疗研究所、2 所职业康复训练院和一些自营房产、商场。主要职能是向工伤人员提供治疗、疗养和假肢、轮椅等康复器具,对伤残人员进行印刷、缝制、美术、各种木工艺、金属工艺加工等多种职业训练,以帮助因工致残人员获得重新就业或自谋职业所需的劳动技能。勤劳福利社拥有法定资本金 2000 亿韩元。该社还建立了下列基金:(1)子女奖学基金。由政府拨款,用于工亡者或 1 至 7 级伤残者子女中高等学校学习的奖学金,以保证他们受教育的机会。现有基金规模为 150 亿韩元。(2)生活安定基金。由政府拨款,用于对遗属和 1 至 7 级伤残者购房提供低息贷款。现有基金 130 亿韩元。(3)发行中小企业劳动者有奖福利券达 5500 亿韩元,主要用于中小企业工残人员和遗属的福利事业。如购房贷款、生活困难补助、康复事业、幼儿园、低价商店、为未婚青年和单身女工提供低价住房,以及开展文娱活动等。

（四）开展安全宣传、教育和培训工作,增加务工者保险知识

在德国开展安全教育培训,是行业公会预防工伤事故的又一个重要手段。行业公会设立了 22 个培训中心,在培训中心、流动培训车、企业内部及地方的培

① 参见 http://www. southcn. com/news/gdnews/nanyuedadi/content/2007 - 07/25/content_4213857. htm; http://www. szaudit. gov. cn/sjywgz/sjbg/sjjggg_1/200807/t20080725_388541. htm。

训中心通过电视、微机等工具为雇主、雇员提供免费培训服务，进行基础和劳动安全教育培训。法律规定所有负责劳动安全的人员都必须参加培训。技术监察员充当安全计划和大学里的讲师，培训学员在培训期间的食、宿、培训、交通一律免费，由行业公会在工伤事故预防经费中列支。每年有约37万名企业员工参加约2万次劳动保护知识宣传活动。

深圳市目前可以在30个工伤保险咨询中心的基础上，建立安全培训中心，提高安全生产负责人的安全意识，增加劳务工的工伤保险知识和提高劳务工的自我保护意识，减少工伤发生率。

（五）开展安全技术研究

在德国，同业公会拥有3个研究院（所），开展如冲压设备保护、防火、防毒、防噪声等防护技术的研究及推广活动。工商业同业公会每年从工伤保险基金中提取7%左右的费用用于工伤预防工作。在参观德国工伤预防研究机构时，人们对他们工作的细致和严谨深有感触。德国的工伤预防已建立了取样、测试、软件分析、建立数据库等一系列工作程序，并为了防止工伤、职业病的发生或职业因素对人体潜在的损害，对职业危害因素（物理、化学、生物、心理）做了深入的研究，甚至细致到劳保用品是否达到国际标准、钢锯等工具的减噪及如何最大限度起到对工人的安全保护。通过坚持不懈的工伤预防工作，德国工伤事故逐年降低，数据显示，2004年的工伤事故比1980年下降了70%左右。

而在深圳市还没有这样的研究机构，但是无论是深圳市目前的经济状况还是需求上，深圳市都有能力和有必要建立相应的安全技术研究机构。深圳每年有将近三分之一的工伤保险基金盈余，可以取出其中的一部分用于研究所的开支，这样因减少工伤而引起的费用下降将远远超过研究的开支。

第四章

深圳市失业保险制度：演进、评估与完善

失业保险是指对有劳动能力并且有就业愿望的社会成员，当其因非自愿的原因暂时失去工作，经济收入中断，失去社会来源时，从国家和社会获得物质帮助的一种社会保险制度。其目的是使劳动者在失业期间获得必要的救济和物质帮助，以保证其生活的需求，并为失业人员的培训、就业创造机会和条件。

与其他社会保障项目相比较，失业保险具有保险针对的劳动风险不同、保险的目的不同和享受条件不同的特点。它是社会保障体系的重要组成部分，是社会保险的主要项目之一。

第一节　深圳市失业保险制度的演进

深圳市前身为宝安县，当时的宝安县社会保障制度基本与全国一致，实行中央人民政府政务院于1951年2月颁布的《中华人民共和国劳动保险条例》，其中没有失业保险方面的规定。

1980年8月深圳经济特区成立，率先突破传统计划经济的框架，实行“外引内联”的方针，大力发展社会主义商品经济。所有制结构发生变化，外向型经济迫切需要建立与之相适应的工资分配和保障制度，失业保障问题逐渐引起重视。

深圳市失业保险制度几经变革，按每个时期制度的不同特点，大体可以将此制度演进过程分为三个阶段：

一、失业保险制度初步探索期

1982 年至 1986 年为深圳市失业保险制度初步探索期。

（一）初步探索期的背景

1. 理论背景

关于西方就业、失业理论，最早的是法国经济学家萨伊于 19 世纪初提出的“充分就业论”。根据萨伊定理，商品的供给与需求总是趋于均衡，不会出现生产过剩，因而也总能实现充分就业。继萨伊之后，庇古在《论失业问题》（1914 年出版）中提出了“自愿失业”和“摩擦失业”理论，按照他的理论，资本主义经济中能够实现充分就业，不存在非自愿的失业。20 世纪 30 年代后，人们逐渐意识到，失业不是失业者个人缺陷造成的，而是市场经济内在矛盾导致资源配置失衡的结果，政府作为宏观经济的调控者，应尽到保障劳动者生活、促进就业和促进资源有效配置的责任。1936 年凯恩斯在《就业、利息和货币通论》中提出了“非自愿失业”论。他否定了传统经济学中宏观经济只有在充分就业上才达到均衡的观点，认为小于充分就业的均衡是资本主义经济的常态，因此充分就业只是资本主义经济的一种“特例”，总需求不足导致的非自愿失业是时常存在的。此后西方社会关于失业的理论研究不断发展，如托宾和杜生贝的结构性失业理论、罗宾逊提出的隐性失业理论、菲利普斯提出的“菲利普斯曲线”、弗里德曼提出的“自然失业率”假说、刘易斯等人的二元结构论和隐性失业论、梅多斯提出的技术失业理论等。失业不但是与市场经济并存的一种现象，而且是市场经济本身所不能克服的，既然市场经济中总是存在一个失业群体，因而失业保险就有其产生的必然性和存在的必要性。至 20 世纪前半期，在殃及整个西方世界各国的经济大萧条中，以凯恩斯主义为代表的国家干预主义取代古典自由主义，在资本主义世界占据了主流地位。

而在我国，长期以来奉行马克思主义政治经济学，认为失业是资本主义经济的必然现象，而社会主义经济中用计划体制调控生产与消费，因而至 20 世纪 70

年代末,我国理论界不承认我国存在失业现象,即使在经济体制改革的初期,理论界也只承认存在待业,①因此《国营企业职工待业保险暂行规定》中没有使用“失业”概念而是使用“待业”概念。

2. 国际背景

在工业革命以前和工业革命初期,政府对于失业者所采取的是慈善救济方式。随着工业革命进一步发展,产生了行会组织内部的自发性失业互助组织,这种失业互助组织是失业保险制度的雏形,主要目的是分散和缓解失业风险。

进入 20 世纪,出现了由国家提供的制度化失业保险制度方式,这一时期各国失业保险制度的核心内容是建立失业保险基金、分散失业者风险、保障失业者基本生活。1905 年、1906 年和 1907 年法国、挪威、丹麦先后建立起自愿性失业保险制度。英国在 1905 年就已颁布《失业法》,而 1911 年颁布的《国民保险法》中一个主要的组成部分就是“失业保险法”。在《国民保险法》中英国对失业保险实行了强制性的保险,建立了世界上第一个强制性失业保险制度,开创了强制性失业保险的先河,成为欧洲和北美学习的模本。欧洲各国基本上都在 20 世纪 20 年代建立了强制性失业保险制度。1920 年国际劳工组织召开第一届大会,通过了《关于失业的建议》,这表明以制度化的方式分散和缓解劳动者面临的失业风险已经在更广大的范围里形成了必要的共识。美国、加拿大等北美国家在 20 世纪 30 年代世界经济危机之后也建立了强制性失业保险制度。1932 年美国的威斯康星州在美国首次提出了《失业保险法案》,1933 年 5 月 12 日颁布的《联邦紧急救助法》主要是通过以工代赈的方式临时性地解决严重的失业问题,1935 年 8 月 14 日通过的《社会保障法》则以制度化的方式对包括失业在内的有关问题的防范和缓解作出了一定的安排。

20 世纪 30 年代西方工业化国家出现普遍的经济危机,失业问题非常严重。在此背景下,国际劳工组织于 1934 年通过了《失业补贴公约》和《失业补贴建议书》,此后又于 1952 年制定《社会保障(最低标准)公约》进行补充。1934 年的

---

① “待业”一词原意是特指没有正式职业、等待政府安排就业的青年,基本人群是 20 世纪 70 年代末的大批返城知识青年和城镇新增劳动力。

《失业补贴公约》和《建议书》要求各国建立一种对非自愿性失业者提供失业补贴的制度，这种制度可以采用强制保险的形式，也可以采取自愿保险的形式，或是采取强制与自愿两种方式混合的形式。《公约》还对失业保险制度实施的范围、享受失业津贴的资格条件以及津贴标准的给付办法作了规定。1952 年《社会保障（最低标准）公约》主要是在失业津贴的标准和计算方法上充实了 1934 年《公约》的内容。

第二次世界大战后的 20 年里，西方经济高速增长，以国家干预主义为基础，西欧社会保障制度发展到鼎盛时期，出现了一批“福利国家”，对国民实行包括失业保障在内的高福利政策。同时一些发展中国家也通过立法对失业者进行失业援助或失业保障。据统计，截至 1987 年，世界上有 40 个国家和地区建立了失业保险（失业救济）制度，其中 75% 为强制性失业保险。

3. 国家政策背景

1984 年中共十二届三中全会通过《中共中央关于经济体制改革的决定》，加快了以城市为重点的整个经济体制改革步伐。1984 年 11 月，劳动合同制在全国推广，并得到了进一步完善。1986 年，国务院颁布《国营企业职工待业保险暂行规定》，明确规定对国营企业职工实行职工待业保险制度，标志着待业保险制度在全国正式建立。这一时期国家的待业保险只属于失业救济的性质，而非失业保险，其直接目的在于保障国营企业职工待业期间的基本生活。

4. 深圳市背景

20 世纪 80 年代初，深圳市作为改革开放的先行者，率先建立了企业退出机制和劳动合同制。为提高资本和劳动力利用效率，首先需要对失去竞争力的国营企业进行关停并转，并对国营企业职工进行辞退和转移。因此，为了保证关停并转国营企业的劳动力安置和转移，以及保障被辞退的国营企业员工的基本生活，改革原有的待业保险制度已势在必行。

（二）失业（待业）保险的制度演变

1. 深圳市失业保险制度与劳动合同制同步发展

深圳特区从 1982 年 1 月开始对外商投资企业合同制工人试行社会保障基金统筹，迈出了社会保险制度改革的第一步，而后对全市企业、国家机关、事业单位和社会团体逐步实行社会保险制度,打破了旧经济体制下以企业自保为主的劳动保险制度。自此深圳特区开始建立职工劳动保险基金,并推行失业公积金制度。

1983 年 11 月,《深圳市实行社会劳动保险暂行规定》明确合同制是特区的用工方向,深圳市实行社会劳动保险制度,此时的社会保险费中已包括待业保险费。从领取资格、待遇水平上看,这时的失业保险制度主要采取救济模式。

从 1986 年 10 月起,深圳全面贯彻国家四个规定,进一步巩固和发展合同制。与此相对应,深圳市待业保险的覆盖范围进一步扩大到国营企业、内联企业和中央、各省(市)、部队驻深企业的全部职工以及机关事业单位和县以上集体企业的合同制工人。

2. 构建市、区/县二级社会保险管理体制

在市一级,1986 年 9 月,市劳动服务公司设立“待业职工管理科”,负责统筹职工待业保险金和待业职工的管理工作;在区县级,自 1986 年 10 月,罗湖、上步、南头、沙头角区及宝安县劳动局相继在所属劳动服务公司成立待业职工管理机构或指定专人负责此项业务。由此形成了市、区/县二级社会保险管理体制,其中的社会保险基金包括待业保险费。

除蛇口工业区和宝安县自行统筹职工待业保险金外,其他单位均由市劳动局下属的劳动服务公司统筹。

(三)初步建立起来的制度的特点

1. 配套性特征

深圳市的改革试点是以外商投资企业作为改革突破口,以改革固定工制度、推行劳动合同制为核心,以失业保险制度改革为配套,然后在国营企业、集体企业和内联企业全面铺开。新型失业保险制度的设计,作为固定工制度、劳动合同制改革的配套产物,具有配套性特征。

2. 覆盖范围小、保障层次低

从覆盖范围上看,这一阶段待业保险的覆盖范围仅包括外资性质和公有性质的企业和单位,并且只为这些企业和单位中具特区常住户口的失业员工提供失业(待业)保障,覆盖范围较小。

从领取资格和待遇水平上看，失业待遇仅包括待业救济金，发放标准是按本人标准工资的50%—70%，领取期限最长12个月。虽然《暂行规定》中已经明确了待业保险制度具有保障生活和促进就业两项功能，但实际中只通过发放待业救济金以维持待业者的基本生活，属于失业救济模式，保障层次较低。

（四）制度运行绩效分析

1. 失业保险制度稳步发展并逐步发挥作用

在1983—1984年制度初创时期，由于职工观念尚未转变，实际上没有待业职工申请生活困难补助费。随着企业改革深入，1986年年末，全市参加待业保险基金统筹单位1383个，投保人数85654人，缴纳基金52万多元，除预支一小部分待业救济费外，初步积累基金110多万元。

1986年10月—1987年，全市参保的用人单位达到2018家，参保员工11.486万人。此时的覆盖范围已包括全市的侨资、外资企业，中外合资、合作企业在国内雇请的职员和劳动合同制工人（含固定工人）；国营企业（包括内联企业）、事业单位和国家机关、团体招用的劳动合同制工人，打破了“企业自保”式的劳动保险制度。

2. 管理水平领先全国

第一，深圳市待业保险起步较早，积累了一定管理经验，管理水平的规范程度优于全国其他地区。第二，按行业、系统建立了缴费单位保险台账，简化参保单位保险费的收缴手续，保险费收缴工作制度化、条理化。第三，制定了分工负责、档案管理、待业人员定时报到、定期领取待业救济金、进行转业培训等待业员工管理制度。

3. “待业保险”概念界定不清，引发失业登记多争议

根据《国营企业职工待业保险暂行规定》，“企业终止、解除劳动合同的工人”属待业职工。该规定未考虑合同期满自动解除合同和职工不愿续签合同等情况，导致失业登记中存在较大争议。

4. 各种标准规定不细，实际操作存在困难

《国营企业职工待业保险暂行规定》对待业保险管理的具体规定不够细致，给实际操作带来一定困难。比如缺乏对工龄尾数计算、连续两次以上登记失业时工龄计算、国家行政事业单位如何缴纳待业保险费等方面的具体标准。

二、失业保险制度的规范时期

1987 年至 1997 年为深圳市失业保险制度的规范时期。

(一)规范期的时代背景

1. 理论背景

20 世纪七八十年代,随着石油危机、美国经济滞胀和欧洲经济萧条,凯恩斯主义经济学和国家干预主义逐渐衰落,自由主义倾向又一次占据主流地位,被称为新自由主义经济学。经济自由主义者认为主要原因是社会保障供给过度,政府干预失灵,在失业保险上提倡新自由主义理念,强调劳动力市场调节的作用。

而在我国,关于失业问题的理论争论从 20 世纪 80 年代中期一直延续到 90 年代初。邓小平南方谈话后,理论界关于失业"姓资姓社"问题的争论才告一段落,失业和下岗问题逐渐成为理论研究和社会关注的焦点之一。

2. 国际背景

自 20 世纪 70 年代石油危机至 80 年代,工业化国家普遍进入了一个高通货膨胀和高失业率并存的经济滞胀时期。在此背景下,国际劳工大会于 1988 年通过《促进就业和失业保护公约》与《建议书》。这是国际失业保险立法的一个分水岭,标志着国际失业保险制度的发展方向从为失业者提供生活保障为主转向把失业保护措施同促进就业结合起来。《公约》要求采取适当的步骤使失业保护制度同就业政策相协调,确保失业保护制度,尤其要将失业津贴的提供同促进充分的、生产性的和自由选择的就业结合起来。

进入 90 年代以来,西方主要发达国家处于经济衰退和低速增长状态,就业机会减少,失业率逐年攀升,失业持续期延长,许多发达国家失业率跨过两位数大关。据 1994 年 12 月国际劳工组织发表的统计报告,世界失业和半失业人数达 8 亿,约占 28 亿劳动人口的 28%,其中长期失业者达 1.2 亿。这一现象导致的问题有:失业成本迅速上升,政府负担过重;劳动力成本提高,影响产品在国际市场的竞争力;给付水平过高,社会成员过分依赖失业保险金而形成了"养懒汉"现象;失业保险重在善后补偿而忽视事前培训,加剧了结构性失业;管理机构庞大,规章制度烦琐和互不协调,以及管理不善等造成社会资源浪费和效率低下。对此各国政府纷纷对失业保险政策进行调整,关注重点主要集中于两个方面:一是在不会大幅提升开支的情况下使失业保险体制满足新的需要和提供有效的补贴水平,包括:在资金使用上限制享受津贴的权利以控制开支,在资金筹集上开拓失业保险金财源,提高政府补贴;二是减少社会成员对收入补贴的依赖性,促使失业保险的功能向更积极的方向转变。主要改革措施是:

(1)降低失业津贴替代率。如瑞典以失业前收入为基准的津贴支付率从90%降为1993年的80%和1996年的75%;德国于1994年引入限制性措施,1997年作为立法内容加以修订,包括对无子女失业者的津贴支付率由失业前净收入的63%降为60%,有子女的失业者津贴支付率从68%降为67%;西班牙1992年将以失业前收入为基准的失业津贴支付水平削减了10个百分点;希腊1996年将失业津贴的最高额从最低工资的1.5倍降为0.5倍(一次性支付)①;瑞士对供养亲属并且领取最低失业津贴的受保人支付率从收入的80%降为70%;爱尔兰废除对失业补助收入关联补贴。②

(2)享有津贴的资格条件严格化。如瑞典1993年对失业者享有失业津贴所要求的最低就业记录已增加了两倍;德国资格条件的严格化使得自1993年以来享有失业保险津贴的失业者更少了,求助于社会救济金的失业者更多了;比利时针对25岁以下的年轻人严格了资格标准,同时享有失业保险金的等待期被拉得很长,而且尽量限制享受失业津贴的资格期;西班牙获得失业津贴资格的缴费期从6个月增至12个月;奥地利于1995年起要求年轻人和失业者在失业前至少要受雇6个月;芬兰于1994年引入限制性措施,要求享有津贴的失业者必须在失业前两年内至少已工作6个月,1997年又增加到10个月;③斯洛伐克将失业救济只限于被解雇人员;法国提高失业者第二阶段全额失业补助受益者年龄,

---

① 参见邹根宝:《社会保障制度——欧盟国家的经验与改革》,上海财经大学出版社2001年版,第166页。

② 参见罗元文:《国际社会保障制度比较》,中国经济出版社2001年版,第165页。

③ 参见邹根宝:《社会保障制度——欧盟国家的经验与改革》,上海财经大学出版社2001年版,第168页。

自1994年1月起由过去的58岁半提高到58岁零9个月,1995年1月提高到59岁,1996年提高到59岁零3个月。①

(3)缩短享有失业津贴的有效期和延长等待期。如英国于1996年引入“求职者津贴”,将有效期从1年缩减为6个月;丹麦的失业津贴有效期从1995年前的9年降至1996年的5年;西班牙自1992年以来有效期缩短了1/3;比利时和保加利亚对失业者规定90天等待期;瑞士对所有暂时补助新受益人实行5天的等待期。

(4)开拓失业保险财源和增大促进就业经费比重。如瑞典失业和促进就业经费由政府财政补贴和个人缴纳的保险费用,其采取依行业实施差别保险费率,尽量增加经费的来源,在经济繁荣期更是良机。

3. 深圳市背景

20世纪90年代,深圳市年经济增长率基本保持在30%左右,进入了一个稳定高速增长时期。各行业中多种所有制企业飞速发展,劳动人口迅猛增加。随着企业所有制结构的多样化,逐渐形成多种用工形式并存的综合结构。外来人口的大量涌入,使本地员工面临更激烈的就业竞争。与此同时,国有企业改革不断深入,一方面需要扩大失业保险制度覆盖面,另一方面需要提高失业保险的管理水平和应变能力。

4. 国家政策背景

1993年国务院颁布《国营企业职工待业保险暂行规定》,在1986年暂行规定的基础上扩大了待业保险的范围,调整了基金收缴基数,设立了有一定幅度的基金收缴比例,提高了救济金的发放标准,从而进一步完善了待业保险基金管理和监督制度。1993年与1986年两个暂行规定,共同奠定了国家失业保险制度的雏形,但仍具有较强的失业救济性质。

(二)规范期的制度改进

这一时期,“企业自保”式的劳动保险制度已经转变,以待业为主要内容之一的社会保险基金统筹制度已经形成。

---

① 参见罗元文:《国际社会保障制度比较》,中国经济出版社2001年版,第164页。

1. 建立失业保险金专项管理制度

1996年为规范深圳市失业保险费的缴纳行为，深圳市劳动服务公司下发了《深圳市失业保险费缴纳暂行规定》专项管理制度。同年3月，深圳市劳动服务公司又下发《深圳市失业救济金发放暂行规定》专项管理制度，对解除劳动合同员工享受失业保险情形、失业救济金计算方法和发放标准、停发失业救济金情况作了具体规定。1997年《深圳经济特区失业保险条例》又对此进一步做了调整和规范。

2. 覆盖范围逐步扩大

1987年8月，深圳市政府颁布实施《深圳经济特区外商投资企业劳动管理暂行规定》。1989年9月，劳动部发布《私营企业劳动管理暂行规定》。1993年4月，国务院发布《国有企业职工待业保险规定》。据此深圳市先后将各类外商投资企业、私营企业和实行企业化管理的事业单位职工纳入待业保险制度的覆盖范围。1997年的《深圳经济特区失业保险条例》更在制度规定上实现了全覆盖。

3. 建立失业保险基金统筹制度

1994年8月深圳市召开了第一次失业保险工作会议，这次会议已决定逐步建立全市统一筹集、统筹调剂使用、分级管理、专户储存的失业保险基金管理制度。1995年9月，市劳动局成立失业保险基金管理领导小组，明确了该小组的职责、审批基金使用的原则和程序，失业保险基金进入规范化管理。1997年《深圳经济特区失业保险条例》改变了市、区分级管理失业保险金的做法，规定对失业保险基金实行全市统筹。1997年4月，蛇口工业区、华侨城建设指挥部、南油开发区、沙头角保税区、福田保税区、南山开发集团等劳动计划单列单位的失业保险工作相继纳入市劳动局的统筹范围。

4. 待遇水平不断提高

在发放标准上，随着工资水平的提高，深圳市失业救济金发放标准分别于1993年、1996年和1997年进行了三次调整，至1997年失业保险发放标准已上升为上一年度最低工资的80%。

在计算方法上，1996年以前，失业救济金计算是直接制定固定金额，几年调整一次。1996 年开始,失业救济金的计算方法按上一年度最低工资的一定百分比计算,发放标准更加灵活。1997 年的《深圳经济特区失业保险条例》从立法规定上将这一标准确定为 80% 。

在待遇内容上,规定将失业员工失业期间的医疗保险费纳入失业待遇内容,缴费比例为上一年度社会平均工资的 2% 。

5. 待业保险管理机构逐渐完善

1993 年宝安县撤县设区,宝安、龙岗两区分别建立待业保险劳动服务公司。同年,蛇口工业区、华侨城建设指挥部、沙头角保税区等劳动服务公司开始负责所属企业待业保险工作。各劳动服务公司按实际收取待业保险金总额的 5% 提取管理费。

1995 年 9 月,市劳动局成立失业保险基金管理领导小组,负责审批基金使用,失业保险基金进入规范化管理。

(三)规范期的制度特点

1. 制度规定实现全覆盖

1997 年《深圳经济特区失业保险条例》规定覆盖范围包括在特区注册的企业以及与员工形成劳动合同关系的国家机关、事业单位、社会团体,据此深圳特区已在制度规定上实现了全覆盖。

2. 低缴费率

1996 年 3 月,深圳市劳动服务公司下发《深圳市失业保险费缴纳暂行规定》,规定失业保险缴费按市上一年员工月平均工资的 1% 乘以本单位员工人数计算。1997 年《深圳经济特区失业保险条例》又将缴费标准下调为上一年度员工月平均工资的 0.4% 乘以本单位员工人数,深圳特区企业负担为全国最轻。

3. 制度层次、性质、完善程度优于国家制度，领先全国

在制度层次上,1997 年深圳市政府颁布了《深圳经济特区失业保险条例》,深圳市失业保险上升为特区条例,而此时国家制度仍然是暂行规定的层次。

在制度性质上,促进再就业经费已成为失业保险基金支出的主要内容之一,用于失业员工的转业培训、职业介绍和生产自救,失业保险基金的功能已不仅仅限于单纯的生活保障;除了国家制度所规定的国营企业之外,深圳市还将外资企业、私营企业和企业化管理事业单位纳入覆盖范围，特区制度已不仅仅是为处理隐性失业问题而采取的失业救济制度，已具有失业保险和失业救济的双重性质，而这一阶段的国家制度仍停留在失业救济的阶段。

在制度设计上，特区条例基本与国际劳工组织《促进就业和失业保护公约》及《建议书》相一致，制度完善程度较高，且在制度设计上实现了全覆盖。

（四）制度运行状况分析

1. 参保人数稳步上升

随着参保规模的扩大，全市参保人数由1987年的11.49万人、1990年的18.92万人、1993年的34.61万人上升为1997年的70.90万人。

2. 保险基金规模不断扩大

全市收缴失业保险费由1987年的316.36万元、1990年的468.48万元、1993年的2045.42万元上升为1997年的5512.44万元。

表4-1 深圳市1987—1997年失业保险给付情况表

年份	参保人数（万人）	领取人数（人次）	给付数额（万元）	发放标准（元/月）	全市城镇职工月平均工资（元）	替代率（%）
1987	11.49	315	13.78	50或150	224	22或67
1988	13.96	398	18.24		282	18或53
1989	16.77	428	19.08		322	16或47
1990	18.92	639	51.95		359	14或42
1991	21.01	667	64.67		418	12或36
1992	29.27	692	64.41		494	10或30
1993	34.61	823	98.39	120或200	679	18或29
1994	61.29	1182	153.17		881	14或23
1995	64.72	1835	396.04		1023	12或20
1996	69.57	2196	566.75	280	1209	23
1997	70.90	18312	848.21	318.4	1378	23

资料来源：《深圳市社会保险志》。

3. 失业保险未纳入社会保险统筹范围

在这一阶段，深圳市劳动保险制度已经转变为以养老、待业为主要内容的社会保险基金统筹制度。然而,作为社会保险范围内的失业保险基金却没有纳入社会保险统筹范围,失业保险游离于社会保险之外。

4. 社会化管理水平低,管理参差不齐

深圳市失业保险规模迅速扩展,要求具有高效的调控能力和统筹水平。机构和基金的分级化管理模式越来越不适应失业保险制度发展的需要,逐渐暴露出效率低下、管理参差不齐和统筹水平低的弊端,社会化管理水平有待提高。

5. 保险金收支差额大、收支结构不合理

随着失业保险覆盖面扩大,保险基金已具一定规模,并存在着大量的结余,违背了现收现付制原则。产生如此多的结余,虽然与深圳市较低的城镇失业率有关,但主要原因是费率设计和基金收支结构的不合理。

表 4-2　深圳市 1987—1997 年失业保险基金结余　(单位:万元)

年份	基金上缴数额	基金给付数额	当年保险金收支差额
1987	316. 36	13. 78	302. 58
1988	352. 59	18. 24	334. 35
1989	425. 32	19. 08	406. 24
1990	468. 48	51. 95	416. 53
1991	665. 08	64. 67	600. 64
1992	1331. 85	64. 41	1267. 44
1993	2045. 42	98. 39	1947. 03
1994	3600. 47	153. 17	3447. 30
1995	4996. 95	396. 04	4600. 91
1996	7399. 25	566. 75	6832. 50
1997	5512. 44	848. 21	4664. 23

资料来源:《深圳市社会保险志》。

三、失业保险制度的统筹发展期

1998 年至今为深圳市失业保险制度的统筹发展期。

(一)统筹发展期的现实背景

1. 理论背景

全球性金融危机和经济衰退使失业问题备受关注,国家干预主义逐渐抬头,重新强调政府的作用。与此同时，面对持续的高失业率，许多国家对失业保险的功能重新进行定位，失业保险理念由保障失业人员的基本生活转向促进失业人员重新就业。

在失业理论的研究上，失业保险水平对失业者再就业行为的影响是西方关于失业保险的劳动力供给效应研究的重点。许多研究成果显示，高额度和长时期的失业保险水平，会延长失业者失业持续期，使失业者花费更多时间去寻找新工作。

2. 国家政策背景

1999 年 1 月国务院颁布《失业保险条例》，我国失业保险制度走向规范化，从根本上改变了原有制度失业救济的性质，全国失业保险制度改革进入新阶段。

1999 年的《失业保险条例》相对 1993 年的《国营企业职工待业保险暂行规定》做了较大修改：第一，正式使用“失业保险”这一名词，“失业救济金”改为“失业保险金”；第二，失业保险覆盖范围从原来的国有企业扩大到城镇各类企业、事业单位；第三，失业保险基金缴费率由原来按本单位工资总额的 1% 提高到 2%；第四，规定失业保险基金在直辖市和设区的市实行全市统筹，等等。

与此同时，国务院又于 1999 年颁布《社会保险费征缴暂行条例》，以法规形式明确了失业保险的覆盖范围和缴费义务人，在全国建立失业保险登记制度和缴费申报制度，并规范了征收程序。

3. 国际背景

随着各国财政预算的紧缩，争论焦点集中于失业保险的范围和政府在其中所扮演的角色，因为可供使用的财政必须在社会功能和人们之间进行分配。目前要求维持所有人均可获得的失业保险的广泛性的观点已经稳固，但是在某些区域却存在着责任由国家向个人转移的迹象，随之而来的是由国家试图向私人部门的供给转移，以减少公共支出或国家未来支出的责任，可是失业保险私营化在各国并未得到广泛发展。① 近年来，西方发达国家为防止和扭转社会保险福利化倾向，纷纷改革失业保险制度，基本方向与 20 世纪 90 年代大体一致。其总

① 邹根宝：《社会保障制度——欧盟国家的经验与改革》，上海财经大学出版社 2001 年版，第 170 页。

体目标在于降低社会成员对失业保险金的依赖性,减轻财政负担,同时强化激励再就业职能,从简单保护转为促进就业。主要内容包括严格领取条件、缩短救济时间、降低津贴金额、采用个人经济状况调查,用压缩下来的保险经费建立促进再就业津贴,失业保险同职业介绍结合。

在亚洲,1997年亚洲金融危机后,亚洲国家开始重视建设符合本国国情和价值取向的失业保险制度,探讨东亚福利模式。其主要特点是重视社区、市民团体、非营利组织和市场机制的作用。如韩国的"生产性福利"、中国台湾的"新中间路线"和"志愿者精神"、日本20世纪90年代后对雇用保险制度的改革等。

表4-3　欧洲三国现行失业保险制度简介

项目	英国	瑞典	丹麦
现行立法	《失业保险法》(1992年)	《失业保险和劳动力市场现金补助法》(1973年)	《雇员失业保险法》(1970年)、《独立劳动者失业保险法》(1976年)
制度性质	强制性	自愿保险补贴和劳动力市场现金补助双重制度	补贴性自愿保险制度
适用范围	周收入58英镑以上的雇员,独立劳动者等除外	失业保险方案:65岁以下,属于失业基金会的雇员和独立劳动者;劳动力市场现金补助:不符合失业保险条件的雇员和20岁以上的求职者。	独立劳动者、16—65岁雇员、已完成18个月职业培训的青年、服役士兵、参加由产业工会会员自愿建立的失业基金会会员
资金来源	受保人、雇主、政府	失业保险:受保人、雇主,政府只负担基金临时赤字;劳动力市场现金补助:雇主	受保人、雇主、政府
主要享受条件	最近2个纳税年度的任何1年,根据至少为该年度最低周收入的25倍收入缴纳了保险费,或视同缴纳的情况	失业保险:参加失业保险,是基金会成员且具有12个月的会员资格	失业救济金:最近12个月为失业基金会会员,且最近3年内就业26周;延迟退休工资:60—66岁,最近25年内有20年为失业基金会会员
支付项目	失业救济金(失业救济金、收入调查津贴);遗属补助(寡母津贴、遗孀恤金、遗孀补贴金、监护津贴、收入调查津贴)	工会关联方案(标准因雇员工资类别而异)、救济金、劳动力市场现金补贴	失业救济金、延迟退休工资、过渡补助

续表

项目	英国	瑞典	丹麦
管理机构	社会保障部和保障缴费局负责管理保险费和失业档案；就业部和就业服务中心负责管理救济金	全国劳动力市场委员会负责集中管理和监督；失业保险基金会（40个）负责管理各行业失业保险业务；4个区域性机构、劳动力委员会和地方就业办公室负责管理劳动力市场现金补贴	劳工部和国家就业总局负责一般监督管理；地方基金分支机构负责收取保险费并支付抚恤金；经认可的失业基金会负责管理国家方案；有关事宜由工会干部具体办理

4. 深圳市背景

第一，人口比例“倒挂”严重。第五次人口普查数据显示，深圳暂住人口占普查登记人口的83.45%，比第四次人口普查时上升了22.11个百分点。据2005年深圳市公安局公布的数据，深圳市人口已超过1200万，户籍人口与非户籍人口比例接近1∶9。

第二，流动人口数量庞大且增长迅速，居全国之首。以人口普查数据来看，从“四普”到“五普”，深圳市人口以年均14.91%的高速增长，其中只有不到1个百分点的增长速度是由人口自然增长形成的，而另外近14个百分点的增长速度是由流动人口迁入造成的。

第三，劳务工、农民工等群体保障问题突出，构成了影响社会稳定和经济发展的重要因素，成为社会关注的焦点之一。

第四，随着政府职能转变及机构改革的不断深入，市场化、契约化用人机制逐渐引入到政府机关和事业单位之中，随之也产生了对政府机关及事业单位失业保险制度的需求。

（二）统筹发展期的制度发展

特区条例执行后，深圳市政府又于1998年颁布《深圳市失业员工管理暂行规定》，对条例执行当中的一些具体问题进行了规定。

1997年《深圳经济特区失业保险条例》已规定实行市级统筹。2000年7月，市劳动局、财政局联合发出《关于实行失业保险基金全市统筹的通知》，从2000年7月1日起实行失业保险基金全市统筹。2000年12月，失业保险基金实现了全市统筹。

2000年发布《关于深圳市国有企业下岗员工与失业员工管理工作并轨的通知》，实现全市国有企业下岗与失业并轨，下岗人员依法享受失业保险待遇。

2002年根据市编委《关于深圳市社会保险管理局职能配置内设机构和人员编制的批复》，失业保险的职能正式划归深圳市社保局，并实现全市社会保险工作全市统一集中管理和社会保险费合并统一征收。2004年社会保障局与劳动局合并为劳动与社会保障局，下设深圳市社会保险基金管理中心。

2004年深圳市开始建立机关事业单位雇员失业保险制度。6月市政府发布《深圳市机关事业单位雇员管理试行办法》，此后制定《深圳市事业单位职员管理办法（试行）》和《事业单位职员社会保障暂行规定》，规定机关事业单位雇员应按照有关法规、规章的规定参加失业保险等社会保险，享受有关保险待遇。

（三）统筹发展期的制度特征

1. 促进就业功能得到加强

2001年实行《深圳经济特区居民就业促进条例》，规定失业保险与再就业培训和促进工作结合，突出了失业保险的促进就业功能。

在实施上，近年来深圳市就业促进经费逐年提高，尤其增加了职业培训经费的投入力度，注重失业员工的人力资本积累。2003—2005年深圳市每年安排7000万元再就业资金。其中，市财政安排3500万元，各区财政安排3500万元，分别列入市区财政预算。再就业资金主要用于户籍失业人员的再就业培训、职业介绍补贴、困难失业人员的托底安置工资和社保补贴等方面。2003年至2005年，再就业资金共支出9789万元，其中托底安置困难失业人员的工资补贴6589万元，占总支出的67.31%；代缴失业人员的社会保险931万元，占9.51%；失业人员再就业培训费218万元，占2.23%；职业介绍补贴103万元，占1.06%；再就业宣传费202万元，占2.06%；信息系统开发运行费485万元，占4.95%；各区街道办劳动保障所工作平台建设费等支出963万元，占9.83%；失业人员创业费用及小额贷款贴息等支出296万元，占3.02%。每年再就业资金支出增长较快，2005年度，再就业资金支出已突破年度预算3500万元，经市劳动和社会保障局申请并报市政府批准，市财政追加再就业资金2102万元。

表 4－4　2003—2005 年促进再就业经费支出　　（单位：万元）

年份	职业介绍费	职业培训费	企业招用失业人员安置补贴	合计
2003	155	635	—	—
2004	352	1350	185	1887
2005	768	1539	4101	6408

2. 待遇形式得到扩充

在待遇形式上，深圳市失业保险待遇包括现金和服务两种形式。其中现金形式的补助，又有按月领取和一次性领取两种形式，一般情况下失业补助金按月领取，同时根据《特区失业保险条例》第二十一条，“失业员工在领取失业救济金期内自行组织就业或从事个体经营的，凭营业执照可到失业保险机构申请一次性支付余下期限应当领取的失业救济金。”服务形式则包括转业培训、职业介绍等多种形式。

3. 覆盖范围小，待遇水平高，不公平状况日益突出

按照现有制度规定，享受失业保险待遇的资格仅限于户籍失业员工，非户籍员工没有受益资格。

具体实施中，参保人员绝大部分为户籍员工，仅占深圳市劳动者的 1/10。纳入失业保险的员工在生活保障、再就业援助等方面得到有效保护与服务，保护网内外差异迥然。深圳市失业保险制度成为以户籍制度为分水岭的割裂的制度。

四、制度演进规律

（一）意识形态起导向作用

意识形态是指一个团体（社会）关于世界的一套信念，是一个团体中所有成员共同具有的认识、思想、信仰、价值观、伦理、道德、习俗、精神状态等所组成的非正式制度安排，是非正式制度安排的核心，反映了团体的利益取向和价值取向。它不仅是一种认知体系，而且与个人、集体的行为密切关联，是行动的思想前提，在某种程度上决定着个人和集体的行为。意识形态有三个特征：第一，它是一种简化机制，通过它人们认识了自己所处的环境，并被一种“世界观”引导，

使决策过程简化;第二,它不可避免地与个人在观察世界时对公正所持的道德或伦理评价相互交织在一起,但是意识形态更侧重对制度的正义与否的判断,其核心问题是人们关于制度公正性的看法;第三,每当个人经验与他的意识形态不一致时,他会改变其意识观点。在深圳市失业保险制度的变迁过程中,意识形态起到了重要的导向作用,影响着制度模式的选择及变化。

在制度初创阶段,当时商品经济观念尚未成为主流观念,人们认为通过计划机制可以实现全体就业,因而社会主义不存在"失业",对于因计划失灵而产生闲置劳动力的情况,称之为"待业"。那时对社会公平的看法仍体现为收入均等化,因而能够缩小贫富差距、减少贫困的制度就是公正的制度。这就决定了当时所建立的待业保险制度采取救济模式,它也可理解为对人们脱离国有部门、参与劳动市场竞争并因此而导致收入稳定性下降所给予的补偿,并且防止这部分人因失去工作岗位而陷入贫困。

在制度规范阶段,有关失业姓"资"姓"社"的争论告一段落,因结构调整而产生的国企下岗现象属"隐性失业"得到普遍承认。商品经济、市场经济的观念成为主流观念,制度取向逐渐倾向于提高经济效率、兼顾公平。随着对失业的正视和对失业问题认识的深入,西方失业保险有关理念被引入深圳市失业保险制度当中,如失业保险与就业促进的结合、失业保险应尽可能覆盖各类劳动者、失业保险专项制度设计等。深圳市失业保险制度逐渐在原有的救济模式基础上融入了保险模式。

在统筹发展阶段,这一时期社会公平问题、贫富差距问题逐渐引起社会关注,尤其是对农民工等特殊群体和劣势群体的生存状况和社会保障问题反响较大。第一,人们认识到社会分配不公已经成为阻碍经济增长的一大因素,而这种不公平不仅体现在收入分配上,更体现在社会保障制度歧视等更深层次的制度层面上。第二,经济的多元化不仅带来了利益的多元化和社会群体的分化,也产生了文化、价值观念等意识形态上的多元化趋势。与此同时,信息网络的飞速发展打破了政府对舆论宣传的垄断,为各种阶层获得发言权并取得舆论支持降低了交易成本。这需要制度朝向多层次、更具兼容性的方向发展,以整合不同社会阶层的需要。因此这一时期国内失业保险制度变化的主要方向在于扩大失业保险覆盖范围、维护各类劳动者公平享受劳动保险的权益并根据具体情况提供不同层次的失业保险、促进就业等。深圳市失业保险制度虽然尚无实质性变化，但是市政府已经声明将会作出相应变动并正在拟定修改方案。

（二）失业保险制度变迁是分配关系演变的结果

企业内分配关系是通过劳动关系来实现的。劳动关系指的是劳动者与用人单位（包括各类企业、事业单位、个体工商户等）在实现劳动过程中建立的社会经济关系。它贯穿于企业生产、经营、分配的各个环节，其本质是一种产权关系，即经济利益关系。计划经济时期，由于所有制结构单一，决定了用人单位的性质主要是全民或集体企业，企业由国家所有并由国家直接经营，企业内不存在明确的产权主体。因此，这一时期的劳动关系只涉及政府和劳动者两个主体。政府直接控制着企业的各个领域，包括劳动者的就业、工资分配、社会保险、劳动保护，以及各项福利待遇等。政府与劳动者之间利益界限十分模糊，分化很小，其利益结构表现为一种包容型结构，劳动者利益被包容在企业和国家利益中，在这种劳动关系下，企业没有形成真正的利益主体，劳动者对用人单位实际是一种依附关系。在这种劳动关系下，对劳动者实行的是“低工资、高保障”的收入分配与再分配制度，国家是分配与再分配的实施者与支付者。一旦出现大规模劳动力与生产资料分离的情况，就由国家出面调节收入再分配，实行社会救济。随着产权关系、劳动关系的变化，包容性的利益结构被打破，利益分化使得以国家计划为主的分配机制被取代，成为按市场分配为主的机制。与此相对应，国家已不必承担失业保险这种再分配形式的最终支付，转而由企业与个人承担。

在初创阶段，正处于国有企业改革初期，政府由对国有企业的直接行政控制，开始转入通过制定法律、执行法律间接调控。旧体制下，国家是再分配的支付者，直接承担了类似于失业保险的职能。在新旧体制转换时期，国有企业逐渐被塑造成为独立的产权主体，相应地，它将成为失业保险这一再分配制度的主要支付者。但是由于在旧体制下缺乏相应的基金积累过程，因而产生了二元失业保障体制，即失业保险与下岗制度并存。其中下岗制度是对旧的分配体制路径依赖的结果，而此时的失业保险制度则是处于向新体制转变的准备阶段和初步积累阶段。

在规范阶段，处于市场经济深入发展和经济体制深化改革阶段，深圳市所有制结构已先于全国其他地区实现了多种所有制经济共同发展，其中非公有制经济在数量上占主体地位。国有企业产权关系明晰化，国有企业作为相对独立的利益主体逐步形成，原有的利益包容结构出现分裂，产生了国家、企业、劳动者之间利益的分化与分歧。同时深圳市非国有经济逐渐成长并占据多数，劳资关系中的对立性表现得更为明显：雇主在生产经营过程中所追求的目标是实现资本的保值增值，即利润最大化；而劳动者在劳动过程中所追求的目标是实现自身价值的最大化，即获得较高的工资和较好的工作条件。这一时期，经济成分的多元化使得以政府与劳动者为主体的这种固化的、利益模糊的劳资关系发生实质性改变，尤其是非国有企业的成长使得产业关系体系中雇主这一主体逐渐清晰，劳动者与各类所有制企业的关系已经变成真正意义上的雇佣关系，分配关系的主要矛盾体现为经济结构多元化形势下的劳资矛盾。深圳市失业保险制度正是服务于缓解这一矛盾而不断发展，将各类企业纳入覆盖范围。

在统筹发展阶段，分配关系的突出矛盾不仅体现为劳资矛盾，也出现了劳动者内部分配不公的问题。首先，以投资拉动的高速经济增长已经出现了投资效率下降等诸多问题，经济增长模式需要由粗放型向集约型转变。而贫富差距拉大、分配不公导致居民消费大大滞后于经济增长速度，社会保障发展滞后等原因又导致预防性储蓄过高，不对这些阻碍消费上升的制度性因素进行变革，消费就难以成为实现增长模式转型和维持经济继续高速增长的新动力。其次，经济多元化的进一步深入使得劳动者群体内部出现分化，以户籍制度为基本分割工具将劳动力市场分割为本地劳动力与外来劳动力、城市劳动力与农村劳动力等不同的劳动力市场，并导致了不同市场中劳动者收入与福利的差距。深圳市经济的高速增长得益于二元经济发展所带来的大量廉价劳动力，这也同时造就了深圳市独特的人口结构，因而以上两方面问题在深圳市体现得尤为突出。根据深圳市政府近来公布的声明，深圳市失业保险制度即将发生的变革正体现了对目前分配制度的修复作用。

（三）失业保险制度与劳动契约制度存在共生关系

随着经济体制改革的发展，企业逐渐作为独立的产权主体而存在，企业与劳动者利益出现分化，因而有必要以契约形式将企业与劳动者之间的雇佣关系及经济主体间的权利义务加以固化。但是就个体而言,这种雇佣关系并不是稳定不变的,一旦出现劳动力与生产资料暂时分离的状况,劳动者需要获得经济支持以使劳动力得以存续,从而得以再次投入生产过程。就深圳市乃至全国而言,失业保险制度是与劳动合同制同步发展并保持共生关系的。

在初创阶段,深圳市待业保险制度就是作为劳动用工制度改革的配套制度而建立起来的。在规范阶段,深圳市失业保险制度的覆盖范围也是随着劳动合同制的推广而同步扩大。在统筹发展阶段,劳动合同制已经推广至机关事业单位,失业保险制度也相应覆盖到这些用人单位。二者的发展进程是大致同步的。

无可否认,失业保险制度为劳动合同制的推广降低了交易成本。劳动用工制度的变革必然触动企业与劳动者这两个利益集团的利益,尤其要使劳动者从计划体制下的国家保险机制中退出,劳动合同制必然受到抵制,失业保险制度为企业劳动用工制度的创新减少了交易成本,使得劳动合同制得以推行。近年来机关事业单位出于提高效率和降低行政成本的需要,也开始采用雇佣制度,失业保险制度在其中也起到了同样的作用。反过来,"因某项计划而建立起来的现存官僚政治的基础,经常可以相对更便宜地扩展到另一个方案的使用上"①(诺斯)。以劳动合同制的发展为铺垫推行失业保险制度,也为失业保险制度节约了政治推广成本。因而,正是由于共生关系使得双方都有利可图,使得两者之间的共生关系得以存在和延续。

第二节　现行制度框架与内容

一、制度结构与管理体制

深圳市现行失业保险制度是以《深圳经济特区失业保险条例》为主体,其基

① 参见 D. C. 诺斯、L. E. 戴维斯:《制度变迁的理论:概念与原因》,载于《财产权利与制度变迁》,上海三联书店 1994 年版。

本框架是对全市劳动合同制下的劳动者提供失业保护和就业保障。同时随着实际覆盖范围的扩展,在对各种性质的用人单位实施的现行管理制度或试行管理办法中也对企业和员工的权利与义务进行了具体规定。

(一)制度的结构

1. 以《深圳经济特区失业保险条例》为基本制度

《深圳经济特区失业保险条例》是深圳特区现行的特区立法形式的失业保险制度,目的在于"保障深圳经济特区失业员工的劳动权利,促进再就业"①。目前在深圳市失业保险工作实际操作中,凡纳入参保范围的用人单位和员工,都应按照该条例的标准履行义务并享受权利。《深圳经济特区失业保险条例》是深圳市失业保险的基本制度。

在基数调整方法上,由社保部门按照市统计部门发布的上一年度城镇职工月平均工资数据,于每年7月1日调整失业保险基金缴费基数和待遇补偿基数。在基金征收上,失业保险费由用人单位全额缴纳,与其他社会保险合并征收,并存入统筹专户,深圳市社会保险基金管理中心征收处②、区社保局以及基层管理站所均负责失业保险金的征收。在基金支出和管理上,失业待遇支付由社保中心失业保险处核定,由统筹专户支出,其他各项费用的支付范围和标准由市政府确定。在失业保险管理上,劳动局是主管部门,深圳市社会保险基金管理中心为经办机构,失业保险工作受市社会保险管理监督委员会监督。在失业待遇申领上,由《深圳市失业保险待遇申领须知》进行具体规定。在领取资格审核上,由劳动就业服务中心进行资格审核,劳动就业服务中心同时管理就业和失业登记工作,失业人员重新就业后到劳动就业服务中心办理就业登记,同时取消失业保险金领取资格。

2. 宝安、龙岗两区失业保险制度

从法规适用性来看,《深圳经济特区失业保险条例》和《广东省职工失业保

① 参见《深圳经济特区失业保险条例》第一条。

② 2007年4月,原"深圳市社会保险基金管理中心"正式更名为"深圳市社会保险基金管理局",原社保中心下属的七区管理处也正式更名为深圳市社会保险基金管理分局。

险暂行规定》都适用于宝安、龙岗两区，但以上两个条例中没有规定，而《深圳特区失业保险条例》中有规定的事项，宝安、龙岗两区可参照执行。从实际操作来看，宝安、龙岗两区执行的是《深圳特区失业保险条例》。

在宝安、龙岗两区城市化过程中，根据由市政府转发的《关于宝安龙岗两区加快城市化进程后促进就业和再就业工作的意见》，将“农转居”人员中的无业者纳入失业保险管理。

3. 国有企业下岗与失业保险并轨制度

2001 年 1 月起，根据市政府发布的《关于深圳市国有企业下岗员工与失业员工管理工作并轨的通知》，深圳市开始实现全市国有企业下岗员工再就业工作与失业员工管理工作的并轨。这一并轨制度是短期性的过渡政策，目的在于改变原有失业保障由两套系统管理的状况，用规范的失业保险制度替代不规范的下岗制度。

4. 深圳市机关、非企业化管理事业单位雇员失业保险制度

2004 年深圳市开始建立机关事业单位（不含企业化管理的事业单位）雇员制。为保障雇员制的顺利实施，市政府颁布了一系列试行管理办法和规定，在机关和事业单位中试行雇员失业保险制度。其中对雇员失业保险进行具体规定的主要有：《深圳市机关事业单位雇员管理试行办法》、《深圳市事业单位职员管理办法（试行）》和《深圳市事业单位职员社会保障暂行规定》。这些试行办法和规定适用于本市机关、事业单位及与其形成聘用关系的雇员，其中的事业单位是指“经市、区机构编制部门批准设立，以社会公益为目的，由国家机关或其他组织利用国有资产举办的社会服务组织，但实行企业化管理的事业单位除外”。

《深圳市机关事业单位雇员管理试行办法》于 2004 年 8 月起施行，目的在于“提高政府工作效能，控制行政运作成本，保障机关、事业单位及其雇员的合法权益”①。其中的雇员是指“本市机关、事业单位在核定编制和员额内，以合同形式雇用的人员”②。该《试行办法》规定《试行办法》中所包括的雇员应按照有关

① 《深圳市机关事业单位雇员管理试行办法》第一条。

② 《深圳市机关事业单位雇员管理试行办法》第二条。

法规、规定参加企业员工失业保险等社会保险,并享受保险待遇。①

《深圳市事业单位职员管理办法(试行)》和《深圳市事业单位职员社会保障暂行规定》于2005年1月起施行。其中的职员是指由事业单位依据《深圳市事业单位职员管理办法(试行)》聘用于行政管理职位和专业技术职位的人员。②前者的目的在于“转换事业单位用人机制,建立事业单位职员制度,维护事业单位和职员的权利”③。其第四十九条规定职员失业可依法享受社会保障待遇。后者是在该试行办法的基础上,针对雇员社会保障问题制定的专项管理规定,目的在于“保障事业单位职员制度的建立,维护职员在养老、医疗、失业、工伤和退休等方面的合法权益”④。其第十三条规定职员失业按照现行机关事业单位福利制度执行。

(二)管理体制

1. 横向管理体制:失业保险三方共管

目前,深圳市失业保险具体工作由社保基金管理局、劳动就业服务中心、就业管理处三方共同管理。⑤

表4-5　深圳市失业保险相关管理机构及职能

机构	职能
劳动就业服务中心	失业登记,失业普查,《深圳市失业员工证》的年审、换证及补证,介绍再就业,组织再就业培训
就业管理处	失业保险政策、措施制定

① 参见《深圳市机关事业单位雇员管理试行办法》第二十八条。

② 参见《深圳市事业单位职员管理办法(试行)》第二条和《深圳市事业单位职员社会保障暂行规定》第二条。

③《深圳市事业单位职员管理办法(试行)》第一条。

④《深圳市事业单位职员社会保障暂行规定》第一条。

⑤ 深圳市社会保险基金管理中心是深圳市劳动和社会保障局设立的社会保险经办机构,现主要负责失业保险金的征收、核发、基金运营以及拨付再就业经费;就业管理处主要负责失业保险政策;劳动就业服务中心负责失业登记、资格核定,等等。2007年4月,正式更名为“深圳市社会保险基金管理局”,原深圳市社会保险基金管理中心下属的七区管理处也正式更名为深圳市社会保险基金管理分局。

续表

机构	职能
社会保险基金管理局	拨付再就业经费;征收处负责失业保险金的征收;失业保险处负责核发;基金管理处负责基金的管理运营
各区管理处	各区的失业保险金征收、支付,失业保险服务
社保管理站	共23个管理站为基层服务机构

2. 纵向管理体制:三级垂直管理

在业务管理上实行市、区、站所三级垂直管理体制。市局负责市属企业单位及市属和各区直属单位的失业保险金收支,各分局根据市局授权负责区属企业单位和镇属企业单位的失业保险金收支。

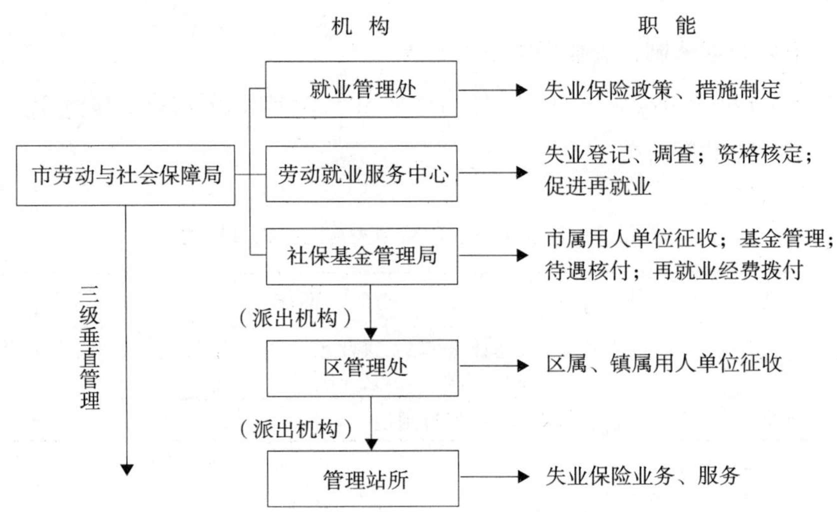

图4-1 三级垂直管理体制及职能分工示意图

二、制度结构的内容

(一)《深圳特区失业保险条例》

《深圳特区失业保险条例》对失业保险基金、失业保险待遇、失业保险管理和监督、法律责任等方面进行了具体规定,同时《深圳市失业保险待遇申领须知》在申领程序等方面进行了细化和补充。

1. 覆盖范围

从用人单位角度,其覆盖范围包括在特区注册的企业,与员工形成劳动合同关系的国家机关、事业单位、社会团体。① 从个人角度,覆盖范围为特区户籍员工。②

2. 资金来源

根据条例第八条,“失业保险基金来源如下:(一)失业保险费及其利息收入;(二)失业保险费滞纳金;(三)失业保险基金经营收益;(四)财政补贴。”其中失业保险费由用人单位全额缴纳,个人不承担缴费义务。

3. 缴费标准

根据条例第九条,用人单位缴费标准为市上一年度职工月平均工资的1%乘以本单位员工人数并乘以一定比例。这一比例由市政府根据特区就业构成状况、GDP、居民生活费用价格指数、最低工资标准及失业保险基金收支等因素决定,并每年向社会公布。目前该比例为40%。

4. 基金使用范围

根据条例第十三条,“失业保险基金用于失业员工的下列开支:(一)失业员工的失业救济金;(二)领取失业救济金期间的生活困难补助金;(三)领取失业救济金期间失业员工应当缴纳的医疗保险费;(四)促进再就业经费(转业训练费、职业介绍费及生产自救费);(五)失业保险管理费;(六)经市政府批准确需支付的其他费用。”

5. 失业保险待遇

失业保险待遇水平包括领取条件、待遇内容、领取期限和等待期等几个方面。在领取条件上,条例中规定了失业保险金的申领条件(领取失业保险金者同时即可享受医疗补助)和困难补助金的申领条件。失业保险待遇的内容主要包括失业救济金、领取失业救济金期间的生活困难补助金以及领取失业救济金

① 参见《深圳特区失业保险条例》第二条关于对用人单位的解释。

② 参见《深圳特区失业保险条例》第三条关于失业员工的解释。

期间享受的住院医疗保险待遇，同时还包括一系列就业服务。

关于失业保险金的申领条件，根据条例第十七条，“失业员工同时具备下列条件的，享受失业保险待遇：(一)在法定劳动年龄之内具有劳动能力；(二)在特区连续工作一年以上；(三)失业后按照规定进行登记并有求职意向。”关于困难补助金的领取条件，根据条例第二十三条，“失业员工领取失业救济金期间，有下列情形之一的，可以向失业保险机构申请生活困难补助金：家庭人均月收入低于深圳市规定的最低生活保障线的；其他特殊困难而无法维持基本生活的。”

在待遇内容上，失业救济金的月发放标准为上一年度市政府公布的最低工资的80%，生活困难补助金的发放标准为不超过本人领取失业救济金总额的40%，医疗待遇按照《深圳市城镇职工社会医疗保险办法》的有关规定执行。

在领取期限上，根据条例第十八条，按其连续工作每满六个月计发一个月，最长不超过24个月。

在等待期上，等待期为30天，即失业员工自到失业保险机构办理登记手续之日起三十日后。

6. 机构职能

劳动部门为主管部门①，在失业保险工作中的职责为：贯彻并组织实施失业保险法律、法规；指导失业保险机构开展失业保险和促进再就业工作；依法对失业保险基金的收缴、使用情况进行监督检查。

社保中心为经办机构，主要职责是：收缴失业保险费；支付失业救济金；管理失业保险基金；办理失业员工登记和介绍再就业；组织失业员工的再就业培训，扶持、指导生产自救和自谋职业。

其他相关机构与职能：市社会保险管理监督委员会负责失业保险工作的监督；失业保险基金年度收支预算、决算，由失业保险机构编制，经市社会保险管理监督委员会审议，财政部门审核后，市政府审定；财政、审计部门依法对失业保险

① 1997年条例制定时劳动局为主管部门，目前劳动局已经与社会保障局合并为劳动与社会保障局。

基金的征收、管理和使用情况进行监督和审计;除失业救济金外,失业保险基金其他开支(如生活困难补助金、医疗保险金、促进再就业经费、失业保险管理费、其他费用)的支付范围和标准由市政府确定。

(二)宝安、龙岗两区失业保险制度

宝安、龙岗两区目前实际执行的是《深圳特区失业保险条例》,内容同上,此处不再赘述。

(三)机关事业单位雇员失业保险制度

1. 覆盖范围

深圳市机关、非企业化管理的事业单位雇用的编内雇员。① 其中,事业单位是指经市、区机构编制部门批准设立,以社会公益为目的,由国家机关或其他组织利用国有资产举办的社会服务组织,但实行企业化管理的事业单位除外。雇员是指深圳市机关、事业单位在核定编制和员额内,以合同形式雇用的人员。

2. 具体内容见《深圳经济特区失业保险条例》

三、制度的性质判断

从失业保障和救济的内在逻辑来看,主要存在保险和救济两种不同的逻辑,目前现有的各种失业保险模式都是遵循这两种逻辑或是将二者结合的结果。从保险逻辑来看,失业保险的意义在于应对宏观经济运行中的不确定性和就业者个人面临失业风险时产生的收入不确定性。首先,宏观经济运行具有周期性。当经济处于宏观经济的繁荣和高涨时期,就业率高,失业率低,每个就业者应该缴纳一部分失业保险金,一旦当宏观经济进入萧条时期,这笔在繁荣时期积累起来的失业保险金就应该支付给失业者。其次,就业者面临的失业风险是不确定的,失业会降临到谁头上,事先是难以预计的,因而在存在失业风险的情况下个人收入的稳定性是难以保障的。为了避免在失业降临时收入来源枯竭的风险,

① 根据《深圳市机关事业单位雇员管理试行办法》、《深圳市事业单位职员管理办法(试行)》和《事业单位职员社会保障暂行规定》,雇员按照有关法规、规章的规定参加失业保险等社会保险,享受有关保险待遇。

每个就业者应缴纳失业保险金。因此从保险逻辑来推理,失业保险金的领取金额及期限应该与该失业者在原先就业期间缴纳的失业保险金数量相联系。从救济逻辑来看,失业保险制度的核心功能是维护社会公平,即在保证市场经济配置资源的效率的同时兼顾公平。因此只要是失业者,无论其缴纳失业保险的情况如何,都有权利领取失业救济金。

表4-6　保险逻辑与救济逻辑对比①

	保险逻辑	救济逻辑
资金来源	雇主、就业者的缴费	政府财政
领取条件	已缴纳一定时期的保险金	所有失去工作岗位者
领取金额	根据已缴纳保险金的数额和持续时间来确定	根据最低生活水准确定,结合失业者所需负担的家庭成员人数
领取期限	根据已缴纳保险金的持续时间和失业持续时间来确定	根据各人情况,尤其年龄情况确定

当今世界各国失业保障制度中,保险和救济这两种逻辑并非泾渭分明的,往往是兼顾两种情况,具有双重性质,深圳市失业保险制度也是如此。(1)资金来源:深圳市失业保险基金由雇主缴费,以政府财政弥补基金临时赤字;(2)领取条件:只是以在特区工作时间为条件,却没有涉及该失业者是否已由用人单位缴纳了保险金;(3)领取金额:根据最低工资水平确定,同时对生活困难者提供生活困难补助金,按统一标准发放,与缴费数量和持续时间无关;(4)领取期限:根据工作持续时间确定。由以上情况看,深圳市失业保险基金收支制度,在资金来源上结合了保险和救济两种逻辑,在领取条件和领取金额上采用的是救济逻辑,领取期限上则是参照了保险逻辑。因此深圳市失业保险制度是两种逻辑或模式的结合,兼具失业保险和失业救济双重性质。

① 袁志刚:《失业经济学》,上海三联书店、上海人民出版社1997年版,第223页。

第三节　制度运行绩效的评估

一、构建评估指标体系的原则与思路

(一)构建的原则

1. 层次性原则

指标选择尽可能从不同层次、不同方位涵盖失业保险制度各要素,不但考虑制度本身的情况,而且考虑大环境及其影响。

2. 集约性原则

选指标尽可能具有充分的信息综合能力,重点突出。否则,指标过多则烦琐,指标太少容易导致评价结果的失真。

3. 可比性原则

指标选择既考虑纵向可比,以便动态地反映其发展过程和变化规律,又考虑横向可比,实现评估结果在地区和国际间的可比性。

4. 可操作性原则

指标选择尽可能取自容易获取的资料来源,指标计算尽可能简便易行,易于理解和计算。

(二)构建的思路

本指标体系从公平性、有效性、适应性三个方面考察深圳市失业保险制度。

1. 公平性指标

公平性指标主要衡量是否实现社会公平,不同身份的劳动者是否拥有同等权利。下设两个一级指标,分别从社会劳动者整体和参保人群内部两个方面衡量现有制度的公平程度,前者侧重于考察现有的覆盖范围是否合理,后者侧重于考察覆盖范围内部是否存在不公平现象。每个一级指标下各设一个二级指标。

2. 有效性指标

有效性指标衡量能否保障失业人员基本生活和促进就业,以及现有的失业就业管理和服务是否满足劳动者需求，即主要衡量现有制度下各项职能的执行效果。下设五个一级指标，分别从制度需求、待遇水平、服务水准、就业导向和管理效率五个方面进行评估。每个一级指标下均设两个二级指标。

3. 适应性指标

适应性指标主要衡量失业保险工作能否适应经济和社会发展的要求，下设四个一级指标，分别从人口、资金、经济发展水平、服务水平四个方面进行评估。每个一级指标下设一到两个二级指标。

二、评估指标体系

（一）公平性指标的选取

公平性指标下设劳动者整体公平性和参保人群内部公平性两个一级指标。

由于一方面深圳市人口中户籍与非户籍严重“倒挂”，仅户籍员工能享受失业保险；另一方面目前国内失业保险制度的主要趋势是打破户籍限制扩大覆盖范围，全国和广东省失业保险制度都已打破户籍限制，因而目前政策发展重点是保障劳动者整体公平性。因此，相较参保人群内部公平性指标，劳动者整体公平性指标体现了主要的社会需求、社会矛盾和发展趋势，并代表了目前失业保险制度改革发展趋势，应赋予较高权重。

1. 劳动者整体公平性

劳动者整体公平性下设制度覆盖率和实际覆盖率两个二级指标。其中：

制度覆盖率=制度覆盖人数/理论应覆盖人数

实际覆盖率=实际覆盖人数/全市从业人口

制度覆盖率体现按照制度规定为劳动者提供的参保机会，实际覆盖率体现目前在实际执行当中的覆盖范围。由于实际覆盖率体现了目前深圳市真实的公平性状况，应赋予较高权重。

2. 参保人群内部公平性

参保人群内部公平性指标下设特区内外支付标准比和企业与机关事业单位失业员工支付标准比两个二级指标。这两个指标是分别从不同地区、不同单位性质的角度衡量参保人群内部的公平性。其中：

特区内外支付标准比=特区外支付标准/特区内支付标准

企业与机关事业单位失业员工支付标准比=企业失业员工支付标准/机关事业单位雇员失业后支付标准

表4-7　深圳市失业保险制度公平性评价指标

一级指标	二级指标	指标内容及赋值参考
参保人群内部的公平性指标	制度覆盖率	制度覆盖人数/理论应覆盖人数
	实际覆盖率	实际覆盖人数/全市从业人口
参保人群内部的公平性指标	特区内外支付标准比	特区外支付标准/特区内支付标准
	企业与机关事业单位失业员工支付标准比	企业失业员工支付标准/机关事业单位雇员失业后支付标准

(二)有效性指标的选取

有效性指标下设失业保险需求满足程度、待遇满足程度、服务满足程度、就业导向性、管理效率五个一级指标。这五个指标分别从失业保险供求、制度功能转型、政府职能转换等不同角度衡量失业保险这种半公共产品的供给状况。

1. 失业保险需求满足程度

失业保险需求满足程度下设参保率和受益率两个二级指标。参保率体现深圳市失业保险制度供给能否满足户籍员工需要,受益率指标反映深圳市失业保险支付能否满足已参保失业员工的需要。其中:

参保率=实际参保人数/应参保人数

受益率=领取人数/实际参保人数

2. 待遇满足程度

待遇满足程度下设最低消费满足程度和最低工资替代率两个二级指标。两个指标从失业保险待遇对最低消费和收入的替代程度两个方面考察失业员工基本生活的满足程度。其中:

最低消费满足程度=支付标准/最低收入户人均消费

最低工资替代率=支付标准/市平均工资

3. 服务满足程度

服务满足程度下设失业服务满足程度和就业服务满足程度两个二级指标。两个二级指标分别从失业服务和就业服务考察服务满足程度。其中:

失业服务满足程度通过基层失业服务机构①平均服务人数衡量;

就业服务满足程度通过定点就业介绍和培训机构平均服务人数衡量。

4. 就业导向性

就业导向性下设促进就业经费指标和再就业率两个二级指标。促进就业经费指标反映政府对促进再就业工作的重视程度和对失业人员人力资本积累的投入,再就业率则考察促进就业工作的效果。

促进就业经费指标通过促进就业经费比重和促进就业人均成本衡量。其中:

促进就业经费比重=促进就业经费/当年实收失业保险费;

促进就业人均成本=促进就业经费/登记失业人口。

再就业率=促进再就业人数/户籍失业人数

5. 管理效率

管理效率下设管理费用和单位缴费率两个二级指标。管理费用比重反映政府管理费用的使用效率,单位缴费率体现基金收入工作的管理效率。其中:

管理费用比重=管理费用/当年实收失业保险费

单位缴费率=实缴用人单位数量/应缴用人单位数量

表4-8　深圳市失业保险制度有效性评价指标

一级指标	二级指标	指标内容及赋值参考
失业保险满足程度	参保率	实际参保人数/应参保人数
	受益率	领取人数/实际参保人数
待遇满足程度	最低消费满足程度	支付标准/最低收入户人均消费
	最低工资替代率	支付标准/最低工资
服务满足程度	失业服务满足程度	基层失业服务机构平均服务的人数
	就业服务满足程度	定点就业介绍及培训机构平均服务的人数

① 基层失业服务机构主要为宝安、龙岗两区的社保站和南山区的工作站。

续表

一级指标	二级指标	指标内容及赋值参考
就业导向	促进就业经费指标	促进就业经费比重、促进就业人均成本
	再就业率	再就业率＝促进再就业人数/户籍失业人数
管理效率	管理费用比重	管理费用比重＝管理费用/当年实收失业保险费
	单位缴费率	实缴用人单位数量/应缴用人单位数量

（三）适应性指标的选取

适应性指标下设与人口适应性、资金适应性、与经济发展水平适应性、服务水平适应性4个一级指标。这4个指标分别从经济、社会、人口、基金等角度考察现有失业保险制度是否符合深圳市发展状况。

1. 与人口适应性

与人口适应性下设与劳动人口适应性和与失业人口适应性两个二级指标。劳动人口适应性考察失业保险的实施是否适应了全市劳动人口的增长，失业人口的适应性反映失业保险的保障能力能否适应失业人口的增长。其中：

与劳动人口适应性＝参保人数增量/全市劳动人口增量

与失业人口适应性＝受益人数增量/实际失业人口增量

2. 资金适应性

资金适应性下设收支平衡和基金储备两个二级指标。收支平衡指标考察目前制度下现收现付是否能维持平衡，基金储备指标体现在出现突发性失业波动时基金的抗风险能力。其中：

收支平衡指标＝（参保人数/领取人数）/（平均给付额/平均缴费额）①

① 平均缴费额＝实收失业保险费/实际参保人数；“参保人数/领取人数”表示目前按人口计算，平均可以由几个在职人员供给一个失业人员。“平均给付额/平均缴费额”表示现有制度下，平均需要几个在职员工供给一个失业人员。在正常情况下，收支平衡指标值应接近1，说明收支大致可保持平衡，既不会出现高额赤字，也不会出现过多结余。反之，无论是过高还是过低，都说明收支不能平衡，指标值高于1，说明基金缴费明显大于支出，会产生过多结余；指标值低于1，说明基金收入难以维持支出，导致当年收支出现较大的赤字。

基金储备指标=基金累计结余/支付标准

3. 与经济发展水平适应性

与经济发展水平适应性下设与收入的适应性一个二级指标，考察失业保险制度是否适应深圳市收入水平提高和收入差距扩大的趋势。其中：

与收入适应性=失业待遇的国民收入弹性

=失业保险待遇上升幅度/人均 GDP 增长率

=(失业保险待遇增量/人均 GDP 增量)×(失业保险待遇/人均 GDP)

4. 服务水平适应性

服务水平适应性指标下设基层服务适应性一个二级指标，考察失业服务的服务水平和渗透程度。其中：

服务水平适应性=基层机构人数增长率/参保人数增长率

表 4－9　深圳市失业保险制度适应性评价指标

一级指标	二级指标	指标内容及赋值参考
与人口适应性	与劳动人口适应性	参保人数增量/全市劳动人口增量
	与失业人口适应性	受益人数增量/实际失业人口增量
资金适应性	收支平衡指标	(参保人数/领取人数)/(平均给付额/平均缴费额)
	基金储备指标	基金累计结余/支付标准
与经济发展水平适应性	与收入的适应性	失业待遇国民收入弹性
服务水平适应性	基层服务适应性	基层机构人数增长率/参保人数增长率

三、制度运行的评估与判断

(一)公平性状况评估

1. 劳动者整体公平性评估

制度覆盖率：根据《深圳经济特区失业保险条例》，在特区注册的企业，与员工形成劳动合同关系的国家机关、事业单位、社会团体，以上用人单位及雇员均包括在制度覆盖范围内。可见制度规定的覆盖率达到100%。

实际覆盖率:目前深圳市失业保险实际覆盖范围主要是户籍员工。有数据显示,2008年外来劳动力在深圳市就业的约有700多万,占全市就业人口总数的80%以上。根据这一数据,深圳市失业保险制度实际覆盖率不会超过20%。

由此可见,虽然制度覆盖率很好,但是实际覆盖率很低,原因在于绝大部分非户籍员工未纳入失业保险覆盖范围。仅达到20%的实际覆盖率说明深圳市全体劳动者实际享受的失业保险保障水平较低,而且参保者只有户籍员工,因此,劳动者整体的公平性状况差。

2. 参保人群内部公平性评估

特区内外支付标准比:特区外失业员工支付标准参照特区内执行,因此特区内外支付标准比为1。

企业与机关事业单位失业员工支付标准比:企业员工与机关事业单位雇员失业后支付标准都是按相同标准领取失业救济金,因此企业与机关事业单位失业员工支付标准比为1。

由此可见,参保人群内部公平性状况很好。无论特区内外还是不同单位性质的失业员工都按统一标准支付。

表4-10　深圳市失业保险制度公平性现状及评估

一级指标	二级指标	指标数值	指标评价
劳动者整体公平性	制度覆盖率	100%	好
	实际覆盖率	20%	差
参保人群内部公平性	特区内外支付标准比	1	好
	企业与机关事业单位失业员工支付标准比	1	好

(二)有效性状况评估

1. 失业保险需求满足程度评估

参保率:2008年深圳市参保人数205.12万人。户籍人口232.08万,据统计深圳劳动适龄人口比例为 90.29%①,由此大致可计算出,应参保人数② = 232.08×90.29% = 209.5 万人。参保率 = 205.12/209.5×100% = 97.9%。

受益率:2008 年深圳市失业保险累计领取 10.95 万人次,假定平均领取时长为半年,则可大致计算领取人数 = 10.95/6 = 1.83 万人。2008 年实际参保人数 205.12 万人,因此受益率 = 1.83/205.12 = 0.89%。再假定参保人员失业率与登记失业率一致,则受益率应与登记失业率一致,否则如果差距较大,则说明已参保人群的受益状况较差。2008 年深圳市城镇登记失业率 2.30%。因此,在以上两个假定的基础上,受益率 = 0.89%/2.30%×100% = 38.7%。

由此可见,对户籍员工而言,无论参保情况还是受益情况都较差。

2. 待遇满足程度评估

最低消费满足程度:2007 年深圳市失业保险金支付标准为 648 元/月,根据深圳市 2008 年统计年鉴,2007 年最低收入户人均每月消费性支出 687 元。最低消费满足程度 = 648/687×100% = 94.3%。

最低工资替代率:2008 年深圳市失业保险金支付标准 648 元/月(7 月份开始,失业救济金标准提高到 680 元/月),特区内最低工资 850 元/月。最低工资替代率 = 648/850×100% = 76.2%。

由此可见,待遇水平对最低消费和最低工资的替代程度都很高。

3. 服务满足程度评估

失业机构服务满足程度:目前深圳市在宝安、龙岗两区分别设有 9 个和 10 个社保管理站,南山设有 3 个工作站。其他地区没有设立基层服务机构。同时按照统计年鉴特区内、外职工人数比例推算,大致计算出 2007 年年底宝安、龙岗社会劳动者人数约 136.1 万人。每个社保站平均服务人数 = 136.1/23 = 5.92 万

---

① 《关于 2008 年度人口发展计划执行情况及 2009 年度人口发展计划安排的报告》,及 http://gebfsz.blog.sznews.com/blog/32191/archive/2007/03/07/67783.html, 2008 年数据来自《深圳市社保局 2008 年工作总结》, http://www.szsi.gov.cn/sbjxxgk/ghjh/sijhlsqk/200903/t20090320_2066.htm。

② 按条例规定,应参保人数为企业所有员工和机关事业单位、社会团体的雇员,但是实际执行中仅覆盖户籍员工,因此此处应参保人数以户籍劳动人口替代。

人。加之其他地区没有基层管理机构,因而基层服务满足程度一般。

就业服务满足程度:2007 年,全市定点职业介绍及培训机构共有 101 家,2007 年深圳市失业人口 2.6 万人①,因此平均每家就业服务机构服务人数 257 人。虽然深圳市公布的再就业率较高,但是现有失业统计的误差可能对这一数据造成高估。因此深圳市就业服务满足程度一般。

总体来看,服务满足程度中等。主要影响因素在于失业服务满足程度较低,基层失业服务组织配备不足。

4. 就业导向性评估

促进就业经费指标:2008 年深圳市促进就业经费 3491 万元,当年实收失业保险费 3.07 亿元,促进就业经费所占比例为 11.37%。② 2004 年年底深圳市促进就业经费 1887 万元,登记失业人口 2.6 万人,促进就业人均成本支出 726 元。无论就业经费比重,还是对失业员工再就业的人均投入,均高于全国水平。

再就业率:根据深圳市政府公布的数据,2008 年促成 3.15 万名失业人员就业和再就业③,而 2007 年登记失业人口仅 2.6 万人,这一明显的矛盾说明失业统计中存在很大缺陷。为排除这一误差,此处采用城镇失业人口估计值进行计算。深圳市城镇失业人口估计值为 5 万人,再就业率 = 3.15/5 = 63%。再就业率已超过 50%,可见深圳市再就业水平很高。

总体来看,深圳市失业保险工作的就业导向性较好。政府对再就业工作的投入高,收效也高。

5. 管理效率指标评估

管理费用比重:因缺乏基本数据,此处暂取估计值。根据深圳市失业保险基金收支状况,估计管理费用的支出比例较为合理。

单位缴费率:2004 年年底深圳市实际缴费单位 40893 家,有数据显示 2004

① 参见 http://www.shenzhen.molss.gov.cn/main/xxgk/xxgkml/ghjh/ndgzjh/200706286356.shtml。

② 参见《深圳统计年鉴》(2008)。

③ 数据引自《深圳统计年鉴》(2008)。

年深圳市企业数量约 18 万家,因此用人单位缴费率约 22.72%。此外深圳市中小企业数量占企业总数的 99%,而这些中小企业的员工绝大部分都是非户籍员工,不属于失业保险的实际覆盖范围。因此 22.72% 的单位缴费率可认为是处于合理水平。

总体来看,深圳市失业保险工作的管理效率较高。现有制度下,管理费用比例合理,用人单位缴费情况较好。

表 4-11　深圳市失业保险制度有效性现状及评估

一级指标	二级指标	指标数值	指标评价
失业保险需求满足程度指标	参保率	93%	好
	受益率	75%	较好
待遇满足程度指标	最低消费满足程度	78%	较好
	最低工资替代率	79%	较好
服务满足程度指标	失业服务满足程度	23 个管理站,5 万人/站	一般
	就业服务满足程度	缺少数据	较好(估计值)
就业导向指标	促进就业经费指标	13%;726 元/人	好
	再就业率	60%	好
管理效率指标	管理费用比重	缺少数据	较好(估计值)
	单位缴费率	23%	较好

(三)适应性状况评估

1. 与人口的适应性评估

与劳动人口适应性:2008 年全市参保人数增量 25.2 万人,根据统计年鉴,2008 年社会劳动者增量 14.84 万人。与劳动人口适应性 = 25.2/14.84 × 100% = 170%。

与失业人口适应性:2007 年失业保险支付额增长率为 65%,目前深圳市尚未进行过实际失业人口的普查,但估计实际失业人口增长率不应超过以上数值,而且根据统计年鉴,2008 年经济活动人口中失业人口增长率为 4.4%。由这些数据看来,失业保险支出增长率远高于失业人口增长率。2008 年度失业救济金领取人次 10.95 万人次,2007 年领取人次 12.45 万人次。假定平均支付时长为半年,则可估算 2008 年和 2007 年领取人数分别为 1.83 万人和 2.07 万人,2008 年领取人数增量-1.5 万人。关于实际失业人口目前尚无统计数据,根据统计年鉴,2007 年经济活动人口中失业人口增量-0.2 万人。受益人数增量/实际失业人口增量=1.5/0.2>1。由以上数据看来失业保险支出对失业人口的适应性较好。但是就近年就业形势来看,实际的失业人口增量应远远高于-1.5 万人,“受益人数增量/实际失业人口增量”可能存在高估。

总体来看,与人口的适应性只能属中等水平。主要影响因素是对劳动人口的适应性不足,原因在于非户籍劳动人口数量巨大,且增长速度大大高于户籍劳动人口,现有的失业保险制度不适应深圳市人口结构和变化趋势。

2. 资金的适应性指标

收支平衡指标:2008 年实收 3.07 亿元,参保 205.12 万人,平均每人缴费额 12.47 元/月,给付标准为每人 648 元/月,“平均给付额/平均缴费额”比率为 52,这说明现有制度下,平均需要 52 个在职员工供给 1 个失业人员。① 2008 年参保 205.12 万人,领取人数约 0.91 万人/月,“参保人数/领取人数”比率为 156,这说明按现有参保和收益状况,平均可以有 156 个在职人员供给 1 个失业人员。收支平衡指标=156/52=3,说明存在明显收大于支的情况。

基金储备指标:2007 年基金累计结余约 18 亿元,为 2007 年支付总额的 14.2 倍。按 2007 年支付标准可供给 278 万人次。现有的基金储备已经足以在突发情况下有能力为户籍员工提供保障,基金抗风险能力很强。但是基金储备并不是越高越好,从以上数据来看,深圳市失业保险基金可能已经出现过度储备的情况。

总体来看,资金的适应性一般,尤其收支平衡状况较差。说明在目前收支制度存在较大缺陷,缴费率过高或基金支出太少,导致每年产生大量基金结余。

3. 与经济发展水平的适应性指标

与收入的适应性:2008 年人均 GDP 增长率 10.2%,失业保险待遇支付标准

① 参见《深圳市社会保险基金管理局 2008 年工作总结》。

上升幅度17.4%。失业待遇的国民收入弹性=17.4%/10.2%=1.7。

由此可见,失业待遇的收入弹性较高,失业保险待遇与经济发展的适应性相当。原因在于,《深圳经济特区失业保险条例》规定:失业保险金的月发放标准为上一年度市政府公布的最低月工资的80%。2006年市政府公布的最低月工资为810元,因此从2007年7月1日起至2008年6月30日,深圳市失业保险金月发放标准调整为648元,2008年7月起调整至680元。

4. 服务水平的适应性指标

基层服务的适应性:随着深圳市经济社会的发展,对社会化服务的要求也逐渐提高,而目前的基层管理有待规范,尚不能充分满足社会化服务的需要。因缺少基本数据,暂取估计值。

表4-12　深圳市失业保险制度适应性现状及评估

一级指标	二级指标	指标数值	指标评价
与人口适应性指标	与劳动人口适应性指标	43.39%	差
	与失业人口适应性指标	>1	较好
资金的适应性指标	收支平衡指标	2.1	较差
	基金储备指标	112万人次	好
与经济发展水平的适应性指标	失业待遇的国民收入弹性	0.19	较差
服务水平的适应性指标	基层机构人员增长率/参保人数增长率	缺少数据	一般(估计值)

(四)总体判断与结论

表4-13　深圳市现行失业保险制度评分情况

指标	公平性指标	有效性指标	适应性指标
评价	较差	较好	中

由以上评价状况可知,公平性状况较差,有效性较好,适应性一般。

1. 公平性状况判断与结论

整体来看,现有失业保险制度公平性较差。主要影响因素在于劳动者整体的公平性差,这是深圳市失业保险最突出的社会矛盾。

现有失业保险制度存在严重的制度歧视,仅仅是保障户籍失业员工的利益,占人口绝大部分的非户籍员工是深圳市 GDP 的主要创造者,却享受不到失业保险。对此应修改现有制度规定,打破以户籍为屏障的制度歧视,为所有劳动者提供平等的权益。

2. 有效性状况判断与结论

整体来看,现有失业保险制度对户籍员工的保障程度较高。除了服务需求满足程度一般,其他指标都较好。

深圳市失业保险在基层服务上有待加强，这也体现了国内外管理体制改革的趋势。由于各层级管理机构分工性质趋同，既弱化了决策机构的决策功能，又使得基层组织的执行功能难以展开，因此需要建构新的公共管理体制。

3. 适应性状况判断与结论

现有失业保险制度适应性一般,大部分指标评估结果欠佳,其中对经济发展水平的适应性最差。

主要问题在于：第一，现有制度仅限于保障户籍员工，不能适应深圳市人口“倒挂”的现状；第二，基金收支结构有待调整，过量的基金结余不符合现收现付制的理念；第三，基层组织的作用有待加强，以适应社会化服务的要求。

第四节　失业保险制度发展的成绩

一、颁布了失业保险条例

1992 年深圳市人大获得立法权后,逐渐将社会保险制度改革经验上升为法律规范。1996年深圳市政府颁布了《深圳市失业救济金发放暂行规定》和《深圳市失业保险费缴纳暂行规定》。

1997年在综合各专项制度和改革经验的基础上，颁布《深圳特区失业保险条例》，将失业保险制度上升为法律法规层次，为失业保险体系提供了法律保障。

二、实现了全市失业保险统一管理

（一）失业保险纳入市社保局统一管理

2002年以前，深圳市失业保险管理职能一直由市劳动局执行。2002年，根据市编委《关于深圳市社会保险管理局职能配置内设机构和人员编制的批复》，失业保险管理职能正式划转到深圳市社会保险管理局。2002年，失业保险费和其他社会保险费合并统一征收，有利于解决企业漏保现象，提高失业保险工作效率，降低政府管理成本。

（二）失业保险基金实现市级统筹

基金统筹水平越高，其抵御风险能力越强，利于实现收入再分配。2000年7月，劳动局、财政局联合发出《关于实行失业保险基金全市统筹的通知》，从2000年7月1日起实行失业保险基金全市统筹。2000年12月，除南山、福田和宝安区2000年6月以前失业保险基金余额未上缴市财政专户外，失业保险基金实现全市统筹。

（三）信息化管理水平提高

2002年深圳市社会保险管理局电脑中心自行开发了失业保险业务管理软件。2004年4月失业保险偿付系统正式投入使用。2004年9月失业保险费征收并入社会保险基金征收系统，利用广域网，真正实现了“五险合一”的统一征收管理。

三、率先实现下岗与失业并轨

2000年1月开始，深圳市下岗与失业并轨。下岗人员出中心后，对企业雇用35岁以上失业人员和国企下岗员工的补贴改从失业保险基金中列支。由此

“下岗职工”这一身份不再存在,失业保障由二元制度体系向统一制度体系转变。

“下岗”这一名词是中国在解决国有企业隐性失业的过程中产生的。从理论上讲,下岗即失业,但是下岗与失业并不完全相同,因为下岗职工与原单位之间还保留着名义上的劳动关系,保留着回到原单位的优先权,或者保留着原来的职工身份。2000 年以前,深圳市与全国一样,对下岗员工与失业员工实行两种不同的失业保障制度,即中国失业保障的二元制度体系。其中下岗制度的实质是政府和国有企业在旧体制中的遗留责任问题。

然而下岗职工基本生活保障与再就业制度毕竟不是一种规范的失业保障制度。第一,缺少规范的组织手段和运行机制。第二,下岗制度带有浓重的政治色彩,容易导致执行中的形式主义。第三,隐性失业也是失业,没有必要与其他失业问题分开处理,设置两套制度和管理体系增加了失业治理成本。第四,对下岗员工和其他失业员工实行不同的待遇支付和就业扶持政策,导致劳动者权益的不公平性。因此,深圳市下岗与失业并轨,有利于降低政府成本,提高政策效率,促进社会公平。

四、失业保险覆盖范围进一步扩大

(一)宝安、龙岗纳入覆盖范围

2005 年 3 月,市政府适应城市化需要,将宝安、龙岗“农转居”人员纳入覆盖范围。宝安、龙岗两区城市化过程中原村级(含自然村)已有的和新组建的股份合作公司直接纳入失业保险覆盖范围,各股份公司都按规定缴纳失业保险费。

(二)开始建立机关事业单位雇员失业保险制度

为顺应建立机关事业单位雇员制的要求,深圳市政府从 2004 年开始颁布了一系列试行法规,这些法规中已明确规定雇员应按有关法规参加失业保险,并保障了雇员失业后享受失业保障的权利。

(三)参保规模、受益人数、给付金额平稳增长

截至 2007 年年底参保人数达 179.62 万人,领取失业保险 12.45 万人次,给

付金额1.27亿元。深圳市失业保险给付标准在全国处于较高水平,给付标准为市上一年度最低工资的80%,替代率基本维持在20%左右。

表4-14 深圳市1998—2008年失业保险给付情况

年份	参保人数(万人)	领取人数(万人次)	给付数额(亿元)	发放标准(元/月)	全市城镇职工月平均工资(元)	替代率
1998	71.70	2.2117	0.12	336	1532	22%
1999	75.40	2.8080	0.16	344/437	1726	20%/25%
2000	81.64	3.0129	0.22	437	1920	23%
2001	90.63	6.5759	0.29	437	2162	20%
2002	110.15	6.4872	0.32	459.2	2352	20%
2003	113.49	11.7731	0.61	476	2551	19%
2004	128.15	14.2501	0.7	480	2661	18%
2005	143.18	14.98	0.75	480/488	2706	18%
2006	159.5	14.4	0.77	488/552	2926	16.7%/18.9%
2007	179.62	12.45	1.27	552/648	3233	17%/20%
2008	205.2	10.95	0.87	648/680	3621	17.8%/18.7%

数据来源:《深圳市社会保险志》,《深圳统计年鉴》(2004),2005—2008年《深圳年鉴》,《深圳市社保局2008年工作总结》。

五、率先进行了失业普查探索

以前深圳市从未进行过专门的失业普查,失业数据仅来源于失业登记数据,数据失真现象比较严重,难以对失业状况有较全面的了解。2005年8月,深圳首次全面普查全市失业人数,在620个社区开展普查登记工作。这次普查采取失业人员在规定时限内自由选择到各社区工作站(居委会)接受普查,与社区工作人员上门调查相结合的方式。摸清失业状况,了解制度需求。

第五节　失业保险制度改革中的问题

一、失业保险管理体制存在缺陷

(一)横向管理机构职能分散,经办机构重要职能缺失

《失业保险条例》第三条①和第二十五条②对社保经办机构职责与职能有明确规定,但目前深圳市失业保险管理职能与其相悖,具体工作由社保基金管理中心、就业服务中心、就业管理处三方共同管理,管理职能分散。社保基金管理中心并未全部履行《失业保险条例》所规定的职能,甚至可以说是没有履行大部分职能。③ 由此引发的问题主要有:

1. 失业调查等重要职能缺失,难以把握实际失业状况

《深圳特区失业保险条例》制定于 1997 年,当时失业保险工作归劳动局管理,集就业和失业保险双重职能于一身。2002 年失业保险经办机构合并到社保基金管理中心,明确了失业保险属于社会保险的理念,机构设置上得到理顺,但是当时并未完全移交,仅仅是对事权进行了简单的分割,反而导致职能分散,社保基金管理局丧失了失业登记、调查等重要职能。

根据《深圳特区失业保险条例》和国家《失业保险条例》,深圳市社保基金管

① 《失业保险条例》第三条:"国务院劳动保障行政部门主管全国的失业保险工作。县级以上地方各级人民政府劳动保障行政部门主管本行政区域内的失业保险工作。劳动保障行政部门按照国务院规定设立的经办失业保险业务的社会保险经办机构依照本条例的规定,具体承办失业保险工作。"

② 第二十五条:"社会保险经办机构具体承办失业保险工作,履行下列职责:(一)负责失业人员的登记、调查、统计;(二)按照规定负责失业保险基金的管理;(三)按照规定核定失业保险待遇,开具失业人员在指定银行领取失业保险金和其他补助金的单证;(四)拨付失业人员职业培训、职业介绍补贴费用;(五)为失业人员提供免费咨询服务;(六)国家规定由其履行的其他职责。"

③ 深圳市劳动深圳市社保基金管理中心是深圳市劳动和社会保障局设立的社会保险经办机构,其失业保险管理职能在《失业保险条例》第二十五条中已有明确规定。

理局同时应当承担失业登记、调查、统计职能。实际上这一职能完全由就业服务机构执行。

表4－15　对市级失业保险管理体制有关规定与现行管理体制对比

	《失业保险条例》（以下简称国条例）	《广东省失业保险条例》（以下简称省条例）	《深圳特区失业保险条例》（以下简称条例）	深圳市现行管理体制
经办机构主要职能	1. 失业人员的登记、调查、统计； 2. 管理失业保险基金； 3. 核付失业保险待遇； 4. 拨付失业人员职业培训、职业介绍补贴费用； 5. 为失业人员提供免费咨询服务；等等	1. 失业保险信息管理，办理失业保险关系及待遇接转手续； 2. 管理失业保险基金； 3. 审核、支付失业保险待遇； 4. 受理职业培训补贴、职业介绍补贴的申请； 5. 免费提供失业保险咨询、查询服务；等等	1. 失业人员登记； 2. 失业保险费征收； 3. 支付失业保险待遇； 4. 管理失业保险基金； 5. 介绍再就业，组织失业员工的再就业培训，扶持、指导生产自救和自谋职业；等等	1. 失业保险金征收； 2. 核定、支付失业保险待遇； 3. 管理失业保险基金； 4. 提供免费咨询； 5. 拨付促进再就业经费，等等
重要相关机构职能		1. 地方税务机关负责失业保险金的征收，提供缴费信息； 2. 就业服务机构负责失业人员的登记、调查、统计和发放失业证、提供再就业服务		就业服务机构负责失业人员的登记、审核，失业人口普查，组织再就业工作

失业保险是政府进行失业治理的主要措施之一，也是政府掌握失业信息的可靠渠道。若社保基金管理局不能全面掌握失业情况，尤其对占人口绝大部分的非户籍劳动者失业状况缺乏权威、科学的统计和调查，不能准确了解纳税人对失业保险制度的需求，难以保证其制度供给符合公众的需要。

2. 失业保险工作三方共管，职能分散到三个机构，整体协调性降低，部门利益差异增加交易成本

失业保险管理职能分散到三个机构，就业管理处负责失业保险政策制定，劳动服务中心负责失业人员登记、审核和失业人口调查，社保基金管理局负责失业保险基金收缴、运营和支付，其中社保基金管理局失业保险处的主要工作为核发失业保险待遇。三方权、责、利不相一致,增加了政府管理中的交易成本。不同机构执行失业保险职能,使得整体职能被割裂,部门之间、上下级之间都存在交易成本上升、政府管理开支浪费的可能。

(二)纵向三级管理机构之间分工不合理

目前深圳市社保机构实行市、区、站所"三级垂直管理体制"。业务分工上市级负责市属企业单位及市属和各区直属单位的失业保险金收支,各区分局根据授权负责区属企业单位和镇属企业单位的失业保险金收支。可见这一体制仍然遵循着决策权能与执行权能一体化的思路。①

市社保基金管理局是失业保险的经办机构,处于三级垂直管理体制的顶层,主要工作在于管理措施的制定和监督执行。目前集决策与执行职能于一身,既负责决策和监督,又承担具体执行工作,导致工作负担加重,大量精力和资源用于应付烦琐沉重的具体执行事务。

(三)受益资格审查和监管力度不足

按照深圳市现行失业保险制度,享受失业保险待遇的人员除了必须为特区失业保险条例中所定义的失业员工,还需要满足劳动年龄和劳动能力、在特区连续工作年限、失业登记和求职意向这三个条件。同时条例中也规定了在领取失业救济金期间再就业、国(境)外定居等六种停发失业救济金的情形。但是目前深圳市对失业救济金申报者的资格审核并没有很好地贯彻这些规定,尤其对缺乏求职意向、再就业、国外定居等容易出现漏洞的情况缺乏有效的审核和执行程序,导致高估失业规模。目前对失业保险影响较大的主要是隐性就业和缺乏就业意愿两种情况。

1. 审查和监管制度漏洞是深圳市隐性就业产生的重要因素

在我国,隐性就业是经济体制转轨过程中出现的一种过渡性的劳动就业形

---

① 根据新公共管理理论,公共组织有政策组织、规制组织、服务提供组织和服从型组织,而政策组织应当完全属于政府意义上的组织。政府严守公共政策制定的职能,运用公共政策的引导来保证政府外公共组织有效承担公共管理职能。由于政府的公共管理部分职能"外移",政府自然达到消肿减肥的目的,自身可以彻底告别官僚主义,并以旁观者身份审视公共政策与公共管理的质量。

式,这一现象源于诱致性制度变迁带来的利益格局变化。在新旧体制转换过程中发育形成的劳动力市场为隐性就业提供了行为空间,使得隐性就业成为劳动力资源在现有制度环境下实现优化配置的途径之一,它是隐性就业者作出的一种理性选择。2000 年深圳市率先实行下岗与失业并轨,从此员工下岗即是失业,下岗的概念消失,与此同时与失业人员有关的社保制度不断完善,这些都部分消除了长期以来制约隐性就业显性化的制度因素,但是从目前来看,制度不完善及其执行不到位,仍旧是导致隐性就业产生并侵蚀失业保险基金的根本因素。

目前关于隐性就业的定义大致有广义和狭义两种。广义的隐性就业主要包括三类:第一类是公开失业人员的隐性就业;第二类是国有企事业单位职工从事第二职业或兼职活动;第三类是其他未纳入政府正轨管理和未统计收入的就业,如非劳动年龄人口就业、地下经济活动等。狭义的隐性就业主要特指国有企业下岗失业人员隐性就业。本书所指需要政府监管的隐性就业者,是针对失业保险产生影响的隐性就业群体,包括已在深圳市进行失业登记,而事实上处于就业状态并且未进行就业登记的深圳市户籍人员。其特征主要有:第一,名义失业状态和事实就业状态①并存,即名义上处于失业状态,没有收入来源,而实际上却处于就业状态,有工资或经营收入②;第二,被政府作为失业人员来对待,正在或即将享受失业救济金。

从深圳市现有情况看,隐性就业的大量存在需要三个条件:第一,在政府制度上,隐性就业标准、失业保险审查、企业用工等制度及其执行中存在漏洞。例如现行制度中都未涉及对隐性就业的确定标准、对双(多)重劳动关系的处理等

① 就业状态既可能是受人雇用,又可能是自我雇用。就业形式既可能是正规就业,也可能采取非全日制、临时工、季节工等灵活形式。

② 根据中国劳动和社会保障局 2003 年公布的失业人员新标准,失业人员是指在男 16—60 岁、女 16—55 岁的法定劳动年龄内,有工作能力,无业且要求就业而未能就业的人员。按照这一标准,就业人员是指法定劳动年龄内,从事一定的社会经济活动,并取得合法劳动报酬或经营收入的人员。其中劳动报酬达到和超过当地最低工资标准的,为“充分就业”;劳动时间少于法定工作时间,且劳动报酬低于当地最低工资标准、高于城市居民最低生活保障标准,本人愿意从事更多工作的,为“不充分就业”。

问题,社保机构对失业保险受益资格的审核宽松、监管力度不高,政府对企业招用员工时不签订劳动合同、合同不完备等各种违反劳动管理制度的情况未能进行有效规范,等等。第二,在外部环境上,劳动力市场的市场化程度较高,用人单位对各种就业形式的需求较大,尤其对非正规就业形式的需求迅速扩张,为隐性就业提供了大量机会。第三,在就职意愿上,出于增加收入以保持原有的生活水平、实现个人价值等目的,大部分失业者有强烈的就业愿望。在这三方面条件共同作用下,采取隐性就业方式以继续享受失业保险待遇成为失业者的理性选择,其中制度缺陷和漏洞是根本因素,也是使得隐性就业者的这种理性行为对社会产生负面影响的主要因素。

2. 对自愿性失业审核难度大,缺乏规范的监管制度

深圳市是失业保险只为户籍人员提供失业救济,而就深圳市现状来看,户籍人员家庭资产、家庭收入和生活水平在全国属领先水平。根据劳动供给曲线,在现有的劳动力价格体系中,这部分户籍人员在劳动和闲暇之间往往不会选择劳动。此外,由于劳动力市场的分割性,那些从劳动力一级市场中失业的人员也不愿到二级市场就业。这几种失业者都属于自愿性失业,在统计中不应计入失业人员范围。在失业统计中对这些自愿失业者缺乏有效的审核,并对其提供失业救济金,无形中就产生了与西欧国家高福利政策相类似的“养懒汉”的效果。

第一,特区失业保险条例中并没有明确界定就业意愿的判断标准,仅在第二十二条中规定“无正当理由,两次不接受劳动部门所属的就业服务机构介绍的职业”,失业保险机构停发其失业救济金。此项规定虽然涉及对就业意愿的判断标准,但是该项标准过于简单,对何为“无正当理由”未给予任何解释,存在较强的主观随意性,凭此很难判断失业者真实的就业意愿。

第二,监管成本高、难度大。由于社保机构与个人之间信息不对称和个人道德风险,使得监管成本较高,目前尚缺乏有效且低成本的监管方法来判断失业者主观就业意愿和是否正在积极寻找工作。

(四)不利影响

由于立法层次不高、监管成本高、投入不足、管理方法简单化等原因,导致政府的失业审核和监管制度不完善和执行力度不强,这是失业保险基金支出无效

扩张的制度因素。虽然对用人单位和个人有利,但是从社会角度来看,将产生以下不利影响:

第一,高估失业规模,误导政府宏观调控行为。目前深圳市对失业人员的数据统计和核查,主要来源于失业者申报(登记失业率)和核对就业人员登记。隐性就业正是个人和企业为了既得利益,利用这种制度的漏洞,使得已处于事实就业状态的隐性就业者被统计为失业人员。而缺乏求职意愿者也是利用宽松的审核制度,作为失业人员享受失业救济金。这些都导致政府高估失业数据,低估再就业规模,在制定失业治理政策和就业促进政策时易产生偏差,导致政策失效。

第二,侵蚀失业保险基金,降低了失业救济金和促进就业经费的效用和功能。隐性就业者在获得隐性收入的同时享受失业救济,无就业意愿者在享受失业救济的同时并不去找工作,这首先是对失业保险救济的侵蚀。同时对这部分人而言,失业救济金的保障基本生活和促进再就业功能没有得到体现,政府耗费大量人力物力为其提供的再就业服务,如信息服务、职业培训、职业介绍、资金技术支持等,也没有起到应有的作用。失业保险基金支出扩张的同时,所获得的边际效用将低于所付出的成本,因而影响了政府资源配置和宏观劳动力配置的效率。

第三,隐性就业的隐蔽性,不利于保障隐性就业者的劳动者权益。首先,这种隐蔽性使得政府很难确切把握这一就业群体的规模和工作状况,有可能大大低估了隐性就业人员的数量,对于是否应当采取措施对其进行规范治理很难作出决策。其次,就业的隐蔽性往往与就业过程的不确定性、劳动关系的不规范性并存,更容易出现劳资纠纷等影响劳动者权益的问题,而就业的隐蔽性往往使得这些问题被掩盖起来。

二、存在对非户籍劳动者的制度歧视

(一)制度歧视导致福利差距和分配不公

在中国二元经济发展的过程中,户籍制度是劳动力市场分割的基本工具。20 世纪 90 年代以来,随着区域经济发展的不平衡和沿海地区对劳动力流动的需要,户籍制度已经发生了较大变革,但到目前为止仍然是限制人口自由迁徙和劳动力合理流动的桎梏,是收入分配不公和身份歧视的源泉,与中国市场化进程和社会经济发展的内在要求相距甚远。① 这一现象在深圳市体现得尤为突出。

《深圳特区失业保险条例》对参保资格的规定基本实现全覆盖。但是根据条例对"失业员工"的解释,以及《深圳市失业保险申领管理办法》的规定,只有户籍失业人员才有领取资格,使非户籍员工即使参保也领不到失业保险金。而在实际执行中,深圳市失业保险覆盖范围也仅限于户籍员工。因此,现有的以深圳户籍为享受条件的失业保险制度则是在户籍制度这一基本分割工具的基础上演变出来的衍生工具,将深圳市劳动力市场分割为本地劳动力和外地劳动力两个市场。获得了深圳市户籍,即意味着获得了与之相匹配的一系列失业保险、劳动就业和再就业方面的制度特权。

深圳市失业保险制度作为一种衍生的分割工具,其意义不仅是制度特权(或制度福利)和制度歧视,更产生了事实上的经济福利差异和收入分配不公。而从全局角度和长期角度看,这种制度福利和经济福利产生的对本地劳动力市场的激励和正规部门吸引优质外来劳动力的效益,远不及制度歧视和分配不公所导致的社会成本。例如深圳市目前遭遇的民工荒现象,不可否认失业保险制度及与之相类似的一系列歧视性制度正是阻碍这种现象得以改善的制度因素。

(二)失业保险存在严重的总量缺口和结构性缺口

1. 总量缺口

总量缺口主要涉及对实际覆盖率和全社会参保率两方面的考察。首先,前文中评估结果显示深圳市失业保险实际覆盖率仅20%。其次,就全社会参保率来看也具有同样的特征。

全社会参保率考察参保人数占社会劳动者数量的比率,深圳市人口状况异常复杂,有关深圳市劳动者数量主要可参考三种口径:统计年鉴、人口普查、公安

① 参见徐林清:《中国劳动力市场分割问题研究》,暨南大学博士学位论文,2004年。

局人口数据。第一,根据2008年数据计算,深圳市2008年社会劳动者参保率仅30.6%。① 第二,根据2000年人口普查,深圳人口在2000年11月已达到701万。鉴于缺乏近期人口普查数据,此处不对具体数值进行计算,但可推论按照人口普查口径得出的覆盖率和参保率均低于前一计算的结果。第三,根据2009年5月14日深圳市政府常务工作会议《关于2008年度人口发展计划执行情况及2009年度人口发展计划安排的报告》,公安部门统计,全市实际管理和服务人口为1296.3万人,深圳市2008年社会劳动者参保率仅为17.5%。从以上三个数据来看,无论按哪一种口径,结果都显示参保人数占全社会劳动者的比率很低。这些都说明深圳市失业保险存在严重的总量缺口。

2. 结构性缺口

目前,深圳市失业保险实际覆盖范围主要是户籍员工,实际上,非户籍劳动者由于普遍缺乏家庭和亲友的财政支持,往往更需要失业保险的保护,是需求最大最迫切的群体,而政府的失业保险产品,却只提供给占人口结构一小部分的户籍人员,因而这种制度供给存在严重的结构性缺口。

（三）突破制度歧视的制度变革相对滞后

1993年《国有企业职工待业保险规定》规定,失业保险基金实行市、县统筹。《失业保险条例》在此基础上,对统筹层次作了相应调整。《条例》规定:失业保险基金在直辖市和设区的市实行全市统筹;其他地区的统筹层次由省、自治区人民政府规定。提高统筹层次,有利于发挥失业保险的互济作用,增强基金承受能力。

1999年颁布的国家《失业保险条例》和2002年《广东省失业保险条例》都已经打破了这种制度歧视,规定所有企业、机关、事业单位、社会团体、民办非企业单位、城镇个体经济组织及与之形成劳动关系的劳动者应当按照规定参加失业保险,并且失业者享受失业保险待遇的资格也不受户籍限制,覆盖范围出现实质性扩大。而且根据广东省条例,失业保险金申领地点可自选,即失业人员可选择

---

① 根据《深圳市2008年国民经济和社会发展统计公报》,2008年年末社会劳动者合计670.42万人,参保人数为205.12万。

在原单位所在地或户籍所在地领取失业保险待遇。此外，其他许多省市都已经根据国家条例修改自身的失业保险制度，使劳动者在参保和受益上都不受户籍限制。可见现阶段深圳市失业保险制度创新进程已经严重落后于全国平均水平和广东省水平。

根据“诺斯悖论”，对于地方政府而言，政府的公共利益最大化与自身利益最大化之间的矛盾阻碍了制度创新；市级统筹降低了制度创新的可行性。

三、基金费率设计不合理，支付制度不规范

（一）缴费率高于实际需要，长期存在巨额基金结余

失业保险基金实行现收现付制，但长期存在巨额基金结余，表明了三种可能性，一是缴费率太高，二是支付标准太低，三是支出结构需要扩充。

就制度评估结果来看，现有覆盖范围下深圳市对失业员工的待遇满足程度、促进就业经费两个指标都较好，支付能力也很强，因此问题是出在失业保险费率上，虽然相对全国来说深圳市缴费率已经最低，但是相对实际需要，缴费率仍然偏高。

（二）基金支出制度不规范

1. 就基金支出结构来看，近几年其他支出等非制度化支出比例过高

表4－16　2002—2008年深圳市失业保险基金收支结构表

（单位：万元）

年份	基金收入			基金支出						当年基金结余	累计结余
	总计	其中：保费收入	利息收入	总计	其中：失业救济金	医疗补助金	基本生活保障补助	促进就业经费	其他支出		
2002	—	6845	—	—	2433	218	18	—	34	3092	45398
2003	—	11384	—	—	5587	365	12	—	1175	3888	49287
2004	—	14749	—	—	6945	329	18	1887	2119	4438	53724
2005	—	—	—	—	—	453	31	6408	5961	−2949	50775

数据来源：深圳市社保局。

2. 对受益资格未规定缴费期限，易导致权利义务失衡

综观各国的失业保险享受资格条件，虽宽严不一，但最一致的就是就业期和缴纳失业保险费的期限两个主要条件。《深圳经济特区失业保险条例》仅规定了就业期，并没有规定缴费期限，对于新参保人员而言，权利与义务不对等，容易引发新加入群体对基金的侵蚀。

3. 对受益资格把关不严，造成基金无效支出

失业保险及监督机构对失业保险金冒领、骗保等情况没有建立核查制度，甚至几年都不会核查一次。实际上深圳市大部分户籍人员家庭经济条件较好，登记失业人员中有相当一部分是自愿性失业，另有很大一部分已经隐性就业。

在宝安、龙岗两区城市化进程中，政府在把"农转居"人员纳入失业保险的同时，从市级失业保险基金的促进再就业经费中提取一定资金，作为促进"农转居"人员就业的专项补助经费。实际上在此之前，这一群体中许多人是自愿性失业，也没有连续工作一年的经历，并不符合受益资格，因而也没有权利享受基金中的促进再就业经费。强烈的政治化倾向，可能导致用原有参保人员的缴费为政府财政买单。

四、非正规就业者缺乏失业保障，不利于社会稳定和促进就业

从劳动者就业方式的非正规性来理解，非正规就业包括三类：第一类是在劳动标准、生产的组织和管理方面，以及在劳动关系协调运作、就业稳定性等方面达不到规范企业标准的用工和就业形式，有别于正式职工的各类灵活多样就业形式，如季节工、临时工等。第二类是随着新兴产业的发展，引起的就业方式的变革而产生的现代非正规就业形式，如阶段性就业、远程就业、兼职就业等。第三类是独立于单位就业之外的就业形式，如自雇型就业，即个体经营和合伙经营等；自主就业，即自由职业者，如律师、作家、自由撰稿人、中介服务工作者等；临时就业，如街头小贩和其他类型的打零工者。

深圳市非正规就业群体非常庞大，据《深圳市2008年统计年鉴》，2007年末私营个体劳动者525.78万人，镇村劳动者177万人，占社会劳动人口的78.75%。其中农民工是深圳市非正规就业的主体人群，而非正规就业也是农民

工的主要就业形式。① 以这种形势来看,将非正规就业者排斥在失业保险体系之外,必然引发严峻的社会问题。

（一）基本生活缺乏保障,不利于社会稳定

非正规就业基本特点是劳动关系松散不固定。而深圳市现行失业保险制度是针对传统正规就业方式设定的,要求失业保险关系的建立以正规劳动关系的确立为先决条件,而且实际覆盖范围主要是户籍人员。因此受劳动关系和户籍的双重限制,绝大部分非正规就业人员得不到失业保险制度的保护。

以农民工为主的大部分非正规就业者劳动报酬低、劳动技能单一、文化水平低、素质低,在生活、就业等方面处于随时受到威胁的状态。这部分人员一旦出现失业,由于得不到失业保险的保护,基本生存难以维系,违法、违规成为一部分人维持生存的手段。如此高比例人口的不稳定是深圳市社会秩序不稳定的源泉。

（二）强化了就业歧视,不利于促进就业和再就业

受传统就业观念的影响,许多人认为,具有传统意义的固定工作时间、工作岗位才是就业,而非正规就业则不是就业。还有不少人存在着从事非正规就业岗位"低人一等"的思想观念。

由于没有建立与非正规就业相适应的失业保障制度,一方面意味着非正规就业者要承受较大的心理压力,另一方面使得非正规就业在就业福利上确实低于正规就业。因此,失业保障制度的缺失,在就业观念和就业收益上都强化了对非正规就业的歧视。

---

① 按二元劳动力市场体系划分,大部分农民工在非正规的第二市场就业,从事的职业或工种地位低、收入低、劳动时间长、不稳定性和临时性强。除了户籍、社会福利、用工制度或政策限制等直接因素外,农民工自身因素也是导致他们在第二市场择业行为的重要原因。其中,人力资本、社会资本因素使他们不得不选择在第二市场就业,而风险厌恶特性、家庭收入最大化决策模式诱使他们可能愿意接受非正规部门的工作。据"深圳市 2000 年人口普查资料"测算,农民工在国有、城镇集体、联营、三资和股份制等单位就业的人数仅占 10.2%。也就是说,如果把这些"单位"看成是正规部门,那么,农民工在非正规部门就业者达到 89.8%。其中,在城镇私营个体部门中从业的农民工比例达到 44.5%,其余农民工则成为深圳市镇村经济部门的劳动者。http://www.opentimes.cn/to/200304/2003－04－8501.htm。

因此,很多人在就业和再就业时不愿意选择非正规就业,阻碍了政府促进就业和再就业工作的开展。而建立有效的失业保障制度,则有助于弱化和改变这种就业歧视。

(三)对非正规就业者提供保障的制度改进相对滞后

根据1999年国家《失业保险条例》,失业保险受益面已扩大到农民工。农民工连续工作满一年后失去工作的,由社会保险经办机构支付一次性生活补助,农民工可享受较低水平的失业待遇。

2002年的《广东省失业保险条例》第二十二条规定,"农民合同制工人连续工作满一年,并且所在单位已按规定为其缴纳失业保险费,劳动合同期满未续订或者提前解除劳动合同的,由原单位所在地受理其失业保险业务的社会保险经办机构根据其缴费年限长短,为其支付一次性生活补助。"近年其他省市也相继顺应国家《失业保险条例》的要求,将非正规就业者纳入失业保险制度。如2004年实行的《广西壮族自治区失业保险办法》第二十四条规定,"农民合同制工人失业后,由失业保险经办机构给其支付一次性生活补助,缴费时间每满1年按当地失业保险金的发放标准发1个月生活补助,最长不超过12个月。进城务工就业的农民按第五条规定缴纳失业保险费的,同样可按规定享受失业保险待遇。"上海市更早在1997年就已将非正规就业劳动组织从业人员纳入包括失业保险在内的基本社会保险范围。①

可见广东等省失业保险制度已经认识到对非正规就业人员提供社会保险的重要性,并提供了制度保障。截至目前,深圳市虽然在这方面尚未实现任何突破,但是近期深圳市政府已宣布将会参照国家失业保险条例修订深圳市失业保险法规,尤其应将农民工等群体纳入失业保险范围。

五、现行失业登记、调查、统计工作存在缺陷

深圳市失业保险制度的调整与完善,需要大量的经验数据支持。现有失业

---

① 参见《上海非正规就业劳动组织2004年发展年报》。http://www.12333.gov.cn/kyzd/fzgjy/tjnb.doc。

调查统计制度存在许多不完善之处,难以了解社会公众的制度需求。

（一）失业调查、普查未能制度化

2005年深圳市首次进行失业普查,在调查规模和方法上进行了有益的尝试。但是也未在这次普查基础上形成失业调查制度化,失业人口数据仍主要靠失业登记方法获得,具有很大的片面性。

（二）失业普查、统计覆盖面过窄,标准不一

第一,年龄规定不一致,规定失业者的年龄(男16—50岁,女16—45岁)与退休年龄的规定有差别,因而会低估失业人数。

第二,没有明确界定劳动时间①,就业与失业统计不以劳动事实为依据。一部分人失业后未进行登记;一部分人进行了失业求职登记,而事实上从事一些有报酬的劳动,失业与就业统计双重失真。

第三,深圳市失业群体中非户籍人员占很大比重,但是无论失业统计还是失业普查,都只针对深圳户籍失业人员进行,大大低估了深圳市实际存在的失业规模。

（三）失业统计指标和调查方法单一

第一,在指标设计上,只有失业人数、失业率指标,大量存在的不充分就业、隐性失业以及丧失寻找工作信心等情况却缺乏相应的指标。

第二,失业人数和失业率只有年度统计,缺乏国际通行规范的季度失业和月度失业统计,大大降低了失业统计的时效性和使用价值。

第三,失业统计只采用对各级劳动管理部门登记的失业人数汇总的方法,导致失业统计结果偏低,数据失真。

六、宝安、龙岗现行失业保险制度缺乏法律依据

按照法律法规的适用性,两区应适用国家《失业保险条例》和《广东省失业

① 在我国具体是劳动时间不足一小时。按国际惯例,劳动者一定时期内的工作时间有具体规定,凡一定时期内劳动时间累计不足规定时间的即被列入失业统计范围。至于工作时间,各国现定不一样,例如美国规定在调查周内工作15小时以上,法国规定每周工作20小时以上即算就业,否则就算失业。

保险条例》,只有在以上两个条例未加规定而《深圳特区失业保险条例》有规定的部分,才可以参照《深圳特区失业保险条例》。但是目前在宝安、龙岗两区实际施行的只有《深圳特区失业保险条例》,这在法制上缺乏法律依据。

(一)易引发劳动纠纷

无论国家条例还是省条例,与深圳特区条例在参保、缴费、待遇等关键问题的规定上存在很大差异。比如国家条例中对受益资格的规定没有户籍限制,深圳特区条例则有户籍限制;又如国家条例中有关于农民工参保和受益的规定,而按深圳特区条例农民工没有受益资格,等等。因而,缺乏法律依据的“一市两制”极易引发劳动纠纷。

(二)地方政府执政的权威性、法制性易受到挑战和质疑

宝安、龙岗现行失业保险制度违背法制适用性原则,不符合依法治国的理念,而且政府执政的权威性将可能受到公众质疑。

第六节　制度发展与改进的对策

一、改革、理顺失业保险管理体制

目前的管理体制,横向上看存在着管理职能分散、经办机构职能缺失的问题,纵向上看存在着内部层级分工不合理的问题。

(一)理顺失业保险管理职能

1. 将失业登记、调查、统计等职能收归经办机构

主管机构(市劳动与社会保障局)履行决策和政策制定的职能。失业调查、统计职能、资格审核职能应收归经办机构(市社保基金管理局),同时经办机构在调查研究的基础上可负责建议拟定政策措施,上报主管部门批准执行。社会保险基金管理局不再履行征收等日常管理职能。

2. 失业保险与再就业工作统一管理

国际上失业保险的促进就业功能呈现逐渐加强的趋势,许多国家已经把失

业保险业务和安置就业工作合并管理,基层管理工作尤其如此。因为促进就业就是最好的失业治理措施,而且失业保险和促进就业工作本身就存在着紧密联系,失业保险和再就业工作合并将会降低政府成本、更好地实现业务目标。

此外,原有的再就业管理机构,主要职能是针对户籍下岗失业人员提供公共就业服务,同时还包括管理再就业资金、就业失业登记、管理就业服务项目等。目前深圳市下岗与失业已经并轨,下岗人员不再进入再就业服务中心,而是直接纳入失业保险范围。

由此可见,随着政府失业治理和促进就业目标的合并,随着由失业保险制度和下岗制度构成的二元失业保障体系被单一失业保险体系代替,原有二元失业保障体系下所形成的两套管理体系也有必要进行合并,尤其需注重基层组织管理工作的合并。2004 年深圳市劳动局与社会保障局已经合并,但是具体经办机构及其职能也应当合并,并且贯彻到基层站所和社区服务机构。

（二）推行“管办分离”,压缩层级

目前对于解决政府机构效率低下、行政成本高昂、机构设置臃肿等问题,主要发展趋势是政府公共政策化和公共管理社会化。政府公共政策化取决于公共政府职能与管理职能的分化。根据管理主义的理论设计,政府虽然还是专门的公共管理机构,但却不是唯一的机构,在政府之外,也应当有一些准自治、半自治和自治的机构去承担公共管理的职能,即公共管理的社会化,这样政府可以部分地甚至完全地从日常公共管理中解脱出来,专心致力于公共政策的制定和监督执行。而公共管理的社会化则意味着政府的“非管理化”,它预示着行政模式的变革,是政府职能定位的根本性转变。这主要可概括为七个要点:(1)公共政策领域中的专业化管理;(2)绩效的明确标准和测量;(3)格外重视产出控制;(4)公共部门内由聚合趋向分化;(5)公共部门向更具竞争性的方向发展;(6)对私营部门管理方式的重视;(7)强调资源利用要具有更大的强制性和节约性。

这一理念对于解决失业保险管理机构分工不合理、优化机构分工及设置方面具有重要的参考价值和借鉴意义。因此,调整和优化失业保险管理体制内部分工,可根据上述政府公共政策化和公共管理社会化的要求,推行“管办分离”。在垂直管理体制上,压平层级,把原有的三级垂直管理体制压缩为两个层级,扩充基层组织人力物力配备；在内部层级之间的分权上，授权一线，把日常管理和服务工作下放到基层组织。

具体做法可采取市级机构与基层站所签订责任书，使其承担具体的执行职能，明确其责任范围、工作目标及考核标准。其中决策与基金管理机构的人员配备应尽量精简，主要的人力物力集中于基层执行机构，执行机构负责人在其职责范围内可享有充分的人事、财政自主权。

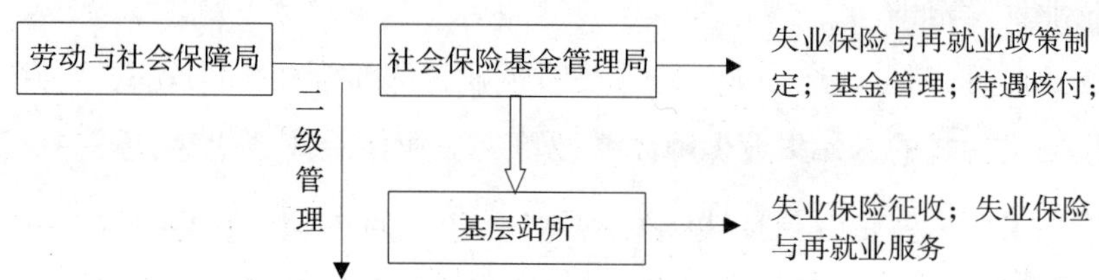

图4－2　深圳市失业保险管理体制目标模式建议

（三）完善失业保险监管机制

1. 完善实施机制的重要性及政策取向

由于有限理性和机会主义倾向，任何正式制度的实施机制都不可能具有完全性，在对失业员工领取资格的审核中，同样会遭遇到政府与失业者之间的信息不对称，以及失业者的道德风险等情况，这些情况破坏了现有审核制度的完全性。对于正式制度的执行，我们可以引入由正式制度约束、非正式制度约束和实施机制的直接约束这三个要素所组成的分析框架①来得出实施机制的重要性及其政策建议。

将此分析框架应用到深圳市失业保险待遇资格审核监察制度中，正式制度指由深圳市政府及相关职能部门颁布的以《深圳经济特区失业保险条例》为主体的一系列法律规章制度及管理办法，用 f 表示；非正式制度本义指在人们长期的社会交往中逐步形成并得到社会认可的一系列不成文的行为规范，包括价值观

① 参见罗丽英、滕艳飞：《论正式制度的实施机制的累积效应》，第五届中国经济学年会。参见http://www.cenet.org.cn/cn/ReadNews.asp? NewsID=21853。

念、伦理道德、风俗习惯、意识形态等,此处是指深圳市现有的社会、经济、文化环境下与失业保险制度相关的就业观、失业观、价值观、伦理观,等等,这些因素对深圳市失业保险制度执行过程的影响或约束程度(即非正式制度水平),用 Φ 表示;实施机制指深圳市政府及失业保险职能部门的实施力度、执行后盾力量、规模的大小,用 b 来表示。所建立的分析框架基于以下一个认识:对于一个制度或契约的执行,我们可以从正式制度约束、非正式制度约束、实施机制的直接约束三个方面来分析和考察。界定 f=“只有符合确已失业、有就业意愿等条件的失业员工才能享受失业救济金”;Φ=“是否遵守 f 这个正式制度”,其中,低正式制度水平 Φ_L=“不遵守 f”,高正式制度水平 Φ_H=“遵守 f”;实施机制 b=“零、弱、强”的社保机构执行三种情况;正式制度效果 Q=“产权如此界定后的有效率的成果或达到的帕累托最优”。建立模型 $Q=Q(f,\Phi(b),b)$,可以证明出以下三个结论①:

结论一:既定时期,也就是既定的良好正式制度水平 f,在既定的非正式制度 Φ 中,要达到理想的正式制度效果 Q 有:$Q=Q(f,\Phi(b),b)$,则有 $\frac{\partial Q}{\partial b}\geqslant 0$,同时有 $\frac{\partial^2 Q}{\partial b^2}\leqslant 0$。其中在 Φ_L=“不遵守 f”并且 b=实施机制弱(b_L)的情况下,一旦国家作为实施机制者失败时,将会有其他的第三方取代之,从而导致私人实施(R. Sherwood,1994;A. Shleifer,1998)。诺斯也认为,“制度水平(个人的,自愿合作的和政府的)之间的选择由与各种选择相联的成本收益来表示。”②为了选出一种最有利的安排,决策者将比较每种可选择的竞争性组织的净现值,从中选出一个最大正现值的形式。其中,某一具体的个人安排的现值等于每年的预期报酬的贴现值减去行动团体所承受的安排运作成本以及该安排预期生命期间的年度自然增长利息的总和;在自愿合伙组织的条件下,模型增加了一个附加项,即组织成本,组织成本必须有人承担,不需经过折现;在可能的政府性安排的报酬

---

① 推论过程及其解释:罗丽英、滕艳飞:《论正式制度的实施机制的累积效应》,第五届中国经济学年会。

② 参见 D. C. 诺斯、L. E. 戴维斯:《制度变迁的理论:概念与原因》,载于科斯、阿尔钦、诺斯:《财产权利与制度变迁》,上海人民出版社 2004 年版。

表达式中,不仅包括了组织成本,也包括“阻滞”成本,“阻滞”成本存在于组织的整个生命期,因此需要折现。① 这就意味着,当深圳市大多数失业员工存在道德风险和机会主义倾向时,如果政府部门对其难以实施有效鉴别和审核,那么有可能或有必要引入其他的非政府组织、民间团体等机构取而代之。

结论二:当正式制度既定,非正式制度不足时,要达到原有的 Q,加强实施机制即可弥补其不足性。即:$Q=Q(f,\Phi(b),b)$ 既定 f,既定的 Q 水平,则有:$\frac{d\Phi(b)}{db}\leqslant 0$。因此要达到同样的正式制度效果 Q_0,低水平的非正式制度(即失业员工道德风险和机会主义倾向严重)需较高的实施机制相辅,而就深圳市目前的机构人员配备和审核情况来看,其实施机制尚不处于较高水平。

结论三:实施机制具有累积效应。f 的目的在于使失业保险基金的所有参保者利益最大化。而实施机制可以达到促进这种结果提前释放的目的,使利益被发现,从而促使所有参保者接受 f 这种正式制度,使之自觉执行,这样就起到了桥梁作用即累积效应。因此,通过完善实施机制,可以促进失业员工自觉遵守相关规定,而这种实施机制应当有利于人们认识到自觉遵守这种规定的利益,改变其思想观念,促进正式制度的非正式制度化。

2. 政策建议

完善失业保险待遇的核查监督机制,主要应注意三个方面:完善社保机构内部的核查制度;强化非政府机构的外部监管机制;与树立合理的失业保险观念相结合,促进失业者的自我监督。

第一,加强调查研究,建立定期核查制度。

在社保机构内部,通过扩充基层社保来组织人力物力,或者与其他政府组织合作,广泛深入地开展访问调查,建立定期核查制度,以切实了解参保人员和失业人员的就业状况、生活状况、家庭收入状况,等等。对于有必要进行重点访问的群体、社区和人员,建立重点核查制度。

① 参见 D. C. 诺斯、L. E. 戴维斯:《制度创新的理论:描述、类推与说明》,载于科斯、阿尔钦、诺斯:《财产权利与制度变迁》,上海人民出版社 2004 年版。

与此同时,应配合其他相关部门,从劳动监察的角度入手,规范各类企业用工行为。规范用工管理,切实加大执法力度,坚决取缔私招乱雇现象,凡是用工单位招用下岗职工必须按《劳动法》的规定签订劳动合同,建立劳动关系,并按正常手续转移劳动关系。同时,失业保险管理机构按规定收回已被招用人员持有的《失业职工证明》,暂停发放失业救济金。用人单位在签订劳动合同之后,应履行缴纳社会保险和失业保险金的义务。

第二,健全行业工会制度,强化外部监督机制。

根据上述结论一中的观点,正式制度实施效果与实施机制的强弱呈正相关关系。这种实施机制可以由政府来执行,当政府作为机制的执行者发生执行不力或者执行成本过高的情况时,可以由非政府组织代之执行。如果让行业工会组织成为这样一种政府授权下的执行机构,将在一定程度上降低行政执行成本。

实际上,在失业保险正式制度产生之前,行业工会就已经成为各国工人开展自发性失业互助、分散和缓解失业风险的组织。这种方式首先产生于工业革命的发源地——英国,随着工业革命的扩散,行业工会内部进行自发性失业互助的方式相继在各国得到发展。工会对于维护劳动者权益有不可或缺的作用,强制性社会保险的覆盖范围往往与工会覆盖范围一致。① 目前许多西方国家的失业保险已覆盖了绝大部分工薪劳动者,而这些国家能达到如此高的覆盖率,得益于发达的工会组织。

行业工会之所以有利于保障失业保险的有效性,是因为行业工会与企业和工人之间的关系,决定了它是解决失业保险中信息不对称和申请人道德风险问题的最有效、最经济的途径。它能确知一个失业申请人是否真的失业了,以及某个失业者失业是因为行业不景气、个人素质等原因,还是因为自愿性失业的原因,并以此为根据决定是否向其提供失业补贴和救济。

① 瑞典的失业保险覆盖了所有年龄在65岁以下的参加了工会或自我雇佣者组织的失业保险基金会的雇员以及自我雇佣者。其管理体制就是在政府监督下,由工会负责失业保险工作。有90%的蓝领工人和88%的白领职员都参加了工会。大约有80%的雇员是失业保险基金会的成员。加入工会也就加入了基金会,不需再办理其他手续。

因此,深圳市应借鉴国外失业保险的管理经验,建立和完善行业工会制度,并通过政府授权使工会成为有力的非政府执行机构。目前深圳市政府正着手扩展工会制度,要求所有单位都要建立工会。如何充分利用这些组织使其有效地服务于深圳市失业保险制度的实施与发展,是一个值得深入研究的课题。

第三,核查监督与制度宣传相结合,与激励机制相配合,促进正式制度与非正式制度共同发挥作用。

一方面,在加强核查与监督的同时,广泛开展制度宣传,对失业保险的宣传不仅仅要实现劳动者对失业保险制度、再就业政策等制度内容的认知,也应侧重于它对劳动者自身产生的短期利益和长期利益。同时应当宣传积极的失业观、就业观和失业保险观念。

另一方面,通过经济激励改变失业者的理性选择,鼓励隐性就业显性化,鼓励失业者积极寻找工作。例如,可以对领取失业救济金者在救济期限到期之前提前就业的失业者给予奖励,为了实现帕累托更优,奖励金额的确定应尽量实现以下结果:对隐性就业者和自愿失业者来说,在自己先前预期的时间(例如可以参考目前的平均支付时长)之前公开自己的就业状况或结束失业状况,所得到的奖励足以或正好弥补其遭受的"损失";对政府来说,促使居民提早就业和积极就业,平均支付时长缩短,所节省的失业救济金足以或正好支付奖励资金。因此只有通过调查研究和精确计算,才能合理确定奖励金额,实现帕累托优化。

此外,还需要进一步规范失业者求职意愿的判断标准,"适合工作"的判断标准。

二、打破制度歧视,实际覆盖范围向非户籍劳动者扩展

(一)突破户籍限制,向非户籍员工提供失业保险

诺斯认为,"如果预期的净收益超过预期成本,一项制度安排就会被创新","在现有制度结构下,由外部性、规模经济、风险和交易费用所引起的收入的潜在增加不能内在化时,一种新制度的创新可能允许获取这些潜在收入的增加。"①

① D. C. 诺斯、L. E. 戴维斯:《制度变迁的理论:概念与原因》,载于科斯、阿尔钦、诺斯:《财产权利与制度变迁》,上海人民出版社 2004 年版。

“如果所有现值为负,那么,就不会有什么创新。一直要等到收入上升或成本降低到足以产生一个经济上可行的安排后才会有创新。”①

在衡量失业保险的社会收益上,关键因素是家庭和个人在面对收入波动时的消费平滑方式。在失业保障完善的社会中,家庭和个人可以利用失业补贴和失业救济使其消费不因收入下降而大幅波动。在失业保障不完善甚至缺失的情况下,消费平滑方式主要有增加储蓄、减少投资、削减教育支出、让其他家庭成员增加劳动供给等,对一些原本就处于低收入群体的家庭和个人,甚至包括违法的方式。从社会福利角度,毋庸置疑,失业保险的社会成本是最低的;增加储蓄和减少投资的方式意味着抑制消费和民间投资,不利于经济增长;削减成人和家庭成员的教育支出意味着减少人力资本投资,同样不利于经济的长期增长,并且影响到代际公平;如果因失去收入而导致犯罪等行为,那么社会成本更为高昂。通过提供失业保险,可以降低消费平滑成本,这就是失业保险的社会收益。

一个社会中风险厌恶程度越高、收入不确定性越大、失业保险越不完善,那么整个社会的消费平滑成本就越高。深圳市非户籍劳动者人数约在劳动者总数中占90%,而且在风险厌恶、收入不确定性上都高于户籍劳动者,他们的消费平滑成本也更高。因此在这个庞大的群体中,失业保险这种公共产品具有极其巨大的潜在社会收益,这是任何一个追求社会福利最大化的政府都不能忽视的。政府通过制度创新向非户籍劳动者提供失业保险,就可获得这一潜在收益,提高社会福利水平。

(二)分阶段将非户籍员工纳入失业保险体系

失业保险的保障范围应覆盖整个工薪阶层,包括不同所有制性质的所有企业(单位)和所有职工。这既是保障公民基本权利的需要,也是提高非国有单位对国有用人单位富余人员吸引力的需要。

深圳市人口结构、就业失业情况复杂,扩大覆盖范围可能使基金面临很大风险,也会产生较高的政策风险。因此应当在调查研究的基础上,采取逐步放开的办法,分阶段将非户籍人口纳入失业保险体系。

---

① D. C. 诺斯、L. E. 戴维斯:《制度创新的理论:描述、类推与说明》,载于科斯、阿尔钦、诺斯:《财产权利与制度变迁》,上海人民出版社2004年版。

三、改革基金收支制度，合理确定收支结构

（一）规范失业保险基金费率制度

失业保险基金费率包括失业保险缴费费率和支付费率，二者是相互对应、相互制约的关系。在制定缴费率和支付标准时，应当将二者结合起来共同制定。

1. 合理设计基金缴费费率

合理确立缴费方式、设计基金费率，不但要对基金收支进行预测，还包括对影响基金收支的各要素的预测，准确把握各种影响因素对失业和基金收支的影响程度。这是一个极为严格规范的过程，对数据的要求也非常高。

失业保险基金收支的要素包括实际缴费人数、实际缴费基数、失业保险费率、失业保险金领取人数和失业保险金标准。主要影响因素包括从业人数、失业人数、失业率、覆盖率、缴费率、平均工资调整系数、参保率、替代率和受益率等。对此间接影响因素有人口年龄结构、劳动力参与率、GDP、劳动生产率、通货膨胀率和政策因素，等等。

2. 合理设计基金支付标准

基金支付标准包括支付水平和支付期限两方面。对支付标准的设计应着重效率化原则。

失业保险资源效率的丧失主要源自自愿失业者对保险资源的占用、高技能失业者的长时期职业搜寻和宏观经济景气条件下就业机会的非理性选择。

西方国家的相关研究表明，失业保险给付期限及保险给付水平对失业持续时间存在一定程度的负激励效应。① 深圳市目前的失业保险在制度安排上与西

---

① Katz and Meyer(1990)、Hunt(1995)、Holmlund(1996)分别对美国、德国和瑞典的研究均证实了失业保险给付期限到期时，再就业概率都有明显的上升，而 Bratberg and Vaage(2000)对挪威的分析则发现这种效应并不明显，这可解释为是由于北欧国家劳动力市场项目的存在使得再就业对失业者的吸引力下降造成的。Katz and Meyer(1990)同样检验了美国失业保险给付期限变化所产生的效应，发现失业保险给付期限从 26 周增加到 29 周，享受失业保险失业者的平均失业持续时间增加了 2 周；Card and Levine(2000)美国各州之间失业保险给付期限的横向差异对失业持续时间的影响，发现当失业保险给付时间每增加一周，相应的失业持续时间会延长 0.07 周；另外 Ham and Rea(1987)等对加拿大的研究也证实了这种负激励效应的存在。

方国家的失业保险制度是基本一致的,失业保险给付水平的规定都有给付额度和给付期限的限制。下岗与失业已经实现并轨,失业与再就业基本实现市场化运作。探讨深圳失业保险水平对失业再就业的影响效应,西方劳动力供给理论和搜寻理论是可以适用的。①

深圳市失业保险制度要在保障失业者基本生活的基础上,设计适度的保险给付水平,消除过度保护所导致的失业者再就业动机下降和劳动力市场僵化的负面后果。

(二)确定合理的缴费方式

缴费主体的确定应根据缴费率而定。如果确定的缴费率较高,则应当增加缴费主体,采用用人单位、个人共同缴费的方式。如果采用单位与个人共同缴费的方式,在确定缴费比重时,应遵循用人单位责任大于个人责任的原则,即单位缴费率高于个人缴费率。

(三)扩充、规范基金支出结构

1. 扩充基金支出结构, 增加促进就业支出

第一,提高促进再就业经费比重。这也是当今世界各国失业保险的发展趋势。如德国在1980—1989年积极就业政策支出占失业保险基金总支出的1/3;法国、韩国促进就业支出则分别占失业保险总支出的50%和60%。

第二,扩充促进再就业经费的内容,给付形式多样化。比如在日本的雇佣保险制度中,保险金的给付包括:基本补贴、学习技术补贴、疾病补贴、教育训练补贴、雇佣高龄者补贴、生育补贴、护理补贴,等等。

第三,提高对再就业的激励。对失业者在失业保险金给付期内提前就业的,应给予一定经济奖励。如美国和日本都有类似规定。美国规定,失业保险金领取者只要在失业后的11周内找到工作,并能连续工作4个月,就可获得500美

① 但是目前国内还缺乏对失业保险再就业效应问题的定量研究和经验研究,一方面是理论发展落后于西方国家,另一方面是由于失业调查统计制度不完善。因此,规范支付标准的设计过程,深圳市应当在开展专项失业调查的基础上,获取可靠数据资料,进行经验研究。

元的奖励；日本规定，失业者在其津贴领取结束前100天或还剩一半的时间就可以找到持续1年以上的工作，可领取30—120天失业津贴的再就业补助，而且失业者异地就业需要举家迁移的，还可向失业保险机构领取搬迁费。

2. 规范基金支出和使用

第一，设定投保年限或缴费期限，或二者的组合作为享受条件，平衡参保者的权利与义务。在这一方面，多数国家都有规定，如德、日缴费期限为6个月；瑞典缴费期限为5个月；意大利规定投保2年，且最近2年内缴纳保险费52周；爱尔兰规定缴纳保险费26周，并在最近1年内缴纳或记账缴纳18周；荷兰规定最近12个月为失业基金会会员；等等。

第二，基金使用制度化。一是建立促进再就业经费拨付和使用制度，二是对非制度化基金支出实行上限管理制度。

四、建立针对非正规就业人员的自愿性失业保险基金

为保障非正规就业人员的权益，可以建立自愿性（即非强制性）失业保险基金①，作为现有的强制性失业保险基金的补充。这样既能为这一就业群体提供保障，提高社会福利水平，又可以鼓励就业和再就业者主动选择非正规就业，达到促进就业的目标。

（一）自愿保险基金管理体制

从各国失业保险的管理制度来看，失业保险可以由政府部门管理，也可以由授权自治性的机构管理。这些授权机构的日常工作，往往由受保人、雇主和政府三方的代表进行。比如，丹麦、芬兰和瑞典的失业救济基金，是在政府监督下由工会负责管理；比利时和法国的失业救济基金，则由工会和资方联合委员会共同管理。从建立了自愿失业保险制度的国家来看，丹麦、瑞典和芬兰都是自愿性失业保险制度的典型代表，这三个国家都是实行单一的自愿性失业保险制度，都不

① 考虑到如果采用强制性保险，企业（或雇主）对临时就业者仍要承担各项社会保险的缴费，势必增加雇用方负担，这部分就业者在劳动力市场上的成本优势将受到削弱，将抑制临时就业发展，打消失业人员从事临时就业积极性。

由政府管理而是由工会自愿建立的失业基金会管理,但是这些基金会都从政府那里得到大量补贴。这对深圳市建立自愿性失业保险制度具有很好的借鉴意义。

考虑到失业保险半公共产品的性质,为保障失业保险管理的规范性,应当由政府机构担任管理机构,行使政策制定、基金管理、对制度执行进行监督的职能。同时,考虑到工会组织在执行过程中具有信息成本低、对失业者监管成本低的特点,政府可以授权工会组织担任执行机构,负责日常管理工作。

(二)适用范围

从已建立自愿失业保险制度的国家来看,自愿性失业保险一般是限于产业工会已经建立了失业基金的情况,因而其保险范围的大小要看这些产业的工会组织的情况而定。参加失业保险基金会通常对产业工会的会员是强制性的(工会会员必须参加失业保险基金),并且吸收非工会会员的员工自愿参加。例如丹麦和瑞典的自愿保险制度,现在约包括全部雇员的2/3,未参加保险的工人,如刚从学校出来的毕业生和独立劳动者,失业时可领取政府补贴的救济金。

确定深圳市自愿保险制度的适用范围(或阶段性覆盖范围),应考虑两个方面:第一,服务于失业保险全覆盖的目标,深圳市自愿性保险可作为强制性失业保险制度的补充,其适用范围首先决定于强制性失业保险的覆盖范围。由于强制性失业保险扩大覆盖范围具有阶段性,对尚未纳入强制性失业保险体系的用人单位和就业者,可自愿选择是否参保。第二,如果将工会组织作为执行机构,那么自愿保险的覆盖范围取决于工会的覆盖范围。

综合以上考虑,自愿保险的适用范围具体可包括以下几类:(1)在劳动标准、生产的组织和管理、劳动关系协调运作、就业稳定性等方面达不到规范企业标准的用工和就业形式,有别于正式职工的就业者,如季节工、临时工,等等;(2)独立身份的就业者。包括:自我雇佣者,如个体经营者和合伙经营者;自主就业者,如自由职业者、律师、作家、自由撰稿人、中介服务工作者等;临时就业者,如街头小贩和其他类型的打零工者等;(3)各类新型非正规就业形式的就业者,如阶段性就业、远程就业、兼职就业,等等;(4)其他未纳入强制性失业保险的就业者。

(三)资金来源

首先,一项新制度的产生,首先需要付出组织费用,使新制度得以启动。基于保险产品的特殊性,其组织费用不仅包括运营机构和工作人员的费用,更关键的是设立一笔初始基金,以符合保险产品的“大数法则”。否则自愿保险制度即使设立,在其运营初期也难以抵御风险。从可行性上来看,这笔初始基金由政府承担较为实际。

至于基金的缴费来源,可包括政府、用人单位和个人三个主体。关于缴费主体的确定以及各主体的缴费比例,可充分借鉴国际经验,并结合深圳市实际情况合理确定。

(四)灵活的缴费制度

目前上海市对非正规就业人员失业保险管理办法为:缴费基数按本人上一年度月平均工资收入确定,但 2005 年度不得超过 6099 元,不得低于 635 元;缴费比例 3%;由所在社区载体负责按月代收代缴。根据上海市失业保险管理办法,以上参保的非正规人员应当仅限于户籍人员。而如前所述,深圳市非正规就业人员失业保险应覆盖到非户籍人员,因此制度设计上应当更加灵活。

1. 缴费基数

根据非正规就业人员的工作特点,可以以年度为周期确定的收入总额作为缴费基数,由用人单位提供相关资质证明和收入证明。对于难以计算缴费基数的,可以参考深圳市平均工资,以最低工资标准为缴费基数的最低限。

2. 基于风险失业率的行业差别费率制度

在费率设计和缴费模式上,有多种方案可供选择。应充分考虑行业失业风险差异、实施成本、可操作性等各方面因素加以确定,设计灵活、高效的费率制度。

单一缴费情况下,方案是:确定行业风险失业率,再根据行业风险失业率计算出某行业缴费率。关于行业风险失业率,简便方法是将各行业在上年度的平均失业率作为本年度风险失业率。某行业缴费率,可确定为“所有行业平均费率×(某行业风险失业率/全市失业率)”。

双重缴费情况下，有两种方案可供选择：一种是个人缴费固定，用人单位缴费差别化①，即对用人单位缴费实行行业差别费率，对个人缴费按统一费率缴费，以免去其对行业性失业的修复责任；另一种是用人单位与个人按等比原则负担失业保险费。②

3. 在此基础上，建立多层次保险，以适应不同缴费能力的就业者的需要

设立高、中、低档次的保险层级，满足不同风险偏好和风险承受能力不同者的需要，为参保者提供更多的选择机会。

（五）政府补贴制度

政府部门可考虑用财政补贴失业保险基金，用于就业和再就业的指导、培训和支持费用。

五、失业调查统计制度化

（一）深圳市应建立全市失业调查、普查制度

第一，将深圳市失业调查和普查制度化，定期开展失业调查、普查。第二，在基层管理站所设立专门的访问员、调查员岗位，按辖区人口规模配备人员，对失业人员定期进行抽样访问和调查。第三，充分发挥工会、街道办、居委会等社区基层组织的渗透性，改善在失业调查登记工作中的被动局面。

（二）逐渐扩大失业调查人口的范围

国际上一般的失业率均是指所有社会劳动者的失业率，而不是仅局限于某一群体的失业率。而且扩大覆盖范围，打破户籍限制是深圳市失业保险制度发

① 行业间失业水平的差异主要取决于行业间技术进步水平的差异和行业生命周期的不同，雇员本身对工作的劳动意愿与适应能力并不是最重要的因素，因而对高于平均失业水平的行业性失业趋势，应由该行业内的雇主来承担所有福利修复责任。

② 在实行差别费率制的有些国家里，雇员须与雇主根据本行业的费率，按等比原则共同分担失业保险费。如日本，在20世纪90年代初，农林水产、清酒制造等行业的费率为1.35%，雇主与雇员各负担失业保险金支出部分的0.5%，雇佣促进部分的0.35%由雇主负担；建筑业的费率为1.45%，雇主及雇员各负担失业保险金支出部分的0.5%，雇佣促进事业支出部分的0.45%由雇主负担。这几个行业的失业率高于一般行业，因而失业保险费也较高。

展的必然趋势。因此可对应于深圳市扩展失业保险覆盖范围的需要，逐渐扩大失业调查人口的范围。

（三）丰富失业指标和失业调查方法

在指标设计上，借鉴国际上失业指标体系的内容，对深圳市失业统计调查指标加以丰富，以有效反映出失业状况，如设立调查失业率、普查失业率等。

在调查方法上，可采用抽样调查法、典型调查法等多种方法结合，以实现不同的调查目的，同时应建立起相应的调查制度，以保证调查过程的规范性和调查结果的可靠性。

深圳市失业调查、普查制度的建立与实施，必须依赖统计等其他部门的配合，而且在相当程度上取决于部门间的配合效果。这一点此处不加赘述。

六、扩大特区条例的适用范围

通过扩大深圳市人大立法权，使修订后的深圳市失业保险条例适用于宝安和龙岗，以保证深圳市失业保险制度的统一性和法制性。

第五章

深圳市社会保险基金制度：演进、评估与完善

社会保险基金，是根据三方(政府、企业、个人)负担原则和在经济精算估计基础上依法筹集的用于社会保险政策目标的基金项目总称。社会保险基金是社会保险运行的经济基础，是实现社会保险各项政策目标的物质保证，对社会保险制度具有至关重要的制约作用。社会保险基金由养老保险基金、医疗保险基金、失业保险基金、工伤保险基金和其他社会保险项目的基金构成。

第一节　深圳市社会保险基金运营制度演进

深圳市自 1982 年开展养老保险业务，建立最初的社会保险基金运营制度开始，迄今已有 28 年。深圳市社会保险基金运营制度的演进过程大体上可分为以下三个阶段：

一、社会保险基金运营的制度创新期

1982 年至 1992 年为深圳市社会保险基金运营的制度创新期。

1982 年 1 月，深圳市开始试行劳动合同制职工养老保险制度，征收养老保险费。从 1982 年到 1992 年，是深圳市社会保险基金运营的初创阶段。这一阶

段，国家的社会保险制度正处于恢复和重新建设之中，地方适用的相关法律法规非常不足，针对此情况，深圳市主要着手建立了地方性社会保险基金运营制度，制定了一系列地方性政策和规定，但尚未建立起体系化的正式制度。

（一）制度创新期的现实背景

1. 国际背景

20世纪六七十年代经济的高速发展与较低的失业率所导致的社会保障项目过度完善以及待遇水平过快提高使得西方的福利国家出现了种种困难，特别是财务危机在不少国家和地区存在。

北欧国家由于20世纪70年代的两次石油危机，经济发展面临困难而开始建立和发展补充性社会保障制度，并于70至80年代对整个社会的基金筹融资制度进行改革，建立了人民年金、补充年金、职业年金和私人年金四个层次的新的基金构成体系。

在美国，从1942年开始的根据积累支付由于随后在经济上遇到大萧条，同时人口老龄化的加剧，养老费用和医疗费用不断增长，失业人数增加，造成社保基金连年赤字。为此，1983年起，美国社会保障改革委员会提出了以现收现付为主，半基金积累制的社会保险基金运营体系，以拯救社保体系的资金危机。

不同类型的社会保险基金其财政渠道也有所不同。由工人和雇主共同负担经费的，在发展中国家占95%，在发达国家则占6%；只由雇主负担经费的，在发展中国家占5%，在发达国家占6%。

2. 国内背景

中国的社会保障开始步入恢复与发展的轨道。这一阶段国家的重点任务主要是恢复“文化大革命”以前社会保障制度的有关法规、政策和管理体系，推动社会保障制度的重建。

随着经济体制改革展开，广大劳动者没有能力应付其所面临的失业、年老、疾病、伤残等风险，由政府提供保障生活和稳定经济的责任提上日程。

3. 深圳市背景

1982年以来，为适应市场经济发展的要求，深圳市大胆突破企业自保的传统劳动保险模式，率先建立了以社会化为特征的新型社会保险体系。

深圳建市后,“三来一补”企业、三资企业、股份制企业、民营企业和个体经济组织为数众多。这些企业具有存续期限不固定、企业用工形式、数量不固定的特点,劳动力供需主要由市场调节,社会保障无法统一按照企业自保的模式运行。

1982 年 1 月,深圳特区率先改革劳动用工制度,建立了合同职工养老保险制度。与此相匹配,要求必须建立起适合深圳市现实状况、适应市场经济发展和有利于人口合理流动的社会保险基金运营制度。

4. 理论背景

北欧国家于 20 世纪 70—80 年代对整个社会的基金筹融资制度进行改革,建立了人民年金、补充年金、职业年金和私人年金四个层次的新的基金构成体系。1983 年起,美国社会保障改革委员会提出以现收现付为主的半基金积累制社会保险基金运营体系。

改革初期,受经济体制改革的推动,各种改革理论均要求有相应的社会保险制度来保障改革的顺利实施,社会保险基金运营制度成为辅助社会保险制度顺利运行的角色。

由于深圳市的社会保障事业是开中国社会保障之先河,因此带有很强的探索色彩。由于中国社会主义国家的性质和特区外资企业多的特点,因此当时一方面要保障所有的劳动者切身利益;另一方面要有利于吸引劳动力,减轻企业的负担,保证公平与效率的统一,保证基金收缴的安全和社会的稳定;再一方面是通过首先建立初步的制度雏形,在具体工作中具体改进的模式来完善社会保险基金制度。

(二)制度创新期的制度设计

1983 年 1 月,深圳市政府颁布了《深圳市实行劳动保险暂行规定》,对全市所有合同制职工实行社会保险制度,拉开了社会保险基金运营制度的创新帷幕。

根据当时的具体情况,深圳市社会保险基金运营制度初创的目标就是:从单项改革起步,逐步拓展配套,突破我国传统的企业自保的劳动保险模式,实行社会统筹,形成新的社会共济机制,提高员工的社会保障水平,促进特区经济的稳定发展。

(三)创新制度的特点

1.单项突破，逐步拓展配套

党的“十四大”确定了建立社会主义市场经济体制的改革目标,并将深化分配制度和社会保障制度改革作为要认真抓好的重要环节。在这一阶段,深圳市主要根据不同时期,不同所有制企业和不同用工形式分别采取措施,从单项改革起步,逐步拓展配套,形成了国家、企业和个人共同参与的新型社会保险基金运营机制。1983 年 1 月,深圳市政府颁布了《深圳市实行劳动保险暂行规定》,社会保险基金收支逐步突破,建立起合同制职工、全民所有制职工、临时工等不同人群养老保险;建立起待业保险,逐步发展其配套的条例、措施和办法,扩大深圳市社会保险基金的筹付体系。

2.建立起内部监管与外部监督制度雏形

由于当时参保单位数量不大,财务管理和核算上主要通过工作人员手工汇总收支情况,编制财务报表,记账方法采用收付记账法;在账户管理上考虑到社会保险基金运营的有效规范发展,社会保险管理机构主要在银行设立收支统一社保基金账户,各个账户社会保险基金的使用和划转均由社会保险管理机构负责;为保证社会保险基金的收支和运营的安全,自 1987 年起深圳市社会劳动保险部门开始进行内部审计,自 1990 年起市审计局开始了对社会保障局进行外部审计监督。

3.社会保险基金保值增值未有正式制度约束

以行政力量为主推动社会保险基金运营向前发展,依据市政府颁布的《暂行规定》,未能从立法上予以推进;1986 年以前,全国对社会保险基金保值增值探索力度不强,增值主要途径是转存定期存款和购买国债;1986 年后,为保证社会保险基金可持续性发展和贯彻保障基金安全运营理念,深圳市社会保险基金开始对市政项目和大型企业进行投资入股。

(四)管理体制的建立

1983 年年初,深圳市政府成立了专门的社会保险机构——深圳市社会劳动保险公司,对全市社会劳动保险业务实行专业化管理。对全市全民所有制企事业单位的固定职工进行统筹。设立了临时工养老保险模式,根据临时工户口所在地的不同,分特区内和特区外两种情况分别处理。除养老保险外,第一阶段还建立了职工待业保险制度,根据特区经济的不同特点,在深圳各级劳动服务公司成立了专门机构,开展职工待业保险工作。

1991年,政府成立了第一个外部监督机构——深圳市社会保险委员会来领导保险制度综合改革工作,决定较大数额的社会保险资金支配、使用等重大事项,监督社会保险工作。

与此同时,深圳市的社会保险多头管理局面也逐步形成,五个局级机关单位①都涉及社保业务的经办,办理手续比较繁杂。各个机构设置不同的运作程序,都有自己的投资和开发部门,负责社会保险基金保值增值工作。

(五)制度运行的绩效分析

1.运行成效

首先,基金制度改革成为社会保险制度改革先锋队。在社会保险基金运营方面作出了相当多的探索和发展,起到了"实验场"和"排头兵"的作用。

其次,社会保险基金保值增值突破过去只讲安全的理念,探索社会保险基金保值增值的新路径,取得了显著成绩,在全国处于领先地位。

再次,直接推动了深圳经济发展,确保社会安定。带动并促进企业制度、劳动用工制度和工资制度等相关体制的改革,为深圳市场经济体制初步建立奠定了基础。

最后,社会保险基金多渠道投资手段为社保基金今后研究保值增值的可持续性发展道路奠定了基础。

2.运行中存在的问题

第一,社会保险基金筹资项目不全,筹资力度不强,不能满足社会保险基金运营的有效性和可持续性。机关和事业单位固定工的养老保险、工伤保险、待业保险没有开展;实行行业统筹的企业未能纳入深圳社保范畴,私营和"三来一补"企业没有参加养老和待业保险;在医疗保险方面企业投保比率很低。

第二,政策制定缺乏法律基础。改革主要依靠行政手段推动,社会保险基金

① 具体指深圳市社会保险管理局、市医疗保险管理局、市劳动局下属的劳动服务公司、市民政局、市人事局。

运营没有立法保证。由于没有完成立法程序，难以产生严肃的法律效力。

第三，运营上缺乏统一管理。统一管理是制度发展的必然要求，深圳市没有形成统一基金运营管理框架，不能适应制度发展的需要；机构、设备和人员的重叠，增加了管理成本；运作程序不同，政出多门；不利于对整个基金运营综合预测和评估，不利于对现行社保基金运营方法的修改和完善。

第四，缴费政策制定不科学。企业和职工缴纳的社会保险金的标准是根据过去企业自保情况下的数据确定的。在企业自保制度下存在大量的浪费，不符合可持续发展的原则，如果以这些数据为基础确定缴费标准，企业负担得不到减轻。

总之，社会保险基金经过1982年到1992年十年间的发展，在建制理念上形成了社会化的社会保险基金运营理念，特别在筹资体系上、保值增值途径上都体现了广覆盖、多渠道的领先思想和做法；在制度的适应性和有效性上适应了当时深圳作为特区，外来人口众多、身份复杂的特点，推出针对事业单位职工、企业单位职工和临时工特点的筹资制度，适应了时代的要求，在1986年以后开展的社会保险基金多渠道投资手段满足了基金保值增值的要求，同时也为社会保险基金今后研究保值增值的可持续性发展道路奠定了基础。

但是由于制度属于初创阶段，建制理念比较零碎，没有形成完整的体系；制度建设不完整，没有统一的基金监管框架，不能适应制度发展的需要；筹资项目和力度不足，缴费标准不科学，保值增值的投资没有形成规范，阻碍了制度的可持续性发展。

二、社会保险基金运营制度改革突破期

1993年至1997年为深圳市社会保险基金运营制度改革突破期。

（一）改革突破期的时代背景

1. 国际背景

20世纪80年代以来，许多国家认识到仅靠节流和开源措施无法维持未来社会保险基金运营的收支平衡。一些国家开始实行部分基金模式。实行部分基金制被看成是未来发展的方向。

为提高社会保险基金运营效率和效益，各国不同程度引进了市场竞争机制。

对制定社会保险基金运营方案的机构职能加以分离,政府只能立法和制定实施各项政策,是间接调控;经营和管理权力交给代表各方利益的第三方机构和社会保险机构。

2. 国内背景

1993 年 11 月,中央通过《中共中央关于建立社会主义市场经济体制若干问题的决定》,按照建立社会主义市场经济体制的要求,对中国社会保障的范围、制度模式和体制框架等一系列问题作出了明确规定。

1994 年 5 月,中央财经领导小组办公室指定有关部门组成专门小组,按照已经确定的制度框架研究、提出实施方案,中国社会保障制度改革进入了全面展开时期。

3. 深圳市背景

前一阶段社保基金运行中出现了社会保险基金项目不全,没有立法保证,没有形成相互制约的社会机制、缺乏有效的微观基础,缴费标准不科学,多头经办、分散管理、短期保险项目积累过快等主要问题。

由于缺乏统一的社会保险基金管理模式,社保机构效率低,养老保险覆盖不足;而医疗、待业、工伤保险短期保险项目积累过快,1992 年度待业保险金收入和支出比达到 500%。

社会保险基金保值增值过程中不断出现问题,不能保证社会保险基金运营的可持续性和有效性,改革成为最为迫切的要求。

4. 理论背景

随着我国经济体制改革的不断深入,社会保障制度不断发展,创建新型的社会统筹与个人账户结合的社会保险模式的理论准备已经完成。

从 1992 年到 1998 年间,我国经济体制改革的不断深入,社保制度构建理论发生了变化,创建了社会统筹与个人自我保障有机结合的新的社会保险模式的新型建制理念,与此相对应,深圳市在社会保险基金运营改革方面进行了新的探索。深圳特区新兴的社会保险基金运营制度进入了深化改革时期。

(二)制度的改革与深化

在这段深化改革时期,深圳市针对社会保险基金运营制度建设开始进一步探索。

1992 年出台《深圳市社会保险暂行规定》,确立社会保险机构可以运用社会保险资金进行安全有效的投资。①

1993 年社保局印发《深圳市社会保险管理局内部管理审计制度》(草案)②,1995 年 8 月修订了《社会保险审计暂行规定》。

1998 年 1 月开始实施《企业职工基本养老保险基金实行收支两条线管理暂行规定》,社会保险基金逐步走向统一的运营管理。

(三)改革后的制度特点

1. 制度层次提高

1992 年深圳市人大获得地方立法权后,社会保险基金运营制度中的许多改革经验上升到了法律规范。社会保险基金运营管理逐渐走向统一。

2. 社会保险机构可运用社会保险资金进行安全有效的投资

在针对基金保值增值的制度设计上,在 1996 年前后深圳市的制度设计与国家的要求的制度演变出现了矛盾,具体表现为《深圳市社会保险暂行规定》规定的社会保险机构可运营社保资金进行安全有效的投资和 1996 年国家下达的《关于一些地区挤占、挪用社会保险基金等问题的通报》就社会保险基金保值增值的途径问题产生了矛盾,并且引发了规范时期的社会保险基金保值增值模式的大幅变动。

3. 内审业务逐步规范化

在监管制度的设计上,内审机构和内审人员、监督事项和职权、工作程序、奖励和处罚等方面进行了具体的制度规定。

(四)管理体制新变化

1. 管理层次新发展

1991 社会保险局和医疗保险局的成立成为体制改革的开始。1995 年成立

---

① 从 1996 年开始,国家对社会保险基金增值运营具体化了“安全第一”的新理念,要求地方对社会保险基金投资进行清理,到 1998 年 1 月,国家明确要求社会保险基金保增增值只能够购买国债和存入专户。

② 在内审机构和内审人员、监督事项和职权、工作程序、奖励和处罚等方面作出了具体规定,内审业务逐步规范化。

统一的社会保险管理机构——深圳市社会保险管理局①。

2. 体制规模不断扩大

1995 年规定蛇口的社会保险基金纳入社会保险基金统一管理;1996 年在机关事业单位实行社会养老保险制度;1998 年为统一管理需要,宝安和龙岗两区社会保险基金并入深圳市社保局统一核算。

3. 监管体制新发展

1995 年成立深圳市社会保险管理监督委员会,对大额资金运用以及委托金融机构运营基金等重大事项实行监督,监督社会保险基金的管理和运作。

4. 社会保险基金运营管理逐渐走向统一

深圳市根据社会保险基金运营管理的建制理念,实行行政管理与基金管理分开、执行机构与监督机构分设的要求,按照"统一、精简、高效"的原则,进一步改革了社会保险基金管理机构,成立了深圳市统一的社会保险管理监督委员会监督社会保险基金的管理和运作,通过市社会保险管理局在各区设派出机构来建立统一的社会保险管理体系,改变了过去多头管理、多层次管理的格局。

(五)社保基金运营的成绩与问题

1. 制度运行的成效

首先,筹资覆盖面不断拓宽。筹资范围囊括深圳市各类城镇机关、事业单位和企业。全市户籍职工养老保险参保率达到了 98%,医疗保险参保率达到 88%,工伤保险参保率达到 92%。

其次,1996 年 12 月,社会保险机构先后以委托金融机构放贷和对外投资入股等方式,投入了 17.65 亿元的社保基金进行增值运营。

再次,深圳市社会保险基金回报率普遍较高,1996 年之前投资的项目到 2003 年末收益率达到 20.90%,主要投资领域为国债、大型基础设施项目建设、购买上市银行股票等。

2. 制度运行中的问题

第一,虽然在理论上确立了广覆盖、立体式、多种类的基金筹资体系,但养

① 1996 年开始,社会保险管理局开始逐步回收了各个地区的社会保险代办权。

老、医疗保险的覆盖面不足,缴费工资基数低于社会平均工资。

第二,立法滞后。只有工伤保险、失业保险以法规条例形式出台,其他保险项目尚未立法。

第三,政策变动频率太快,强制性不够,导致参保面不足,基金筹集困难,不得不主要依靠年检等行政手段收缴基金。

第四,制度化建设的滞后造成了制度的无效性,行政职能的过度集中最终导致了巨额基金被贪污、挪用的现象发生。

第五,尚未真正建立起社会保险基金的行政管理、业务经办、基金营运、监督约束之间互相分离、独立的管理体制和监督约束机制。

第六,保值增值投资项目良莠不齐,部分资金成为坏账、呆账,资金回收工作进行比较缓慢。

总之,在 1992 年年底正式开始实行社会共济与个人账户相结合的养老保险模式,医疗保险业务正式开展以后一直到 1998 年 1 月开始实施《企业职工基本养老保险基金实行收支两条线管理暂行规定》,这一阶段深圳市在制度的深化改革上做了大量的工作,社会保险基金逐步走向统一的运营管理,增强了制度的有效性和可持续性,在以法治国的背景下,社会保险基金运营的法制化程度不断提高,制度设计更好地适应了时代发展的需求;但是由于深圳市社会保险基金的制度改革一直走在全国的前列,缺乏其他地区的借鉴性,同时随着时代的发展,社会保险基金在运行过程中制度化建设落后于经济社会的发展,造成了现行制度在监督和管理上出现了较大的漏洞,使制度不能有效地持续发展。

三、社会保险基金运营制度的统一规范期

1998 年至今为深圳市社保基金运营制度的统一规范期。

(一)统一规范期的时代背景

1. 国际背景

国际上社会保险基金的主流运营模式继续发展,形成管理机构私营化、机构运作市场化、基金运营资本化以及政府监管间接化等新特征。社会保险基金的筹资体系发生变化,从社会统筹制向个人账户制发展,从单一的国家筹资向多层

次、多支柱筹资发展。社会保险基金的投资监管多采用审慎式监管模式或严格的限量监管模式。①

在投资组织上,投资组织分为公营和民营两大类。公营由政府部门直接负责社会保险基金的投资运营,这种模式以美国、新加坡为代表,其优点是管理简单,管理成本和交易成本低,政策执行起来比较灵活;缺点是管理效率低,制度运行低下,回报率低,有被政府挪用的风险。民营是指由基金管理公司负责社会保险基金的投资运营。这种模式以智利、英国和荷兰为代表。其优点是透明度高,机制灵活,效率高。

2. 国内背景

20 世纪 90 年代中期以来,中国政府对社会保障管理体制进行了一系列改革:

国家成立劳动和社会保障部,统一管理社会保险,结束了多部门分头管理的局面。各级劳动和社会保障部门建立了社会保险经办机构,承担社会保险具体事务的管理工作。

加大了对社会保险基金的行政管理和社会监督工作要求。社会保险基金被纳入财政专户,实行收支两条线管理,专款专用;各级劳动和社会保障行政部门专门设立了社会保险基金监督机构,负责对社会保险基金的征缴、管理和支付进行检查监督,对违法违规问题进行查处。

政府通过强化基金征缴和提高社会保障支出、占财政支出的比重等措施,拓宽了社会保障资金的来源。

3. 深圳市背景

到 1998 年年底,深圳基金收缴业务人员管理的业务量相对 20 世纪 90 年代初中期大大增加。社会保险基金一线收缴的业务人员人均要管 3 万人次社会保险业务,远远高于国外人均管理 2000 人次的业务量,也高于国内其他城市的业

---

① 其中审慎式模式是指政府坚持总的审慎原则,在细节投资上以及其他方面给予社会保险基金充分的自由;严格的限量监管模式的主要特点是监管机构的独立性很强,对基金的投资比例有限制性的规定。

务管理量。

基金筹资的管理手段逐渐走向现代化。市社会保险信息管理中心与市、区、镇的社会保险业务网点、银行、200 多家约定医疗网点联网,参保单位可在全市任何一个社会保险业务网点办理参保手续,并通过银行划账直接进入社会保险基金专户。

深圳市社会保险基金按照国家有关规定和深圳市实际情况,在制度上开始探索和确立了一套比较完善的管理和监督机制,确保了社会保险基金的安全、完整。

加强了对基金运营的行政管理。社会保险基金严格按规定实行了收支两条线,实行财政专户管理,不再提取管理费;从 1998 年 1 月 1 日起,社会保险基金除预留两个月支付备用金外,其余基金一律存入在国有四大商业银行分别开设的“深圳市社会保险基金专户”或购买国库券,不再进行投资运营;建立社会保险基金财政预算管理制度。

完善了社会保险基金运营监督制度。明确了社保基金支付范围,形成了市财政、市审计、人民银行、社会保险管理监督委员会、社会保险机构 5 家共同管理监督的机制;形成了比较规范的内部审计制度和基金财务监管制度;基金使用情况通过新闻媒介向社会公布,接受社会监督。

确立了这一阶段社保基金运营的目标:一是确保社会保险基金的完整与安全;二是进一步完善社会保险基金财务运行体系,强化财务管理的监督工作;三是理顺社会保险稽核体制,全面开展保费缴纳和待遇支付的核查情况,加强基金账户的管理与风险防范。

4. 理论背景

社会保险基金的筹资体系发展趋势是从社会统筹制向个人账户制发展,从单一的国家筹资向多层次、多支柱筹资发展。

社会保险基金的投资监管的通行模式演变为审慎式监管模式或严格的限量监管模式为主。

(二)管理体制与模式的新发展

2000 年开始,社会保险基金采取“二级核算,三级管理”的模式,即社会保险基金实行市级统筹,业务根据需要实行市局、分局、管理站三级垂直管理原则,市局统一财务核算,分局辅助核算,管理站不负责财务核算。

2001 年正式成立了监督审计处,并出台了正式五项制度规则。2004 年,深圳市合并了深圳市劳动局和社会保险管理局,组建了深圳市劳动和社会保障局,并成立了深圳市社会保险基金管理中心。

(三)新管理体制模式的特点

1. 深圳市社会保险基金的运营模式、投资手段①执行国家的规定

深圳市社会保险的主要内容都是以 1998 年参照国家出台的条例②为准;在基金的保值增值方面,深圳市严格执行规定,保值增值资金全部购入国家债券和存入定期存款。

2. 社会保险基金的监督、管理不科学

社会保险基金的监督、管理机构和运作机构同属于社保一个部门,不符合科学的监管理念,不能够有效地进行制衡监管。

3. 管理体制进一步统一,职能划分更加清晰

2004 年,深圳市劳动局和社会保险管理局合并组建了深圳市劳动和社会保障局,并成立了深圳市社会保险基金管理中心,2007 年 4 月更名为市社会保险基金管理局。基金运营的监督管理部门进行了新划分。

2005 年 2 月 2 日成立深圳市社会保险基金监督委员会,同时撤销了深圳市社会保险管理监督委员会。

(四)统一规范期的制度运行

1. 运行成绩

首先,管理效率提高:从部门协调做好社会保险工作转向强化部门内部机制,通过合并部门来促使社保基金整个运营体系内部化。

---

① 1998 年,国家财政部以及劳动和社会保障部颁布规定,要求所有基本养老保险只能购入国债和存入专户。

② 1998 年,国家劳动和社会保障部的《关于对社会保险基金进行全面清查的通知》以及财政部与劳动和社会保障部联合发的《企业职工基金养老保险基金实行收支两条线管理暂行规定》。

其次，社会保险基金保值增值经过12年市场化运作探索之后重新恢复到1986年以前的规定，确立了社保基金“安全第一”的运营理念。

再次，基本解决了基金增值过程中出现的历史问题，使社会保险基金运营制度更加适应现实状况。

最后，社会保险运营机制建设理念的全面确定和贯彻，强调了全市统一管理的重要性，并逐步完成了社会保险基金运营体系的全市统一。

2. 运行中的问题

第一，社会保险基金有多头管理的漏洞，实行税务征收社会保险基金，仅有财政和税务两家监督管理，不仅没有加强，反而削弱，不利于社会保险基金管理；社会保险基金的行政监督、财政监督和审计监督各自为政，多头监管，一旦哪方面松懈，就难以形成合力，只要某方与银行串通，就很容易钻空子调动款项，使制度运行的有效性大打折扣。其中问题关键在于社会保险监督执法者本身同时是立法者，还是在政府社保系统内部打转。

第二，基金的运作模式保守，保值增值压力巨大。依法管理的确为基金安全形成了保障，但监管过度，基金的运作模式也将变得保守。虽然基金的安全性得到了保障，但是整个制度运行的可持续性和有效性产生了危机。深圳市社会保险基金现在的投资渠道主要靠银行存款和购买国债。如今通货膨胀压力加大，累积的社会保险基金每年贬值率达到2%以上。

四、制度演进规律

（一）基金运营主管部门高端化

社会保险基金由于其在社会保障体系中起着连接收和支的桥梁作用，因此其重要性越来越为政府所重视，随着对社会保险基金及其运营制度认识的深化，社保基金运营的主管部门必然越来越高。

从第一时期1982年有深圳特色的社会保险制度开始运营起，社会保险基金运营的主管部门为各社会保险经办机构自主管理；到第二时期，社会保险基金的主管部门逐渐从各社保经办机构走向区统一、市统一；一直到第三时期，整个社会保险基金运营的核心主体落实到市级的劳动与社会保障管理局及其下属的深圳市社会保险基金管理局。无不证明和顺应了社会保险基金管理部门高端化的规律。

(二)基金管理集中化

由于基金的收付和当中的投资增值流程都需要极强的衔接性,而且社会保险制度是一种风险共担性质的保险制度,因此它也需要基金的集中管理;同时单头集中管理可以通过制度的内化来提高社会保险基金管理的效率,避免行政扯皮和相关管理机构的责任不清。

从深圳市社会保险基金管理制度的演进中我们也可以清楚地看出,社会保险基金的管理制度从第一时期的各个社会保险机构各自制定基金管理制度,到第二时期的社会保险基金管理制度逐步开始进行市统一,一直到目前"二级核算、三级管理"这种集中于市局,责任分派于下属的垂直集中管理管理模式,无不体现了社会保险基金管理制度的集中化规律。

(三)基金监督走向分权制衡

由于社会保险基金关系到社会、经济和政治环境的全面发展,因此对社会保险基金及其运营的监督也必然要求全面化和多层次化。

深圳市社会保险基金运营的监督制度正是沿着这个规律发展,从第一时期的各个经办机构及其上级机构的监督,发展到第二时期的市社会保险管理局的内部监督机制,一直发展到目前的深圳市的社会保险基金管理委员会、深圳市劳动社会保障局、深圳市社会保险基金管理局以及相关的财政和人民银行监督等各个不同层次的监督机构,通过基金直属的管理和运营机构的内部监督和相关部门的外部监督,来促使社会保险基金的监督制度更为完善,监督手段更为有效。

(四)基金保值增值走向安全性与收益性统一

社会保险基金不同于一般基金的本质在于它是社会性与经济性的统一,这就要求社会保险基金既要追求经济上的收益性,又要有效避免风险,保障社会保险基金的存量和增量的安全,从而保障社会的稳定发展。

深圳市社会保险基金二十多年的演进过程正是对这一规律的逐渐认识的过程。制度建设初期,出于对社会保险基金安全性的考虑和投资收益的要求,深圳市试行了基金仅仅存入银行和购买国债和投资各种实业项目和资本市场两种方式;在第二阶段,深圳市开展了多样的基金运作方式来提高基金的收益能力,但由于在安全性上的疏忽对基金本身的安全造成了影响;在第三阶段,由于受国家的影响以及深圳市社会保险基金运营现状的考虑,社会保险基金的保值增值工作开始从过分强调收益性走向了“强调安全性,兼顾收益性”,由于目前的制度过分地强调了基金的存量的安全,我们也可以预计,今后社会保险基金保值增值改革的方向必然是进一步消除基金安全和收益的矛盾,促使社会保险基金保值增值工作中两者矛盾的辩证统一。

第二节　社会保险基金运营制度的概况

深圳现行社会保险基金运营制度是指为实现深圳市社会保障制度在资金上可持续发展的需要,针对规范社会保险基金的征收支付管理、监督和管理基金运用、保值增值积累基金等方面而制定的各种规则、法规和相应管理体制的总称。

一、现行制度总体状况

(一)现行制度结构

社会保险基金一方面具有金融性资产所具备可投资性的特点和增值性的内在要求,另一方面又具有维持社会保障事业资金的可持续发展的特殊目的。正是社会保险基金的双重特性,从而导致了其必须有一套完备的监督制度和业务管理制度,必须对市场风险和基金持有人进行规范性的监督和业务流程上的科学管理,保证社会保险基金的安全运营。

正是由于社会保险基金这种内在的性质特征,导致了社会保险基金运营制度必然被划分为互相制衡的投资制度、监督制度和业务管理制度等。

1. 投资制度

投资制度的最主要功能体现在为社会保险基金实现保值增值选择可行的投

资途径,以及围绕选定的途径确定相关的操作细则。目前社会保险基金的投资制度的功能被明确为确保基金安全下的有效保值增值。因此目前投资制度的特点表现为将投资主体区分为相分离的投资决策人和投资资产持有人,将投资资产确定为投资安全性最高的证券(银行专户和国债),从而保障投资制度的绝对安全,进而保障社会保险积累基金的绝对安全。

为了确保基金安全下的有效保值增值,保证社会保险基金支付需要,深圳市执行了1997年发布的《国务院关于建立统一的企业职工基本养老保险制度的决定》以及财政部1998年发布的《企业职工基本养老保险基金实行收支两条线管理暂行规定》。

2. 监督制度

社会保险基金监督制度主要行使对社会保险基金征收、支付、结余等基金管理全过程进行监督功能。其包括以下四个特点:首先,参与方的多样性,由市政府及其有关职能部门、工会代表、缴费单位代表、被保险人代表和有关专家代表组成;其次,外部监督与内部监督并行;再次,法律法规制度与行政制度并行;最后,劳动和社会保障部门为社会保险基金监督制度执行的主要力量。

为了加强社会保险基金监督,规范社会保险基金管理者行为,保障基金安全,维护被保险人合法权益,国家出台了《劳动法》(1994年7月5日)、《国务院关于建立统一的企业职工基本养老保险制度的决定》(国发[1997]26号)、《社会保险费征缴暂行条例》(1999年1月22日)构成了监管制度的基本框架。

在国家法规的基础上,地方出台了如《广东省社会保险基金监督条例》(2004年3月30日)、《深圳市社会保险基金监督委员会章程》(2005年4月29日)、《深圳经济特区企业员工社会养老保险条例》(2000年12月22日修正)、《深圳市劳动和社会保障局社会保险基金监督暂行办法》(2004年12月)、《内部审计制度》、《内部审计监督工作规范》(2002年)等各种制度规定,进一步细化丰富了基金监管制度。

3. 业务管理制度

基金业务管理制度的主要功能是合理预测基金收支之间的资金缺口,制定社会保险基金可运营的资金数量,确定基金收、支、结余三个环节资金的合理比例。其具有两个突出特点:一是能够对所有社会保险基金实行规模化管理,降低管理成本;二是能够实现大范围的转移支付。

为了保证社会保险基金收入、结余运营和支付三个环节的资金流动畅通,保障社会保险基金的平稳运行,国家于1994年7月5日出台了《中华人民共和国劳动法》、1997年出台了《国务院关于建立统一的企业职工基本养老保险制度的决定》;与此相应,地方出台了《深圳市社会保险管理局依法行政责任制》及《深圳市社会保险管理局行政过错责任追究办法》。

4. 运营管理制度

深圳市社会保险基金运营管理根据不同的分类标准可分为不同的具体管理制度。

根据政府与民间的关系分为深圳市社会保险基金运营采取政府直接管理,引入民间力量监督的模式。根据管理部门的多寡分为深圳目前为社会保险部门实行主要管理职能,多个职能部门辅助管理。从政府定位上可以划分为:深圳市社会保险部门对基金的监督、管理和投资实行完全的直接管理。从政府的监督模式上出发:深圳市社会保险基金的监督模式乃借鉴了国外的严格的限量监管模式。

(二)现行管理体制

1. 管理机构架构

在管理机构设置上,2004年3月深圳市组建劳动和社会保障局,同年5月,设立深圳市社会保险基金管理中心(以下简称社保中心),是市劳动和社会保障局下属行政事务机构,基金管理中心下设置基金运营处具体负责各项管理、协调事项;2007年4月,“深圳市社会保险基金管理中心”正式更名为“深圳市社会保险基金管理局”,原社保中心下属的七区管理处也正式更名为社保分局。

在管理机构职能设置上,市局负责市属企业单位及市属和各区直属单位社会保险基金收支,分局负责区属企业单位和镇属企业单位的社会保险基金收支;费用征收处和运营管理处分别承担基金征收与运营;基金运营管理处具体承担社会保险基金保值增值工作。

2. 监督机构架构

行政部门、审计监督处、社会保险基金监督处以及劳动与社会保险检查处构成了社会保险基金内部监督机构。

在监督机构职能设置上：行政部门负责宣传劳动保障法律、法规和规章，督促单位执行；受理违反法规行为举报、投诉；纠正和查处违反劳动保障法律、法规或者规章行为。审计监督处负责对社会保险费征收机构、经办机构、社会保险基金财政专户管理机构征缴、支付和管理基金情况进行监督。社会保险基金监督处负责拟定和实施社会保险基金监督等制度①，对基金收入户、支出户及财政专户等各类社会保险基金银行账户进行监督检查。劳动与社会保险检查处负责对社会保险待遇申领、审批情况进行监督检查。

外部监督方面，财政局负责社会保险基金财务、会计制度执行监督，基金收、支账户及财政专户基金管理监督。审计局则负责社会保险基金征缴、支付和管理审计监督，基金收、支账户及财政专户基金管理情况审计。地方税务局负责社会保险费的征收情况并进行监督检查。市社会保险基金监督委员会则负责统筹、协调、指导本行政区内监督工作。

二、现行制度主要内容

（一）国家规定构成社会保险基金运营制度的主要框架

1. 资金来源

社会保险基金按照保险类型确定资金来源，逐步实行社会统筹：由参保人所在单位按本单位职工工资总额的一定百分比缴纳的保险费；由参保人按其工资收入（无法确定工资收入的按职工平均工资）的一定百分比缴纳的保险费；政府对社会保险基金的财政补贴；社会保险基金的银行利息或投资回报及社会捐

---

① 拟定和实施社会保险基金监督制度、社会保险审计制度；社会保险基金投资管理规章制度以及基金投资运营规则；基金财务和经费财务审计监督，基金征收、偿付、结存和投资运营等流程环节监督；建立基金风险预警机制，受理与社会保险基金管理有关的投诉举报，查处违规支付、挤占、挪用、侵吞和贪污社会保险基金等行为。

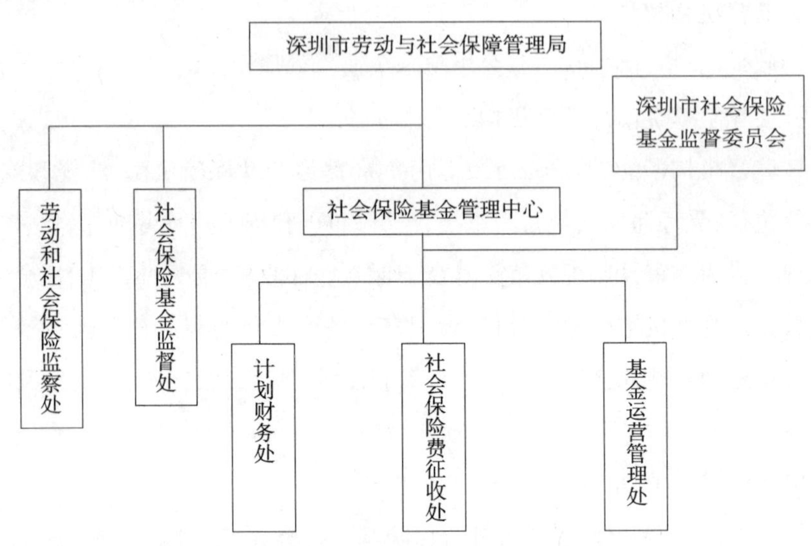

图 5-1　深圳市社会保险基金监督管理机构设置

赠等。

2. **基金收支管理**

基本养老保险基金实行收支两条线管理,要保证专款专用,全部用于职工养老保险,严禁挤占挪用和挥霍浪费。由财政部门依法进行监督。审计部门依法对社会保险基金的收支情况进行监督。

社会保险经办机构应当定期向社会公告社会保险费征收情况,接受社会监督。社会保险经办机构受劳动保障行政部门的委托,可以进行与社会保险费征缴有关的检查、调查工作。

3. **基金增值管理**

社会保险基金经办机构依照法律规定收支、管理和运营社会保险基金,并负有使社会保险基金保值增值的责任。

基金结余额,除预留相当于两个月的支付费用外,应全部购买国家债券和存入专户,严格禁止投入其他金融和经营性事业。

4. **基金运营监督**

社会保险基金监督机构依照法律规定,对社会保险基金的收支、管理和运营实施监督。

社会保险基金经办机构和社会保险基金监督机构的设立和职能由法律规定。任何组织和个人不得挪用社会保险基金。

要建立健全社会保险基金监督机构,财政、审计部门要依法加强监督,确保基金的安全。

（二）地方性规定对社会保险基金运营制度框架的细化

1. 进一步落实社会保险基金监督职能

劳动和社会保障部门主管社会保险基金监督工作:负责对社会保险费征收机构、社会保险经办机构、社会保险基金财政专户管理机构征缴、支付和管理基金情况进行监督;对基金收入户、支出户及财政专户等各类社会保险基金银行账户进行监督检查;对社会保险待遇申领、审批情况进行监督检查。

财政部门负责对社会保险基金财务、会计制度执行情况进行监督,对基金收入户、支出户及财政专户基金管理情况进行监督。

审计部门负责对社会保险基金征缴、支付和管理情况进行审计监督,对基金收入户、支出户及财政专户基金管理情况进行审计。

地方税务机关负责对社会保险费的征收情况进行监督检查。

2. 进一步细化监管内容

实行多层次、跨部门监督。通过制定《内部审计制度》、《内部审计监督工作规范》等一系列内部监督审计制度加强内部监督管理。规定市社会保险机构每年应定期将养老保险基金的筹集、支付、结存、运用等情况向社会公布。

市社会保险局下发《深圳市社会保险管理局依法行政责任制》和《深圳市社会保险管理局行政过错责任追究办法》,在岗位职责、执法主体、执法检查、评议考核等方面建立责任制。建立健全社会保险基金监督管理制度和安全责任制,其主要负责人对本行政区域内的基金安全负主要领导责任,保证社会保险基金专款专用。

社会保险行政主管部门、社会保险费征收机构、社会保险经办机构、社会保险基金财政专户管理机构应当按照“谁主管谁负责”的原则,保证社会保险基金安全。

强调对社会保险基金的调控和监管,规范收、支、管、投等各环节的监督制约机制,改进社会保障基金运营手段,提高运营效率,实现保值增值,促进社会保障体系稳定、健康和有序运行,形成规范操作、高效运行的社会保险基金收支体系。

深圳市社会保险监督监委会作为社会保险基金运营监管的宏观管理层次主要行使以下八点职能:一是统筹全市的社会保险基金监督工作,督促落实社会保险基金安全责任制;二是统筹、协调、指导社会保险基金监督部门对全市社会保险基金管理经办机构(包括社会保险经办机构、社会保险基金财政专户管理机构、社会保险基金运营机构和社会保险待遇社会化发放机构等,下同)的监督工作;三是召开监委会会议,听取社会保险基金监督部门的工作报告,研究审定社会保险基金管理、监督工作中的重大事项,并督促有关部门处理;四是依法组织对社会保险基金征收、支付、结余和运营等情况的监督检查,也可委托中介机构进行审计调查;五是公布社会保险基金管理和监督情况;六是受市政府委托向市人大常委会报告社会保险基金监督工作的有关情况;七是组织协调全市社会保险基金管理使用中的重大违法违纪案件调查;八是承办上级监委会和同级政府交办的其他事项。

社会保险基金监督处作为微观监管主体负责拟定和实施社会保险基金的监督制度、社会保险审计制度;负责拟定社会保险基金投资管理的规章制度以及基金投资运营基本规则;负责基金财务和经费财务的审计监督;负责对基金征收、偿付、结存和投资运营等流程环节的监督;建立基金风险预警机制,受理与社会保险基金管理有关的投诉举报,查处违规支付、挤占、挪用、冒领、诈骗、侵吞和贪污社会保险基金的行为。

劳动保障行政部门作为辅助部门实施劳动保障监察,履行下列职责:宣传劳动保障法律、法规和规章,督促用人单位贯彻执行;检查用人单位遵守劳动保障法律、法规和规章的情况;受理对违反劳动保障法律、法规或者规章的行为的举报、投诉;依法纠正和查处违反劳动保障法律、法规或者规章的行为。

3. 细化社会保险基金运营管理内容

深圳市社会保险基金运营体制的内容可概括为:在国家法律法规的指导下,在保证安全前提下,有效地实现基金的保值、增值,保证基金满足支付要求,提高被保险人的福利水平,在资金上保证社会保险制度的顺畅运行。

单一机构的集中化业务管理。1998 年 2 月,针对深圳市经济特区社会保险基金,市政府确定了社保基金管理总的原则:统一财政专户,明确开支范围,主管部门使用,银行核验支付,财政、审计部门监管。2004 年,深圳市社会保险基金管理中心成立,社会保险基金业务管理集中于中心进行。根据社会保险金账户必须开设在国有商业银行,结余的投资途径确定为银行专户和国债投资的规定,由基金运营处确定用于两个月内支付结余资金以及用于保值的资金投资计划,由财务部具体操作基金的运营。由于深圳市的社会保险种类数量已经超过国有商业银行的总数,无法执行《社会保险基金财务制度》(财社字[1999]60 号)的要求,因此根据深圳市的实际,保留原有的社会保险基金收入账户和支出账户,并作为总账号,向下按险种分别设置若干子账号,根据不同险种从各自子账号进行收支。

第三节　制度与运营绩效的评估

从社会保险基金可持续发展的角度,利用集中管理理论、信息不对称理论、委托代理等理论指导,评估深圳市社会保险基金运营的成绩、缺陷,探索社会保险基金运营的政府规制问题及其规制边界、发展方向。

一、理论基础与研究框架

(一)集中管理理论——现行制度的选择

目前中国社会保险基金运营在理论和运行上主要借鉴了德国成功经验。德国模式是国家强制的公共制度,在责任上采取的是既定给付,基金收入通常是根据一个特定的公式计算出来的,支付的风险由制度承担;在财务上采用的是现收现付制度;基金由政府或准政府机构集中管理,投资等方面都有十分严格的规定,通常只用于购买国债。这种制度具有很强的收入再分配功能,反映了政府对社会经济生活的积极干预态度。自20世纪70年代西方发达国家的此种制度陷入财务危机之后,它遭到了许多批评和指责,比如扭曲劳动力市场、培养惰性、对人口老龄化很敏感、效率低下等。关于社会保障制度的改革以及相关的理论争论也都由此种制度引起。

(二)信息不对称与委托代理理论——研究视角的选定

在现代经济学中,传统的一般均衡理论隐含着完全信息假定,即市场参与人之间不存在信息不对称问题。事实上,这个假定与现实经济的实际情况相距太远。因为现实中市场参与者之间的信息一般是不对称的,所谓信息不对称,就是在相互对应的经济人之间不作对称分布的有关某些事件的知识或概率分布。委托—代理理论就是专门研究信息不对称引起的逆向选择问题与道德风险问题。其中逆向选择是指在建立委托人—代理人关系之前,代理人有可能利用委托人没有掌握的不利的信息签订对自己有利的合同,而委托人由于信息劣势处于对己不利的选择位置上,从而可能导致逆向选择。道德风险是指代理人在使其自身效用最大化的同时损害委托人或其他代理人效用的行为,也就是在建立委托人代理人关系后,代理人可能利用信息优势作出损害委托人利益的行为,它包括隐藏行动的道德风险与隐藏信息的道德风险。

就目前国际上对社会保险基金运营的理解上来说,社会保险基金运营制度的选择,其实质是信息不对称与委托代理问题,即政府和市场在新的时代背景下到底应该各自在其中扮演什么样的角色的问题。当传统的政府管理的现收现付制度受到人口老龄化以及经济增长速度放慢等冲击而面临危机时,如何发挥市场的作用就自然被提了出来。一般认为,要解决人口老龄化问题,就需要建立预筹基金,这就涉及基金的所有权问题以及基金的管理即委托—代理问题,即政府、市场以及个人以什么样的角色,如何在从基金的筹集、保管、投资直到支付的各个环节发挥作用的问题。有了基金和基金管理问题,就必然有委托人如何监督代理人问题。因为无论由谁管理,监督都必须得到加强——如果是政府管理,就有可能出现机会主义及其更重要的官僚主义的管理效率低下等问题;如果是私营机构广泛参与,委托—代理问题等又有可能产生不良后果。

（三）社会保险基金研究主线的确定——社会保险基金的可持续发展

尽管世界范围内关于社会保险基金运营的制度选择争议很多，但是，归根到底，都是围绕着两条主线：一是社会保险基金运营的外部性问题，主要是社会保险基金对经济增长的影响；二是保险基金运营的可持续发展问题，主要是如何改进社会保险基金运营模式以应对人口老龄化等众多的挑战。在本书中，我们从社会保险基金可持续发展的角度，通过研究社会保险基金运营中的政府规制和政府规制的边界来评估深圳市社保基金运营的成绩、缺陷，探索今后的发展方向。

二、构建指标体系的原则、思路

（一）构建指标体系的原则

1. 全面性原则

全面性原则体现在两个方面：一是内容上的全面性，即对现行制度的绩效评估不仅仅着眼于现行制度的运行成效，而且从适应性视角对现行制度的可持续状况做了考察。二是指标选择的全面性，即在指标项目的选取上力求做到尽可能反映各种情况的穷尽性以及指标之间不相互重叠。

2. 可量化原则

可量化原则指：在设计指标时，使每项指标的结果都是一个量化的值。可量化原则保证了指标的客观性，并且为横向比较与纵向比较提供了分析基础。

3. 规范化原则

规范化原则指选取指标要考虑到指标作为分析工具的长期使用可能性，对指标的口径、单位以及测算方法采用规范化的形式。

4. 描述性指标和评价性指标相结合原则

描述性指标主要指表现为绝对数的指标，评价性指标指表现为相对数的指标。这个原则指在指标设计时，从描述现状和绩效评估两个角度出发，结合绝对数指标与相对数指标，以使指标不仅反映制度下的经济现实，而且能反映当前的制度的运行绩效。

（二）构建指标体系的思路

指标体系拟从基金的投入状况、收益状况、适应性三个方面评估深圳市当前社会保险基金运营制度运行状况。每个方面由一级指标和二级指标构成。

投入状况指标针对深圳市社会保险基金投入总量、结构以及流动性高低三方面，运用投入总额、分项投入结构和投资资产流动性这三个一级指标评估基金投入状况。

收益状况指标针对深圳市社会保险基金收益总量和结构两方面，运用基金收益总量指标和基金收益结构指标这两个一级指标评估社会保险基金收益效果。

适应性指标从基金增值与经济发展以及基金支出之间相关关系出发，运用基金增值与经济发展的适应性、与基金支出的适应性这两个一级指标，对社会保险基金运营制度的适应性状况进行评估。

三、评估指标体系的设计

为对深圳市社会保险基金运营制度绩效进行系统化、量化评估，参考国内外相关研究，建立了评价指标体系，由三大部分构成：

（一）投入指标设计

投入指标总权重为100%，投入指标拟下设投入总额、分项投入结构、投资资产流动性三个一级指标。根据深圳乃至整个中国社会保险基金的投入状况，衡量现行社会保险基金运营制度整体投入的效果，主要标准首先在于分项结构指标①，其次是资产的流动性好坏指标②，再次是投入力度指标。根据各项指标的对投入指标影响程度的大小，拟定分项结构指标权重为50%；流动性指标为30%；投入总额权重为20%。

---

① 分项投入结构指标用于反映社会保险基金投入整体结构，进而考察基金投资结构的合理性，属于重点指标。

② 基金增值投入的流动性好坏，是对基金安全运营的重要考察项。因此，此项指标赋值权重为30%。

1. 投入总额指标权重：20%

投入总额指标下设社会保险基金投入总量一个二级指标。其计算公式为:社保基金投入总量=基金增值总量/现有基金资金总量。在评估投入总额指标时,由于其只下设一个二级指标,因此二级指标的权重应该和一级指标相同。二级指标的权重为:社会保险基金投入总量指标 20%。

2. 分项投入结构指标权重：50%

分项投入结构指标下设银行存款结构指标和国债投资结构两项二级指标。

其中,银行存款结构指标由三项数据反映:银行存款比例=银行存款总额/社会保险基金投入总额;一年期银行固定存款比例=一年期银行存款额/银行存款投入总额;一年期银行协议存款比例=一年期银行协议存款额/银行存款投入总额。

国债投资结构由三项数据反映:国债投资比例=国债投资总额/社会保险基金投入总额;三年期国债投资比例=三年期国债投资额/国债投资投入总额;五年期国债投资比例=五年期国债投资额/国债投资投入总额。

考察基金的分项投入结构,由于银行存款结构和国债投资结构两个二级指标对一级指标均具有重大意义,因此这两个指标权重应相同。两个二级指标的权重为:银行存款投资结构指标 25%,国债投资指标 25%。

3. 投资资产流动性指标权重：30%

投资资产流动性指标下设银行存款流动性指标和国债投入流动性指标两个二级指标。

其中银行存款流动性指标的计算公式为:银行存款当年可变现总额/当年总存款额。国债投资流动性指标的计算公式为:国债投资当年可变现总额/国债总投资额。

由于银行存款数额巨大,变现的损失风险可被确定预期;国债投资虽然相对银行存款数额不高,但即时变现的不确定因素较多。因此,衡量其流动性,两个指标权重应相同。两个二级指标的权重为:银行存款流动性指标 15%,国债投资流动性指标 15%。

表 5-1 深圳市社会保险基金运营制度投入评价指标

一级指标	二级指标	指标内容及赋值参考
投入总额指标（20%）	社保基金投入总量（20%）	基金保值增值资金总量/现有社会保险基金资金总量
分项投入结构指标（50%）	银行存款结构指标（25%）	银行存款总额/社会保险基金投入总额
		一年期银行固定存款额/银行存款投入总额
		一年期银行协议存款额/银行存款投入总额
	国债投资结构指标（25%）	国债投资总额/基金增值投入总额
		三年期国债投资额/国债投资投入总额
		五年期国债投资额/国债投资投入总额
投资资产流动性指标（30%）	银行存款流动性指标（15%）	银行存款当年可变现总额/总存款额
	国债投资流动性指标（15%）	国债投资当年可变现总额/国债总投资额

（二）收益指标设计

收益指标权重为100%，收益指标以下设基金收益总量指标和基金收益结构指标两个一级指标。

良好的基金收益结构能够持续提供较为稳定的收益渠道和较高的收益率，而收益总量指标则体现当前基金的收益状况。从持续发展的角度看，收益结构指标权重略高于收益总量指标，为60%；收益总量指标权重为40%。

1. 基金收益总量指标权重：40%

基金收益总量指标下设基金增值收益率一个二级指标。其计算公式为：基金增值收益率＝Σ（各项基金收益率×各自投入比例）。在评估基金收益总量时，由于只需要一个二级指标反映其绩效，因此二级指标权重与一级指标相同。二级指标的权重为：基金增值收益率40%。

2. 基金收益结构指标权重：60%

基金收益结构指标下设银行存款收益结构和国债投资收益结构两个二级指标。

其中，银行存款收益率指标由银行存款总收益率、银行一年期固定存款利率及银行一年期协议存款利息率三项数据构成。国债投资指标通过国债投资总收益率、三年期国债投资收益率以及五年期国债投资收益率三项数据构成。

在评估基金收益结构时,由于两个二级指标均对一级指标有重要影响,因此二级指标的权重应相同。两个二级指标的权重为:银行存款收益结构指标30%,国债投资收益结构指标30%。

表5－2　深圳市社会保险基金运营制度收益评价指标

一级指标	二级指标	指标内容及赋值参考
收益总量指标(40%)	基金增值收益率	Σ(各项基金收益率×各自投入比例)
收益结构指标(60%)	银行存款投资收益率(30%)	银行存款总收益率
		一年期银行固定存款利息率
		一年期银行协议存款利息率
	国债投资收益率(30%)	国债投资总收益率
		三年期国债投资收益率
		五年期国债投资收益率

(三)适应性指标设计

适应性指标权重为100%,适应性指标下设基金增值与经济适应性和基金增值与基金支出的适应性两个一级指标。基金增值的适应性是社会保险制度可持续性的重要方面。由于基金增值与经济的适应性能较好评价基金保值增值的总体效率,因此其赋值权重较高,为60%;基金增值与基金支出的适应性指标权重则略低,为40%。

1. 基金增值与经济适应性指标权重:60%

基金增值与经济适应性指标下设基金增值与物价水平适应性、基金增值与GDP增长适应性以及养老基金个人账户增值与社会平均工资增长适应性等三个二级指标。

其中,基金增值与物价水平适应性指标的计算公式为:社会保险基金当年平均收益率/当年通货膨胀率。基金增值与GDP增长适应性指标的计算公式为:

基金当年平均收益率/深圳市当年GDP增长率。养老基金个人账户增值与社会平均工资增长适应性指标的计算公式为：当年养老基金个人账户增值收益率/当年社会平均工资增长率。

评估基金增值与经济适应性时，三项二级指标从三个方面来反映与经济的总体适应性，其中基金增值与通货膨胀比率是首要指标，权重稍大，其余两个二级指标权重相同。三个二级指标的权重为：基金增值与物价水平适应性指标30%，基金增值与GDP增长适应性指标15%，养老基金个人账户增值与社会平均工资增长适应性指标15%。

2. 基金增值与基金支出的适应性指标权重：40%

基金增值与基金支出的适应性指标下设基金增值收益满足当年基金支付指标以及基金增值收益增长满足社会保险基金支付增长指标两项二级指标。

其中，基金增值收益满足当年基金支付指标的计算公式为：当年基金增值收益/（当年基金支出-当年基金收入）。基金增值收益增长满足基金支付增长指标的计算公式为：（当年基金增值收益-前一年度基金增值收益）/（当年度基金支付总额-前一年度基金支付总额）。

在评估基金增值与基金支出的适应性时，基金收益满足基金支付指标说明当年基金增值与当年基金支付压力关系，基金增值收益增长满足基金支付增长指标反映了未来的支付风险，均为反映社会保险基金收支平衡的重要指标，因此两项指标权重相同。两个二级指标的权重为：基金增值收益满足当年基金支付指标20%，基金增值收益增长满足基金支付增长指标20%。

表5-3　深圳市社会保险基金运营制度适应性评价指标

一级指标	二级指标	指标内容及赋值参考
基金增值与经济适应性指标（60%）	基金增值与物价水平适应性指标（30%）	社会保险基金当年平均收益率/当年通货膨胀率
	基金增值与GDP增长适应性指标（15%）	基金当年平均收益率/深圳市当年GDP增长率
	养老基金个人账户增值与社会平均工资增长适应性指标（15%）	当年养老基金个人账户增值收益率/当年社会平均工资增长率

续表

一级指标	二级指标	指标内容及赋值参考
基金增值与基金支出的适应性指标（40%）	基金增值收益满足当年基金支付指标（20%）	当年基金增值收益/当年基金支筹差
	基金收益增长满足基金支付增长指标（20%）	（当年基金增值收益-前一年度基金增值收益）/（当年度基金支付总额-前一年度基金支付总额）

四、制度运营的评估与判断①

（一）投入状况评估

1. 投入总额指标评估

2007 年深圳市社会保险基金增值投入总额占基金总额比例大于 95%。②参照发达国家基金投入值，基金投入一般占基金总额 95%—98% 之间。从投入总额指标来看，由于其下级指标社会保险基金投入总量表现优秀，使其指标值所反映的基金投入总额效果非常优良。

2. 分项投入结构指标评估

银行存款结构指标：截至 2008 年 5 月底，财政专户资金购买国债余额 16.16 亿元，定期存款余额 587.67 亿元，两项余额占财政专户资金总额的 91.6%。③由于中国仍处在发展中国家阶段，资本市场不完善，因此选取同是发展中国家的智利为参照标准，以 30%—50% 的银行存款比例为最佳，由于目前深圳市社会保险基金银行存款比例严重过大，因此此项指标值表现出了社会保险基金的结构失调问题。

国债投资结构指标：截至 2008 年 5 月底，财政专户资金购买国债余额 16.16 亿元，定期存款余额 587.67 亿元，两项余额占财政专户资金总额的 91.6%。以国际上 30%—80% 的国债投资投入为最佳标准，低于 30% 和高于 80% 的为非合

---

① 评估中所有指标数值均参考 2007 年数据计算得出。

② 参见 http://www.szsi.gov.cn/sbjxxgk/gzdt/200811/t20081127_1379.htm。

③ 参见深圳市社会保险基金管理局网站，下同。

理比例;深圳市目前三年期和五年期国债投资国债占投资总额比例有显著提高。截至2007年年底,在602亿FQB的累计结余中,存放银行的定期存款和国债所占比例为89.69%,为540.49亿元。其中三年期以上定期存款占存款总额调整为85%,比2006年三年期以上定期存款比例9%提高了76个百分点,一年期定期存款降为11.85%。

综合来看,基金分项投入结构指标并不理想。导致其表现平平的主要原因在于基金投入结构不合理,银行存款投入比重过高,国债投资比重过低。

3. 投资资产流动性指标评估

银行存款流动性指标:2008年,银行存款当年资产可变现率达到100%。根据资产的流动性评价标准①,以一年内无成本可变现的资产比率100%为满分,由此可见此项指标值表现优秀。

国债投资流动性指标:2008年,国债投资当年资产可变现率达到100%。根据资产流动性评价标准,以一年内无成本可变现的资产比率100%为满分15分,此项指标值表现优秀。

从投资资产流动性指标看,由于银行存款和国债投资的可变现性都非常优秀,因此两者流动性指标得分均很高,从而带动其上一级指标得分优秀。

表5-4 深圳市社会保险基金运营制度投入现状及评估

<table>
<tr><th>一级指标</th><th>二级指标</th><th>指标数值</th></tr>
<tr><td>投入总额指标(20%)</td><td>基金投入总量(20%)</td><td>97%</td></tr>
<tr><td rowspan="6">分项投入结构指标(50%)</td><td rowspan="3">银行存款结构指标(25%)</td><td>97.9%</td></tr>
<tr><td>缺协议存款额占银行存款比例</td></tr>
<tr><td>缺协议存款额占银行存款比例</td></tr>
<tr><td rowspan="3">国债投资结构指标(25%)</td><td>2.1%</td></tr>
<tr><td>缺三年期国债投入额</td></tr>
<tr><td>缺五年期国债投入额</td></tr>
</table>

① 资产流动性评价标准为资产是否可即时置换现金资产,及其置换成本高低等。

续表

一级指标	二级指标	指标数值
投资资产流动性指标(30%)	银行存款流动性指标(15%)	100%
	国债投资流动性指标(15%)	100%
合计	100%	—

(二)收益状况评估

1. 基金收益总量指标评估

基金增值收益率指标:2007 年基金增值收益率为 4.98%。基金增值收益率高于深圳市一年期银行利率 2.25%,与国外平均 6.7% 的实际收益率略有差距。从基金收益总量指标来看,由于其下级指标基金增值收益率指标较低,导致其指标值表现很差。

2. 基金收益结构指标评估

银行存款投资收益:2007 年银行利息收益率约为 2.5%,同年银行固定存款一年期利息 2.25%。此项指标可由下列方法判断优劣:{银行利息收益率/[1/2(当年银行固定存款利息率+当年银行协议存款利息率)]}×100 分×30%。由此方法计算,此项指标值表现良好。

国债投资收益:2007 年国债投资收益率为 9% 左右,当年三年期国债投资收益率为 5.2%,五年期国债投资收益率为 5.74%。参照国际上 11% 左右的平均收益率,此项指标评判标准为(国债投资收益率/最高收益率①)×100 分×30%。由此得出此项指标变现良好。

从社会保险基金收益结构指标来看,银行存款投资收益指标得分一般,但由于国债投资收益率指标得分良好,导致了两者综合得分较好,一定程度上掩盖了银行存款投资收益差的问题。

---

① 最高收益率是指在国际最高收益值和对三年期和五年期国债收益率算术平均后的收益值相比较,两者之间取最高值。

表5-5 深圳市社会保险基金运营制度收益现状及评估

一级指标	二级指标	指标数值
基金收益总量指标(40%)	基金增值收益率(40%)	1.71%
基金收益结构指标(60%)	银行存款投资收益率(30%)	1.51%
		2.25%
		缺协议存款利息率
	国债投资收益利(30%)	9.02%
		2.52%
		2.83%
合计	100%	—

(三)适应性状况评估

1.基金增值与经济适应性指标评估

理论认为,社会保险基金的保值增值收益率应该达到三个目标:不低于同期的物价水平的存量保值目标,不低于同期社会平均工资增长率的增量保值目标,不低于同期深圳市GDP增长率的福利增进目标。

基金增值与物价水平的适应性:物价水平是指货币购买商品的能力,即货币的实际价值下降的一种现象。因此通货膨胀是存量货币贬值的根本因素。社会保险基金是由缴费者为化解未来的风险而缴纳的资金。因此社会保险基金的一个基本的要求就是缴费者缴纳的资金本身不能发生贬值。在经济学理论上,跨期消费的一个重要前提是远期的预期消费要高于即期的消费,如果社会保险基金的收益率不能够战胜通货膨胀率,那无疑消费者缴纳的资金就不能够在远期享受到即期同样的货币带来的效用。这种结局必然导致理性的潜在缴费者不愿意为一个远期消费不如即期消费的项目来牺牲当前的高效用,去满足未来不确定的低效用。

目前就深圳市的现实情况而言,从1992年到2008年中国年均通货膨胀率为5%左右;而同期深圳市的社会保险基金年均收益率则为4%左右;12年来两者的年均缺口达到1%,两者的比值为80%。如果政府对社会保险基金的财政转嫁一旦出现困难，或者深圳市的人口负担比大幅升高，那么社会保险制度的运行将出现严重危机。2007 年基金增值收益率和当年通货膨胀率的比值为 84.4%（2008 年通货膨胀率为 5.9%①）。依据下列方法判断，（基金增值收益率/当年通货膨胀率）×100 分×30%，可以发现此项指标表现较差。

基金增值与 GDP 增长适应性：国民经济的增长是国民收入增长的基础，也是国民福利增长的基础；国民经济的增长率代表了国民收入从而福利的可能增长率，因此研究基金收益率与国民经济增长的关系即研究基金收益能否进一步提高缴费人的福利和幸福感的问题。

如果基金收益率不低于国民经济增长率，那么基金缴费人缴纳的这部分资金在远期给其带来的效用将不低于由于国民经济增长给其带来的可能效用增量。即不低于国民经济增长率的基金收益率将使得消费者能够完全享受到经济增长给其带来的效用增量，从而使其享受到整个社会经济发展给他带来的福利增量。

而目前深圳的现状是从 2000—2007 年，GDP 的增长率年年上升，从 2000 年的 13% 上升到 14.7%，而同期深圳市社会保险基金的收益率仅仅为 4.98%②左右，因此深圳市缴费者难以享受到经济发展给其带来的远期福利的增加。2007 年基金增值收益率与当年 GDP 增加率的比值为 33.9%。依据下列方法判断，（基金增值收益率/当年 GDP 增加率）×100 分×15%。由此方法可发现此项指标表现较好。

养老基金个人账户增值与社会平均工资增长适应性：由于社会保险基金的主体部分为养老基金。根据养老基金的相关理论，养老基金的支付与其上一年度的社会平均工资关系极为紧密；养老金的发放标准与社会平均工资直接相关。社会平均工资增长率减去通货膨胀率的余值反映出了劳动者实际福利的改善，即可以反映出劳动者年收入的实际变化。因此养老保险发放标准的设定正是考虑到了退休人员的福利有着与当年经济发展相适应的要求，才确定了社会平均

---

① 参见 http://www.pbc.gov.cn/detail.asp? col=462&ID=2479。

② 参见深圳市社会保险基金管理局网站。

工资为养老保险计发的依据之一。因此确定社会保险基金的收益率不低于社会平均工资的增长率,其实质是保障被保险人员远期福利的非削减,真正发挥社会保险制度维持绝大多数民众的福利水平的作用。

深圳市 1992—1998 年的社会平均工资增长率维持在 11%—15% 之间,1999—2007 年社会平均工资增长率基本维持在 8%—15.6% 之间;而从 1992 年到 2007 年深圳市的社会保险基金年均收益率则为 4% 左右,两者的比值为 25%—50% 之间,远不能和社会平均工资增长率相适应。2007 年养老基金个人账户增值率与社会平均工资增长率的比值为 27% 左右。依据下列方法判断,(当年养老基金个人账户增值率/社会平均工资增长率)×100 分×20% 。由此方法可发现此项指标表现很差。

从一级指标基金增值与经济适应性来看,由于其下级指标“基金增值与物价水平的适应性”表现不佳;“基金增值与 GDP 增长适应性”以及“养老基金增值与社会平均工资增长适应性”两个指标表现很差,大幅影响了一级指标的最后结果。

2. 基金增值程度与基金支出适应性指标评估

社会保险基金保值增值的目的在于保证基金能够不断地支出以满足被保险者的生活需要。因此,与社会保险基金支出量以及社会保险基金支出的增长率相适应是社会保险基金保值增值收益率所要达到的一个重要目标。

基金增值收益满足当年基金支付:由于社会保险基金保值增值的作用是通过各种投资手段来获得投资收益,既要避免基金的货币实际价值受到损害,又要缓解基金的支付压力,部分保障基金支付维持在一定的标准之上,从而提高缴费者的福利。通过测算社会保险基金保值增值增加额是否满足当年基金支付要求,其实质是研究社会保险基金是否可以封闭运转,即是否不需要政府财政的补贴就能维持社会保险制度的稳定运行。2007 年社会保险基金增值收益与当年基金支付筹资差的比值为-10.1% 。① 依据下列方法判断,(社会保险基金增值

① 根据《深圳市社会保险基金管理局 2007 年工作总结和 2008 年工作计划》数据计算得出,下同。

收益/当年基金支付筹资差)×100 分×20%,若(社会保险基金增值收益/当年基金支付筹资差)数值为负值,则此项指标为表现最佳。由此方法可得出此项指标表现优秀。

基金增值收益增长满足基金支付增长:要考察社会保险基金能否满足基金支出的需要,仅仅通过当年两者的比率测算不能全面反映社会保险基金保值增值收益率与基金的支付筹资差之间的变动情况。因此,通过前后两年两者变动之差的比率,可以部分反映社会保险基金的保值增值收益变动趋势是否与社会保险基金支出的变动趋势相一致,从而推断出社会保险基金的保值增值收益率是否能够长久维持基金的支出。2007 年基金增值收益增长与基金支付增长的比值为 21.7%。依据下列方法判断,[(当年基金增值收益-前一年度基金增值收益)/(当年度基金支付总额-前一年度基金支付总额)]×100 分×20%。由此方法可判断此项指标表现较差。

从一级指标基金增值程度与基金支出的适应性来看,其下级指标“基金收益增长满足社保基金支付增长”受到近年基金支出大幅增长的影响,表现很差,从而导致其上级指标得分偏低。

表 5－6　深圳市社会保险基金运营制度适应性现状及评估

一级指标	二级指标	指标数值
基金增值与经济适应性指标(60%)	基金增值率与物价水平适应性指标(30%)	57.7%
	基金保值增值与 GDP 增长适应性指标(15%)	14.1%
	养老基金个人账户增值与社会平均工资增长适应性指标(15%)	26.5%
基金增值程度与基金支出适应性指标(40%)	基金增值收益额满足当年基金支付要求指标(20%)	-6.37%
	基金增值中增加额的增长满足基金支付增长指标(20%)	12.9%
合计	100%	—

(四)总体判断

1. 深圳市社会保险基金保值增值与经济适应性

首先,基金收益率低于通货膨胀率。

目前就深圳市的现实情况而言,从1992年到2008年中国年均通货膨胀率为5%左右;而同期深圳市的社会保险基金年均收益率则为4%左右;12年来两者的年均缺口达到1%,两者的比值为80%。如果政府对社会保险基金的财政转移一旦出现困难,或者深圳市的人口负担比大幅升高,那么社会保险制度的运行将出现严重危机。

其次,基金收益率低于社会平均工资增长率。

深圳市1992—1998年深圳的社会平均工资增长率维持在11%—15%之间,1999—2007年社会平均工资增长率基本维持在8%—15.5%之间;而1992—2007年深圳市的社会保险基金年均收益率则为4%左右,两者的比值为26%—50%之间,远不能和社会平均工资增长率相适应。

再次,基金收益率低于国民经济增长。

目前深圳从2000—2007年,GDP的增长率年年上升,从2000年的13%上升到14.7%,而同期深圳市社会保险基金的收益率仅仅为4.98%左右①,因此深圳市缴费者难以享受到经济发展给其带来的远期福利的增加。

2. 深圳市社会保险基金保值增值与基金支出的适应性

社会保险基金保值增值的目的在于保证基金能够不断地支出以满足被保险者的生活需要。因此,与社会保险基金支出量以及社会保险基金支出的增长率相适应是社会保险基金保值增值收益率所要达到的一个重要目标。

首先,社会保险基金保值增值的增加额满足当年基金支付要求。

深圳市目前的社会保险基金保值增值增加额与当年基金的支付筹资差的比率为-10.1%,说明了深圳市目前基金的筹资收入远远大于支出,正是由于目前保险费收缴资金远大于基金支出,因此基金的保值增值问题才未能在当前成为一个突出的矛盾。

其次,社会保险基金保值增值中增加额的增长满足社会保险基金支付增长要求。

以深圳市2006年和2007年两年的数据为基准,我们可以测算出两年来基

---

① 参见历年《深圳统计年鉴》。

金保值增值收益增加额的差与两年基金支付增加额的差的比率,其值为25.6%。① 从数据中我们可以发现,基金支付的增加额远大于基金保值增值的增加额,因此目前满足不断扩大的基金支付的主要渠道是增加缴费人群;如果将来缴费和支出人群一旦稳定下来,赡养比率也下降到全国平均水平,就目前深圳市基金保值增值收益增加额和基金支付增加额的比值为25.6%来看,尚不能维持制度自身的封闭运转,必然需要财政的大幅补贴。

第四节　制度构建取得的成就

一、规范的制度设计保证了基金安全运营

(一)社会保险基金需要规范的运营制度

首先,社会保险基金具有准公共产品性质。社会保险基金运营信息属于金融信息,具有公共产品性质。社会保障的制度安排,目的在于为劳动者的生活提供一个基本保障,从而维持社会的稳定和经济的发展,因而具有准公共产品的性质,在制度实践当中具有明显的外部效应。因此在社会保险制度建立的过程当中,基金的制度化、集中化管理体制是社会保险制度社会化必然的选择。在没有公共部门对养老基金的运营情况进行监督时,由于金融信息具有公共产品的性质,个别员工花费代价获取的关于养老基金运营情况的信息,将由许多人免费使用,这就会产生众多的“搭便车”者,从而大大降低个别员工搜集基金运营信息的积极性。为了防止在社会保险基金运营当中出现这些情况,需要对基金的运营实施相应的制度化的体制保障,以确保社会保险基金相关信息的有效供给和传递通畅。因此,政府作为“最后出场人”,因社会保险基金的准公共产品性质而直接参与社会保险基金管理。

---

① 参见《深圳市社会保险基金管理局2007年工作总结和2008年工作计划》,《深圳市社会保险基金管理局2008年工作总结》数据计算得出。

其次，委托—代理关系对监管的要求。基金的实际所有人（即缴纳基金的劳动者）与社会保险基金资产管理人、基金资产托管人之间存在着委托—代理的关系。在这里，基金资产的所有权与经营权发生了分离，根据制度经济学的理论，这种分离使得制度化的监管体制成为必要。在运营社会保险基金的机构内部，由于存在复杂的授权和分工，委托—代理的关系同样存在，因此，在这些机构必然在内部实施严格的内部控制制度对资金的运作进行监督管理。然而，基金机构内部控制制度的有效性，往往因为内部人控制的问题而遭到质疑，因此制度化外部的监管需要被引入。

再次，部分积累制对保值增值的要求。社会保险基金以能够获取足够投资回报为前提或依据。只有基金积累制度总体投资回报率高于社会工资总额增长率，基金积累制度的制度负担率才会减轻，才会优于现收现付制；反之，基金积累成本将比现收现付制高。而深圳市形成了两百多亿元的社会保险基金积累额，基金收益尤显重要。

（二）规范的投资制度保证社会保险基金安全增值

国家政策限制下，深圳社会保险基金投资限于银行定期存款和购买国债，通过充分利用这两种投资手段，完成了社会保险基金的部分保值工作。

1998—2004年期间，深圳市社会保险基金总计投资618.62亿元，收益22.07亿元，投资收益率为3.57%。共计购买国债29.05亿元，利息收入7.76亿元①，收益率为26.70%；存入定期存款589.57亿元，利息收入14.31亿元，累计收益率为2.43%。2007年实现利息收入13.91亿元，比2006年增长了106%；2007年全年收益率约为4.98%。2008年1月至5月利息收入4.53亿元。至2008年5月底，财政专户资金购买国债余额16.16亿元，定期存款余额587.67亿元。

表5－7　1998—2004年社会保险基金保值增值情况一览表（单位：万元）

年度	购买国债	国债利息收入	定期存款	定期利息收入
1998	158000.00	1584.00	156365.72	13408.27

① 含1998年以前购买的国债所产生的利息收入。

续表

年度	购买国债	国债利息收入	定期存款	定期利息收入
1999	39120.00	11577.70	357280.81	20626.49
2000	47200.00	20067.80	582606.58	22904.50
2001	40200.00	15253.00	809724.91	13170.00
2002	6000.00	7290.48	1013973.68	21876.88
2003	—	16375.38	359440.51	11558.86
2004	—	5409.88	2616321.97	39563.12
合计	290520.00	77558.24	5895714.18	143108.12

资料来源:《深圳市劳动和社会保障志》。

(三)规范的业务管理制度保证基金运营流程安全

社会保险基金每年收付的巨大资金流会对整个国民经济产生重要的影响。从筹资方面来说,当社会保险基金运营不善时,为了维持收支平衡,被迫向企业征收过高的保险费,这就会窒息企业的活力,妨碍经济的增长;从支出方面来说,在经济高速增长时期,用于社会保险的开支过多,会推高总需求,导致经济过热,这就可能会引发通货通用膨胀。为了避免出现这些不利于经济增长的因素,需要将社会保险基金的投资运营活动纳入制度化宏观管理体制。目前社会保险基金收支实行两条线管理,在国有商业银行开设收、支账户和财政专户,对基金进行分账管理。社会保险基金进入收入账户后有三类流向,一是用于支付,二是存入财政专户,三是保留两个月正常支付;近七年的社会保险基金业务管理的实践表明,在现行业务管理制度下,社会保险基金没有发生临时支付危机的事故,有效防止了基金支付断裂。

(四)规范的监管制度维护了基金平稳运行

采用"严格监督"的养老基金监督制度模式,限制参与运营的基金实体数目,要求运营者达到严格的限制标准,并对基金资产的运营活动和状况进行直接、紧密的监督。一方面,规范的制度设计原则和程序理顺了层级间委托—代理关系,规范了代理人行为,便于代理人遵守,为监督提供了标准。另一方面,限制了代理人的寻租行为,保证社会保险基金多年平稳运行,未发生任何监督缺失和社会保险基金挪用、贪污等流失事故。

形成了“深圳市社会保险基金监督委员会”和“社会保险基金监督处”内外结合的监督体系。《深圳市劳动和社会保障局社会保险基金监督暂行办法》的制定加强了业务行为的监督。市审计局成为了承担外部监督的主要力量。

（五）集中管理体制提高了基金运行效率

深圳市目前针对社会保险基金运营借鉴了“集中管理”模式。这种模式是指所有基金的缴费都交给一个唯一的管理机构去管理，所有的基金支付都从这唯一的机构获取，基金的保值增值方案由这个唯一的管理机构制定。这个机构可以是政府机构（如深圳的社会保险基金管理中心），也可以是非政府机构（如政府授权成立的非营利性机构），但这个机构通过下设各种附属或分支机构包揽特定制度下基金的费用征收、基金管理或基金发放的所有业务，或者，有时各类业务也可以交给不同的机构管理。但最关键的是这些机构之间不存在竞争，而是各自垄断的特定业务范围。比如，政府机构可以把费用征收交给税务部门，把基金管理和养老金发放交给劳动保障部门，但税务部门和劳动保障部门之间并不存在竞争，它们之间至多形成一定的制衡。这种管理模式的突出优点是能够形成规模，降低管理成本，而且，能够实现大范围的转移支付。

二、多层次体制框架理顺了层级间的委托—代理关系

在社会保险基金的管理流程中，有多个参与主体，存在多层的委托—代理关系：

其一，基金的名义产权所有人（地方政府或劳动者）与社会保险经办机构的委托—代理关系。劳动者以他们的代表——地方政府的名义交由社会保险经办机构委托管理，其目的是为了保证社会保险基金的保值和完整性，以求得劳动者获取基金支持的效用最大化。从更源头意义上讲，全体社会保险基金产权所有者与地方政府的关系也是一种委托—代理关系，尽管地方政府是地方人民利益的代表，但他是否能按照委托人的意愿而进行活动是有一定疑问的。另一种委托—代理关系发生在地方政府与社会保险经办机构之间，地方政府委托社会保险经办机构对养老社会保险基金进行管理，地方政府是委托人，社会保险经办机

构是代理人。

其二,社会保险经办机构与财政部门和金融部门的委托—代理关系。首先,社会保险经办机构委托若干个金融机构代收企业和个人缴纳的社会保险费,存入"收入账户"进行管理,此时,社会保险经办机构是委托人,金融机构是代理人。其次,社会保险经办机构与财政部门存在委托—代理关系。社会保险经办机构委托财政部门将"收入账户"中收缴起来的社会保险基金转入财政专户,实行收支两条线分开管理,除留足两个月的备用金外其余皆存入银行或购买国债。此时社会保险经办机构是委托人,财政机构是代理人。

(一)体制框架的细化进一步规范了代理人行为

在目前的社会保险基金体制设计中,地方政府、社会保险基金的经办机构以及金融财政部门在不同层级上充当着代理人角色。深圳市社会保险基金运营体制框架细化并规范代理人行为的主要成绩是:首先,以制度规定形式明确了不同层级的代理人的权利和义务,规范了代理人的操作行为。其次,优化制度设计,对制度原则和程序的规范便于代理人自觉遵守,并为委托人监督提供标准。

(二)多层次监管体系明确了委托人的角色

现行监管体系明确了以深圳市社会保险基金监督委员会为宏观层面,劳动社会保险行政部门为中观层面,社会保险经办机构、财政等部门配合监督的多层次监管体系。

多层次的监督体系明确了在政府内部各层级间的中间委托人需要监督的事项以及应负的责任。

通过明确各级委托人的角色和地位,使社会保险基金运营所涉及的诸多委托人能够分工明确、各司其职,保障社会保险基金的安全运营。

第五节　社会保险基金存在的困境及其成因分析

目前,深圳市社会保险基金不仅很好地满足了基金支付需求,而且每年的年基金积累额都在不断增加,这样的现实状况的发生是由于深圳市特殊的人口结构造成的。这种人口结构为基金积累造成了两方面的有利条件:一方面,深圳市以年轻人为主体的年龄结构造成了基金的缴费群体远远大于基金的支出群体;另一方面,深圳市大量流动人口在社会保险市场上的进出造成了深圳市社会保险基金的大量沉淀。

但深圳市人口年轻化和流动性这两大人口特征不可能长期持续,深圳市老龄化高峰的到来具有特殊性,流动人口形成的基金沉淀亦将随经济社会发展而消失。以上因素加上社会保险制度的变革,构成深圳市社会保险基金未来运营中极大的不确定性。

一、基金保值增值现状形势严峻

社会保险基金的运营要求既讲究社会效益又兼顾经济效益。社会保险基金的投资运营是缓解社会保险基金供给不足的重要途径,也是保障缴费人特别是养老保险缴费者的缴费额的购买力平价至少不低于在未来支付额的购买力平价。而要实现社会保险基金的保值增值,必须兼顾社会保险基金运营的经济效益。

如果将具有长期性和稳定性的资产投资到适当项目,则不仅可以获得长期、稳定的投资回报,确保基金的保值增值,而且还有利于经济的稳定和发展。理论上认为社会保险基金在保证安全性的基础上要尽可能地保证基金的保值增值,至少不能使基金发生大规模贬值。而目前社会保险基金的保值增值工作开展并不理想。

(一)投资收益率低于平均利率水平

社会保险基金投资收益水平过低,1992 年至 2004 年,社会保险基金投资的 145 个项目共计 17.65 亿元,年均收益率 2.32%;1992—1998 年间①,投资项目平均收益率为 3.17%。而同期银行存款的平均利率水平为:1992—2004 年,银

① 1998 年以后,深圳市不再对具体项目进行投资,通过剔除 1999—2004 年的剩余收益额,可以大致测算出 1992—1998 年间的投资项目收益率。

行一年期储蓄平均利息率值为6.15%;1992—1998年,银行一年期储蓄平均利息率为9.4%。

投资收益率与利息率缺口分别为3.83%和6.23%;收益率远低于利率水平较低的一年期存款利率。近年来极大提高了银行存款中中长期定期存款比例,使得投资收益得到较大提高,2007年全年收益率约为5%;随着银行存款利率的重新调整,近年来社会保险基金投资收益率与利息率缺口呈下降趋势。

20世纪90年代国家的一组关于农村养老保险基金的保值增值的报告反映了全国各个地区的社会保险基金保值都存在这个特点:"凭借非专业出身的基金运作人员的操作,年收益率一般只有3%左右。"而且通过委托券商的方式比自身运营取得了更好的效果:"当年有些地区通过与券商合作委托理财方式进行基金的保值增值,一年可以得到6%的固定收益。"

(二)收益率低于社会平均工资增长率

1992—2007年间深圳市社会平均工资的增长情况为:1992—1998年为11%—15%之间;1999年至2007年为8%—15.6%之间。而同期基金收益情况为:1997年基金收益率为6.836%;1998—2007年基金年平均收益率为4%①。

因此,基金收益率低于社会平均工资增长率。截至1998年,工资增长率和投资收益率两者缺口在4.16%—8.16%之间;截至2004年,两者缺口在3.56%—6.56%之间,2007年这一数值为5.52%。在这种现实情况下,做实的账户成为一个包袱,并且规模越大,包袱就越大;数量越多,负担就越重。

(三)收益率低于基金支出增长率

1992—2007年间,深圳市基金平均年支出额增长56.93%,基金收入年均增长率42.07%,其中投资收益率4%左右;十多年间,两者相对增长率保持10个点的差距。② 而这10个点的差距恰恰需要社会保险基金的保值增值运营来弥补。因此我们可以预见,如果两者的不对等关系继续延续下去,必然会出现一个

① 按高值估算:1998年以后深圳市严格执行国家要求:基金存入银行和投资国债,此处1998—2004年基金年平均收益率按资金投到收益率较高的国债来测算。

② 根据历年深圳年鉴数据计算得出。

时点使得社会保险基金会收不抵支。

（四）收益率低于通货膨胀率

1992年至今整个中国的通货膨胀率变化情况为：1992—2007年间，中国年均通货膨胀率为5%左右；2008年，中国通货膨胀率为5.9%；2009年，中国通货膨胀率约为3.0%—4.8%。

同期深圳市社会保险基金年均收益率情况为：1992—2004年间，深圳市社会保险基金年均收益率约为4%；2006年，社会保险基金收益率为2.87%；2007年，全年收益率约为4.98%。

因此，基金收益率难以战胜通货膨胀率。1998—2007年的9年间，基金收益率为4%。2007—2008年的通货膨胀可使此前9年的基金实际收益降到-1.35%。①

（五）基本结论

首先，社会保险基金的投资收益率难以应付中国现有的通货膨胀率带来的基金贬值，不能够有效地保证基金的保值安全。

其次，社会保险基金的投资收益率不能与深圳市社会平均工资增长率相适应，特别是针对养老基金的未来支付，其必然带来未来可支付的基金额不足以给劳动者老年生活带来保障，从而必然存在社会隐患。

最后，我们发现社会保险基金的自主多渠道运营并没有使得基金运营的收益率有大幅提高。在当时的时代背景下，多渠道的投资收益率甚至低于银行的一年期存款利率，即使委托专业机构运营其业绩也比政府本身运营基金的绩效好将近一倍，社会保险经办机构自行进行多渠道投资社会保险基金这种运营方式的结果并不理想。

因此，制定社会保险基金投资机制和决策时必须慎重考虑是否采取这种模式来运营社会保险基金。

---

① 其中，2007年全国通货膨胀率为4.8%，2008年通货膨胀率为5.9%。

二、基金增值收益过低加大未来支付压力

社会保险基金保值增值效果越差,代际间转移支付压力就越大。对深圳社会保险基金未来平衡的测算分析表明,深圳未来老龄化存在整体老化和整体退出的特殊性,同时伴随着“流动人口红利”的消失,在现行制度设计的条件下,未来社会保险基金的保障功能将难以为继。

(一)社会保险基金增值与未来基金平衡分析

1. 参保人规模变化分析

对深圳市 2005—2050 年期间参保人规模变化进行了三种假设,预测结果显示,到 2050 年,深圳养老保险参保人规模高方案预测为 14544822 人,中方案规模为 12152538 人,低方案为 8991946 人。

表 5－8　深圳市历年参保人规模变化预测　　（单位:人）

年份	参保人规模		
	高方案假定	中方案假定	低方案假定
2005	3049372	3049372	3049372
2010	5534801	5117466	5025919
2015	7759311	6970634	6635688
2020	9714991	8598599	7869712
2025	11389377	9985421	8714181
2030	12763394	11107254	9148501
2035	13808625	11930181	9349783
2040	14486352	12410759	9417638
2045	14748521	12499630	9309964
2050	14544822	12152538	8991946

2. 养老保险缴费与享受人规模变化预测

按两种退休年龄来分别测算未来养老保险缴费与享受人规模变化:A 方案为男 60 岁退休、女 55 岁退休,B 方案为男 55 岁、女 50 岁退休。两种不同退休年

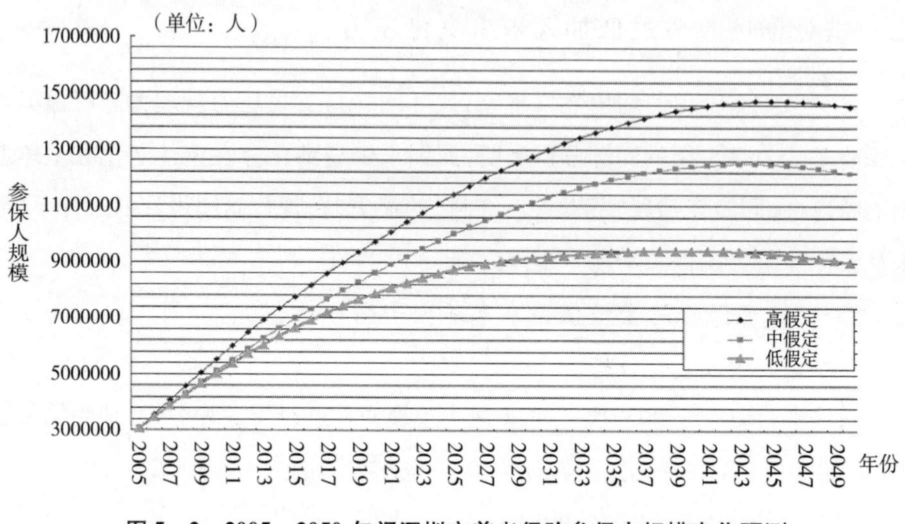

图 5－2　2005—2050 年间深圳市养老保险参保人规模变化预测

龄方案导致的养老保险缴费人和享受人规模变化如表 5－9、表 5－10 所示。

表 5－9　养老保险缴费与享受人规模变化预测（A 方案）

年份	缴费人数规模			享受人数规模		
	高假定	中假定	低假定	高假定	中假定	低假定
2005	2957647	2957647	2957647	91725	91725	91725
2010	5409168	4983177	4891877	125633	134289	134042
2015	7578393	6740687	6408135	180918	229947	227553
2020	9396287	8153624	7435147	318704	444975	434565
2025	10757139	9112267	7872322	632238	873154	841859
2030	11563312	9505448	7624353	1200082	1601806	1524148
2035	11719353	9212061	6800025	2089272	2718120	2549758
2040	11112968	8130033	5463113	3373384	4280726	3954525
2045	9798288	6765542	4145735	4950233	5734088	5164229
2050	8275388	5650961	3379983	6269434	6501577	5611963

注：A 方案即男 66 岁、女 55 岁退休，低于该值人口为缴费人，高于该值人口为享受人。

表 5-10　养老保险缴费与享受人规模变化预测(B 方案)

年份	享受人数规模			缴费人数规模		
	高假定	中假定	低假定	高假定	中假定	低假定
2005	143568	143568	143568	2905804	2905804	2905804
2010	203573	246502	244852	5331228	4870964	4781067
2015	350444	475872	466431	7408867	6494762	6169257
2020	683522	933112	902293	9031469	7665487	6967419
2025	1290331	1717122	1637808	10099046	8268299	7076373
2030	2250853	2931201	2755206	10512541	8176053	6393295
2035	3654121	4650965	4304607	10154504	7279216	5045176
2040	5412879	6323090	5711408	9073473	6087669	3706230
2045	6970808	7350207	6384623	7777713	5149423	2925341
2050	8081791	7855025	6488339	6463031	4297513	2503607

注:B 方案即男 55 岁、女 50 岁退休,低于该值人口为缴费人,高于该值人口为享受人。

3. 未来基金收支平衡预测

假定深圳市社会保险基金的保值增值率可能发生三种变化:第一种是维持现状不变,即社会保险基金保值增值收益率保持在 2.3% 的水平;第二种假设为基金整体投资收益率提高到 5% 水平;第三种假设为基金整体收益率进一步提高到 7% 水平。

此时,按照中方案的参保人规模,以及分别以男 60 岁、女 55 岁退休和男 55 岁、女 50 岁退休两种情况,测算出社会保险基金在 2005—2050 年之间的收支情况,如图 5-4 和图 5-5 所示。

(二)初步判断与结论

1. 缴费、赡养人数比在一定阶段后呈急剧下降态势

根据男 60 岁、女 55 岁的退休年龄测算,2046 年深圳市的缴费和赡养人数比将达到 1∶1。此后,这一缴费、赡养人数比将急剧下降,基金支付压力将迅速增大。

2. 现有基金保值增值效果不能应付未来基金长期平衡

在上述人口结构趋势下,按照现有保值增值效果,深圳市将在 2040 年出现

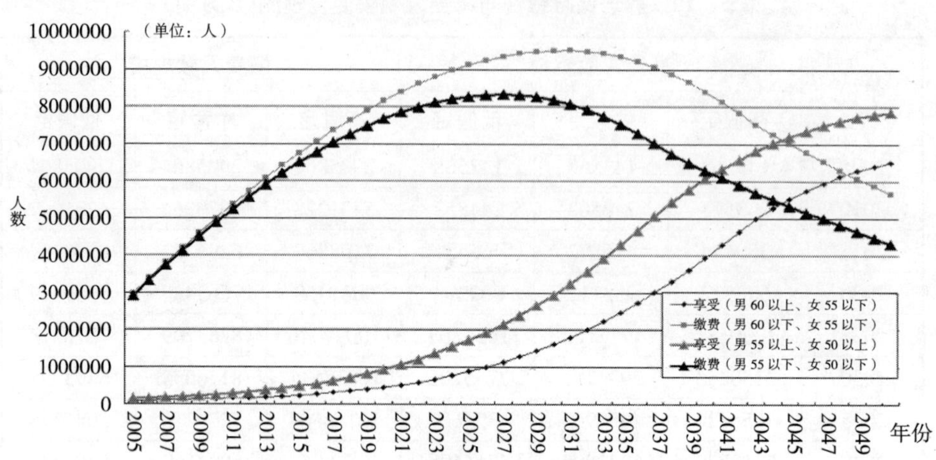

图 5－3　2005—2050 年深圳市缴纳与享受养老保险基金的人口规模中方案变化

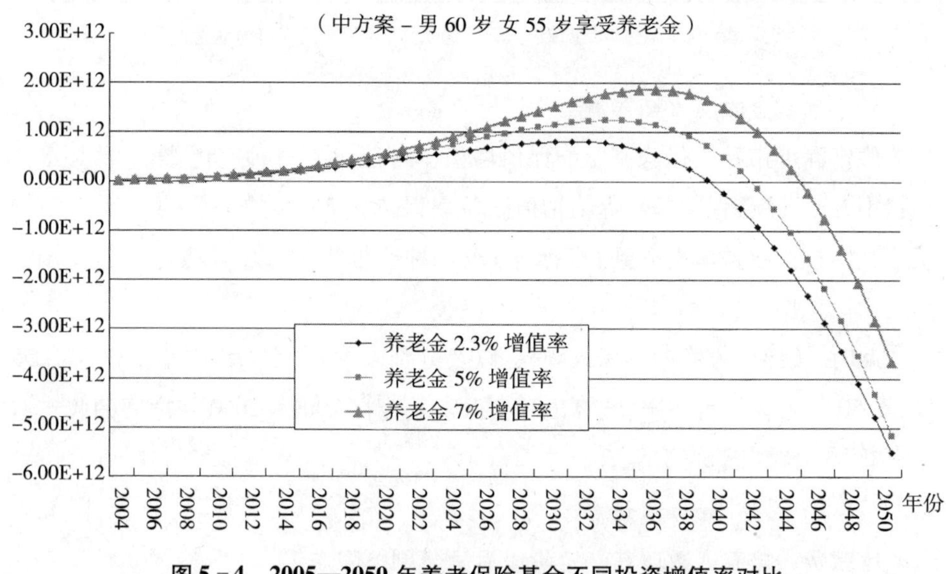

图 5－4　2005—2050 年养老保险基金不同投资增值率对比

基金账户赤字。提高社会保险基金的保值增值率能够推迟社会保险基金空账运行的时间点，有利于深圳市减少人口老龄化带来的基金支付压力。若基金增值收益率上升到 5%，那么基金账户将推迟两年出现赤字。若基金增值收益率进一步提高到 7% 的水平，基金账户赤字将推迟到 2045 年出现。

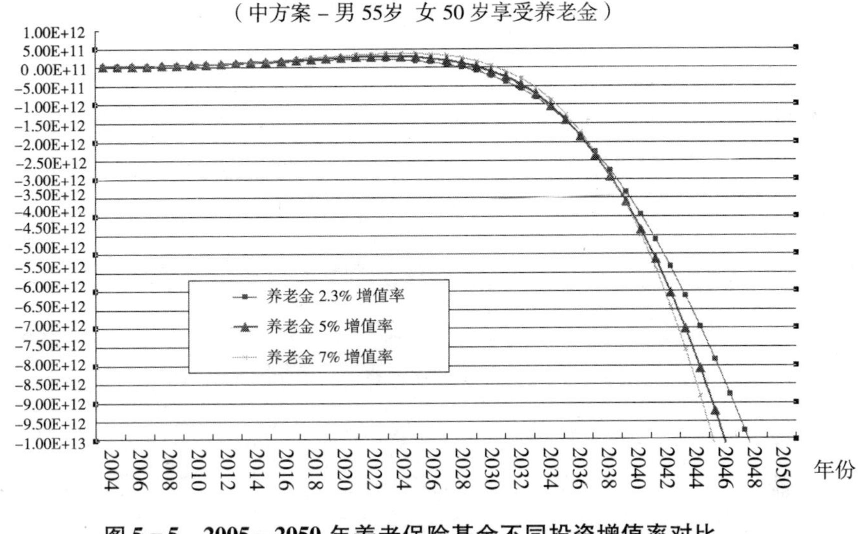

图 5－5　2005—2050 年养老保险基金不同投资增值率对比

三、"安全型"运营制度不适应基金增值要求

(一)社会保险基金运营模式类型

1. 安全型模式

安全型模式是指以保证社会保险基金存量绝对安全为目标,运用风险投资工具实现基金保值增值。其特点如下:首先,运用风险最低的投资工具,实现基金保值增值,最大限度保证社会保险基金在市场失灵环境下存量安全。其次,政府绝对控制社会保险基金筹、支及投资运营操作。政府制定投资计划、操作投资及监管,扮演绝对监管人角色,成为最后保障人。再次,模式缺点是只保证存量社会保险基金本金本身名义无损,而不能满足基金增量安全要求。① 最后,这种模式是资本市场不健全、国内信用环境差、信息不对称、经济不景气时期的最优选择。

① 经典的案例有,美国20世纪80年代公共养老金制,达到政府运营管理基金中的最高纪录,基金的投资收益率达到了4.8%,然而与同期的私营养老保险基金的投资收益率8%仍然相差甚远。

2. 平稳型模式①

平稳型模式是指政府最后保险人角色不变，考虑缴费者未来福利提升，负责基金存量安全，获得名义收益率不低于通货膨胀率，维持存量基金的实际购买力。其特点为：第一，政府必须保障基金存量和增量安全。第二，政府负责基金收付、投资运营及监管，制度规制、弥补市场失灵、基金投资渠道和投资比例上限的限定。第三，基金微观运作的具体操作由市场完成。

3. 激进型模式②

激进型模式，又称多元化模式，是指依靠市场力量实现基金投资运营。其特点为：第一，管理机构私营化，即由私营的社会保险基金管理公司对社会保险基金进行竞争性经验的管理模式。第二，机构运作市场化，管理公司运作时完全按照市场变化进行，不受国家约束。第三，基金运营资本化，不作为"储备金"性质基金管理，而是作为资本进行投资基金管理，遵循安全性、收益性和流动性等原投资运营。第四，政府监管间接化，监管主体多元化，政府通过法律法规规范基金管理公司进入和退出市场、投资项目和所占比例监控，民间或者半官方监管机构受缴费人委托，对基金公司及其运营进行监管，确保社会保险基金稳健运行。第五，该模式需要良好国内信用环境、成熟的资本市场、市场机制健全、法制建设完善的客观环境。

鉴于中国资本市场发育不足和信用体系尚未建立的实际，国家选择了安全型模式作为全国社会保险基金的唯一运营模式。

（二）社会保险基金安全型模式对深圳市的影响

1. 现行制度导致委托—代理关系虚化

由于深圳市目前建立了安全型的基金运营制度，而安全型的社会保险基金运营制度要求基金运营的政府高度干预，这种干预包括了基金运营法规的制定、监督和管理的执行和投资业务流程的全方位操控，这就意味着所有的基金运营

① 许多发展中国家，如20世纪80—90年代的智利和新加坡等东南亚各国、90年代转型后的东欧各国都纷纷采取这种模式来运营社会保险基金。

② 在一些发达国家如北欧各国通常采取这种运营模式。

流程都集中在了政府的层面，政府既成为基金运营的委托人，又成为基金运营的全权代理人；委托人的监督角色和代理人的执行角色以及双方的契约关系成了政府一个主体的内部构成。这样的制度设计使委托人和代理人如同一个主体的左右手，委托—代理设计被完全内部化了，而这样的制度设计必然会导致委托—代理责任的模糊化，最终将导致委托人—代理人关系的虚化。

2. 基金安全型模式遭遇安全悖论

安全型的基金运营要求社会保险基金的绝对安全，这种安全并不仅仅指社会保险基金名义上的货币表现安全，而是指要求社会保险基金的真实价值不能受到损害。由于中国目前的经济环境恰恰造成了银行、国债等无风险投资工具的收益率低于通货膨胀率的客观制约，因此安全型的基金运营制度必然造成基金的真实价值遭受损害的事实，而基金的真实价值遭受损害正是这种制度设计极力避免的问题。由此，制度设计的初衷与制度运行的结果背道而驰成为了现行社会保险基金运营制度的悖论。

3. 基金保值增值未达最佳收益

深圳市受国家制度限制，社会保险基金投资范围与对象狭窄①，结余基金除预留两个月支付费用外，全部购买国债和存入银行，禁止投入其他领域。

社会保险运营部门缺乏有效激励，未能在目前体制内完善营运机制，制度范围内未能安排多种运营手段，通过专业分工、优化资产组合实现收益最大化。

深圳市社会保险基金投资效果非常不令人满意，保值增值状况形势严峻。投资收益率②低于平均利率、社会平均工资增长率、基金支出增长率、通货膨胀率。社会保险基金的保障功能将难以为继。

四、地方性社会保险基金运营制度功能缺位

（一）缺乏统一、独立的社会保险基金监管框架

首先，社会保险基金的管理和运营不分、监督和管理不分，基金管理者目前

① 在美国养老金主要投资证券市场，在基金中占55%；英国养老金占欧洲的一半，养老金零售业也很发达，养老金90%投到国内各类有价证券（详见本章附表5-1）。

② 参见本章附表5-2、附表5-3。

处于既是法规制定者又是执法者、既是裁判员又是运动员的责任主体不分的状态,这样的一种社会保险基金管理架构会造成监督、管理、运营的无效率,严重违背了管理架构的原则。从而造成监督权和管理权没有分离,没有竞争机制,管理效率和收益也较低,并且由于管理机构属于政府或者与政府关系密切,因而容易被政府操纵。

其次,政府的社会保险部门的组织复杂庞大,管理职能过于分散,容易造成社会保险基金的管理混乱、信息不对称等问题,并由此可能引发道德风险、寻租等侵害社会保险基金的行为。在这种制度安排下社会保险基金管理的各个机构各自为政,各自负责相应的社会保险基金的收缴、管理、发放和营运等工作,彼此之间的信息沟通和共享往往难以实现。由于缺乏必要的信息沟通,信息不对称问题必然经常存在,再加上技术手段限制或信息搜寻成本过高等问题,社会保险基金主管部门与下属机构之间、各个基金管理机构之间的监督约束功能基本无法发挥,道德风险和寻租行为就难以避免。

最后,委托人—代理人关系虚化必然存在。① 第一层次的委托—代理关系(基金的名义产权所有人与社会保险经办机构的委托—代理关系)主要的产生外生风险,次要的产生内生风险。② 第二层次的委托—代理关系(社会保险经办机构与财政部门和金融部门的委托—代理关系)主要的产生内生风险,次要的产生外生风险。③

在第一层次的委托—代理关系中,地方政府既作为社会保险基金产权所有者即全体劳动者的代理人,又作为社会保险经办机构的委托人,是双层委托—代理关系的核心与枢纽。在劳动者与地方政府的委托—代理关系中,具有信息优势的一方是地方政府。地方政府具有垄断能力,由此可能产生顾及地方其他利

① 多层次委托—代理关系的存在是产生社会保险基金管理中委托—代理人关系虚化的重要原因。

② 因为此时地方政府是双层委托—代理关系的核心与枢纽,地方政府不一定能时时刻刻真正维护全体劳动者的社会保险利益。

③ 因为此时,社会保险经办机构是委托—代理关系的核心与枢纽,社会保险经办机构的工作效率、利益取向及官员的个人品质等是产生内生性管理风险的重要原因。

益而产生的道德风险倾向,从而使得这种委托—代理关系失效。在地方政府与社会保险经办机构的委托—代理关系中,社会保险经办机构是地方政府的一个下设机构,它们之间是管理与被管理的关系。首先,传统的委托—代理理论中,代理方拥有充分完全信息,委托方处于信息劣势,因而具有代理风险,在社会保险基金管理过程中,作为社会保险经办机构法人代表的社会保险经办机构官员可能会充分利用这种信息不对称性,做出利己的选择,侵蚀社会保险基金。其次,代理人必须按照委托人的意志而进行活动,但是在公共产品供给和公共政策实施过程中,如果中间委托人没有按照最终委托人的意志对最终代理人进行指示,地方政府的道德风险便可通过代理人执行指令而表现出来。它是中间委托人自身存在道德风险的结果。

在第二层次的委托—代理关系中,社会保险经办机构是委托人,金融机构和财政部门是代理人。代理人是否按照委托人的意愿,提高工作效率,确保委托人利益最大化关键在于代理人是否有激励机制和风险共担机制。在社会保险基金管理制度中,由于激励机制缺位,也没有所谓的风险共担的制约机制,实践运行中,代理人与委托人处于同一科层,出于强制性法律制度安排而非自愿性市场安排结成契约关系,不存在激励相容约束和参与约束。从某种程度上讲,代理人(尤其是财政机构)是法律指定的唯一垄断者。代理人的信息优势和其他相关优势使得代理人在与委托方的博弈中处于非常优势地位,不愿意提高工作效率,没有较强的责任感,将自己游离于社会保险管理制度之外。因此实际工作中,从缴费到入账时间周期长、环节多,管理效率低下,减少了利息收入。同时,委托人又易于将不利于基金管理的指令发给代理人,让代理人去执行,造成社会保险基金管理不规范。

(二)未形成公开、透明的信息披露机制

目前,社会保险基金保值增值运营的相关信息基本处于封闭状态,向公众开放的相关信息往往是大概的结果和历史数据,作为投保人缺乏对自身资产保值增值现状的知情权,特别是针对社会保险基金的投资渠道、投资比例、投资产品的风险等情况缺乏及时和明确的了解,从而使得社会保险基金保值增值缺乏外部监督和激励。

(三)缺乏真正的预警机制

深圳市社会保障部门并未建立真正的社保基金预警机制,基金的预警要求仅仅停留在文件上,因此缺乏及时有效的预警机制来提前认识到基金的安全危险;更由于深圳市特殊的人口结构造成的暂时的基金大量积累使得保值增值意识更加淡薄,从而缺乏足够的激励去改变制度现状,使得未来的隐患未能得到足够重视。

(四)人才体系建设不适应社会保险基金管理需要

深圳市社会保险基金运营相关人员配备不足。一方面基金管理人员的绝对数量少,如基金管理处的编制内成员仅仅为 3 人;另一方面,社保基金管理人员的构成结构不足以真正满足行使社会保险基金运营管理的职能,它主要体现在人员的专业化深度不够,专业构成不能保障基金有效运营,缺乏相应领域内的专业人才。因此就目前的基金运营人才体系来说,仅仅能满足目前社会保险基金运营基本成为一种程序的要求,如果将来社会保险基金投资制度一旦突破,社会保险基金运营人才不足的缺点将立即显现。

五、外部环境制约基金运营制度突破

(一)法律体系不完善

1. 可遵照的法规体系层次低

没有制定专门的社会保障基本法。目前只有一些由相关部委制定的少数法规对社会保障的一些具体项目作出规范。针对社会保险的正式制度安排绝大部分是行政性法规,立法层次低,权威性差,缺乏较高的法律效力和必要的法律责任制度。

2. 缺乏指导社会保险基金运营的专门法规

我国尚无一部综合性的社会保障法来规范社会保障的基本制度,社会保障的专门性法规很少,更谈不上针对社会保险基金的法律法规建设。目前有关社会保险基金监管的规定,分散在若干个决定和办法中,缺少专门的社会保险基金管理法律。

3. 缺乏社会保险基金的法律监督和实施机制

目前相关的社会保险基金法规文件中缺乏责任规范和制裁办法、缺乏对社会保险基金筹集与运营的执法、监督和司法保护制度。社会保险基金监管的法规性依据中,原则性条款多,而具体操作性条款少,条款抽象而不具体。

(二)国家政策过于严厉

政府对社会保险基金的管制是必要的,但政府对社会保险基金管制方式与程度并不相同,而且直接影响着社会保险基金的投资运营。国外多采用社会保险基金交由民营投资组织来管理,政府要对其实施严格的、体系化的监管。但是,监管不等于直接干预基金的日常运作,而是通过法律法规对机构的选择、投资项目以及所占的比例等方面进行监控,以确保民营投资组织的稳健运行和到期有足够的偿付能力。因此,国外政府对社会保险基金投资运营的管理以间接化为特征。

目前,深圳市的社会保险基金管理机构受到了国家社会保险基金管理理念的指导,以保障基金的存量安全为原则,不仅制定社会保险基金收缴、支付、管理、运营的决策,而且受到国家的管理规则和基金运营机构资格认定标准的制约,由于自上而下的严格的管制政策,导致了深圳市社会保险基金运营部门必须参与社会保险基金的投资运营,如对社会保险基金必须以某一比例投资于银行和国债。正是这种自上而下的严格的政府管制,导致了深圳即使有发达的民营投资组织也无用武之地。

(三)中国资本市场发育不完善

目前,我国金融市场市场规模相对狭小、制度尚不规范、投资品种缺乏,对社会保险基金市场化投资运营产生了很大制约。首先,目前我国金融市场规模①相对狭小、制度不规范、投资品种缺乏。国家又在1996—1998年对全国社会保险基金进行清理整顿和严格管制。资本市场风险控制能力差,导致社会保险基金投资收益无保障,社会保险基金本金存在贬值风险。

---

① 从西方部分国家的资本规模来看,1995年美国的资本市场规模占其当年GDP的315%,日本的资本市场规模占其当年GDP的319%,英国更是高达421%。

而基金市场化投资运营必须以发达的金融市场为基础,基金运营成功与金融市场成熟分不开。金融市场的成熟伴随着包括养老金机构在内的投资者的发展。

(四)信用体系还未真正建立

市场经济本质上是以信用为基础的契约经济,坚持诚信。社会保险设计实质是国家政府、企业和参与个人共同签订契约,并执行契约的过程。若交易费用太高,市场机制受到破坏。现有针对控制企业道德风险和逆向选择的制度化措施不全面,信用法规建设不完善,缺少制度化的信用奖惩措施。中国的信用体系远未建立,政府、企业及个人缺少诚信意识,制度化的信用甄别和评级系统缺失。

第六节　突破基金困境的现实选择

一、以试点促社会保险基金运营制度改革

(一)"先行先试"是特区的使命

首先,从特区建立起,通过"先行先试"探索出适合中国发展的改革道路已成为特区最根本的使命。

其次,特区的一个重要意义在于敢于突破过去不合理的制度约束,探索出一条可供借鉴的新型发展道路,特区新使命的提出仍然贯彻了特区以改革和创新为内涵不变的发展主线。

再次,通过先行先试来探索社会保险基金运营的基本规律和可持续发展的制度设计,是深圳特区不可推卸的责任。

(二)深圳具备"试点"的良好环境

改革开放以来,深圳一直以改革排头兵姿态迅速崛起。经过 25 年快速发展,深圳已拥有优良市场经济基础:经济快速增长、资本市场长足发展;政治上重视和支持改革;深圳综合环境对改革具有较强适应性。

深圳市目前社会人口结构年轻,改革成本较小;资金实力雄厚,能够支持改

革的顺利开展；法制基础好，并且具有独立的立法权；改革氛围浓重，改革理念容易接受。

深圳市具有良好的条件与环境，使深圳能成为“试点”首选地。

（三）打造社会保险基金运营制度改革试验田

社会保险基金的运作、使用的目标是实现社会保险基金的保值增值，即保证社会保险基金代表的社会财富的分配权随着时间的推移是一个不断扩大的过程。可是社会保险基金可能由于它存在的不同形式，这个不断扩大的速度有较大的差异：或许减少，或许不变，或许缓慢增长，或许增加较快。为了用积累的有限财富分配权分配更多的社会财富，要求积累的分配权以最快的速度增长，实现社会保险基金收益的最大化。社会保险基金增值，实质变成可以带来剩余资金的资金，即资本，而资本的运作是必须在资本市场上，把不能带来剩余资金的资金通过投资变成可以带来剩余资金的资本，所以保值增值的目标是社会保险基金进入资本市场进行运作。

为了实现社会保险基金的良性运营，就必须在以下三个方面有所突破。首先，突破当前国家基金运营制度制约，探索与深圳当前社会经济相协调的基金运营新制度；其次，率先改革基金运营体制，理顺体制改革与制度创新之间的关系，以体制改革加快制度创新，以制度创新进一步推动体制改革；再次，大力推进相关配套改革措施，为基金运营制度改革创新营造良好的外部条件。

（四）深圳社会保险基金困境需要特殊的解决途径

根据社会保险基金特定目标和内在属性，它客观需要一套完整的基金积累、营运、补偿机制，通过一定的管理机构的管理来实现。社会保险最终目标的实现，是以社会保险基金的建立为前提；社会保险基金为实现社会保险目标就必须保持相应的对社会物质财富的分配权，途径为在积累形成社会保险基金后保证分配权不会减少，即社会保险基金的中间目标是保值增值。实现社会保险基金的保值增值，就要建立在科学理论的基础之上对社会保险基金的营运机制进行设计，包括社会保险基金的筹集、投资运作和支付。

与中国其他城市社会保险基金遭遇空账运营问题不同的是，深圳市社会保险基金面临的核心难题是社会保险基金的实账和贬值成为矛盾，由此衍生出即使实账制度也不能满足未来支付的隐患。正由于国家宏观制度设计未能顾全特殊区域的特点,从而导致了深圳市基金运营特殊矛盾的产生。因此,要解决深圳市的矛盾必然要求国家对深圳市进行基金运营的“试点”,以适应深圳实情的制度设计来解决深圳社保基金的现实困境。

(五)深圳市的探索将对全国社会保险基金改革产生深远影响

全国社会保险基金账户做实是不可逆转的趋势,而未来全国的社会保险基金实账运行必将遭遇深圳市目前面临的基金运营困境。因此,深圳市目前社会保险基金运营的试点成绩和经验必将对未来全国社会保险基金运营制度的改革产生指导意义和深远影响。

二、完善基金运营管理体制

(一)国际上成功的社会保险基金运营制度特点

虽然中国的社会保险基金运营刚刚被提上实施,因而没有太多的经验可谈,但是,西方发达国家和智利等拉美国家已经在这方面积累了比较多的经验,这些都可以为我们制定中国社会保险基金监管政策提供很有益的借鉴。

基金投资运营组织多样化。在国际上,负责社会保险基金运营的管理投资组织正走向多样化,运营社会保险基金的投资组织越来越趋向于由效率高、管理灵活的民营机构管理。民营基金运营机构作为独立的市场竞争主体,在遵循社会保险基金投资运营相关法规的前提下,具有较为充分的运营决策自主权,为增强社会保险基金投资运营的灵活性创造了有利的前提条件。民营基金公司投资运营社会保险基金更有利于资源配置结构的优化与使用效率的提高,社会保险基金的投资运营作为一种资源配置分散的由民营基金公司等独立性的市场主体通过竞争性的投资运营实现合理配置,从而提高资源配置的效率,进而有利于提高社会保障待遇水平和社会保障制度的运行效率,从而表现为社会保险品价格水平的下降与社会成员福利水平的相应提高。

投资方式以安全性为主要因素。允许社会保险基金投资的国家,为了更进一步分散社会保险基金的运营风险,提高基金投资安全性,根据各个时期经济发展的不同特点,再不断地选择和适用各种不同的投资工具。

政府担当起监管人的角色。政府担当起监管人角色,国外比较普遍的两种监管模式是:

一为审慎性监管模式,它不对社会保险基金的资产配置数额作出限制,但以审慎的态度对投资组织的资质做出限定。这种监督模式适合于经济发展比较成熟、金融体制比较完善、资本市场和各类中介组织比较发达、基金管理机构有一定程度发展、相关法律比较健全的国家,采用这种监管模式的国家有英、美、加拿大等发达国家,这种监管模式要求社会保险基金必须进行审慎的、专业化的投资决策,如美国的《就业及退休社会保障法案》规定社会保险基金必须具有开展信托和金融业务的专业化水平、经验和能力,但政府并不死板地对社会保险基金的配置数额作出限制;它通常要求社会保险基金进行多样化投资,并采取普遍认可的行动;政府坚持总的谨慎原则,在细节的投资行为及其他方面则给予社会保险基金充分的自由。这种监管模式的主要特点包括:一是强调基金管理者对基金持有人的诚信义务和基金管理的透明度,打击欺诈行为,保护持有人利益;二是要求资产多样化,避免风险过于集中;三是限制基金管理者进行自营业务;四是鼓励竞争,防止基金管理者操控市场和避免投资组合趋同。在这种监管模式下,监督机构较少干预基金的日常活动,只是在当事人提出要求或者基金出现问题时才介入;在很大程度上,监管机构依靠审计师、精算师、资产评估机构等中介机构对基金运营进行监督。

二是严格的限量监管,其主要特点是监管机构独立性强,限制基金投资比例,严格的信息披露机制,实行最低收益原则。采用严格限量监管模式的国家主要有欧洲大陆国家以及智利、秘鲁等拉美国家。其主要特点是:监管机构独立性强,权力较大,如智利、波兰、匈牙利等国家都建立了独立的养老保险监管机构,代表国家对养老基金进行统一监管。对基金投资比例作出限制性的规定,监管机构根据这些规定,通过现场和非现场监管的方式密切监控基金的日常运营,例如:德国规定,在一个养老基金的资产组合中,证券、房地产和国外资产的比例分别不能超过20%、5%和4%;法国则规定,补充性养老基金的资产中必须有50%投资于政府债券;在丹麦,养老基金须持有60%以上的国内债权,国外资产不能超过20%,房地产和股票均不能超过40%,拉美各国对养老金的投资比例也作出了严格的限制；有严格的信息披露制度，信息披露的内容包括资产估价的原则、资产估价的频率以及其他财务数据等，监管机构通常直接审查信息披露的真实性；实行最低收益原则，即要求基金的投资收益达到一定的水平，例如，智利规定养老基金的投资收益率必须高于全部基金平均收益的50%，瑞士养老基金的名义收益率必须高于4%，乌拉圭养老金的实际投资收益率必须高于2%，当养老金投资收益达不到上述最低要求时，先由各基金管理公司的储备金进行弥补，当储备不足时，由国家财政预算予以支持。

（二）社会保险基金运营必将向“平稳型”模式转变

1. 社会保险基金运营制度应具有可调节性

在社会保险覆盖范围一定的情况下，以基本生活为保障目标，可以认为社会保险基金的支付是刚性的，是随人口、政治、经济因素变动的内生变量；而社会保险基金运营面对多变的证券金融市场和国民经济环境，金融市场和国民经济环境，则被认为是外生变量。因而，对社会保险基金而言，最重要的是基金的筹集和投资运作。随着国民经济环境和金融市场的变化，社会保险基金运营制度应具备可调节性。

2. 社会保险基金运营必将向“平稳型”模式转变

社会保险基金运营“安全型”模式通过制度刚性保障基金安全，不受金融市场非市场因素影响。中国正处于转型期，金融市场风险以及国民经济环境变化幅度较大，这种制度设计的可适用性大大降低。

社会保险基金运营“激进型”模式过度强调基金收益率，目前金融市场存在较高的非市场性风险，社会保险基金难以承受。

社会保险基金运营模式必向调节和制约辩证统一的基金运营“平稳型”模式转变。

（三）管理体制设计

完备的管理体制应根据“统账”制度特点，建立在社会保险基金的行政管理权与经营管理权、资产管理权与负债管理权、统筹账户资产管理权与个人账户资产管理权以及监督权相分离的基础上。

1.分权式监管模式的理论基础和有效性

首先,实现社会保险财务制度与管理制度的衔接。我国社会保险财务制度是社会统筹和个人账户相结合的混合筹资模式。“统账”制度的优点是实现了制度的再分配功能和激励功能的统一。而分权式管理制度依照“统账”原则将统筹账户的基金交由基金管理局运营主要考虑到统筹账户是现收现付制,相对保险金需求而言,该账户上不会有太多的积累,对经济总体而言,其资金资源甚小,基金的运用对制度本身以及对资源的市场配置影响不会太大,所以并不强求统筹账户基金的市场化运营;同时,投资的收益性与流动性是成反比的,统筹账户基金具有短期性特点,它要求较高的流动性,基金是在强调流动性的前提下,在安全性与收益性之间寻找平衡点,所以,固定收益投资较适合统筹账户基金的特点;根据国家宏观经济发展政策,将基金投资于基础设施和国家重点开发项目,有利于满足宏观调控政策和产业政策要求。将个人账户基金交由基金管理公司运营,一方面在分散风险的情况下可以通过多元化投资实现基金的增值,使职工分享经济发展的成果;另一方面实现了储蓄向投资的转化,增加社会资本积累,满足经济建设需要。

其次,有效地将基金经营权与政府职能分离。社会保险基金的投资经营是追求利益最大化,是一种纯粹的经济行为,政府权力进入市场的直接后果是出现“寻租”,导致腐败,这有悖于经济交易的目的。因此,社会保险基金管理制度的构建应能使政府的经济职能真实化,政府应该做的是提供一个合适的制度框架、提供有关的立法与司法制度、在保障基本生活收入的范围内发挥再分配的作用、提供一个良好的外部制度环境以及监督制度,使政府成为真正的“裁判员”,而非“运动员”。这将有利于促进社会保险制度实现最优化运行。社会保险基金的投资营运是纯粹的经济行为,政府应该以第三者的身份出现,而将基金运营的权力交给具有独立性的事业机构和民间机构。

分权式管理制度根据“统账”制度的特点,从实际上实现社会保险基金的行政管理权与经营管理权、资产管理权与负债管理权、统筹账户资产管理权与个人账户资产管理权以及监督权分离,其主要特点是政事分权、统账分权和资产负债分权,并不仅仅强调政事分权。

再次，有效降低管理成本和交易成本。由税务部门征收保险费（税）、基金管理公司和基金管理局投资、银行和保险公司发放基金的模式有利于降低交易成本。

每一个机构都有其特定的职能范围，在其职能的边界内，其工作业绩和管理成本实现最优化，如果超越了这个边界，就会产生高昂的管理成本。智利养老社会保险基金的征收、投资和发放都是由基金管理公司负责的，主要考虑到其是一个小国，只需要十几家基金管理公司就能实现征收、投资和发放工作，但是在实际中，智利基金运营成本非常高。分权式管理制度将保险费的征收职能交给税务部门是基于税务部门具有法律强制性的考虑和充分利用税务部门在征管经验、人员素质、机构系统方面的优势，可以大大提高社会保险资金的筹资效率，有助于实现管理费用的最小化。将养老基金的发放职能交给银行或保险公司主要考虑到充分利用其广泛的营业网点和巨大的网络资源来降低管理费用。

分权式管理制度有利于降低基金管理公司营销成本和减免创建成本。分权式管理制度的内容之一是足够多的基金管理公司分享个人账户基金管理权；社会保险基金管理公司可以是现有的基金管理公司、其他金融机构成立的社会保险基金管理公司，也可以是新建的专门保险基金管理公司。智利的养老社会保险基金是交由专门基金公司运作，这种制度安排便于监督，但其最终的结果导致养老基金市场与其他投资基金市场分割，并形成高额营销成本，同时组建专门基金公司也势必产生高昂的创建成本。因此，允许所有现存金融机构参与竞争，一方面可以直接减少创建成本；另一方面通过竞争和利用现存金融机构的各类服务项目更有助于降低营销成本。

2. 分权式监管模式的要求

建立独立、高效、统一的社会保险基金监督和管理委员会。监督机构必须独立于政治压力，监督机构的执行官的任命或选举程序必须是科学的、高度透明的，直属市政府领导。建立统一的社会保险基金监督和管理委员会有利于降低组建成本和避免制度不统一导致的诸多问题。监督委员会由劳动和社会保障局、财政局以及雇主和雇员代表共同组成，实行委员会制。监督委员会按区设立区监督办事处，垂直管理。

建立专业性的社会保险基金管理局。一方面,社会统筹账户是公共账户,具有再分配的功能,通过再分配以求公平是政府的目标和职能。同时,社会统筹账户仍然是既定给付制,即制度承诺参保人在满足一定条件时的给付水平,对社会统筹账户的管理不只是对资产的管理,同时也是对负债的管理,这一性质就决定了统筹基金不宜交给基金管理公司管理。另一方面,社会保险基金管理上行政权与经营权的分离是基金完整性的重要保证,社会保险部门不能既是基金管理政策的提供者同时又是基金运营的主体,所以应建立独立于政府的社会保险基金管理局运营社会统筹账户基金。

培育成熟的社会保险基金投资人市场。成熟的投资人市场包括:其一,有足够数量的基金管理公司托管社会保险基金。没有足够数量的基金公司的充分的竞争,委托人的利益是很难有保障的。其二,重视基金业的自律。鼓励基金业成立同业协会,并制定相应的政策、法规扶持其发展。其三,强调基金业的内部控制。监督当局和行业自律的功能是通过外部作用实现的,而内控制度的作用在于防范和规避风险,实现稳健与审慎经营。

强化外部监督机制。加快培养精算、会计、审计师事务所和各种风险评级公司等中介机构。中介机构的目的是向各机构和公众提供信息服务,使他们能够获得并准确理解有关基金运营的信息,从而加强对基金监督。由于深圳目前市场中介机构已经有了比较好的发展基础,未来应加快中介机构市场化改革的进程,加强对中介机构管理的立法及监督。

3. 构建分权制衡的管理架构

理论上,分权制衡的架构模式得到国内许多研究社会保障专家的认可,是目前社会保险基金运营管理体制改革比较成熟的可选方案。这是由于分权制衡的管理架构在实践中能够实现社会保险财务制度与管理制度的衔接,能够有效地将基金经营权与政府职能分离,并且有效降低管理成本和交易成本。

基本框架说明:

地方税务部门依法征收社会保险费,进入财政专户,并分别将统筹账户基金交给统筹基金管理部门,个人账户基金交给个人账户管理部门指定的基金管理公司。

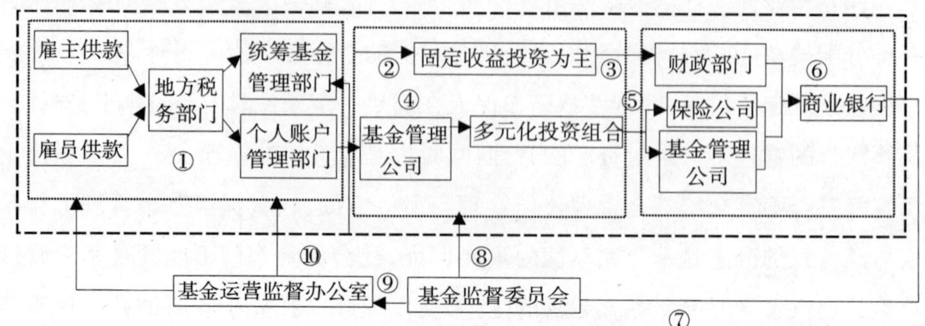

图 5－6　分权制衡的管理架构图示①

统筹基金管理部门依据社会保险基金保值、增值要求和国家宏观经济政策取向,将统筹账户基金投资于固定收益金融工具为主的对象和国家重点开发项目。

在给付时期,统筹基金管理部门按社会保险上级部门的指令将资金划入财政专户;社会保险相关部门建立临时性账户,从财政专户划出给付资金并按时足额进账职工在商业银行的个人账户。地方财政和中央财政部门对社会统筹部分的给付负有最后责任。

个人账户管理部门遴选合适的基金管理公司,依法批准和注销基金管理公司的社会保险基金特许经营权,并依法监督基金管理公司的信息披露和投资活动。基金管理公司再根据与个人账户基金管理部门签订的契约对个人账户进行多元化投资,以实现社会保险基金收益最大化。

其中养老保险基金可以由雇员退休后,根据其意愿,个人可以有两种选择:由基金公司继续经营和购买养老保险。

保险公司和基金管理公司将社会保险金划入指定商业银行的个人社会保险账户,商业银行以社会化方式支付社会保险金。

基金运营办公室作为监管委员会的驻社会保险部门派出机构,对统筹基金

① 以李珍、孙永勇、张昭华在《中国社会养老保险基金管理体制选择》中提出的模型为基础,考虑了更多的因素,作出了适当的改进。

管理部门以及个人账户基金管理部门进行重点监督。

监管委员会对社会保险基金运营进行全方位监督。

社会保险部门依法设立统筹基金管理部门、个人账户管理部门。

托管社会保险基金的商业银行或保险公司与基金公司相独立,在托管制度建设、执行财务制度和财经纪律、预算管理以及基金收支存储方面,必须接受审计和财政监督。

4. 分离管理机构决策、经办、监管职能

分权制衡式管理架构必然需要确立多权分离、各行其职、各负其责的管理职能。①

首先,设立最高监督部门及其派出机构,即设立社会保险基金监督和管理委员会。

其次,制定社会保险基金投资监督规则。在劳动和社会保障局内设派出机构基金运营监督办公室,采取垂直管理模式,保证监督机构不受各方的辖制,直接向深圳市人大汇报工作,其最高领导直接由深圳市人大决定任免。设立基金运营监督办公室,依法监督社会保险基金的投资经营情况,进一步完善基金监管的相关规章制度,制定完备的事前、事中监管、事后制裁制度,对违法、违规责任人员具有行政执法和提交司法部门处理的权力。

再次,基金决策和管理部门分离。社会保险基金决策部门应当在中央相关制度的框架下,结合本地的实际情况,针对社会保险基金收取、运营、给付全过程,提供合适的政策;确立严格的社会保险基金管理公司准入标准;决定社会保险统筹基金的投资方案和个人账户基金的投资范围;协调各相关主体照章执行,负责建立统筹基金管理部门运作统筹基金,组建个人账户管理部门负责对个人账户基金进行多元化运营。社会保险统筹基金管理部门应当依法行使统筹账户

① 分权制衡式管理架构将基金运营的决策权交给社会保险基金决策部门;行政管理权交给社会保险统筹基金管理部门和个人账户管理部门;个人账户资产经营和管理权交给基金管理公司,统筹账户的负债管理权交给财政部门;监督权主要交给社会保险基金监督委员会及其派出监督机构。

基金的资产经营权；研究、拟订固定收益投资办法，上报决策部门批准。个人账户管理部门职责是依法选择基金托管人；依法批准和注销基金管理公司的个人账户基金经营权；拟定基金公司投资范围，上报决策部门批准；对基金管理公司受托的基金账户进行定期和不定期审计。

最后，应明确辅助机构职能。财政部门将依法行使统筹账户基金的资产负债管理权；向统筹账户基金提供政府担保；以及依法监督统筹基金管理部门的相关行政行为。

三、构建基金投资制度

（一）社会保险基金投资构成

对应不同的项目，社会保险基金的流动性也不同。社会保险基金的构成可根据其流动性划分为以下三块：

第一准备金：指用于支付三个月以内的社会保障待遇的那部分。基金管理机构只能以现金和银行活期存款的形式持有，不能进行投资运营。

第二准备金：指那些用于支付三个月以上，一年以下的社会保障待遇的那部分基金。这种准备金需要具备一定的流动性，可在货币市场上进行增值。

第三准备金：指那些用于支付较长时期后给付的社会保障待遇的部分基金。由于这部分基金本身的特点，具有较高的市场运营价值，可以用来进行各种投资，甚至包括不动产投资。

（二）社会保险基金未来投资风险分析

1. 投资管理风险

在个人账户基金的投资管理过程中，由于存在着不同的契约安排，产生了两个层次的委托—代理关系，第一个层次的委托—代理关系存在于个人账户基金管理人与基金投资公司之间，第二个层次的委托—代理关系存在于基金投资公司与基金经理之间。为方便分析，将基金经理与基金管理公司的行为视为一体，这样双层的委托—代理关系便被简化为个人账户基金管理人与基金投资管理公司的单层委托—代理关系。但是由于基金经理的信息优势和道德风险问题，事实上第二层次的委托—代理关系也非常重要。

在个人账户基金管理人与基金投资管理公司之间的委托—代理市场具有如下特点:第一,个人账户基金管理人只负责本账户的资产管理(这种资产本质上是相对于劳动者权益的负债),投资管理由基金投资管理公司负责;第二,在统筹的基础上,个人账户基金由市级经办机构管理和市级经办机构负责投资责任,只有一个作为委托人的个人账户基金管理机构,存在多个基金投资管理公司,是一个完全垄断的市场;第三,在这个市场中,委托人和代理人之间的信息是不对称的,会产生逆向选择和道德风险问题;第四,一个代理关系的形成和维持需要一定的交易成本,但它可以通过增加市场信息的透明度,设立明确的竞争规则与方式加以实施;第五,假定个人账户基金管理机构是风险中立者,基金投资管理公司是风险爱好者。个人账户基金管理机构的风险中立者性质是因为个人账户基金管理机构在产权所有者(缴费者)与个人账户基金管理机构之间以及个人账户管理机构与基金投资管理公司是一种双边垄断关系,由产权所有者监督时的"搭便车"行为以及基金投资管理公司的完全竞争市场性质决定了个人账户基金管理机构既不是风险爱好者,又不是风险厌恶者,而是风险中立者。基金投资管理公司的风险爱好者特征是因为基金投资管理者的完全竞争市场性质以及激励方案中对竞争性收益率的要求决定了其极可能地采用积极型投资策略。

产生于个人账户基金管理机构与基金投资管理公司的委托—代理风险来自于两方面:

一方面,事前信息不对称风险。在基金投资管理公司的代理人市场上,个人账户基金管理机构关于基金投资管理公司的初始信息是有限甚至可能是不准确的,仅凭这些有限的和不一定准确的信息,委托人不一定足以从中选择出一个或几个令他自己能够在事后感到满意的代理人。在投资代理人市场中,经常用做传递的信号就是金融机构的信用等级和以往的投资业绩。在现实经济中,这种信用等级制度有的是被私人公司作为一种商品而生产出来的,有的是由政府作为一种公共物品提供给它的需求者的。问题在于这种信用等级制度和投资业绩表现是根据基金投资管理公司过往的表现而取得的,并非是今后衡量的统一标准;还有过往投资业绩也不能准确说明基金投资管理公司采用积极型投资策略是多么成功,因为投资业绩的影响因素较多。

另一方面,事后信息不对称风险。在委托—代理关系业已存在情况下,个人账户基金管理机构无法掌握关于基金投资管理公司行动的所有信息,而使得利己的代理人可以不按委托人利益的最大化目标采取行动。所以委托人需要设计一个激励方案,并且还要对代理人进行监督来保证代理人不违背委托人的目标以防止代理人的道德风险,这些都要付出交易成本。问题是不仅激励方案和进行监督需要成本,而且对代理人行动结果的评价很难客观作出。基金投资管理公司本质上是风险爱好者,偏好采用积极型投资战略。在投资业绩由于外部因素较好时过分夸大自己的工作努力,在投资业绩较差时又过分夸大外部因素的不利影响,因而难以客观评价投资业绩和设计出合适的激励方案。

2. 投资营运风险

投资营运风险分为系统性风险和非系统性风险两类:

(1)系统性风险。社会保险基金投资的系统性风险是整个宏观经济系统影响的结果,它与资本市场的整体运行紧密相关,对所有资产价格发生影响,因而是无法避免的,不可能通过社会保险基金自身的资产分散化努力来消除。个人账户的社会保险基金扩大投资渠道时所面临的系统性风险主要有:

第一,不良债务风险。它是指由于经济环境的恶化使被投资的企业财务状况发生恶化甚至可能破产而给投资者所带来的风险,又可称为金融风险或破产风险,是不可分散的非系统性风险。

第二,市场风险。市场风险是指投资回报变化中由于经济繁荣和衰退的交替而引起的风险。一般来说,这种循环交替是由多种系统性因素的作用而产生,大多数证券的价格会因此而共同运动,因而是不可分散的。

第三,流动性风险。流动性风险是指在经济环境恶化时某项资产的所有者因急于抛售手中的资产而采用折扣和代理销售等方式引起该部分投资收益的减少而产生的风险。

(2)非系统性风险。个人账户社会保险基金投资的非系统性风险是指单个投资资产收益率波动的风险,与其他投资资产的收益率和整个宏观经济运行无关,它是单个投资资产自身所特有的,可以通过多样化投资组合来加以消除。相应地也可以将其分为以下几种风险类型:

第一，个别资产的不良债务风险。它是由于被投资公司自身经营管理的原因而使投资的资产价值降低甚至价值丧失从而导致投资者收益减少而产生的风险，因而是可以分散的非系统性风险。

第二，利率风险。尽管在同一个资本市场上，不同资产的市场利率之间是正相关的，它们的变化规律相同，但是有时某项资产市场利率的变化仅仅是由于其自身的原因造成的，由此产生的利率风险是可以分散的非系统性风险。

第三，市场风险，尽管经济周期会使整个资产的价格产生共同运动，但是有时某种单独的证券价格的变化仅仅是由于其自身的原因而造成波动，由此产生的市场风险是可以分散的非系统性风险。

第四，流动性风险。仅仅由于非流动性资产缺乏流动性难以进行交易的原因而需要降低价格或向代理商支付一定的代销费用，由此产生的风险是可以分散的非系统性风险。

（三）社会保险基金投资原则

1. 社会保险基金的基本特征

从社会保险基金的本质来看，它是国家为解决社会保障问题而运用法律手段筹集的专款专用的资金，是对缴费者的负债。一般来讲，社会保险基金具有以下基本特征：

法律强制性：社会保险作为法定保险计划，保险费的筹集、管理和使用都具有法律强制的特性。如：雇主和雇员必须依法按时、按法定费率缴纳社会保险费；基金管理机构对社会保险基金的投资营运、投资组合与投资数额的确定均须依法进行，以确保基金具有稳定的资金来源和安全有效的管理方式。

社会政策目的性：社会保险基金的建立与管理都带有明显的社会政策目的性，即在于为国民提供基本保障，促进社会经济的稳定与协调发展。社会保险基金只能而且必须按照规定的范围、标准用于特定的对象以实现国家的社会保险政策。社会保险基金的管理和营运虽然具有盈利目的，但最终均应服从于社会保险所必须遵循的社会政策目标。

政府干预性：社会保险作为政府干预社会经济生活的一种制度安排，自始至终表现出极强的政府干预特性。社会保险基金的筹集、精算测定原则都体现了政府所应承担的社会责任,并且这种责任不仅体现在三方负担的筹资方式和出资比例上,而且体现在政府以隐性债务方式承担的劳动者代际间收入再分配的责任。这就决定了社会保险基金收支的短期平衡乃至长期平衡,只有在政府干预下方能实现。

社会化精算测定:任何保险计划得以运行的一个重要技术基础是精算测定,而社会保险计划的精算测定是在全社会范围内对若干人口与经济变量进行精算与预测,远较一般商业保险公司的精算测定复杂,加之社会保险计划更受政策因素和人为因素的制约,使其精算测定结果存在比较大的不确定性。

长期巨额储蓄特性:社会保险基金的资金来源十分清晰,主要是企业和个人缴纳的保险费以及国家财政给予的支持。社会保险基金覆盖面广,特别是养老基金从收费到养老金支出一般有几十年的时间跨度,使得它具有基金数额庞大,从缴费到支付有相当长的时间间隔等特征,成为社会保险基金最主要的构成部分,养老社会保险基金实质上是为满足被保险人在几十年后的预期生活需要而进行的长期储蓄。显然,在这样长的时间内,并不是只要按规定收费和提取准备金就足以满足到期的给付需要。因为,一方面,社会经济在不断发展,给付保险金水平要不断提高;另一方面,通货膨胀等因素将导致社会保险基金贬值。因而谋求社会保险基金的保值增值是其内在要求,根本途径就在于充分运用社会保险基金以获取较高的收益。

2. 社会保险基金的基本特征决定了基金投资原则

社会保险基金的基本特征决定了社会保险基金投资必须遵循安全性、流动性、收益性、多元化和社会效益性五个原则。前三个基本特征决定了社会保险基金投资在强调安全性、流动性、收益性、多元化和社会效益相统一的同时,把安全性作为首要的最基本的原则,其他所有的原则都必须服务于这一原则。后两个基本特征表明,社会保险基金不仅有数额庞大的稳定的可用于长期投资的资金,而且这些资金的投资目标应该是获取比较稳定的收益以支付以养老金为主的社会保险基金支出。这就使得社会保险基金对流动性的要求主要局限于满足支付的需要,而一定时期内的基金支付又是可以大致测定的,因而社会保险基金对流动性的要求比一般的投资公司要低。社会保险基金不应该承担过高的风险,因而在收益上的要求也不应该过高。

安全性原则:安全性是社会保险基金投资的首要的基本的原则。保险基金投资必须首先注意安全性,必须保证本金的收回,并取得预期的收益,保障基金的实际安全。

流动性原则:对收支进行预测,留足现金和一定的短期投资以备短期支付之用;对长期投资进行统筹安排,使社会保险基金所持有证券的持有期同社会保险基金特别是养老基金支付的期限相匹配。

收益性原则:收益性是安全性的保证,是在确保社会保险基金安全性的前提下追求投资收益的最大化,它越来越成为各国社会保险基金投资的核心原则。

多元化原则:各国长期以来的投资经验表明,社会保险基金投资多元化是分散风险、获取较高回报的合理选择,是保证基金实际安全性的要求。

社会效益原则:社会保险基金投资还应注意社会经济效益,确定投资要与社会经济效益相联系。无论如何,社会保险基金投资不能危及社会利益。

(四)构建核心投资管理制度

1. 规避投资管理中的委托代理风险

构建竞争性的代理人市场:以收益率、风险度、基金公司的信誉和人员素质、财务状况、基金业绩等为标准,选择好基金投资公司作为基金运营主体。设计收入分享的补偿:让基金投资管理公司分享一部分投资收益的方案能使其更加努力。采用强迫合同激励:制定工作标准,依照事先设定的标准设计正向与负向的激励方案。

2. 逐步多元化规避社会保险基金营运风险

根据客观条件限制,谨慎对待投资工具的放开,努力做到成熟一项放开一项。短期内可向基础设施建设和银行协议存款、委托贷款等保障度较高的领域渗透。鼓励基金资产整体平衡组合,确保基金资产构成的分散性和多样性,降低整个投资组合的收益波动性。逐步放宽对社会保险基金投资组织的约束,在做实个人账户的基础上,委托专业的基金管理管理机构运营个人账户基金。确定资产分配的范围,允许基金投资经理在范围内拥有一定的决策自由。

3. 确立社会保险基金资产配置政策

资产分配决策就是决定资金被如何分割投资于不同的资产类型的过程。政策性资产分配决策可以粗略地看做是一种长期资产分配决策。投资者为资产寻找一种合适的长期“常规的”资产组合,代表了集控制风险和增加收益为一体的思想。为长期高收益提供保障的策略会存在固有的风险,而提供最大安全的策略只能提供一般的收益机会。对这两种矛盾的目标进行平衡就是所谓的资产配置政策。

由于安全对社会保险基金至关重要,所以,在获取适度的收益时把风险降低到适当的水平是进行长期大规模投资的社会保险基金在投资决策中要考虑的核心问题。资产配置政策对这一问题的解决起着关键性作用:较好的资产分配决策可以大幅度提高投资组合的业绩,通过在投资组合中包括特定比例的不同类型资产的分散投资以降低整个投资组合的收益波动性,从而在保证一定收益增长水平的条件下,保持资产适当的流动性,应付到期的养老金等支付要求,并降低资产的流动性风险。也就是说,资产分配决策是社会保险基金通过投资组合分散化以降低风险的基础。

社会保险基金的政策性资产分配决策并不是要规定每类资产严格的投资比例,而只是提供一个资产分配的范围。这一范围允许基金投资经理拥有一定的决策自由,基于其对资本市场趋势的分析与判断,在该资产分配范围内选择各类资产的具体投资比例。

四、营造良好的外部环境

社会保险基金的制度环境风险是指与社会保险基金制度紧密相关的经济社会环境变量和其他稀缺性制度安排等因素所导致的社会保险基金风险损失的不确定性,它影响社会保险基金制度的安全性与持续性。对社会保险基金的制度环境风险进行控制,关键在于找出与社会保险基金紧密相关的外围制度环境变量,进而寻求风险控制对策。

(一)健全相关法律体系

法律环境风险是指由于社会社会保险法律制度安排本身的缺陷和相关的法

律制度安排供给不足而导致的社会保险基金的风险损失。因此完善法律环境风险控制应该沿着两条路径展开:其一,完善与社会保险基金紧密相关的法律制度安排,营造社会保险基金的良好法律环境,使社会保险制度能够得以顺利实施;其二,不断发展和完善社会保险基金本身的法律制度,使社会保险制度能够得以有效实施。

1. 制定社会保险专门法，规定社会保险基金的法律内容

借助深圳市人大的自主立法权,研究针对社会保险基金制定专门法的可行性,做进一步的法律内容规定:社会保险制度的宗旨和范围;社会保险基金的给付条件与给付标准;社会保险基金的筹集和使用,包括筹集渠道、筹资模式、基金使用和基金保值增值等问题;社会保险基金的管理,包括管理主体及其职责、监管机构的设置及其职责;社会保险基金的相关法律责任;等等。具体说来,至少应包括社会保险基金的下列法律内容:应明确规定社会保险基金的部分积累制机制,确定企业和个人的缴费方式;应明确规定社会保险基金的筹资范围;应该明确规定社会保险基金的筹资手段——社会保险税,以社会保险税的强制性和权威性来保证征收;应该明确社会保险基金的投资模式——“收益性与安全性”并重模式,否定目前片面强调安全性的投资模式;明确社会保险基金的“满足基本生活水平”给付模式,严禁给付水平过高和过低;不允许统筹账户收不抵支时侵蚀个人账户基金;在明确相关主体的法律责任后,对相关主体违反社会保险法的法律责任和惩戒措施作出明确规定。

2. 强化社会保险基金筹集的法律规范

主要包括下列法律内容:一是要划分政府、企业和个人的缴费责任,明确规定三方在体制转轨时的债务与责任划分;二是要以社会保险税的形式征收社会保险基金,减少社会保险税的软约束性和讨价还价空间;三是以法律手段强制性地将筹资范围拓展至全深圳的一切企业,尽量减少道德风险和逆向选择行为,通过扩面降低风险;四是明确基本供款责任,严禁统筹账户收不抵支时侵蚀个人账户基金;五是实施强有力的有效行政执法和司法保护措施,对筹资过程中的违法行为予以严厉惩罚。

3. 强化社会保险基金投资的法律规范

主要包括下列法律内容：一要以信托法为依据，制定社会保险基金的投资原则与目标；二要确定选择基金投资管理公司的原则与标准；三要对基金投资管理公司进行事前、事中和事后监控，防止代理人的道德风险；四要加强与之相关的行政执法和司法保护措施，确保社会保险基金的投资安全性和收益性；五要建立完善的行业准入制度和有效的行业退出制度，促进公平竞争，保证预期收益。

4. 强化社会保险基金给付的法律规范

主要包括下列法律内容：一要用法律保证落实制度设计的目标替代率，降低一切形式的实际偏高替代率；二要严格规定退休年龄，禁止提前退休行为；三要规定退休金的调节机制，从法律上保证退休人员能够分享经济增长成果的权利；四要加强行政执法和司法保护措施，加大力度打击道德风险行为；五要明确规定社会保险经办机构的工作效率与工作责任，并制定相应的法律措施，明确社会保险经办机构和经办人员行为的法律责任。

（二）培育成熟的社会保险基金投资人市场

培育足够数量的基金管理公司托管社会保险基金。重视社会保险基金管理公司的自律。鼓励社会保险基金管理公司成立同业协会，并制定相应的政策、法规扶持其发展。强调社会保险基金管理公司的内部控制。防范和规避风险，实现稳健与审慎经营。

（三）进一步完善资本市场

完善的资本市场为以养老金个人账户积累为主的社会保险基金提供了保值增值的场所。社会保险基金积累额积极投资于资本市场，一方面可获取较高的投资收益率，稳固部分积累制的积累基础；另一方面又可以完善资本市场，促进国民经济发展。一定的投资收益率可以降低费率，而费率降低既能扩大社会保险覆盖面，又能增强企业的国际竞争力。

进一步完善资本市场时必须做好下列工作：培育良好的微观基础，提高资本市场参与企业质量。适度扩大资本市场规模。对违规的资本投机行为处以严厉的惩罚。减少政策风险，减少政府及公共政策对资本市场的过分干预作用，发挥市场配置资源的主渠道作用。

（四）打造信用体系

建立规范化、制度化的诚信机制。建立正式的针对参保人与企业的制度化信用采集、评级体系;建立与深圳市其他专业信用平台和体系信息共享机制;形成正式的配套信用甄别和信用奖惩制度。

运用声誉机制,加强诚信文化的扩散效应。利用舆论宣传扩散诚信意识较好的个人和企业,将诚信声誉转化为一种无形资产,使其获得管理成本节约、交易成本的下降、具有更多的合作机会和由此造成的正外部收益等;反之,将导致乘数性惩罚效果。

第七节　社会保险基金运营中远期发展战略构想

一、规范制度环境，推动社会保险基金入市

（一）社会保险基金进入资本市场的必要性

充分发挥社会保险基金保值增值功能。从国际经验来看,要保证社会保险基金的购买力水平,不断地增强社会保险基金的支付能力,必须实现社会保险基金的充分保值增值;社会保险基金的建立和功能的有效发挥,要求通过建设社会化的、法律化的资金组织渠道来组建一个基金系统;作为基金体系,它的有效运作必须要使这个基金成为一个金融体系,能够通过资本市场的运作形成保值增值的功能;随着基金的发展、积累和扩大,需要寻找一个有效的投资渠道,以实现资金的有效配置。美国的社会保险基金运作模式是:将社会保险金投入共同基金,共同基金将社会保险金聚集在一起,以取得最高投资收益为目标,由投资专家操作共同基金的营运,将资金分散投资于债券、股票等各种渠道,使基金获得了较高收益。加拿大为保证社会保险基金的保值增值,也成立了专门的投资机构,配备投资专家来专门从事基金投资。为降低风险,基金的50%委托政府投资或购买政府债券,另外50%分别投资股票和企业债券等,并把银行存款视为没有办法的办法。而英国则将一部分社会保险基金按国家规定用于公共设施建

设投资,购买政府发行的债券,另一部分用于短期信贷,特别是借给政府做短期用款。世界银行最近发表的公报表明,根据数据显示:以上各国的养老基金回报率分别达到美国:9.5%;加拿大:8.3%;英国:11.5%。资本市场的运行与发展是社会保险基金实现从积累到投资的最有效途径。

有利于资本市场的发展。从理论上来说,社会保险金和资本市场应是一种相辅相成的关系,社会保险金可以成为证券市场稳定的主要资金来源,而社会保险金的发展也可以促使资本市场的进一步完善发展。从资本市场的有效运作要求来看,社会保险基金的投资入市与资本市场的有效运作是相互依存的;从资本市场的发展看,它需要有社会资金不断输入。在资本市场发展与扩张过程中,社会保险基金的进入是一个基本的要素。

(二)规范外部制度环境

建立起规范的资本市场。市场中存在为数众多的参与者,保证这个市场充分竞争;价格由市场机制来决定,控制价格的企图和行为被预防以及资本市场中的投资产品和投资工具不断创新是健全和完善的资本市场三个基本形成条件,资本市场在此基础上才能发挥其应有的功能,才能有效的配置资源。

形成规范的市场退出机制。完善的规范市场退出机制标准应具备社会保险基金运营机构的诊断机制,社会保险基金运营机构的损失控制机制,社会保险基金运营机构市场退出的损失分摊机制以及社会保险基金运营机构的重组机制。

健全的市场退出机制将有助于化解有严重问题的社会保险基金运营机构可能存在的金融风险,降低社会保险基金市场化运营的金融风险。

宏观经济环境的平稳运行。一方面,宏观经济平稳运行,国内外经济环境比较适合国家的平稳发展;另一方面,在可预期的时期内不会导致资本市场发生大的系统性风险。

二、建立保障基金入市运营的长效机制

社会保险基金的安全性和充足性关系到广大社会人员的基本生活保障问题,关系到国家和社会的稳定。从经济角度来看,社会保险基金属于金融产业,

金融市场的系统失灵风险、传染效应①、网络效应②等风险、金融垄断、金融业信息不对称都会影响到基金的稳定,危害被保险人、社会保险受益人和其他社会公众利益。

在实际操作中,由于社会保险基金管理机构管理水平低下,证券市场体制及监管都未成熟,致使社会保险基金直接投入证券市场的风险非常大。对此国内学术界有一种呼声,希望把社会保险基金交付给基金管理公司,利用基金管理公司的资源和优势去管理社会保险金,以达到提高收益和降低风险的目的。在基金管理公司方面,在欧美的经济体系中社会保险基金是证券市场的重要支撑,尤其是开放式基金,其资金的60%—70%由社会保险基金充实。这一点很值得我国在进一步深化社会保障基金改革中予以借鉴。而且开放式基金在我国已开始发展的情况下,提及由社会保险基金充实证券市场即有必要性又有可能性。而且,开放式基金的规模不固定,投资者可以随时追加或收回资金,这既可以满足社会保险基金流动性的要求,同时又可以适应社会保险基金结余额下不断变动的需要。同时开放式基金管理公司人员素质高,资本市场经验丰富,是银行、社会保险管理公司等所不能比拟的。

(一)社会保险基金运营长效机制的内涵

社会保险基金运营长效机制,是指在社会保险基金投资本市场、进入社会再生产领域、在市场化运营中实现保值增值目的的一系列过程中的监管机制设计。它包括以下四个方面的内涵:

首先,社会保险基金运营长效机制构建的目的是使社会保险基金能够安全有效的保值增值。其次,社会保险基金的运营者必须是具备现代市场主体资格的独立法人,而且社会保险基金的运营者必须是多个,通过市场竞争,保证社会保险基金运营的低成本和高效率。再次,社会保险基金长效机制必须以灵活性③

① 由于过度竞争造成一般货币标准和利率的降低。

② 相互竞争的各个金融机构由于成本和收益的相互影响而形成一个公共网络。

③ 所谓灵活性是指社会保险基金运营在法定范围内可以根据市场环境的变化采取相应的应变措施。

与规范化①相结合的方式进行。最后，基金运营的长效机制必须强调多层次的监管体系，一方面要监督社会保险基金运营的市场；另一方面要通过监督保证基金机构按法律规定进行社会保险基金的投资运营。

（二）构建新型的社会保险基金监管制度模式

随着经济和社会的发展，社会保险基金运营制度应逐步放松管制，从严格的管制性监管模式转向审慎性监管。

审慎性监管的特点是：强调基金管理者对雇员的诚信义务和基金管理的透明度。要求资产多样化经营，避免风险过度集中。鼓励竞争，防止基金管理者操控市场和避免投资组合趋同。

其核心内容是：第一，市场准入制度，即制定允许操作的制度、法律框架、最低资本要求和适当的检验标准，其目标是允许最好的申请者进入，限制未来代理风险和制度风险。第二，资产分离制度，即制定社会保险基金资产与基金管理公司的自由资产和其他托管资产严格分离的标准和形式。第三，投资限制制度，即制度化发起人资产的上限、投资工具的种类、风险的种类以及所有权的集中程度等。第四，建立基金准备金制度，即确立基金准备金资产规模、构成，确定准备金的计提标准和方式，建立严格的基金准备金制度，防止收益波动和现金不足对基金所有人的损害。

（三）确立多层次基金监管体系

1. 构建以社会保障监管委员会为核心的宏观监管

首先，明确社会保障监管委员会的核心监管角色。明确社会保障监管委员会处于最高层次监管地位，其成员由最高政府、社会保险基金监督管理委员会以及相应的证监会、保监会以及其他相关职能部门构成，形成以社会保障监管委员会为核心的社保基金投资运营最高层次的监管者。

其次，确立监管主要职责。根据一定时期经济发展形式、产业结构调整、经济改革趋势等，从宏观层面上研究、制定、调整社会保险基金投资运营的政策、法

---

① 规范化是指社会保险基金运营必须在国家法律、法规和社会保险基金运营的基本原则下进行。

规;确立社会保险基金投资主体产生的资格条件、社会保险基金投资的方向与投资工具的范围、社会保险基金资产的控制比例与最低收益率;对社会保险基金投资运营严重违规者最终处罚的裁定和执行。

2. 确立劳动社会保障机构的中观层次监管

在中观层面确立单一行政机关运营监督的监管方式,积极宣传、传达、贯彻上一层监管者对社会保险基金投资运营的监管意图和要求,对下一层即基金投资者内部监督与控制制度建设进行指导,对制度执行情况进行检查以及进行相关处理。

3. 完善社会保险基金投资微观主体的内部监督与控制

完善社会保险基金投资运营机构内部监督与控制。建立科学的基金投资决策风险控制系统,建立有效的基金投资效益跟踪考核与审计制度。

建立科学的基金投资决策控制系统。建立起规范稳定的分级授权制度,以投资主体顶层为决策的最后审定者、决断者,实现投资主体决策的分散性与集中性的统一,任何一个独立的社会保险基金投资主体均确立集体民主决策的程序和规范的制度,杜绝个人专断决策。

建立项目投资的专家可行性论证制度。建立规范的社会保险基金投资运营效益的跟踪考核与审计制度。有效检查、监督、控制社会保险基金的投资运营过程及其效果,为不断提高社会保险基金投资决策的科学性提供资料和依据。在建立基金投资的内部审计制度上,通过内部审计减少基金运营投资中的违规行为。

本章附表:

附表 5-1　世界各国投资工具和投资比例限制

国别	投资决定(允许占总资产的比例)
丹麦	不许自我投资,国内债券 ≥ 60%,国外投资 20%,房地产、股票投资 40%
瑞士	国内股票≤50%,房地产≤50%,外国资产≤20%
德国	自我投资≤10%,证券投资≤20%,房地产投资≤5%,国外投资≤4%
匈牙利	政府公债≥30%,股票、政府债券≤60%,国外投资不允许

续表

国别	投资决定(允许占总资产的比例)
智利	政府债券≤50%,抵押债券≤80%,私营及公共公司发行的债券≤50%,由金融机构担保的存款与证券30%—50%之间,公司股票、房地产、生产性资产和外国债券均≤10%
阿根廷(私人养老金)	国家债券≤50%,银行债券≤28%,股票≤35%,共同基金≤10%,国外债券≤10
新加坡	可投资于政府债券,金融管理局存款,可转让存款证,市场债券,信托公司股票,银行存款,实际中80%以上投资于国债
香港强积金	计划资产须分散投资于准许投资项目,禁止过高风险和不合时宜的投资,30%必须为港元投资,衍生工具只能作对冲用途

附表5-2　1980—1990年各国养老金的年平均投资收益率　(单位:%)

国家	智利	英国	荷兰	美国	新加坡
养老金的年平均投资收益率	9.2	8.8	6.7	4.8	3.0

资料来源:《世界银行报告》(1998)。

附表5-3　1980—1990年公共和私人养老金计划基金投资绩效对比

各国养老基金管理模式	国别	实际收益率(%)
公营管理	美国(OASDI)	4.8
	马来西亚	4.6
	新加坡	3.0
	印度	0.3
	肯尼亚	-3.8
	厄瓜多尔	-10.0
	埃及	-11.7
	委内瑞拉	-15.3
	赞比亚	-23.4
	土耳其	-23.6

续表

各国养老基金管理模式	国别	实际收益率(%)
私营管理	荷兰	6.7
	美国	8.0
	英国	8.8
	智利	12.3

资料来源:《中国社会保障体制改革——2008 年中国社会保障制度改革国际研讨会论文选》,经济科学出版社 1999 年版。

主要参考文献

一、著作

1. 英国文书局:《贝弗里奇报告——社会保险和相关服务》,中国劳动社会保障出版社 2004 年版。

2. 深圳市劳动和社会保障局编:《深圳市劳动和社会保障志》,海天出版社 2005 年版。

3. 郑功成:《社会保障学——理念、制度、实践与思辨》,商务印书馆 2000 年版。

4. 郑功成:《中国特色的社会保障道路》,武汉大学出版社 1997 年版。

5. 左云等:《社会保障学》,经济科学出版社 2001 年版。

6. 周弘:《福利的解析——来自欧美的启示》,上海远东出版社 1998 年版。

7. 郑功成等:《社会保障制度变迁与评估》,中国人民大学出版社 2002 年版。

8. 张树新等:《全球企业年金(2003)》,中国劳动社会保障出版社 2004 年版。

9. 邹根宝:《社会保障制度——欧盟国家的经验与改革》,上海财经大学出版社 2001 年版。

10. 冯必扬等编:《现代社会保障研究》,人民出版社 2003 年版。

11. 金丽馥、石宏伟:《社会保障制度改革研究》,中国经济出版社 2000 年版。

12. 劳社部社会保险事业管理中心编:《社会保险管理工作难点与对策——2002 年全国社会保险经办机构调研报告集》,中国劳动社会保障出版社 2003 年版。

13. 刘俊霞:《收入分配与我国养老保险制度改革》,中国财政经济出版社 2004 年版。

14. 仇雨临编著:《加拿大社会保障制度的选择及其对中国的启示》,经济管理出版社 2003 年版。

15. 宋晓梧编:《中国社会保障制度改革》,清华大学出版社 2001 年版。

16. 王虎峰:《养老金生产论》,中国劳动社会保障出版社 2004 年版。

17. 魏新武编著:《社会保障世纪回眸》,中国社会科学出版社 2003 年版。

18. 易宪容等:《香港强积金》,社会科学文献出版社 2004 年版。

19. 李珍:《社会保障理论》,中国劳动社会保障出版社 2001 年版。

20. 罗元文:《国际社会保障制度比较》,中国经济出版社 2001 年版。

21. 吕学静:《各国社会保障制度》,经济管理出版社 2001 年版。

22.《深圳市社会保险志》,海天出版社 2004 年版。

23. 王梦奎主编:《中国社会保障体制改革》,中国发展出版社 2001 年版。

24. 劳动与社会保障部:《中国劳动和社会保障年鉴》(2000—2005),中国劳动社会保障出版社 2000—2005 年版。

25. 丛树海:《社会保障经济理论》,上海三联书店 1996 年版。

26. 葛寿昌主编:《社会保障经济学》,上海财经大学出版社 1999 年版。

27. 陈庆云:《公共政策分析》,中国经济出版社 1996 年版。

28. 朱传一主编:《美国社会保障制度》,劳动人事出版社 1986 年版。

29. 邓大松:《社会保障比较论》,中国金融出版社 1992 年版。

30. 申曙光:《社会保险学》,中山大学出版社 1998 年版。

31. 罗元文:《国际社会保障制度比较》,中国经济出版社 2001 年版。

32. 深圳市统计局:《深圳统计年鉴——2004》,中国统计出版社 2004 年版。

33. 深圳市统计局:《深圳统计年鉴——2005》,中国统计出版社 2005 年版。

34. 丹尼尔·W. 布罗姆利:《经济利益与经济制度——公共政策的理论基础》,上海三联书店和上海人民出版社 1996 年版。

35. 邓大松主编:《社会保险》,中国劳动社会保障出版社 2002 年版。

36. 邓大松等:《中国社会保障若干重大问题研究》,海天出版社 2002 年版。

37. 邓大松、李珍主编:《社会保障问题研究》,武汉大学出版社 2001 年版。

38. 中国社会保险学会医疗保险分会编:《医疗保险优秀论文集》,中国劳动社会保障出版社 2005 年版。

39. 劳动和社会保障部社会保险研究所编:《中国医疗保险制度改革:1994—2004》,中国劳动社会保障出版社 2004 年版。

40. 中国社会保险学会医疗保险分会编:《医疗保险优秀论文集》,中国劳动社会保障出版社 2004 年版。

41. 张奇林:《美国医疗保障制度研究》,人民出版社 2005 年版。

42. 艾维瓦·罗恩、谢尼亚·舍尔-阿德龙编:《医疗保障政策创新》,中国劳动社会保障出版社 2004 年版。

43. 戴维·德兰诺夫:《你的生命价值多少?:医疗保险配给……谁应该生存? 谁应该死去? 由谁来决定?》,中国人民大学出版社 2004 年版。

44. 乌日图:《医疗保障制度国际比较》,化学工业出版社 2003 年版。

45. 雅诺什·科尔奈、翁笙和:《转轨中的福利、选择和一致性:东欧国家卫生部门改革》,中信出版社 2003 年版。

46. E. Santerre, Stephen P. Neun, *Health economics: theories, insights, and industry studies*, Mason, Ohio: Thomson/South-Western, 2004.

47. Richard B. Saltman, Reinhard Bussed & Josep Figueras (ed), *Social health insurance systems in western Europe*, Berkshire: Open University Press, 2004.

48. 孙树菡:《工伤保险》,中国人民大学出版社 2000 年版。

49. 葛蔓:《工伤保险改革与实践》,中国人事出版社 2000 年版。

50. 郭小聪、李业兴:《地方政府与失业治理》,中国社会科学出版社 2004 年版。

51. 劳动部劳动科学研究所,《失业保险的理论与实践》,中国劳动出版社 1991 年版。

52. 吕学静:《各国失业保险与再就业》,经济管理出版社 2000 年版。

53. 李强:《失业下岗问题对比研究》,清华大学出版社 2001 年版。

54. 宋其超:《失业及其治理》,中国财政经济出版社 2004 年版。

55. 杨宜勇:《就业理论与失业治理》,中国经济出版社 2000 年版。

56. 袁志刚:《失业经济学》,上海人民出版社 1997 年版。

57. M. 爱纳汉德:《欧洲七国失业救济与社会援助制度》,中国财政经济出版社 1999 年版。

58. 成思危主编:《中国社会保障体系的改革与完善》,民主与建设出版社 2000 年版。

59. 初纲编著:《深港社会保险基金管理和运作比较研究》,海天出版社 2000 年版。

60. 韩大伟、厉放、吴家亨:《养老金体制——国际比较·改革思路·发展对策》,经济科学出版社 2000 年版。

61. 郑功成、贝克尔主编:《社会保障研究》,中国劳动社会保障出版社 2005 年版。

62. 万解秋编著:《社会保障基金投资运营研究》,中国金融出版社 2003 年版。

二、论文

1. 王信:《养老基金运营监管的国际经验与启示》,《经济社会体制比较》2000 年第 2 期。

2. 王治超:《澳大利亚养老金体系的发展概况》,《保险研究》2001 年第 7 期。

3. 袁志刚:《中国养老保险体系选择的经济学分析》,《经济研究》2001 年第 5 期。

4. 袁志刚:《社会保障体系建设专家谈》,《社会保障制度》2001 年第 1 期。

5. 莫泰基:《个人账户与养老保障功能剖析》,《社会保障制度》2001 年第 2 期。

6. 黄强:《论我国医疗保险制度深层次改革的对策——兼议德国医疗保险制度改革经验的借鉴》,《医学与社会》2005 年第 12 期。

7. 王小丽:《城镇职工基本医疗保险制度缺陷分析》,《卫生经济研究》2005 年第 6 期。

8. 代志明、周浩杰:《试论社会医疗保险中的道德风险及防范》,《卫生经济研究》2005 年第 5 期。

9. Manning, Willard G.; *Newhouse*, Joseph P.; Duan, Naihua; Keeler, Emmett B.; Lelbowitz, Arleen; Marquis, M. Susan, Health Insurance and the Demand for Medical Care: Evidence from a Randomized Experiment, *American Economic Review*, Vol. 77 Issue 3(Jun87).

10. 袁志刚:《中国养老保险体系选择的经济分析》,《经济研究》2001 年第 5 期。

11. 单纯刚、王丽、李美娟:《工作环境恶劣:职业病让农民工“命丧打工路”》,

《经济参考报》2005 年 10 月 1 日。

12. 姜永涛:《四成工人无职业病档案》,《新快报》2005 年 8 月 25 日。

13. 周慧文:《德国工伤保险事故预防机制评价》,《中国安全科学学报》2005 年第 5 期。

14. 周慧文:《欧洲国家工伤保险费率管理实践及其对我国的启示——用经济手段促进企业改善劳动安全条件的尝试》,《中国安全科学学报》2004 年第 14 期。

15. 乔庆梅:《失业保障产品及政府在其中的作用》,《云南社会科学》2003 年第 3 期。

16. 宋长青、熊自力:《失业统计改革的 10 个问题》,《中国统计》2001 年第 8 期。

17. 杨体仁:《日本的雇佣保险制度与我国的失业保险制度改革》,《财经问题研究》1998 年第 6 期。

18. 黄顺祥:《我国社保基金投资模式研究》,《中国证券报》2001 年 8 月 13 日。

19. 劳尔 · L. 马德里:《对养老金制度改革风潮的思考》,《国际社会科学杂志》2001 年第 1 期。

20. 李珍、孙永勇:《多元化——养老社会保险基金管理的合理选择》,《经济评论》2001 年第 6 期。

21. 李珍、杨玲:《养老基金制度安排与经济增长的互动——以美国为研究对象》,《金融研究》2001 年第 2 期。

22. 李珍、刘昌平:《论养老社会保险分权式管理和制衡式监督的制度安排》,《中国软科学》2002 年第 3 期。

23. 蒋斌:《养老保险个人账户基金运营管理策略探讨》,《上海中澳社会保障基金监管研讨会论文集》2003 年 1 月。

24. 拉弗迪等:《发现欺诈行为的方法》,《上海中澳社会保障基金监管研讨会论文集》2003 年 1 月。

25. 孟昭喜:《社会保险基金管理》,《上海中澳社会保障基金监管研讨会论文集》2003 年 1 月。

后　记

对深圳市社会保险制度的系统研究始于2005年，研究过程中尽量采用官方公布的数据，但由于受相关公开数据不足的约束，这部专著中制度评估部分的研究难免有不尽如人意之处，特此说明。

本专著由高兴民教授负责组织与规划，修改写作提纲和全书的统稿工作；钟若愚副教授参与了全书规划、提纲的具体设计。

本书具体分工如下：

总　论　高兴民、王雅君；

第一章　李公；

第二章　高文军、庚莉娜、杨光辉；

第三章　于伟峰、王雅君；

第四章　习哲馨；

第五章　方亮；

全书数据查补史学贵、施洁。

这部专著是《深圳改革开放研究丛书》之一，也是2006年“广东省普通高校人文社会科学研究基地重点项目”的结项成果。

本书特别感谢：

《深圳改革开放研究丛书》编委会、广东省教育厅、深圳市劳动和社会保障局。

本书创作组

2010年4月